플라톤의

티마이오스

플라톤의

티마이오스

박종현 · 김영균 공동 역주

서광사

이 책은 헬라스어 원전 역주서(譯註書)로서,
Oxford Classical Texts 중에서 J. Burnet이 교정한
Platonis Opera, 제4권에 수록된 *Timaios*(1902)를 기본 대본으로
그 외 다수의 판본들을 참조하여 번역하고 주석을 단 것이다.

플라톤의

티마이오스

플라톤 지음

박종현 · 김영균 공동 역주

펴낸이 · 이숙
펴낸곳 · 도서출판 서광사
출판등록일 · 1977. 6. 30
출판등록번호 · 제406-2006-000010호

(10881) 경기도 파주시 회동길 77-12 (문발동)
대표전화 · (031)955-4331 / 팩시밀리 · (031)955-4336
E-mail · phil6161@chol.com
http://www.seokwangsa.co.kr / http://www.seokwangsa.kr

제1판 제1쇄 펴낸날 · 2000년 2월 20일
제1판 제11쇄 펴낸날 · 2023년 8월 30일

ISBN 978-89-306-0611-0 93160

머리말

플라톤의 《국가(政體)》 편 역주서(譯註書)를 낸 지 약 2년 반 만에 《티마이오스》 편 역주서를 두 번째로 내놓게 되어 참으로 흐뭇하다.

플라톤의 대화편들을 헬라스어 원문으로 읽으려 할 경우에, 그 중에는 모처럼 읽기로 작심했다가도 끝내 다 읽어 내기 힘든 것들이 몇 개 있다. 《국가(政體)》 편과 《법률》 편 그리고 《티마이오스》 편이 특히 그러하다고 할 것이다. 앞엣것들 둘은 그 분량이 워낙 많아서고, 마지막 것은, 비록 그 분량은 앞엣것 각각에 비해 1/4 정도밖에 안 되지만, 부분적으로 워낙 난해한 대목이 많아서다. 그래서 대학원 강의에서도 이걸 논의를 곁들여 다 읽어 내려면, 꼬박 몇 년은 잡아먹게 되어 있다. 어떤 곳(71a3~d4)에서는 한 문장이 깨알 같은 글자체로 거의 한 면을 다 채울 정도인데, 반쪽을 채우는 정도의 문장은 차라리 예사로울 지경이다. 마치 사람의 인내력을 시험하기 위한 의도로 버티고 서 있는 수문장 같다는 생각이 들 지경이다. 그런데도 이 대화편을 읽지 않고서는 플라톤 철학을 제대로 이해할 수 없게 되어 있으니, 언젠가는 반드시 이 관문은 통과하지 않으면 아니 되는 성질의 것이다. 그만큼 이 대화편은 플라톤 철학의 체계적 이해를 위해서는 아주 중요한 것이다.

그런데 이 역주서로 해서 이 어렵고도 중요한 대화편을, 본문과 대비해서 그 양이 거의 반반인 각주까지 합해서, 불과 며칠 사이에 읽어낼 수 있게 되었으니, 학계를 위해서는 가히 쾌재를 부를 만한 일일 것도 같다는 자위를 하게 된다. 원전 독해의 어려움에 치어서, 그 원전이 제기하는 여러 가지 문제에 대한 논의와 고찰 자체를 활발하게 하기가 어렵게 되어 있는 우리의 처지가 내게는 아린 마음으로 가슴을 저미어 왔던 게 사실이기 때문이다. 저번의 《국가(政體)》와 이번의 이 역주서로 해서, 적어도 이 두 대화편과 관련되는 한, 원전 해독의 어려움을 덜고서, 우리도 그런 논의와 고찰을 활성화해 갈 수 있게 되기를 바라는 것은 이런 수고를 자청해서 한 사람이 할 만한 것일 것이다.

이 역주서는 표지에 적힌 대로 공동 작업의 성과물이다. 김영균 교수가 박사 학위 과정에서 일차로 번역했다가 나중에 다시 손질한 것을 갖고서 내 자신이 오랜 기간 동안 간간이 손을 대 오다가, 지난 2월 하순부터는 본격적으로 덤벼들었다. 마침 정년을 한 해 앞둔 터라, 한 학기 한 강좌만 맡으면 되는 대학의 배려 덕에다가, 박사 과정 마지막 학기의 개별 지도 시간의 대상 학생인 김종문 군이 원래는 물리학도였다가 희랍 철학을 전공하게 된 터여서 이 대화편에 대한 관심도 많은지라, 아예 이 역주 작업을 이번 기회에 끝내기로 작심하고 작업에 들어갔다. 나는 김 교수의 초고를 반 이상 고치는 대대적인 개역과 주석 보완을, 김 교수는 주로 참고 문헌을 뒤지는 주석 작업에 집중적으로 매달렸다. 매주 한 차례씩 내 연구실에 모여서 일주일 동안의 작업 성과를 유인물로 복사해 갖고서 재검토를 거치며, 보완을 거듭한 다음, 김 교수가 컴퓨터에 입력했다. 우리의 모임에는 물론 김종문 군과 이기백 박사, 김태경 박사 그리고 석사 과정 학생들 몇이 거의 빠지지 않고 참석해서, 그들의 의견을 듣는 기회도 가졌다. 이 모임은 여름 방학 중에도 계속되었지만, 이 작업의 4/5 정도를 끝내 가던 9월 초부터는 개학과 함께 더 이상 갖지 못하고, 김 교수와 나만 전자우편으로 파일을 주고받으며, 또는 만나기도 하며 나머지 작업을 끝맺었다. 낱말 하나하나, 주석 하나하나를 그 이상 철저할 수 없을 정도로 꼼꼼하게 챙겼으니, 이 역주서에 대한 책임은 전적으로 내게 있다. 그리고 이 대화편에 대한 해제는 내가 했다. 지난 9개월간, 나도 김 교수도 오로지 이 일을 위해서 사는 사람들처럼 거의 매일같이 밤늦게까지 이 일에 매달려 왔으며, 두 사람 다가 몇 번씩 탈진 상태에 빠지기도 했다. 만약 나 혼자서, 그것도 방학 때만 이 작업에 매달려 왔다면, 이 역주서는 아직도 잘 해서 3, 4년 뒤에나 햇빛을 볼 수 있었을지도 모를 일이다.

참고 문헌 목록에는 이 역주서의 대본이 된 원전들과 역주서 및 주석 그리고 해제(解題)를 위해 실제로 참고했던 것들만이 수록되어 있다. 특히 광범위한 주제별 참고 문헌 목록이 필요한 사람은 뤽 브리송(Luc Brisson)의 역주서에 수록되어 있는 것을 참고하면 되겠다. 전체 '차례'에 수록된《티마이오스》편의 목차는 원전에 있는 것이 아니라, 다만 독자의 편의를 위해 논의 진행의 내용들을 순서에 따라 나열한 것일 뿐이다.

그리고 이 역주서에《크리티아스》편의 역주도 함께 수록하는 것이 좋겠다는 생각도 한때는 했지만, 이미 지쳐 버린 상태라 다음을 기약하면서, 해제에 나오는 관련된 언급들로 그 아쉬움을 대신한다.

이제 이 책이 이런 모습으로 세상에 나오게끔 도움을 준 분들에 대한 감사의 뜻을 표할 차례인 것 같다.《티마이오스》편에 관한 한, 가장 많은 업적을 낸 세계적인 전문 학자인 CNRS의 뤽 브리송 교수는 참고 문헌 목록에 수록되어 있는 그의 책들 거의 다와 논문도 수시로 보내 주었는데, 그 도움은 이 역주서 곳곳에 기록으로 남아 있다. 그 밖에도 그는 내가 그를 처음으로 만난 1992년 이래로 수많은 자기 책을 우정과 함께 보내왔다. 그의 가없는 우의에 대한 더할 수 없는 고마운 마음을 이 기회를 빌려 전하고 싶다. 그리고 의학적인 설명 및 용어들과 관련해서는 가톨릭대학교 의과대학의 심상인 교수의 도움을 받았으며, 음악 이론과 관련된 주석을 다는 데 있어서는 청주대학교 한국음악과의 이경희 교수의 도움을 받았다. 천문학 및 수학과 관련된 사항들에서 자료 및 용어 조사 그리고 설명 방식 등에 있어서 김종문 군은 적잖은 도움을 주었다. 그리고 이기백 박사와 김태경 박사는 우리의 모임에 부지런히 참석해서 가끔 좋은 의견을 말해 주었다. 또한 박은진 박사와 정준영 박사 그리고 박사 과정의 장동익 군도 도움을 주었던 것 같다. 두루 사의를 표한다.

플라톤과 아리스토텔레스의 역주서 간행에 지대한 관심과 열의 그리고 긍지를 갖고 있는 서광사의 김신혁 사장에게 이 두 번째 선물을 또 안겨 드리게 되어 참으로 기쁘다.

1999년 11월
박종현

차례

≪티마이오스≫ 해제

《국가(政體)》 편은 소크라테스가 전날 아테네의 외항(外港) 피레우스에서 가졌던 기나긴 대화의 내용을 누군가에게 들려 주는 형식으로 되어 있다. 그런데 이 대화편에서 언급된 내용의 일부(주로 제2권 369 ~제5권 471의 내용) 요지를 소크라테스가 다시 상기시키는 형식으로 《티마이오스》 편이 시작되고 있을 뿐더러 이를 바로 전날 소크라테스가 들려 주었던 것으로 말하고 있다. 그래서 《티마이오스》 편은 자칫 《국가》 편에 바로 이어지는 대화편이고, 《국가》 편에서 익명 상태로 소크라테스의 이야기를 듣는 것으로 되어 있던 그 '누군가'는 바로 《티마이오스》 편에 등장하는 소크라테스의 대화 상대자들인 걸로 받아들이기 쉽다.

그러나 이들 두 대화편에서 언급되고 있는 두 축제가 서로 다른 것들이기 때문에, 똑같이 언급되고 있는 '전날'도 각기 다른 시기의 것이다. 《국가》 편 제1권의 327a 및 354a에서 언급되고 있는 축제는 '벤디스 여신의 축제'(Bendideia)이고, 이 축제는 당시의 아테네 달력으로는 타르겔리온 달(Thargēliōn: 4월 하순~5월 하순)의 19일(5월 중순)에 있었다. 반면에 《티마이오스》 편(21a, 26e)에서는 아테네 여신의 탄생을 기리는 판아테나이아(Panathēnaia) 축제가 언급되고 있는데, 이 축제는 헤카톰바이온 달(Hekatombaiōn: 6월 하순~7월 하순)의 28일에 열렸다.

따라서 우리는 《국가》 편에서 제시된 이상적인 '훌륭한 나라'(agathē polis) 또는 '아름다운 나라'(kallipolis)의 체제에 대한 소크라테스의 언급을 다만 일회적인 것으로 국한시킬 필요도 없겠지만, 그 내용이 연상(聯想)에 의해서 《티마이오스》 편 및 《크리티아스》 편으로 어쩌면 자연스럽게 연결되도록 하는 구상을 굳이 차단할 이유도 없겠다.

한데, 이런 사정이 《티마이오스》 편 및 《크리티아스》 편을 플라톤의 저술사적 시기 중에 어디에 속하는 것으로 볼 것인가 하는 문제와 맞물려 큰 논란거리를 제공하게 된다. 대체로, 플라톤의 대화편들은, 그가 40세 무렵에 떠났던 시라쿠사이까지의 여행에서 아테네로 돌아와 42세 무렵(385년경)에 아카데미아 학원을 수립한 것을 기점으로 하여, 그 이전의 것들은 초기 대화편들로 분류된다. 그리고 그 이후부터, 그가 주변 사람들의 강력한 권고에 따라 시라쿠사이로 디오니시오스 2세 및 디온의 초청에 응하여, 그곳으로 간 60세(367년)까지의 대화편들은 중기 것들로 분류된다. 시라쿠사이로 간 플라톤은 2년을 부질없는 일로 보내고 돌아온다. 그러니까 62세(365년) 이후, 66세이던 해(361년)에 부득이하여 다시 시라쿠사이로 갔다가 이듬해(360년)에 돌아왔던 1년이 좀더 되는 기간 동안의 공백을 빼고서, 그가 타계한 347년(80세)까지 저술된 것들로 간주되는 대화편들은 후기의 것들로 분류된다.[1] 그러면 《티마이오스》 편은 후기에 속하는가 아니면 중기에

1) 플라톤의 생애 및 저술 그리고 그의 철학에 대한 개괄적인 설명은 《국가(政體)》(서광사, 1997)에서 이미 했으므로, 더 자세한 언급은 하지 않기로 한다.

속하는가? 디오게네스 라에르티오스(III, 37)에 의하면, 플라톤의 대화편들 중에서 최대 분량의 것인 《법률》 편은 파피루스로 만든 두루마리에 미처 정서되기 전 상태인 밀랍 서판들에 적힌 그대로였다고 하는데, 이는 그가 80세로 타계하기까지 이 대화편을 아직도 탈고하지 않은 상태로 갖고 있었다는 것을 의미한다. 이런저런 이유로 《법률》 편이 플라톤의 마지막 대화편이라는 데는 대체로 이론이 없다. 이를 근거로 문체 또는 어법 통계를 통해 확인된 바로는 시기적으로 《법률》 편에 가장 가까운 것이 《필레보스》라는 데 대해서도 대개 동의한다. 그리고 《소피스테스》 편 및 《정치가》 편도 이들 둘보다는 앞선 것들이되, 《파르메니데스》 편 및 《테아이테토스》 편보다는 뒤엣것들이라는 데 대해서도 이의를 제기하지 않는다. 그러나 《티마이오스》 편 및 《크리티아스》 편은 어떻게 되는가? 전통적으로 이 둘은 《필레보스》 편과 《법률》 편을 제외하고는 맨 뒤엣것들로 간주되어 왔고, 이는 19세기에 시작된 문체론적 연구 결과에 의해서도 부동의 것으로 간주되어 왔다. 그러나 1953년에 오웬(G. E. L. Owen)이 발표한 논문[2]으로 해서 이 문제는 큰 논란거리가 된다. 그는 《티마이오스》 편이 실은 플라톤 자신의 야심 차고 자신감이 더해 가던 시기의 절정기 것인데도, 이걸 후기 것으로 분류한 일은 불행한 일이라며, 《국가(政體)》 편 그룹의 끝, 즉 중기 끝이 제자리라고 주장했다. 그는 아마도 중세에 있어서 이 대화편이 갖는 특권적인 지위가 이것을 플라톤의 가장 원숙한 이론들을 구현한 것이라는 확신을 굳혀 갖게 하는 걸 도왔을 것이라고 보았다. 그러면서 그는 혼의 세 부분설, 선분의 비유와 연관되는 언급, 본(paradeigma)으로 간주되는 형상(形相)의 이론 등, 여러 가지 것이 《국가(政體)》 편의 연장선상에 있는 것으로 볼 수 있다는 주장을 폈다. 그러나 그의 주장의 핵심은 플라톤이 《파르메니데스》 편을 통해

2) The Place of the *Timaeus* in Plato's Dialogues. 이것이 수록되어 있는 책의 이름은 참고 문헌 목록에서 찾을 것.

형상 또는 이데아를 '본'으로 보는 것에 대해 스스로 자기 비판을 하며, '본'의 성격을 갖는 형상 이론을 폐기한 것으로 보았다는 데 있다. 따라서 아직도 형상이 '본'으로 언급되고 있는 《티마이오스》 편은 형상 이론과 관련된 이 자기 비판적인 시기의 것인 《파르메니데스》 편보다도 앞서는 것으로 봄이 당연하다는 입장이다. 그러나 플라톤이 형상 또는 이데아에서 '본'의 역할을 폐기했다는 것은 오웬과 그의 동조자들의 희망 사항이었을 뿐이다. 오히려 형상 이론(이데아 설)을 잘못 이해하고 있는 경우의 적나라한 사례들을 수집해서, 형상 또는 이데아를 그런 식으로 이해하는 것은 근본적으로 잘못하는 것임을, 그의 대화편들이 으레 그러듯, 산파술적으로 스스로 깨닫도록 유도하고 있는 것으로 보는 것이 옳을 것이다. 왜냐하면 '감각에 의해서 지각할 수 있는 것들'(ta aisthēta)과 '지성에 의해서[라야] 알 수 있는 것들'(ta noēta)은 존재론적인 지평 자체가 다르기 때문이다.[3] 게다가 플라톤은 《파르메니데스》 편 이후에 형상 이론과 관련해서 자기 비판을 한 것이 아니라, 《파이돈》 편 및 《국가(政體)》 편 등의 중기 대화편들에서 선보인 형상 이론을 오히려 본격적으로 심화시키며 체계화하는 작업을 했다. 이는 비록 중기 대화편이기는 하지만 《국가(政體)》 편보다는 뒤엣것인 《파이드로스》 편에서 부분적으로 시도되었다가, 후기의 것들인 《소피스테스》 편 및 《정치가》 편에서 본격화했으니, 이것들에서 그는 다름 아닌 형상들 또는 이데아들끼리의 결합 관계(koinōnia)를 다루고 있다. 형상들의 결합 관계라는 새로운 이론 장치를 통해서 《소피스테스》 편에서는 '소피스테스'라는 부류의 인간들이 행하고 있는 여러 가지 행태를 그 '기능'(ergon)에 있어서 '본'으로서 포착하며, 《정치가》 편에서는 참된 '치자'(治者)의 '기능'이, 즉 참된 치술(治術)이 어떤 것인지를 직조술(織造術: hyphantikē)을 원용해서 정확히 드

3) 이와 관련해서는 앞에서 언급한 《국가(政體)》 편의 항목에서 상당한 설명을 하고 있으므로, 여기서는 간단히 말하기로 한다.

러낸다. 따라서 그의 이데아 또는 형상에서 '본'의 성격은 없어져 버린 것이 아니라, 오히려 중후한 모습을 갖추게 되었을 뿐이요, 《티마이오스》 편과 《크리티아스》 편도 후기 대화편들 속에 포함되어야 할 것임이 이치로 따져 분명해지는데, 다행히도 문체론적 연구 성과도 같은 결론을 내리고 있다.[4)]

그러면 이 두 대화편은 《소피스테스》 편 및 《정치가》 편보다도 앞서는 것들인가, 아니면 뒤에 오는 것들인가? 이에 대해서는 양론이 있다. 문체 비교 통계는 앞서는 것으로 결론내리고 있으나, 이 순서의 차이는 플라톤 철학의 해석에 별다른 차이를 초래하지는 않는다. 이제 이 문제는 이쯤에서 접어 두기로 하는 게 좋겠다.

《티마이오스》 편과 《크리티아스》 편은 소크라테스가 《국가(政體)》 편에서 다루어진 '정체'와 관련된 일부 내용을 대화 상대자들인 티마이오스와 크리티아스, 헤르모크라테스 그리고 이름이 밝혀지지 않은 다른 한 사람에게 이야기로 들려 준 데 대한 보답의 명분으로 그가 듣게 되는 내용들을 담고 있다. 소크라테스는 자기가 이야기로 들려 준 '훌륭한 나라'의 내용에 대한 개괄을 다시 해 줄 것을 부탁받고서, 그렇게 해 준다. 그런데 소크라테스는 이 개괄적인 언급을 끝내면서 자기가 갖게 된 묘한 소감을 피력한다. 그건 그런 '아름다운 나라'가 다른 나라와 실제로 전쟁에서 겨루며, 그런 교육과 양육이 이루어지고 있는 걸 보고 싶어진다는 것이다. 그러자 마침 자기들도 그런 생각을 하고 있던 차에, 크리티아스가 자기 조부한테서 듣게 된 이야기라며 말하기를 9천 년 전의 아테네가 바로 그런 나라였다는 것이다. 이 이야기는 아테네의 유명한 정치가이며 시인인 솔론이 이집트의 승려한

---

4) 최근의 '문체(文體) 비교 통계'(stylometry)의 연구 성과와 관련해서는 다음 책들을 참고하는 것이 좋겠다. R. Kraut(ed.), *The Cambridge Companion to Plato*(Cambridge, 1992)에 실린 Kraut의 글(1장)과 L. Brandwood, *The Chronology of Plato's Dialogues*(Cambridge, 1990).

테서 듣고 와서 전한 것인데, 이것이 그 유명한 아틀란티스 섬(Atlantis nēsos)에 얽힌 전설이다. 이 섬은 현재의 지브롤터 해협을 통해 지중해를 빠져 나오면, 그 앞에 있었다는 섬인데, 그 섬은 아프리카의 서북부와 이집트 및 소아시아를 합친 것보다도 더 컸다고 하며, 10명의 형제 왕들이 장자를 최고 통치자로 삼아 함께 통치하고 있었으니, 이들은 그곳 아틀란티스 바다의 다른 섬들과 이 바다를 에워싸고 있는 진짜 대륙의 일부마저 지배했다고 한다. 이 엄청난 세력은 마침내 지중해로 들어와, 전 유럽과 아시아로 그 '오만 무례함'(hybris)의 손길을 뻗치어, 리비아에서 이집트 그리고 이탈리아의 티레니아(Tyrrhēnia)까지 손에 넣으며, 지중해 전역을 예속화하려 든다. 이에 맞서 헬라스인들을 영도하여 침략자들을 제압한 나라가 당시의 아테네였다는 것이다. 그러나 이 전승도 무위로 끝나 버리게 한 일이 뒤미처 생겼으니, 그것은 몇 차례에 걸쳐 일어난 지진과 대홍수였다. 이로 해서 아테네의 전사들도, 소수의 무지한 고산 지대의 주민들만 남겨 놓은 채, 땅밑으로 빠져들어갔고, 아틀란티스 섬도 가라앉아 버렸다고 한다. 이게 《티마이오스》 편의 서론적인 대화(17a~27b) 내용 속에 나오는 아틀란티스 섬 및 9천 년 전의 아테네에 얽힌 잊힌 전설의 줄거리이며, 이 이야기는 《티마이오스》 편에서는 일단 여기에서 끝났다가, 《크리티아스》 편에서 다시 이어진다.[5] 편의상 이 전설과 관련된 이야기를 마저

---

5) 이 가라앉아 버린 섬에 얽힌 이야기가 단순한 전설이 아니라, 상당한 역사적 사실에 근거해서 생긴 것이라는 설이 있다. 그 중에서도 제법 설득력이 있을 것 같은 것은 이런 것이다. 솔론이 전한 이야기 속의 연대인 9,000년에서 0을 하나 떼어 버린 900년 전(그러니까 기원전 15세기)에 해양 강국(해양 제국: thalassokratia)으로서 그 위세를 떨치던 크레테의 미노아 문명이 몰락했는데, 이때 실제로 크레테에서 북쪽으로 약 75km 거리에 있는 섬인 테라(Thēra)에서 화산이 폭발했다. 오늘날엔 산토리니(Santorini)로 불리는 이 섬은 이 화산 폭발 덕에 관광 명소로 알려져 있어서 수많은 관광객을 불러들이고 있다. 당시에 이 섬은 실제로 미노아 문명의 지배권 하에 있었으며, 이 미노아 문명의 세력권은 헬라스 본토의 미케네까지 뻗치어 오

하고서, 매듭을 짓기로 한다.《크리티아스》편은 솔론이 전했다는 바로 그 9천 년 전의 아테네와 아틀란티스 섬이 각기 어떤 나라였으며, 왜 그처럼 강대했던 아틀란티스 제국이 멸망하게 되었는지, 그 실마리를 말하는 데서 끝나 버린다.

옛날 옛적에 신들이 지구의 각 구역을 분배해서 차지하게 되었을 때, 오누이 사이인 아테나와 헤파이스토스는 '지혜에 대한 사랑'(philosophia)과 '기예에 대한 사랑'(philotechnia)의 성향을 함께 가진 터라 함께 아테네 지역을 배당받는다. 그들은 이 땅에서 훌륭한 사람들이 태어나 살도록 했는데, 그 당시에는 이 땅은 비옥하고 산림도 울창하여 물이 풍족한 데다가 기후마저 이상적이었다. 그리고 그들의 생활 형태는《티마이오스》편에서 개괄된《국가(政體)》편의 내용 그대로였다.

다음으로는, 이 아테네와 전쟁을 했던 아틀란티스 섬과 관련된 이야기가 이어진다. 이 나라를 할당받은 신은 포세이돈이다. 이 신은 사멸하는 인간인 클레이토(Kleitō)라는 여인과 결합하여, 다섯 쌍의 쌍둥이들을 차례로 낳게 되고, 그 후손들이 그 뒤를 잇게 된다. 이 나라는 치밀하게 계획된 엄청난 규모의 도시와 운하 및 관개(灌漑) 체계까지 갖추고 있었다고 한다. 10명의 왕들은 각기 관할 구역을 갖고 통치를 하되, 이들의 통치와 공동체는 포세이돈의 지시를 따른 것인데, 이는 이 섬의 중앙에 세워져 있는 포세이돈 신전에 기둥 모양으로 세워진 놋쇠(황동)에 최초의 왕들이 적어 둔 법과 기록으로 전해졌다. 이에 따라 이들은 5년 및 6년마다 번갈아 가며 회합을 갖고서, 제례(祭禮)를 치르며 지난 기간 동안의 위법 사항 유무를 점검하고, 그런 사건에 대해서는 적절한 제재를 가하며, 새삼 법의 준수를 다짐한다. 그들이 지키기로 한 법 조문들 중에는 서로 전쟁을 일으키지 않을 것이며, 어떤

다가 이때의 지진과 함께 쇠락하게 되는데, 어쩌면 플라톤이 이에서 어떤 암시를 받아 이 아틀란티스 섬의 설화를 꾸며 냈을 것이라는 설이다.

왕가의 전복도 꾀하지 않고, 10명 중에서 반 수 이상의 다수표에 의하지 않고서는 어느 왕도 사형에 처할 수 없다는 등의 엄격한 규정이 있었다.

그런데 신은 이 강대국으로 하여금 지중해 지역의 나라들과 맞붙게 했는데, 그것은 이런 이유에서였다고 이야기는 전한다. 이들에게 신의 성향(physis)이 충분하게 남아 있는 동안은, 이들이 여러 세대에 걸쳐 법률에 순종하며 '동류(同類)인 신적인 것'(to syngenes theion)에 대해 우호적이었다. 이들은 진실되고 모든 면에서 위대한 생각을 갖고 있었으며, 모든 사태와 서로에 대해 언제나 유연하고 슬기롭게 대처하고, 덕(사람의 훌륭한 상태: aretē) 이외의 일체를 하찮게 보아, 황금 등의 재물로 우쭐해지거나 이것들을 주체하지 못하게 되는 일이 없었기 때문이다. 이 모든 것은 덕과 함께 모두의 우애(philia)로 해서 불어난 것이지, 재물에 대한 열기와 중시는 재물과 함께 덕도 잃게 만든다는 것을 이들은 맑은 정신으로 날카롭게 간파하고 있었다. 이런 헤아림(logismos)으로 해서 그리고 신적인 성향이 이들에게 머물러 있은 덕분에 이들의 부는 늘어 갔다. 그러나 신의 성분(moira)이 많은 사멸하는 것과 여러 차례에 걸쳐 뒤섞이게 됨으로써 이들에게서 빠져 나가기 시작하고, 인간적인 성품(性品)(to anthrōpinon ēthos)이 이들에게서 주도권을 쥐게 되니, 이들은 현실을 감당하지 못하고 어느새 볼품없어져 간다. "가장 아름다운 것들이 가장 귀한 것들에서 사라지게 되니, 볼 수 있는 사람한테는 이들이 추한 모습으로 보이게 되었지만, 행복과 관련해서 진실된 삶을 볼 수 없는 사람들한테는 올바르지 못한 탐욕(pleonexia)과 권력으로 가득 차 있는 자들이 이제야말로 가장 훌륭하고 행복한 자들로 여겨졌답니다. 그러나 신들 중의 신이시며 법률로 다스리시는 제우스께서는 이와 같은 것들을 간파하실 수 있으시므로, 훌륭한 종족이 비참한 처지에 놓이게 되었다는 생각을 하시고서, 이들에게 벌(dikē)을 내리기로 결정하는데, 이는 이들이 벌을 받음으로써 한결 조화로운 자들로 되도록 하기 위해서였습니다. 온 우주의 한 가운데에 올라 생성에 관여하는 것들 일체를 바라볼 수 있는 신들의 가장 존귀한 거처로 제우스께서 신들을 모이게 하신 다음, 말씀하시길…."[6]

아쉽게도 《크리티아스》 편의 이야기는 여기에서 끊긴다. 아쉬운 것은 이것만이 아니다. 이 미완의 대화편에 이어, 남은 한 사람의 대화자인 헤르모크라테스가 대화를 주도하기로 약속한 《헤르모크라테스》 편은 아예 불발로 끝났다. 착수되지도 않은 이 대화편을 통해서 플라톤이 하려고 했던 이야기가 무엇이었을지를 추측해 본다는 것은 흥미롭기는 하겠으나, 실은 부질없는 일이다. 따라서 여기서는 우리가 확보한 언급들을 갖고서 이야기를 하기로 한다.

비록 《크리티아스》 편이 미완의 것이기는 하지만, 이 대화편과 《티마이오스》 편에서 언급된 아틀란티스 섬의 전설에 얽힌 이야기를 통해 플라톤이 아테네인들에게 말해 주려던 최소한의 교훈은 분명해지는 것 같다. 그것은 무엇보다도 '히브리스'(hybris)에 대한 경각심과 이성(logos) 및 지성(nous)의 회복일 것이다.

나는 앞에서 그리고 《국가(政體)》 편(451a의 주석을 참조할 것)에서도, 달리 적절한 한마디 낱말을 찾지 못해, '히브리스'를 '오만 무례함'으로 옮겼다. '히브리스'는 '남의 권리나 명예 그리고 예절에 맞는 느낌(禮節感)'[7]과 관련해서 상대에게 치욕이나 모욕의 느낌을 갖게 하는 행위를 가리키는 말이다. 이것을 아테네와 같은 민주적 의식이 강했던 시민 사회에 적용해서 말한다면, 그것은 신체적·성적인 폭력과 관련된 것일 수도 있고, 시민의 지위와 권리 또는 사회적 위신에 대한 손상과 관련된 것일 수도 있으며, 일체의 체면과 관련된 것일 수도 있다. 오늘날 우리가 시민의 기본권과 관련된 침해로 말할 수 있는

6) 《크리티아스》 편, 121b~c.

7) N.R.E. Fisher, *Hybris*(Warminster, Aris & Phillips, 1992), 111면 참조.

모든 것을 아테네인들은 '히브리스'라는 말로 표현했다고 말할 수 있겠다.[8] 이에 대한 재판을 요구하는 것이 아테네의 이른바 '히브리스 사건의 기소'(graphē hybreōs)로서, 이는 아테네 시민이면 누구나 기소할 수 있게 솔론 이후로 제도화되어 있었던 것이다. 그러나 '히브리스'는 비단 시민 사회의 법적인 문제에 국한시켜 말할 것은 아니다. 오히려 헬라스 신화를 통해서 '히브리스'의 문제는 진작부터 다루어져 왔기 때문이다. 이는 주로 델피의 아폴론 신전 입구에 새겨져 있던 옛말, 즉 "너 자신을 알라"(Gnōthi sauton)든가 "무엇이나 지나치지 않게"(Mēden agan)라는 옛말의 가르침을 어기는 것과 관련되는 것들이다. 그건 인간인 주제에 인간의 분수를 지킬 줄 모르는 행위들과 관련된 것이었으며, 이에 대한 징벌이 '응분의 것을 되돌려 배분해 주는 것'인 '네메시스'(nemesis)이다. 이게 신격화된 것이 또한 '네메시스 여신'(Nemesis)이기도 하다.

그런데 '히브리스'가 도덕적인 관점에서 문제되는 것은 절제(sōphrosynē) 또는 자제력(enkrateia)과 관련되어서다. 이는 사회적·국가적 규모의 것일 수도 있고, 개인적인 것일 수도 있다. 플라톤의 《파이드로스》편(237e~238c)을 보면, '히브리스'에 대한 이런 언급이 보인다. "판단이 이성(理性: logos)에 의해서 최선의 것(to ariston)으로 인도되고 억제될 경우에, 이 억제(kratos)에 대해 절제라는 이름이 주어진다. 반면에 욕망(epithymia)이 우리 안에서 비이성적으로(alogōs) 쾌락(hēdonē)으로 이끌리고 지배받게 될 경우에, 이 지배(archē)에 대해 '히브리스'라는 이름이 붙는다. 그렇지만 '히브리스'는 여러 이름을 갖는 것이다. 왜냐하면 그것은 여러 갈래의 것이고 여러 부분을 갖기 때문이다. … 욕망이 먹을 것과 관련해서 최선의 것인 이성 및 다른 욕망들을 제압하게 될 경우에, 이는 대식(大食)이라 불리며, … 음주

8) Fisher의 같은 책, 494면 참조.

와 관련해서 욕망이 참주 노릇을 하며 이것에 사로잡힌 사람을 이런 식으로 이끌고 갈 경우에, 어떤 호칭을 얻게 될 것인지는 분명하다." 여기에서 보듯, '히브리스'에는 여러 종류의 것이 있을 수 있다.

앞에서 말했듯, 지금으로부터 쳐서 약 1만 천오백 년 전에 아틀란티스가 그 막강한 힘과 부에 도취되어 다른 나라의 자존심(aidōs)을 짓밟으려 든 것도, 기원전 490~479년 사이에 세 차례에 걸쳐 일찍이 페르시아가 헬라스에 굴종(douleia)을 강요하며 침략했던 것도 '히브리스'의 사례들이다. 그런 피해자였던 아테네가 제국화되어 가면서, 헬라스의 다른 나라들에 대해 '히브리스'의 행위를 자행하게 되었으니, 그 대표적인 사례가 레스보스 섬의 미틸레네(Mytilēnē)에 대한 끔찍스런 아테네인들의 결정이었다. 자주권을 요구하는 미틸레네에 대해 427년에 아테네인들은 민회에서 미틸레네의 성인 남자들을 모두 사형에 처하고 아녀자들은 노예로 삼을 것을 의결하고, 이 결정을 집행하는 삼단 노의 전함을 떠나보낸다. 그러나 다음날 민회는 다시 소집되고, 전날의 결정은 사소한 표차로 철회된다. 곧바로 이 결정을 알리기 위한 삼단 노의 전함이 급파된다. 앞서 떠난 전함은 천천히 가고, 뒤따르는 전함은 필사적으로 전력을 다한 노군들의 수고 덕에 천만 다행으로 뒤따라 도착함으로써 야만스럽고 처절할 뻔한 살육의 변고는 일어나지 않았다.

그렇다면 이런 모든 '히브리스'는 무엇에서 비롯되는가? 그것은 인간들에게 있어서 이성(logos) 또는 지성(nous)이 그 주도권을 잃게 되어서다. 신화 시대부터 헬라스인들은 인간을 '죽음을 면할 수 없는 종족'(to thnēton genos)이라거나 '사멸하는 자들'(thnētoi)이라 했는데, 이와는 대조적으로 신들을 '죽지 않는 자들'(athanatoi)이라 하였다. 따라서 영생하는 이들에 비해 인간은 하루살이들(ephēmerioi)일 뿐이라는 자기 비하를 하며 지내던 헬라스인들이 차츰 자신들한테서 하루살이들의 것들이라고는 믿어지지 않는 비범한 것들을 찾아내기 시작하면서, 이걸 '신적인 것'(theion)이라 지칭하기 시작했다. 이성과 지성이야 말로 바로 그런 것이라고 본격적으로 말하기 시작한 사람이 소크라테스요 플라톤이었다. 이제 "너 자신을 알라"는 옛말은 "인간에게는 바로 그런 신적인 것이 있음을 알라"는 뜻으로, "무엇이나 지나치지 않게"는 "자신 안에 있는 바로 그런 신적인 것이 이끄는 대로 따름으로써 지나친 짓을 삼갈지니라"는 뜻으로 이해하도록 그들은 유도하고 있었다고 볼 수 있을 것이다. 저 아틀란티스의 전설은 바로 그런 메시지를 전하고 있는 것이다. 인간들에게서 그런 '신의 성향'이나 '신의 성분'이 사라져 가면서, 추한 모습으로 바뀌어 가는 종말이 어떻게 될 것인지를 경고하고 있는 것이 아틀란티스 이야기이다. 우리는 《티마이오스》 편의 마지막 부분에서 '지성 및 어리석음(anoia)의 상실 또는 획득에 의해서' 인간의 모습이 어떻게 바뀌는지에 대한 자못 상징적인 언급에 접하게 된다. 인간에게 있어서 '신의 성향'이며 '신의 성분'인 이성 및 지성이 그 주도권을 회복해 갖는 것만이 독버섯처럼 자라고 있는 '히브리스'를 인간 자신에게서 떨쳐 버릴 수 있게 해 주는 최선의 처방임을 이 대화편들을 통해 플라톤은 애써 말하고 있다.

비단 나라끼리의 '히브리스'만이 심각한 문제를 일으키는 게 아니다. 앞에서 원문 그대로 인용된 《크리티아스》 편의 구절도 한 나라에 팽만한 '히브리스'의 풍토와 그 징벌을 말하고 있는 것이다. 역시 앞에서 인용된 《파이드로스》 편의 구절에서도 인간들에게 생길 수 있는 다양한 '히브리스'의 유형과 그것들이 근본적으로 무엇에서 비롯되는지를 말하고 있다. 플라톤의 최후·최대 대화편인 《법률》 편도 실은 이 문제를 해결하기 위한 시도로 집필된 것이라 말해도 무방할 것이다. 이 대화편(693d~701e)에서는 일인 통치 체제(monarchia)의 극단적인 경우로 페르시아의 유형을, 그리고 민주 정체(dēmokratia)의 그것으로는 아테네의 것을 들고 있다. 물론 여기에서 든 아테네의 민주 정체는 한때는 건전했으나, 어느새 너무나도 도가 지나친 상태로 된 것이다. 사람들이 누구나 식자처럼 행세하고, 두려워하거나 어려워하고 삼가야 할 아무 것도 없다 보니, 고약한 파렴치(anaiskhyntia)가 일어, 부모나 어른들에 대한 섬김은 아랑곳없이 그 충고를 따르는 일도 없으며, 마침내는 법에도 복종하지 않으려 하며, 서약마저 무시하게 된다. 페르시아의 경우도, 이런 아테네의 경우도 바로 '히브리스'가 넘치는 상황이다. 그래서 입법자(nomothetēs)가 법을 제정하면서 유념해야만 하는 것은 나라가 지혜(phronēsis) 또는 지성(nous)과 함께 자유(eleutheria)와 우애(화목: philia)를 갖추도록 하는 것이라고 되풀이해서 강조하고 있다.[9] 그래서 한 나라의 법(nomos)은 '지성(nous)의 배분(dianomē)'이라고 말할 수 있게[10] 되어야만 한다고 말하고 있다. 이제 '히브리스' 자체의 문제와 관련된 언급은 이 정도로 그치고, 《티마이오스》 편의 본론으로 옮겨가기로 한다.

이 대화편은 아틀란티스 섬에 얽힌 전설 부분과 관련된 크리티아스의 짤막한 이야기가 끝나고, 합의된 순서에 따라 티마이오스가 우주의 탄생에서 인간 및 다른 생물들의 탄생에 이르기까지를 이야기하는 것을 그 본론으로 삼고 있다. 그러나 우리는 사실상 이를 플라톤 자신의 우주론으로 알고 있거니와, 여기서도 그런 전제 아래 이 대화편과 관련된 언급을 하게 되겠다.

《국가(政體)》 편에서는 '올바름'(正義: dikaiosynē)이 무엇인지를 알기 위해서 개인보다는 규모가 큰 나라(polis)에서 먼저 그것을 찾아낸 다음, 그것이 개인에게 있어서도 그대로 타당한 것인지를 알아보는 순서를 밟는다. 그러나 이 대화편에서 다루게 되는 나라는 현실의 어떤 나라가 아니라 '논의를 통해서' 수립해 보는 것이다. 물론 '올바름'을 드러내 보여 주는 나라이려면, 그것은 '훌륭한 나라'(agathē polis)이며 '아름다운 나라'(kallipolis)여야만 할 것이다. 따라서 그런 나라의 수

9) 《법률》 편, 693b~e, 694b, 701d를 참조할 것.

10) 《법률》 편, 714a를 참조할 것.

립을 통한 '올바름'(正義)의 발견과 함께 그런 삶의 방식이 어떤 것인지도 밝혀지게 된다. 반면에 《티마이오스》 편에서는 우주가 '가장 위대하고 최선의 것이며 아름답고, 가장 완벽한 것으로서 탄생된 것'으로 선언되고 있다. 이는 이미 있는 우주를 '논의'(logos) 또는 '이야기'(mythos)를 통해서 재구성해 보는 과정을 거쳐서 내린 결론이다. 그러니까 앞엣것은 정작 나라와 개인에 있어서 '좋음'(善: to agathon)이 실현을 보려면, 나라는 기본적으로 어떤 구조를 가져야만 하며 개인은 어떤 삶의 태도를 취해야만 하는지를 보여 주려 하고 있고, 뒤엣것은 아름답고 최선의 것인 우주가 그 '좋음'을 드러내는 과정을 기술(記述)하는 형식을 취하고 있는 셈이니, 이는 우주에 있어서 '좋음'(善)이 원리(archē)가 되고 있음을 밝히어 보여 주려 하고 있다고 말할 수 있겠다.

플라톤은 《국가(政體)》 편(505a, 517c, 540a 등)에서 '장차 사적으로나 공적으로나 슬기롭게 행하고자(prattein) 하는 자', 그런 사람으로서 나라를 통치하게 될 사람이 터득해야 할 '가장 중요한(최고의) 배움'을 '좋음(善)의 이데아'에 대한 앎이라 하며, 이 '좋음(善) 자체'(to agathon auto)를 '혼의 눈'을 통해서 보게 됨으로써 이를 '본'(paradeigma)으로 삼게 되어, 올바른 처신과 함께 나라도 제대로 통치할 수 있게 된다고 했다. 그러나 그것이 왜 그럴 수밖에 없는지에 대해 그가 부연 설명을 하지는 않는다. 그는 다만 '좋음의 이데아'가 다른 모든 이데아에 대해 인식론적 그리고 존재론적 근거가 되고 있음을, 태양이 다른 사물들에 대해서 갖는 관계에 빗대어, 말하고 있을 뿐이다(508e~509d). 따라서 이 '좋음(善)의 이데아'에 대한 우리의 궁금증은 《국가(政體)》 편을 통해서는 더 이상 풀릴 길이 없다.

한데, 이제 《티마이오스》 편에서 우리는 이 '좋음'(to agathon)이 우주 창조에 있어서 다름 아닌 '원리'(archē)가 되고 있음을 발견하게 됨으로써[11] 이 궁금증을 어느 정도 풀 길을 찾게 된다.[12] 그 자체가

'아름다운 질서 체계'(kosmos)를 의미하는 우주(kosmos, to pan)의 탄생 과정에 있어서 '좋음'이 창조자를 매개로 하여 어떻게 실현되는지를 우리가 보게 되기 때문이다. 그런데 플라톤은 이 우주의 창조자(만든 이: poiētēs)를 놀랍게도 '데미우르고스'(dēmiourgos)[13]라고도 하고, '구성한 이'(ho synistas, ho syntheis, ho tektainomenos)[14]라고도 한다. 이 낱말들은 일상적으로는 장인(匠人)이나 목수를 뜻하는 말이기 때문이다. 장인이나 목수는 자기들이 입수할 수 있는 소재, 즉 자기들에게 주어진 것을 갖고서, 어떤 구실(ergon)을 하게 될 자기들의 제작물 또는 구성물을 자기들 나름으로 '최선'을 다해 잘 만들어 냄으로써, 그들 나름으로 그것들에 있어서 '좋음'을 실현하고자 하는 자들이다. 사람들(dēmos)에게 필요한 '좋은' 가구나 '좋은' 도자기 등이 만들어지는 것은 그들의 그런 생각(dianoia) 때문이다. 하지만 '주어진 것'(to paron)을 갖고서 무엇인가를 훌륭하게 '만드는 행위'(dēmiourgia)가 어찌 그들만의 행위(praxis)이며 그들만의 일(ergon)이겠는가? 실은 한 나라의 참된 치자(治者)도 자유나 올바름 등의 가치를 그 나라에 실현하는 '데미우르고스'이기는 마찬가지이니, 그런 의미에서 그도 그만한 땅덩이와 그만한 인적 또는 물적 자원을 가진 나라에 있어서 그 나름의 '좋음'(善)을 실현하는 자이다. 개인의 인격적 실현도 같은 시각으로 보아야 할 성질의 것이기는 마찬가지일 것이다.

이 간단한 언급을 통해서도 플라톤의 이 '데미우르고스' 사상(思想)

---

11) 《티마이오스》 편 29e~30a에서 본문 및 관련된 주석을 참조할 것.

12) '좋음'(善)의 문제를 본격적으로 다루고 있는 대화편은 《티마이오스》 편보다도 더 후기의 것인 《필레보스》 편이다. 그러나 여기에서는 이 대화편에서 다루어지는 '좋음'에 관해 별다른 언급을 하지는 않을 생각이다. 다만 언젠가는 이 대화편 자체에 대한 역주(譯註)나 이와 관련된 저술을 필자가 따로 생각하고 있다는 점은 미리 밝혀 둔다.

13) '데미우르고스'의 본뜻에 대해서는 본문 28a의 해당 주석을 참조할 것.

14) 이 낱말의 본뜻도 본문 28c에서 해당 주석을 참조할 것.

이 무엇을 시사하고 있는지 어느 정도는 우리가 짐작할 수 있게 된 것 같다. 우주가 만들어지는 것에서부터 장인들의 기술(technē)적 제작 행위나 나라의 수립과 그 경영 그리고 개인의 인격 형성[15]과 삶의 태도에 이르기까지 같은 이치(logos)가 적용되고 있으니, 이것들에 있어서 적용되는 일관된 원리 또한 같은 것일 수밖에 없겠는데, '좋음'이 바로 그것이라는 게 그의 생각이다. 그렇다면 '좋음'이 원리(archē)로 된다는 것은 도대체 무엇을 의미하는가? 원리를 뜻하는 헬라스어 '아르케'에는 시작 · 근원 · 기원 · 원칙 · 관직 · 지배 · 왕국 등의 뜻도 있는데, 여기에서 의미하는 '원리'는 우주라는 전체 속에 존재하는 모든 사물이 따르는 원칙이어서, 결과적으로 그것들 모두의 존재 방식을 포괄적으로 이해하는 데는 그것을 원리로 삼을 수밖에 없음을 의미한다. 다시 말해서 '좋음'이 우주라는 전체 영역(왕국)을 결과적으로는 지배하게 되는 원리로 보도록 플라톤이 우리를 유도하고 있는 셈이다.[16] 플라톤의 우주론이 강력히 시사하고자 하는 것도 바로 이 점일 것이니, 우리가 읽어 내야만 할 참뜻도 거기에 있을 것이다. 실상 그의 우주론은 우주에서 작용하는 지성적 또는 이성적인 것의 이치와 그런 것의 규칙성 및 질서 등을 사람이 배워서 본받는 것이 인간으로서 선택할 수 있는 '최선의 삶'(aristos bios)임을 천명하고 있는 것이다. 이는 우주적 질서에 모든 것이 동화(同化: homoiōsis)되어 편입되어야 함을 강조하는 것이기도 하다. 이렇게 볼 때, 《티마이오스》 편에 등장하는 '데미우르고스'는 어떤 점에서는 '좋음'의 원리가 신격화된 것이라고도 볼 수 있으며, 또한 더 나아가, 그 '좋음'이 실현되는 데 있어서는 지극히 지성적 또는 이성적인 방식으로 이루어진다는 점에서

15) 이를테면 《국가(政體)》 편 500d를 참조할 것.

16) 《창세기》를 보면, 천지 창조를 하기 시작한 하느님이 이틀째부터 당신의 창조 결과를 날마다 바라보며 흐뭇해하는 모습을 이렇게 적고 있다. "하느님께서 보시니 참 좋았다"라고.

그는 지성(知性: nous)의 화신이기도 하다. 이런 성격을 갖는 '데미우르고스'의 구성적인 기술(技術: technē)의 창출물이 이 우주인 것으로 말하고 있으니, 플라톤의 우주론은 형이상학적이면서도 기술적 창출 과정을 모델로 삼은 우주론인 셈이다.

한데, 우리가 여기에서 화이트헤드의 다음과 같은 주장을 짚고 넘어가는 것도 의미 있는 일일 것 같다.[17] 그는 "만약에 우리가 세계를 선행하는 상태들에 의해 결정되는 하나의 물리적 체계(a physical system)로 바라보면, 그것은 우리에게 한결같이 아래로 흘러가는—그 활동들과 다양성들을 잃어 가는—하나의 유한한 체계의 광경(the spectacle of a finite system)을 보여 준다"고 하면서, 자연에는 이런 '물리적 소멸의 측면'(the aspect of physical decay)과는 반대 방향으로 '상향하는 어떤 성향'(some tendency upwards)도 있다는 것을 강조하는 우주론을 펴고 있다. 집을 짓되 아름다운 집을 짓고, 도시를 이루는 것이나, 해마다 봄이면 새로워지는 자연, 모든 것을 건조한 쪽으로 몰고 가는 불타는 듯한 사막에서도 확인하게 되는 물을 향한 강한 열망(appetition), 그리고 특히 그런 강한 열망들 또는 성향들 중에서도 '아름다움에 대한 어떤 즐거움에 의한 미적(美的) 만족을 향한 강한 열망'(the appetition towards esthetic satisfaction by some enjoyment of beauty) 등은 단순한 물리적 성향이나 질서 밖에 있는 있는 것이라 하면서, 이런 걸 통틀어 '이성의 지배'(the reign of Reason) 현상으로 말하고 있다. 요컨대, "적합성의 법칙(a rule of fitness)에 따른 열망들에 대한 선별이 있다. 이 이성의 지배는 흔들리고 분명하지 않으며 희미하다. 그러나 그것은 있다"는 것이 그의 우주관이다. 그의 이런 우주론적 형이상학은 어느 의미에 있어서 지극히 플라톤적인 것이기도 하다.[18] 아닌게 아니라, "유럽의 철학적 전통에 대한 가장 안전한 전반

17) 이하에서 언급하게 되는 화이트헤드의 주장은 주로 그의 *The Function of Reason*(Beacon Press, Boston, 1958), 88~90면에 있는 내용이다.

적인 특징적 규정은 그것이 플라톤에 대한 일련의 각주(脚註)로 이루어져 있다는 것이다"[19]라고 말했던 사람이 바로 그가 아니던가!

그런데, 모든 진지한 제작 행위에는 그 본이 되는 것이 전제되기에, 제작물은 어떤 '본'(paradeigma)을 본뜬 것, 즉 그것의 모상(模像: eikōn)이다.[20] 우주도 창조된 것이기에 모상이기는 마찬가지이다. 플라톤의 존재론 및 인식론에서는 '언제나 있는 것(to aei on)', 즉 '언제나 같은 방식으로 한결같은 상태로 있는 것'이 지성(nous)[21]의 대상

---

18) '좋음' 또는 '좋은 것'(to agathon) 및 '아름다움' 또는 '아름다운 것'(to kalon)과 관련해서는 이 해제 끝에서 약간의 언급을 하게 되니 이를 참조하되, 이 둘의 합성어에 대해서는 주석 712를 참조하는 게 좋겠다. 그리고 《필레보스》 편 64e~65a에서는 '좋음'의 일면을 '아름다움'에서 찾으려는 시도가 보인다.

19) A. N. Whitehead, *Process and Reality*(N.Y., Free Press, 1978), 39면.

20) 앞에서 밝힌 《국가(政體)》 편, 29~30면을 참조할 것.

21) nous(누스)(이는 단축형이고, 헬라스어 원형은 noos인데, 플라톤이나 아리스텔레스의 경우에는 이 단축형을 쓴다)를 흔히 '이성'으로 번역하는 사람들이 있는데, 이는 아무래도 재고해야 할 일일 것 같다. 이는 플라톤 철학에 관련되는 한 자칫 용어 사용에 있어서 혼란을 가져다 줄 수 있는 일이기에, 이 기회에 여기에서 간단하게나마 이와 관련된 약간의 언급을 해 두는 게 좋을 것 같다. 이를테면, 《티마이오스》 편 46d에서 물질들은 그 자체로는 "어떤 경우에도 logos나 nous를 지닐 수가 없다"는 구절을 우리가 만나게 되는데, 이 경우에 우리는 둘 다 '이성'으로 번역해야 할 것인가? 그럴 수는 없는 일이라면, 둘은 각기 다른 번역어로 옮길 수밖에 없는 일이 아니겠는가? 플라톤도 아리스토텔레스도 이 둘을 경우에 따라 가려서 쓰고 있다는 것은 곳곳에서 확인할 수 있는 일이다. 우리가 '이성'을 logos의 역어로 택한 이상, nous는 다른 역어로 옮길 수밖에 없는 일이다. '지성'이라거나, 이보다 더 적합한 역어가 있다면, 그것으로 옮기는 게 당연한 일일 것이다. 더구나 플라톤의 경우에 nous는 그의 존재론 및 인식론에 있어서 그 고유의 대상(to noēton=the intelligible: 지성에 의해서[라야] 알 수 있는 것)을 갖는다. 왜냐하면 지성의 대상은 감각의 대상, 즉 '감각에 의해 지각할 수 있는 것'(to aisthēton=the sensible)과는 존재론 및 인식론상으로 엄연히 구별되기 때문이다. 플라톤의 존재론이 확립되기 전의 것인 소크라테스의

이요, 이처럼 '지성에 의해서[라야] 알 수 있는 것'(to noēton)에 대해서만 인식이 가능하다. 생성하고 변화하는 것은 이런 것의 '모상'일 뿐이니, 생성 및 변화하는 것에 대해서는 참된 인식이 불가능하다. 따라서 설사 우리가 《티마이오스》 편에서 전개된 우주론대로 '데미우르고스'의 창조설을 받아들이는 것을 거부한다고 할지라도, 그의 존재론 및 인식론에 따르진대, 생성 및 변화하는 우주가 감각적 대상이며 모상이기는 마찬가지이다. 우주론은 바로 이러한 모상에 대한 것이므로, 그 성질상 정확성(akribeia)을 갖는 '참된 설명'(alēthēs logos)은 원천적으로 불가능하고, 다만 '모상에 어울리는(그럼직한) 설명'(eikōs logos, 복수로는 eikotes logoi) 또는 '모상에 어울리는 (그럼직한) 이야기'(eikōs mythos)일 수밖에 없는 한계를 처음부터 가질 수밖에 없다.[22]

그런데 이 우주에 대한 그럼직한 설명 또는 그럼직한 이야기의 순서는 먼저 '지성에 의해 만들어진 것들'이라는 항목 속에 대개 포함될 수 있는 것들을 본론의 첫째 장(章) 또는 제1부의 내용으로 삼고 있다. '지성에 의해서 만들어진 것들'이란 지성이 원인이 되어 생기게 된 것들을 뜻한다. 여기에서는 우주의 창조 동기와 본, 우주의 몸통과 혼 그리고 회전 운동, 시간의 창조와 천체들의 운행, 인간의 혼과 몸, 그리고 시각이 갖는 각별한 의미와 시각에 얽힌 진짜 원인과 보조적 원인에 관해 다루게 된다. 그러나 우주는 필연(anankē)과 지성의 결합으로 해서 혼성된 결과의 산물이라고 한다. 따라서 '필연의 산물들'을

철학, 곧 플라톤의 초기 사상에서는 nous 없이도, logos(이성)만으로 논의가 충분히 가능했다. 그러나 소크라테스 철학의 플라톤적 확장은 logos가 지닌 기능의 확장이라 할 nous의 능력을 찾아내는 데서 성립하게 되는 것이다. 물론 플라톤도 아리스토텔레스도 굳이 nous라는 용어를 동원할 필요성이 없는 경우에는 그냥 logos를 쓰는 것으로 끝난다.

22) '그럼직한 설명' 및 '그럼직한 이야기'의 성격에 대해서는 본문 29c 및 29d에서 해당 주석을 참조할 것.

함께 다루는 것이 당연하므로, 본론의 둘째 장 또는 제2부는 이 항목이 된다. 이 항목 속에 포함되는 것들로는 필연에 대한 지성의 설득, 일체 생성의 수용자인 공간과 혼돈 상태, 요소 삼각형들을 통한 이른바 4원소들의 도형적 구성과 그 수적 비례, 4원소의 상호 변환과 그 다양한 부류들, 감각적 지각과 그 성질들 등이 있다.

이 둘째 장에서 다루어진 내용들 중에서도 훗날 사람들, 특히 과학자들의 특별한 관심을 끈 것은 이른바 4원소로 불리어 온 불·공기·물·흙의 설명을 위한 분자 구조식을 연상케 하는 접근 방식이다. 우선 그의 말을 들어 보기로 하자. "우리는 천구(우주)의 생성 이전의 불·물·공기·흙의 성질을 그 자체로, 그리고 그때의 이것들의 상태들을 고찰해야만 합니다. 실상 지금껏 아무도 이것들의 생성에 대해서 밝혀 준 일이 없건만, 우리는 불이 그리고 이것들 각각이 도대체 무엇인지를 알고 있는 자들에게 말하듯이, 이것들을 우주(to pan)의 원소들(stoicheia)로 상정하고서 원리들(근원적인 것들: archai)로서 말합니다"(48b). "… 이전에는 이것들 모두가 비례(비율: logos)도 없고 척도(metron)도 없는 상태로(alogōs kai ametrōs) 있었습니다. 그러나 우주가 질서를 갖게 되도록 하는 일이 착수되었을 때, 불·물·공기·흙이 처음에는 이것들 자체의 어떤 흔적들(ichnē)을 갖고 있었으나, 이는, 마치 어떤 것에서 신이 떠나 있을 때 모든 것이 처함직한, 그야말로 완전히 그런 상태에 처하여 있었는데, 그때는 바로 이런 성질의 것이었던 것들을 신(데미우르고스)이 최초로 도형(eidos)들과 수(arithmos)들로써 그 형태들을 만들어 내기 시작하였습니다. 신은 이것들을 그렇지 못한 상태에 있던 것들에서 가능한 한 가장 아름답고 가장 훌륭하게 구성해 냈다는 것, 이걸 무엇보다도 우리에게 있어서 언제나 되뇔 말이도록 하죠. 어쨌든 이제 이것들 각각에 대한 질서 부여(diataxis)와 각각의 것들의 생성을 익숙지 않은 설명 방식에 의해서 여러분께 설명하도록 해야 하겠습니다"(53a~c). 이처럼 당시로서는 너무나 생소하고 전혀 상상조차 할 수 없었던 발상을 그는 하고 있었던 것이다. 오래도록 4원소로서 당연스레 받아들였던 불·공기·물·흙은 그에게 있어서는 더 이상 원소들(stoicheia)이 아니었다. 원소의 지위를 누리게 되어야 하는 것은 최소 단위의 도형인 '요소 삼각형들'이라 하여 이것들을 그는 '스토이케이아'로 불렀으며, 그 이전의 상태는 그 '흔적들'일 뿐이었다고 했다. 지성적인 것의 개입을 통해 최소 단위의 이 요소 삼각형들 여럿이 결합하게 됨으로써 일정한 기하학적 도형들, 즉 다양한 정다면체들을 이루게 되어서야 불, 공기 등의 물질이 생기게 된다고 보았다. 하이젠베르크가 "플라톤의 《티마이오스》에 있어서 소립자들은 마침내 물질이 아니라 수학적인 형태들이다"[23]라고 한 것도 이를 두고 한 말이다. 이 대목에서 우리는 근세 이후 오래도록 의심의 여지 없이 플라톤에 비해서 훨씬 과학적인 철학자로 간주되어 왔던 아리스토텔레스의 위치가 오히려 역전되는 것을 확인하게 된다. 왜냐하면 아리스토텔레스의 경우에, 4원소는 미처 형상(形相)을 제대로 갖추지 못한 상태의 것들이어서, 이것들에 대해서는 인식론적 의미의 '인식'이 불가능하기 때문이다. 반면에 플라톤의 경우에는, 4원소를 수적이고 기하학적인 구조를 통해 설명하기 때문에 당연히 인식론적 의미의 '인식'이 가능하다. 이는 마치 물을 설명함에 있어서 감각적 경험에 의해서 설명하는 것과 이런 것은 상식적인 것이기에 일단 접어 두고서 분자 구조식에 의해 설명하는 것의 차이만큼이나 물질의 본질을 이해하려는 데 있어서 그 접근법이나 발상이 완연히 다름을 보여 주는 점이다. 과연 우리는 어느 쪽을 더 과학적이라 말해야 할 것인가? 우리는 상식적인 것을 앞세운 아리스토텔레스의 일방적인 말만 듣고, 플라톤을 폄하한 게 아니던가!

플라톤의 그와 같은 설명은 본론의 셋째 장 또는 제3부라 할 '지성

23) W. Heisenberg, *Physics & Philosophy*(N.Y., 1962), 71면.

과 필연의 결합'을 다루는 항목에서도 그대로 이어지는데, 이 항목에서는 인간의 사멸하는 성질의 혼, 신체 조직과 기관들, 신체적·정신적 질환들, 혼에 대한 보살핌과 윤회, 다른 생물들의 탄생 등을 다룬 다음, 결론적인 언급을 하고 있다. 이를테면, 뼈와 살 그리고 그와 같은 성질의 것 모두에 있어서 그 시초를 골수의 생성(형성)에서 찾되, 정작 이 골수 자체의 생성을 설명함에 있어서는 역시 앞서와 같은 방식을 취하고 있음을 우리는 확인하게 된다. "삼각형들 중에서도 최초의 것들은 곧고 판판한 것들이어서, 불·물·공기·흙을 가장 정확한 형태로 생기게 할 수 있는 것들이었는데, 신은 이것들 각각을 이것들 자신의 부류에서 따로 떼어 내어서는, 서로 적절한 비율로 섞어서, 모든 사멸하는 부류를 위한 '모든 요소적인 씨의 혼합물'(panspermia)을 고안하여, 이것들로 골수를 만들어 냈습니다"(73b~c)라고 말하고 있기 때문이다. 물론 인체 구조에 대한 구조적·해부학적 이해를 위해 그가 이런 시각에서만 접근하는 것은 아니다. 그는 당시의 의학적 성과를 이런 수학적 시각과 접목하고 있다. 당시에는 신경 개념이 없던 탓으로 피로써 감각 전달을 대신하게 하되, 인체에 있어서 가장 중요한 물질을 골수(myelos)로 보는데, 피나 골수는 바로 앞에서 인용한 문장에서 보듯 요소 삼각형들에 그 근원을 갖고 있는 것으로 보기 때문에, 수학적 시각이 그 기본을 이루고 있는 셈이다.

이런 시각은 질병을 보는 데 있어서도 마찬가지이다. 몸을 구성하는 것들인 네 가지 것, 즉 흙·불·물·공기의 자연[의 이치]에 어긋난 지나침(과도: pleonexia, hyperbolē)과 모자람(endeia) 또는 이것들의 잘못된 자리바꿈으로 해서, 또한 이것들 안에 있는 하나 이상의 종류들 가운데서 자기에게 적합하지 않은 종류를 그 각각이 받아들임으로 해서 갈등과 질병을 생기게 하는 것으로 그는 설명하고 있으니 말이다.

더 나아가 그가 '좋은 것'과 '아름다운 것' 그리고 '균형 잡힌 것'을 동일선상에 놓고서, 이 모든 논의를 하고 있음을 우리는 다음 구절에서 또한 확인하게 된다. "모든 좋은(훌륭한) 것(to agathon)은 아름답고(kalon), 아름다운 것(to kalon)은 불균형하지(ametron) 않습니다. 따라서 그와 같은 것으로 될 생물은 균형 잡힌 것(symmetron)이라 보아야만 합니다. 그런데 우리는 균형 잡힌 것들 중에서 사소한 것들은 뚜렷하게 알아보고서 측정(계산)해 보지만, 가장 주된 것들이고 가장 중대한 것들은 생각 없이 대합니다. 건강과 질병 그리고 [사람의] 훌륭한 상태(훌륭함, 덕: aretē) 및 [사람의] 나쁜 상태(나쁨, 악: kakia)와 관련되는 한, 혼 자체가 몸 자체에 대하여 갖는 균형(symmetria)과 불균형(ametria)보다 더 중대한 균형이나 불균형은 아무 것도 없습니다" (87c~d).

이처럼 우주의 구성에서부터 인체의 구성 및 건강과 질병에 이르기까지 모든 것을 수적인 비례(logos)와 척도(metron), 도형과 수, 지나침과 모자람, 균형 등 수학적인 시각을 통해서 보며, 모든 것의 아름다움과 좋음도 그런 시각에서 플라톤은 보고 있다. 그러기에, 그 자신이 남긴 대화편들 어디에도 바로 그런 표현을 정작 찾아볼 수 있는 것은 아니지만, "신은 언제나 측정하고(기하학을 하고) 있다"(theos aei geōmetrei)[24]는 말은 플라톤 철학의 한 단면을 아주 잘 표현한 것이라 하겠는데, 이는 특히 《티마이오스》 편을 염두에 둔다면, 그야말로 적절한 표현일 것이다. 그런 의미에서 애덤의 다음과 같은 언급은 아주 흥미로운 것일 것이다. "플라톤이 이데아들과 감각에 지각되는 사물들 사이의 것들로 수학적인 것들을 자리잡게 한 것(《국가(政體)》에서)은 이런 사실에 대한 확인이다. … 플라톤에 따르면, 우주의 궁극적 원인은 좋음(善)의 이데아이고, 다른 이데아들은 결국 이것의 특수한 규정들이요, 수학적인 것들(ta mathēmatika)은 좋음의 이데아가 자연에서 작용하게 되는 데 이용하게 되는 수단들이다. 다름 아닌 바로 이것이

24) Plutarch's *Moralia*, 《향연석에서 제기된 문제들》, viii.2.1.

플라톤의 심오하고 유명한 '신은 언제나 측정하고 있다'는 텍스트의 뜻이요, 《티마이오스》 편의 대부분은 이 텍스트에 대한 하나의 공들인 주석[서]일 뿐이다."[25] 생각해 보자. '좋음'이거나 '아름다움'이거나 간에 그것이 구현되려면, 수를 매개로 하지 않고서 어떻게 가능하겠는가? 좋은 건물 또는 아름다운 건물을 지으려면, 반드시 설계를 해야만 하고, 수적인 계산이나 비례 등이 고려되지 않고서는 설계 자체가 불가능할 것이다. 기계 제작에서 비롯하여 모든 제작에는 설계나 수적인 계측 과정이 따르게 마련이다. 일정한 강우량이나 일조량 그리고 일정한 온도 등이 개재되지 않고서 어떻게 어떤 지역에 생물이 살 수 있겠으며, 일정한 크기의 생물의 성장과 일정 기간의 생존 등, 자연에 있어서 존재하는 것이 수와 관계되지 않는 것이 어디 있는가? 무생물들의 경우에도 분자 구조식에서부터 그 강도나 유연성, 밀도 등에 이르기까지 수와 관계되지 않는 게 또한 없다. 소라 껍질이나 전복 껍질도 황금비를 이루고 있다지 않는가! 미인 선발 대회에서도 어떤 후보가 무엇은 몇이고 무엇은 몇이라는 식이 아닌가? 음량과 음역에 따라 음악이 달리 불리고, 옥타브는 음의 수치적 배치가 아닌가? 아니, 우리가 잠에서 깨는 순간에서 잠들기까지, 아니 잠 속에서도 호흡량이나 체온 조절 등으로 해서 수적인 관계에서 잠시도 벗어나 있을 수는 없을 것이다. 더구나 내가 건강하게 살려면, 나는 일정한 시간 동안의 수면을 취해야 하며, 일정량의 알맞는 식사를 일정한 시간적 간격을 두고 취해야 하고, 식사 후에는 얼마 동안의 휴식을 취해야 한다. 내가 인격적인 파탄자가 되지 않으려면, 지하철이나 버스를 탈 때는 반드시 요금을 치러야 하고, 일정한 시간 안에 타거나 내려야 하고, 자동차를 몰 때는 일정량의 기름이 있는지를 확인하고 일정한 속도로 일정한 차간 간격을 유지하며 몰아야 하고, 말소리는 적당한 높이와 속도로 해야

25) J. Adam, *The Republic of Plato*, II(Cambridge, 1963, 제2판), 162면.

할 것이요, 악수를 할 때도 악력이 적당해야 할 것이다. 어쨌든 나의 일거수 일투족이 어느 한순간에도 수와 관계되지 않는 것은 단 한 가지도 없다. 어느 의미에서 자연 속에 있는 모든 것은 온갖 방식으로 수와 관계를 맺고 있다. 그러나 수와 관계를 맺되, 아무렇게나 되는 대로 맺지 않고, 그 관계 맺음이 조화롭고 균형되며 비율에 맞고 적도(適度)에 맞게 이루어질 때, '좋음'과 '아름다움'이 실현을 보게 될 것임은 너무나 분명한 일일 것이다.

이런 플라톤 철학에 입각한 우주론이 갖는 색다른 의의를 찾기 위해서는 어쩌면 번예트(M. Burnyeat)의 이 말을, 즉 "만약에 당신이 과학적 가치들과 정신적 가치들이 어떻게 조화될 수 있겠는지를 보여주려 하고 있다면, 플라톤 철학은 당신이 이용할 수 있고 영향을 받을 수 있는 하나의 철학이다"[26]라고 한 말을 귀담아 들은 다음, 《티마이오스》 편의 이 끝 구절을 음미해 보는 것이 좋을 것도 같다. "죽게 마련인 생물들과 불사의 생명체들을 받아 이처럼 가득 차게 된 이 우주(kosmos)는 눈에 보이는 생명체들을 에워싸고 있는 눈에 보이는 살아 있는 것이며, 지성에 의해서[라야] 알 수 있는 것의 모상(eikōn)이요, 지각될 수 있는 신이고 가장 위대하고 최선의 것이며 가장 아름답고, 가장 완벽한 것으로 탄생된 것이 이 유일한 종류의 것인 하나의 천구(ouranos)입니다."

---

26) B. Magee, *The Great Philosophers*(Oxford, 1987), 30면.

플라톤의

티마이오스

일러두기

1. 본문에서 난외(欄外)에 나와 있는 17a, b, c …, 18a, b, c …와 같은 기호는 '스테파누스 쪽 수'(Stephanus pages)라 부르는 것인데, 플라톤의 대화편을 인용할 때는 반드시 이 기호를 함께 표기하게 되어 있다. 그 유래는 이러하다. 종교적인 탄압을 피해 제네바에 망명해 있던 프랑스인 Henricus Stephanus(프랑스어 이름 Henri Étienne: 약 1528/31~1598)가 1578에 ≪플라톤 전집≫(ΠΛΑΤΩΝΟΣ ΑΠΑΝΤΑ ΤΑ ΣΩΖΟΜΕΝΑ: Platonis opera quae extant omnia: 현존하는 플라톤의 모든 저술)을 세 권의 폴리오(folio) 판으로 편찬해 냈다. 그런데 이 책의 각 면(面)은 두 개의 난(欄)으로 나뉘고, 왼쪽에는 헬라스어 원문이, 오른쪽에는 Ioannes Serranus의 라틴어 번역문이 인쇄되어 있고, 각 면의 내용을 기계적으로 약 1/5씩 다섯 문단으로 나눈 다음, 이것들을 a, b, c, d, e의 기호들로 양쪽 난의 중앙에 표시했다. 따라서 이 역주서(譯註書)의 숫자는 이 책의 각권에 표시된 쪽 번호이고, a~e의 기호는 이 책의 각 쪽에 있는 각각의 문단을 가리키는 기호이다. 《티마이오스》 편은 Stephanus 판본 III권 p. 17a에서 시작해 92c로 끝난다. 이 역주서의 기본 대본이 되고 있는 옥스퍼드(Oxford)의 버넷(Burnet) 판도, 비록 권수(卷數)는 다를지라도, 쪽 수와 문단 표시 기호는 그대로 따르고 있고, 이 역주서에서도 이를 따르기는 마찬가지로 하고 있다. 따라서 이들 쪽 수와 a, b, c 등의 간격을 일탈하지 않도록 최대한으로 노력했다. 그러나 가끔은 한 행(行)이 쪼개어지거나 우리말의 어순(語順) 차이로 인해서 그 앞뒤의 어느 한쪽에 붙일 수밖에 없게 된 경우가 더러 있다.

2. ( )는 괄호 안의 말과 괄호 밖의 말이 같은 뜻임을, 또는 같은 헬라스 낱말을 선택적으로 달리 번역할 수도 있음을 표시하는 것이다. 더구나 중요한 헬라스어의 개념을 한 가지 뜻이나 표현으로만 옮기는 것이 무리일 수도 있겠기에, 달리 옮길 수도 있는 가능성을 열어 놓기 위해서였다.

3. [ ]는 괄호 안의 말을 덧붙여 읽고서 그렇게 이해하는 것이 좋다고 생각했을 경우에 역자가 보충한 것임을 나타내거나, 또는 괄호 속에 있는 것을 함께

읽는 것이 본래 뜻에 더 충실한 것임을 표시하는 것이다.

4. 헬라스 문자는 불가피한 경우를 제외하고는 라틴 문자로 바꾸어 표기했다. 라틴 문자 ch로 표기한 것은 kh로, y로 표기한 것은 u로 바꾸어 표기하기도 하는 것이다. 여기에서는 헬라스 문자 χ를 ch로 표기하는 것을 원칙으로 삼았으나, 발음을 잘못할 가능성이 있다고 판단될 경우에는 kh로 표기하기도 했다. 그렇지만 원전 읽기를 Burnet 판이나 다른 판본들과 달리했을 경우에, 그리고 해당 구절을 원문을 갖고서 말할 수밖에 없는 경우에도 헬라스 문자들을 그냥 썼는데, 이는 헬라스어를 읽을 수 있는 사람들을 위한 것이니, 다른 사람들은 그냥 넘기면 될 일이다.

5. 헬라스말을 우리말로 표기하는 경우에는 되도록 실용적이고 간편한 쪽을 택했다. 이를테면 로마 문자로 y(u)에 해당하는 υ는 '위' 아닌 '이'로 표기했다. 오늘날의 헬라스인들도 '이'로 발음하지만, 우리도 Pythagoras를 이왕에 '피타고라스'로, Dionysos를 '디오니소스'로 표기하고 있음을 고려해서이다. 어차피 외래어 발음은 근사치에 근거한 것인 데다, 현대의 헬라스인들도 그렇게 발음하고 있다면, 무리가 없는 한, 우리말 표기의 편이성과 그들과의 의사 소통의 편의성을 고려하는 편이 더 나을 것 같다. 더구나 이런 경우의 '이' 발음은 우리가 '위'로 표기하는 u[y]의 발음을 쓰고 있는 프랑스인들조차도 '이'(i)로 발음하고 있음에랴! 그런가 하면 외래어 표기법에 따라 Delphoi를 옛날에는 '델피'로 하던 걸 요즘엔 '델포이'로 더러 표기하는 모양인데, 이는 그다지 잘하는 일은 아닌 것 같다. 고대의 헬라스 사람들도 Delphikos(델피의)라는 말을 썼는데, 이는 Delphoi에서 끝의 -oi가 '이'에 가깝게 발음되었던 것임을 실증적으로 입증해 주고 있다. '델포이'는 결코 Delphoi의 정확하거나 원어에 더 가까운 표기도 아니다. 오늘날의 헬라스인들은 물론 세계의 다른 어느 나라 사람들도 그걸 '델피'로 알아들을 리가 없는 불편하고 억지스런 표기이다. 헬라스어의 우리말 표기는 관용과 실용성 및 편이성을 두루 고려해서 하는 게 더 나을 것 같다. 반면에 영어에서도 the many의 뜻으로 그대로 쓰고 있는 hoi polloi의 경우에는, 영어 발음도 그렇듯, '호이 폴로이'로 표기하는 것이 현대의 헬라스인들을 따라 '이 뾸리'로 표기하는 것보다는 더 순리를 따르는 것일 것 같다.

6. 연대는 별다른 표기가 없는 한, '기원전'을 가리킨다.

《티마이오스》 목차*

* 이 목차는 원전에 있는 것이 아니라, 논의 진행의 내용들을 편의상 순서에 따라 나열한 것일 뿐임.

1. 방황하는 원인(47e~48d)

2. 생성의 수용자에 대한 비유적 설명들(47e~51b)

3. 4 원소의 형상(51b~e)

4. 존재(형상), 공간(수용자), 생성에 대한 요약적 설명(51e~52d)

5. 혼돈의 상태에 대한 기술(52d~53c)

6. 4 원소의 수학적 구성과 정다면체들의 할당(53c~56c)

7. 4 원소의 변환과 삼각형들의 다양한 크기(56c~57d)

8. 운동과 정지(57d~58c)

9. 4 원소의 다양한 부류들(58c~61c)

10. 감각적 지각과 그 성질들(61c~69a)

1) 촉각과 관련된 성질들(61c~64a)

2) 즐거움과 괴로움의 원인(64a~65b)

3) 미각(65b~66c)

4) 냄새들(66d~67a)

5) 청각(67a~c)

6) 빛깔들(67c~68d)

11. 필연의 산물들에 대한 결론적 언급(68e~69a)

V. 지성과 필연의 결합(69a~92c)

1. 앞서 한 이야기에 대한 요약적 언급(69a~d)

2. 인간 혼의 사멸하는 부분들과 그 위치(69d~71a)

3. 간·지라·위·창자의 기능(71a~73a)

4. 몸의 다른 조직들: 골수, 뼈, 살, 힘줄, 피부, 머리카락, 손발톱(73b~76e)

5. 식물들(76e~77c)

6. 혈액 운반 체계(77c~e)

7. 호흡 기관 및 그 작용 원리(78a~79e)

8. 순환적 떠밂의 원리에 의거한 다른 현상들에 대한 설명들(79e~80c)

9. 피의 형성과 성장 및 쇠퇴(80d~81e)

10. 몸의 질병들(81e~86a)

1) 요소들의 지나침과 모자람 그리고 잘못된 자리잡음에 기인하는 질병들(81e~82b)

2) 골수, 뼈, 살, 힘줄 등 몸 조직의 이상으로 생기는 질병들(82b~84c)

3) 숨, 점액, 담즙, 그리고 열에 기인하는 질병들(84c~86a)

11. 혼의 질병들(86b~87b)

12. 몸과 혼(마음)을 위한 치유책들(87c~89d)

13. 혼에 대한 보살핌(89d~90d)

14. 윤회에 대한 이야기와 결론(90e~92c)

대화자들

소크라테스(Sōkratēs, 469~399): 대화 시기의 설정을 대화자의 한 사람으로 등장하는 헤르모크라테스의 역정을 고려하여 430~425년경으로 잡는다면, 이때의 소크라테스의 나이는 40대(40~45세)로 보아야 하겠으나, 《국가》 편에 등장하는 소크라테스는 50대로 보아야 하겠기 때문에, 여기에서도 50대로 상정하고서 대화하는 걸로 보아도 되겠다. 그의 대화 상대자들에 대한 말투는 정중하게 서로 공대말을 쓰는 것으로 정했다. 누구보다도 크리티아스라는 인물의 정체가 불투명하기 때문이었다.

크리티아스(Kritias): 이 대화편에 등장하는 크리티아스가 플라톤의 어머니와는 사촌간이며 30인 참주 정권의 일원으로서 한때는 소크라테스 및 소피스테스들과 가까이 지냈던 크리티아스 4세(약 460~403)인지, 아니면 그의 조부가 되는 크리티아스 3세(약 520~429)인지를 단정하기가 어렵다. 이 대화편 20e에서 크리티아스는 솔론(Solōn: 약 640~560/558)과 동시대 사람인 드로피데스(Drōpidēs)를 자신의 증조부로 말하고, 자신에게 아틀란티스(Atlantis) 이야기를 들려 준 크리티아스를 조부로 부르고 있는데, 크리티아스 4세의 생존 기간을 고려해 볼 때, 그는 솔론과 동시대의 사람을 증조부로 가질 수는 없다. 따라서 이에 근거하는 한, 4세보다는 3세가 타당하다. 대화에는 헤르모크라테스(407년경 사망)가 참석하고 있는데, 무엇보다도 그의 활동 기간을 고려해 볼 때, 대화가 이루어진 시점은 430년경으로 볼 수 있다. 이 시점을 기준으로 할 경우, 이때 크리티아스 3세는 90~95세, 크리티아스 4세는 30~35세가량이었고, 헤르모크라테스는 크리티아스 4세와 비슷한 나이 또래였으며, 소크라테스는 40~45세가량이었다고 볼 수 있다. 게다가 《티마이오스》 편에서 크리티아스는 헤르모크라테스와 동료인 것처럼 묘사되고 있거니와, 90세가 넘은, 아니 어쩌면 100세가 넘은—위에서 밝힌 이유로 소크라테스를 50대로 가정할 경우—사람이 이런 대화에 가담한다는 것도 자연스럽지가 않다. 그러니 소크라테스의 대화 상대를 크리티아스 3세나 4세 가운데 어느 한쪽으로 단정해서 우리 식으로 말투를 결정하기가 어렵게 되었다. 위에서 밝힌 대로 소크라테스와 함께 모두가 공대말을 쓰게 한 것은 이런 이유 때문이다. 어쨌든 그도 이 대화편에서 펼쳐지는 논의들을 하기에는 충분한 자격을 갖춘 것으로 언급되고 있다.

헤르모크라테스(Hermokratēs, 407년 사망): 시라쿠사이의 정치가이며 장군이다. 그는 기원전 424년에 시켈리아(시칠리아)의 겔라(Gela)에서 있었던 평화협의회에서 장차 있을지도 모를 아테네의 침략에 대비하도록 범(汎)시켈리아인 전선을 구축하도록 촉구하였다. 현실로 닥친 아테네 원정대의 시켈리아 침공(415~413)을 격퇴함에 있어서 그의 전략이 큰 몫을 한 것으로 알려져 있다. 따라서 그가 아테네를 방문했던 것은 425년 이전의 일로 보인다.

티마이오스(Timaios): 실존 인물인지는 분명하지 않으나, 이 대화편에서 그는 남이탈리아에 있던 로크리스(Lokris)의 부유한 귀족 가문 출신이며, 최고의 관직에도 있었고, 철학 등의 학문에, 특히 천문학에 밝은 학자인 것으로 언급되어 있다.

소크라테스: 한 분, 두 분, 세 분. 한데, 보십시오, 티마이오스님! 어 17a
제는 대접을 받은 손님이었으되, 이제는 손님을 대접[1]하시게 될 네 번째 분[2]은 어디에 계신가요?

티마이오스: 아, 소크라테스님, 그 분은 몸이 불편해졌겠죠. 그가 일부러 이 모임에 빠지지는 않았을 테니까요.

소크라테스: 나오지 않은 사람의 몫까지 채우는 것은 선생님과 여기 계신 분들의 일이 아니겠습니까?

티마이오스: 그야 물론입니다. 저희로서는 어쨌든 힘닿는 데까진 조 b

1) 플라톤은 대화하는 것을 종종 향응(饗應: hestiasis)에 비유하고 있는데, 27b에서는 '이야기의 향응'(hē tōn logōn hestiasis)이란 표현을 쓰고 있다. 이런 식의 표현은, 이를테면 《국가(政體)》 편 제9권 571d('훌륭한 말들과 고찰들의 성찬으로 대접을 받게 하여')에서도 찾아볼 수 있으며, 역시 《국가(政體)》 편 제1권 352b, 354a~b에서도 비슷한 표현들이 보인다. 그리고 이 책에서 인용하고 있는 플라톤의 《국가(政體)》(*Politeia*) 편의 인용문들은 모두 박종현 역주, 《국가(政體)》(서광사, 1997 제2쇄, 수정본 2쇄와 다른 것은 3쇄를 위한 수정 원고)에서 옮겨 온 것이므로, 이후에는 이를 《국가(政體)》 편으로만 표기하기로 한다.

2) 참석하지 않은 사람이 누구인지는 확인할 길이 없다.

17b

금도 부족함이 없도록 할 것입니다. 어제 선생님한테서 손님 대접을 제대로 받고서는, 여기 남아 있는 저희가 선생님께 답례의 대접을 성심으로 하지 않는다면, 그건 온당치 못할 테니까요.

소크라테스: 그렇다면 여러분께서는 제가 여러분께 무엇과 관련해서 무엇무엇을 말씀하시도록 일렀는지 기억하고들 계시겠군요?

티마이오스: 일부분은 기억하고 있습니다만, 기억하지 못하는 것들은 선생님께서 계시니 상기시켜 주시겠지요. 아니, 그보다는 선생님께 힘든 일이 아니라면, 그것들을 처음부터 다시 선생님께서 간결하게 개괄해 주십시오. 그것들이 저희에게 한결 더 확실해질 수 있도록 말씀입니다.

c 소크라테스: 그럴 것입니다. 정체(政體: politeia)[3]와 관련해서 어저께 했던 저의 언급의 요지는, 제 생각으로는, 아마도 어떤 것이 최선의 정체이며 또 그건 어떤 사람들로 이루어지는가 하는 것이었던 게 분명한 것 같습니다.

티마이오스: 뿐만 아니라, 소크라테스님! 저희에게 말씀해 주신 정체는 모두의 마음에 들었습니다.

소크라테스: 그런데 우리는 이 나라에서 먼저 농부의 부류나 다른 기술 분야에 종사하는 모든 부류를 나라를 수호할 부류에서 분리하지

---

3) 헬라스어 politeia는 polis(나라, 도시 국가)의 구성원인 시민의 신분이나 권리, 시민 생활, 통치, 통치 형태, 정체(政體) 등을 뜻하는데, 여기에서는 플라톤의 《국가(政體)》 편에서 다루고 있는 '정체'(政體)를 가리킨다. 그래서 J. Bordes 같은 사람은 *Politeia*(Paris, 1982)라는 제목으로 방대한(500면) 저술을 냈는데, 이 책은 그 부제(副題)가 말하듯, 아리스토텔레스에 이르기까지의 헬라스 사상에 있어서 politeia의 다양한 의미를 역사적 맥락에서 다루고 있다. 그리고 《티마이오스》 편의 이 부분에서 언급되는 내용이 전날 이야기 된 것으로 말하고 있고, 그 내용이 《국가(政體)》 편에서 언급된 것들과 같은 점들이 많다고 해서 자칫 이 두 대화편이 바로 연속되는 것처럼 여기게 만들 수도 있겠으나, 그게 그렇지 않다는 것은 해제에서 이미 밝혔다.

17c

않았던가요?[4]

티마이오스: 네.

소크라테스: 또한 바로 '성향에 따라서' (kata physin)[5] 저마다 제게
알맞는 한 가지 일만을, 즉 한 가지 기술만을 저마다에 할당하고서는, d
우리가 말하기를, 나라 밖에서건 나라 안에서건 누군가가 이 나라를
해치려 들 경우에, 모두를 위해 싸워야만 하는 사람들도 따라서 오로
지 나라의 수호자들(phylakes)[6]로만 있어야 한다고 했으며, 자신들의
다스림을 받을 뿐만 아니라 자연적으로 친구 사이인 사람들에 대해서 18a
는 판결을 내림에 있어서도 온유하게 하되, 전투에서 조우하게 되는
적들에 대해서는 가차없는 사람들이어야만 한다고 했습니다.[7]

티마이오스: 전적으로 그랬습니다.

소크라테스: 이들의 마음(혼)의 성향이 각별히 격정적(thymoeides)[8]

---

4) 《국가(政體)》 편 제2권 374a~d를 참조할 것.

5) physis는 영어 nature에 해당되는 헬라스말인데, 이에는 여러 가지 뜻이 있지만, 중요한 뜻으로는 '자연', '성질', '본성', '성향', '자질', '자연의 이치' 등이 있다. 여기에서 '성향에 따라'로 번역한 kata physin은 '자연[의 이치]에 따라'로 번역할 수도 있다. 《국가(政體)》 편 제2~4권에서는 이러한 관점에서 수립을 보게 되는 올바른 나라의 형태가 논의된다. 플라톤은 이런 나라를 《국가(政體)》 편 제4권 428e에서 '성향에 따라 수립된 나라' (kata physin oikistheisa polis)라고 부르고 있다.

6) 여기에서 phylakes(단수는 phylax)는 넓은 의미에서 '수호자들'로 쓰인 말로서, 장차 군인들(stratiōtai)과 통치자들(archontes)이 될 사람들을 두루 일컫는 것이지만, 이들이 선발 과정을 거치면서 두 부류로 구분되어, 한쪽은 '보조자들' (epikourioi) 및 '협력자들' (boēthoi)로 불리는 반면, 다른 쪽은 '완벽한 수호자들' (phylakes panteleis), '완전한 수호자들' (teleoi phylakes) 또는 '참된 수호자들' (alēthinoi phylakes)이라 불린다.

7) 《국가(政體)》 편 제2권 375c 및 제3권 414b를 참조할 것.

8) thymoeides는 thymos의 형용사이다. thymos는 그 어원을 thyō에 두고 있는데, 이는 힘차게 움직이거나 격노하는 것을 나타내는 동사이다. 그러므로 thymos는 원래 우리말의 '혈기'와 '활기' 및 '격정'에 가까운 뜻을 지닌 말로서, 생명력, 원기, 감정이나 느낌, 용기나 기개, 또는 분노나 격분, 의지나

18a

인 동시에 지혜를 사랑하는 것(philosophos)이어야만 한다고 말한 걸로 생각합니다. 그건, 수호자들이 양쪽의 각각에 대해 옳게 온유하거나 가차없도록 될 수 있기 위해서였습니다.[9]

티마이오스: 그랬습니다.

소크라테스: 한데, 교육은 어떠했습니까? 이들은 체육[10]과 시가(詩歌: mousikē)[11] 및 이들에 어울리는 모든 학과목[12]으로 교육을 받지 않았습니까?[13]

티마이오스: 물론입니다.

b 소크라테스: 그러나 적어도 그렇게 교육받은 사람들은 금도 은도 또한 그 밖의 어떤 것도 자신들의 개인적인 소유물로 생각해서는 아니 되고, 이들에 의해 보호를 받는 사람들한테서 수호에 대한 보수를 보조자들(epikouroi)로서 받되, 이 보수는 절제하는 사람들에게 적절한

생각 등이 깃드는 심장이나 마음을 가리킨다.

9) 《국가(政體)》 편 제2권 374e~376c를 참조할 것.

10) 헬라스어로는 gymnastikē인데, 체육을 gymnastikē라 함은 웃통을 '벗고서'(gymnos) 한다고 해서 생긴 말이다. 청소년들을 위한 체육 시설을 제대로 갖춘 공공 장소가 곧 gymnasion이다. 체육은 시가와 함께 한마디로 건전한 시민으로 자라도록 하기 위한 심신 단련을 위한 기초 교육이다.

11) 고대 헬라스에서는 시(詩)가 노래의 형태로 음송되어 불렸기 때문에, 호메로스의 《일리아스》나 《오디세이아》 등 시인들의 작품을 시가(詩歌)라 한다. 본격적인 지혜에 대한 사랑의 활동인 철학(philosophia)이 있기 이전의 헬라스인들에 있어서는 시가가 그들의 교육 또는 교양의 전부였다. 따라서 시가에 능하거나 밝은(mousikos) 사람이 곧 교양 있는 사람이었다. 플라톤은 《국가(政體)》 편 제3권(특히 401d~402a)에서 시가 교육에 대해 자세히 논의하고 있는데, 시가 교육은 청소년들에게 아름답고 훌륭한 것들에 대한 사랑을 혼에 심어 주는 것이어야만 된다는 것이 그 주된 취지이다.

12) 체육 및 시가 교육 그리고 군사 훈련에 이은 수론, 평면 기하학, 입체 기하학, 천문학, 화성학, 변증술, 철학을 두고 하는 말이다. 이것들에 대한 본격적인 언급은 《국가(政體)》 편 제5권 473d~제7권 540b에서 하고 있다.

13) 《국가(政體)》 편 제2권 376e 이하, 제3권 403c 이하 및 410c 이하를 참조할 것.

만큼이어야 하고, 이의 사용도 공동으로 해야 하며, 공동 생활을 하면서 함께 살아가야만 한다고 말했을 것입니다. 일생을 통해서 '사람의 훌륭한 상태'(훌륭함, 덕: aretē)[14]에 대해 관심을 갖되, 다른 일들에 대해서는 한가로운 태도를 취하면서 말씀입니다.[15]

티마이오스: 그것들 또한 그런 식으로 언급되었습니다.

소크라테스: 또한 더 나아가 우리는 여성들과 관련해서도 남성들의 c
경우와 비슷한 그들의 성향이 조화를 이루도록 해야 하며,[16] 또한 모든 여성에게도 전쟁에 있어서나 다른 일상 생활에서 모든 일을 공통되게 부여해야만 한다고 언급했습니다.[17]

티마이오스: 그런 식으로 그것들 또한 언급되었습니다.

소크라테스: 아이들의 출산과 관련된 일은 어떠했습니까? 그것은 언급된 것들의 생소함 때문에 잘 기억이 날 수 있는 것입니다. 그건 이런 것이었습니다. 우리는 모든 혼사와 자식들의 일을 모두에게 있어서 공동의 일로 정하여, 그들로 하여금, 그들 중에 누구도 결코 제 소
생을 알아볼 수 없도록 하고, 모두가 자기들 모두를 같은 가족으로 간 d
주하여, 적정 연령 안에 드는 사람들이면 형제와 자매로, 그보다 앞서거나 더 연상인 사람들은 부모나 조부모로, 반면에 그 아래에 드는 사

14) aretē는 플라톤의 대화편들에서 수없이 반복되어 나오는 말인데, 오래도록 흔히 '덕'(virtue, vertu, Tugend)으로 번역되어 왔다. 그러나 aretē는 사람의 덕목(德目)과 관련된 경우에는 '덕'이라 해도 무난하지만, 사람뿐만 아니라 모든 사물과 관련해서, 이를테면 땅의 '비옥함'이나 물의 '양질'(良質)을 두고서도(《크리티아스》 편 110e, 117a, b) 그 '훌륭한 상태'(훌륭함: goodness, excellence)를 지칭하는 표현이다. 이 말의 자세한 의미에 대해서는 《국가(政體)》 편, 74면 각주 36 및 《티마이오스》 편 86e의 각주(695)를 참조할 것.

15) 《국가(政體)》 편 제3권 416d~417b 및 제5권 464b~c를 참조할 것.

16) 헬라스어 synarmosteon은 앞서 18a에서 언급된 격정적인 요소와 지혜를 사랑하는 것이 적절히 결합된 것을 의미한다.

17) 《국가(政體)》 편 제5권 451c 이하 및 466c~d를 참조할 것.

18d
람들은 자식들과 손자들로서 간주하도록 하는 방책을 고안케 했습니다.[18)]

티마이오스: 네, 그런 것들 또한 선생님께서 말씀하시는 대로 잘 기억이 납니다.

소크라테스: 그런데 성향에 있어서 최선의 인간들이 가능한 한 곧바로 생기도록 하기 위해서는 남녀 통치자들[19)]이 추첨에 의한 혼인과 관련해서 비밀리에 이런 고안을 해야만 한다고 우리가 말했던 게 기
e 억나지 않습니까? 즉 열등한 남자들과 우수한 남자들이 따로따로 자기들과 닮은 여자들과 짝을 짓는 추첨을 하게 하되, 이로 인하여 이들 사이에 어떤 적대감이 생기는 일이 없도록 하기 위해서는, 그 짝짓기 추첨 결과의 탓을 우연으로 여기게끔 해야 된다고 말씀입니다.[20)]

티마이오스: 저희는 기억하고 있습니다.

19a 소크라테스: 더 나아가 우수한 사람들의 자식들은 물론 교육을 받아야만 하지만, 열등한 사람들의 자식들은 다른 시민들 사이에 은밀히 분산시켜야만 한다고 우리가 말했던 것도 기억납니까? 그러나 그들이 자라는 동안 통치자들은 그들을 지켜보면서 그럴 만한 가치가 있는 자들은 언제나 다시 신분 상승을 시키되, 자신들 쪽의 무자격자들은 올라간 사람들의 자리로 이동시켜야만 한다고 한 것도?[21)]

티마이오스: 그랬었죠.

소크라테스: 그러면 이젠 우리가 요약해 다시 개괄해 보고자 해서 말한 것이 어제 말한 대로인지, 아니면, 보십시오, 티마이오스님, 어제 언급된 것들 중에서 빠뜨린 것으로서 아직도 우리가 이야기할 필요가

---

18) 《국가(政體)》 편 제5권 461d~e를 참조할 것.

19) 플라톤은 《국가(政體)》 편 제5권 454d~457c에서 '성향에 따라'(kata physin) 수립된 '아름다운 나라'에서는 여자들도 남자들과 똑같이 나라의 수호자들로 될 수 있음을 언급하고 있다.

20) 《국가(政體)》 편 제5권 458e~460a를 참조할 것.

21) 《국가(政體)》 편 제3권 415b~c, 제4권 423c~d, 제5권 460c를 참조할 것.

있는 것이 있나요?

티마이오스: 전혀 없습니다. 소크라테스님, 바로 그게 언급된 것들 b
입니다.[22)]

소크라테스: 이제 우리가 서술한 정체와 관련해서, 제가 이에 대해 어떤 느낌을 갖고 있는지를 다음으로 여러분께서 들으셨으면 합니다. 제 느낌은 흡사 이런 것입니다. 가령 누군가가 아름다운 생물들을 보게 될 경우에, 그것들이 그림으로 되어 있는 것이건 또는 실은 살아 있으면서도 가만히 있는 것이건 간에, 그것들이 움직이는 걸 그리고 그 덩치에 어울릴 것으로 여겨지는 짓을 실제 싸움에서 겨루어 보는 것을 보았으면 하는 욕구를 갖게 되는 경우 말씀입니다. 같은 걸 저도 c
우리가 서술한 나라에 대해 느꼈습니다.[23)] 저는 누군가가, 한 나라가 겨루게 될 싸움들에서, 이 나라가 다른 나라들에 대항해 싸움에 있어서 이 나라에 어울리게 전투에 임하고, 전투를 함에 있어서는 각 나라에 대한 실제 전쟁 수행의 면에서나 강화(講和) 담판의 면에서나 이 나라가 받은 교육과 양육에 어울리는 짓을 해 보여 주는 걸 충분히 이야기해 준다면, 그의 이야기를 즐겁게 듣고 싶기 때문입니다. 그러

22) 대화자들은 최선의 정치 체제와 관련해서 어제 말했던 것이 완벽하게 언급되었다고 동의하는데, 이를 볼 때, 플라톤이 《국가(政體)》 편의 전체 대화 내용을 여기서 언급하고자 했던 게 아님이 분명하다. 왜냐하면 여기서 요약된 형태로 언급되고 있는 내용은 《국가(政體)》 편 전체의 내용이 아닐 뿐만 아니라 제2권 369b~제5권 471e에서 이야기된 것들 가운데서도 일부에 불과하기 때문이다. 따라서 플라톤은 《국가(政體)》 편에서 논의된 이런 내용이 《티마이오스》 편 및 《크리티아스》 편의 논의와 그 취지에 있어서 자연스럽게 연결되도록 하기 위해서 이런 요약적인 언급을 하고 있는 것으로 보인다.

23) 《국가(政體)》 편에서 언급된 '아름다운 나라'(kallipolis)에 대한 소크라테스의 묘사는 본(paradeigma)을 위한 것이다. 여기서 이런 본으로서의 '아름다운 나라'가 살아 움직이는 것을 보고 싶다는 소크라테스의 언급은 그런 나라가 실제로 현실의 정치에 있어서 실현되는 모습을 보고 싶다는 의미일 것이다.

d 니, 크리티아스님 그리고 헤르모크라테스님! 이 점에서 제 자신이 이
나라와 이 나라 시민들을 충분히 찬양하기에는 결국 역부족이라는 판
정을 스스로 내렸습니다. 저의 이 역부족도 전혀 놀랄 일이 못 됩니
다.[24] 하지만 저는 옛날이나 오늘날의 시인들에 대해서도 똑같은 판
단을 하고 있습니다. 이는 시인의 부류를 제가 경시해서가 아니라, 모
방하는 무리[25]가 자신들이 그 속에서 자라온 정황들에 대해서는 가장
쉽게 그리고 가장 훌륭하게 모방(묘사)하게 될 것이나, 각자의 양육
e 테두리 밖에서 일어나는 것을 행위로써 훌륭히 모방하기는 힘들고, 더
구나 말로써 훌륭히 모방(묘사)하기는 한결 더 힘들다는 것은 누구에
게나 명백하기에 드리는 말씀입니다. 반면에 소피스테스[26]들의 부류
는 많은 연설과 그 밖의 다른 훌륭한 것들에 대해 상당한 경험을 갖
고 있는 것으로 제가 믿고 있지만, 그들은 이 나라 저 나라를 떠돌아
다니느라, 어디에서도 자기들 자신의 거처에 정주하지 못하기 때문에,
지혜를 사랑하는 사람들(철학자들)이며 동시에 정치가인 사람들[27]에

24) 이런 언급의 의미를 이해하기 위해서는, 소크라테스가 《소크라테스의 변론》(*Apologia Sōkratous*) 편 23b에서 자신은 일생 동안 누구든 현자(賢者)로 생각되는 사람을 찾아가서 시험하는 일로 분망했기 때문에, 국사(國事)를 돌보거나 가사(家事)를 돌볼 겨를이 없었다고 밝히고 있는 점을 고려할 필요가 있다.

25) 플라톤은 시가나 그림을 통한 예술 활동을 '모방'(mimēsis) 행위로 규정하기 때문에 하는 말이다. 《국가(政體)》 편 제3권 392d 및 제10권 597e 이하를 참조할 것.

26) 소피스테스(sophistēs, 복수는 sophistai)는 기원전 5, 4세기에 개인적으로 아테네에 나타나 주로 젊은이들을 상대로 변론술을 가르쳤던 사람들을 가리킨다. 곧 이어서, 플라톤이 소피스테스들을 이 나라 저 나라를 떠돌아다니는 사람들로 말하는 까닭은 이들 가운데 초기에는 아테네인이 없었기 때문이다.

27) 플라톤은 《국가(政體)》 편 제5권 473c~e, 제6권 499b~c 및 501e만이 아니라 《일곱째 서한》 326a~b에서도 '철인 치자'(哲人治者) 사상에 대해 언급하고 있는데, 이에 따르면 '아름다운 나라'는 현실적인 통치권과 참된 지혜

19e
대해서, 이들이 전쟁이나 전투에서 그리고 각각의 상대와 협상을 함에
있어서 언행을 통해서(ergǭ kai logǭ) 어떤 일들을 얼마만큼 행하며 말
하는지 가늠하지 못하지[28] 않을까 염려됩니다. 그러니 여러분과 같은
그런 마음의 상태에 있는 부류가, 즉 성향과 교육에 의해 그 양쪽
다[29]에 동시에 관여하게 된 부류가 남게 되었습니다.[30] 여기 계신 티 20a
마이오스님께서도 가장 훌륭한 법질서를 갖춘 나라로 이탈리아에 있
는 로크리스[31] 출신으로서, 재산이나 가문에 있어서 그곳 분들 중의
누구에게도 뒤지지 않으시며, 그 나라에서 최고의 관직과 명예를 누리
셨을 뿐만 아니라, 또한 제 판단으로는 지혜를 사랑하는 모든 활동(철
학)에서 정상에 이르셨습니다. 그런가 하면 크리티아스님께서는 우리
가 논의하고 있는 것들 중의 어떤 것에 있어서도 문외한이 아니시라
는 걸 이곳 사람들인 우리 모두가 아마도 알고 있을 것입니다. 한데
이번에는 헤르모크라테스님의 성향과 교육에 관해서 말씀드릴진대,
이 모든 것과 관련해서 충분히 자격을 갖추신 것으로 많은 사람이 증
언하는 터이니, 믿어야만 합니다. 그래서 어제도 저는, 여러분께서 정 b

가 같은 사람(들)에 있어서 통합되어 있을 때만 실현 가능하다.

28) '가늠하지 못하지'로 번역된 astochon이란 말은 플라톤의 저작 가운데서 유일하게 이곳에서만 사용되고 있다. Cornford는 이 표현이 《고르기아스》(*Gorgias*) 편(특히 464c~465a)의 변론술에 대한 비판을 상기시킨다고 한다. 《에우티데모스》(*Euthydēmos*) 편(305c)에서 언급된 철학자와 정치가 사이의 경계선상에 있는 사람이 그런 사람이겠는데, Cornford는 이 말이 이소크라테스(Isokratēs)를 겨냥한 것으로 말하고 있다. F. M. Cornford, *Plato's Cosmology: the Timaeus of Plato translated with a running commentary* (London, 1937), 12면 각주 1 참조.

29) 지혜를 사랑하는 사람들(철학자들)과 정치가들을 가리킨다.

30) 이런 이야기를 하기에 '적격인' 부류로 이들이 남게 되었다는 뜻으로 하는 말이다.

31) 플라톤은 《법률》(*Nomoi*) 편 제1권 638b에서 로크리스(Lokris)가 훌륭한 법질서(eunomia)를 갖춘 나라였음을 언급하고 있다.

체에 관한 걸 자세히 말해 주도록 요구하셨을 때, 저대로 생각이 있어서, 열의를 갖고 응했습니다. 그건, 그 다음의 이야기를, 여러분께서 하려고만 하신다면, 그 누구도 여러분보다 더 유능하게 해 주실 수는 없으리라는 것을 알았기 때문입니다.— 요즘 사람들 중에서는 여러분께서만이 이 나라로 하여금 그것에 어울리는 전쟁을 하게 해서, 이 나라에 합당한 모든 것을 설명해 보여 주실 수 있을 것이기 때문입니다— 여러분께서 분부하신 것을 제가 말씀드린 터라, 제가 방금도 말씀드리고 있는 걸 여러분께 저대로 당부했던 것입니다. 어쨌든 여러분께서는 여러분끼리 함께 상의하시고서, 이제부터 이야기의 잔치를 보답으로
c 제게 해 주시기로 합의하셨습니다. 그래서 저는 환대(손님 접대)에 맞는 성장(盛裝)을 하고서 여기에 나와 있거니와, 대접받을 준비가 누구보다도 더 잘 되어 있습니다.

헤르모크라테스: 그리고 사실은, 소크라테스님! 여기 계신 티마이오스님께서 말씀드렸듯이, 실인즉 저희가 열의에 있어서 조금인들 부족함이 없을 것이며, 그걸 이행하지 않을 어떤 구실도 없습니다. 그래서 어제도 이곳에서 저희가 묵고 있는 크리티아스님의 댁 객사에 도착하는 길로, 아니 그 이전에 거기로 가는 도중에도 바로 이 문제를 생각
d 하고 있었답니다. 그런데 이 분께서는 옛날에 들으신 바에 근거하여 저희에게 이야기를 해 주셨습니다. 크리티아스님, 그 이야기를 이제는 선생님께 해 드리십시오. 그 이야기가 선생님의 분부에 가당한지 가당치 않은지 함께 검토해 보시게 말씀입니다.

크리티아스: 그러도록 해야겠죠. 우리의 세 번째 동료인 티마이오스님께서도 동의하신다면 말씀입니다.

티마이오스: 동의하고 말고요.

크리티아스: 들어 보시죠, 소크라테스님! 아주 이상한 이야기이긴 하지만, 일곱 현인 중에서도 가장 현명하신 솔론[32]께서 일찍이 말씀
e 하셨듯, 이는 어쨌든 전적으로 사실인 것[33]입니다. 그분께서는, 그분

20e

스스로도 당신의 시(詩) 여러 군데에서 말씀하시고 있듯이, 저의 증조부 드로피데스(Drōpidēs)와는 친족간이시며 아주 가까운 친구 사이였습니다. 증조부께서는 저의 조부이신 크리티아스께, 이 조부께서 노인이셨을 때에 기억하시고 계신 것을 저희에게 들려 주시곤 했듯이, 이런 이야기를 해 주셨답니다. 옛날에 이 나라가 이룩한 행적들로서 세월과 사람들의 사멸로 인해 기억에서 사라져 버린 위대하고 놀라운 것들이 있었는데, 그 모든 것 중에서도 가장 위대한 한 가지를 지금 21a
우리가 상기하게 된다는 것은, 선생님께 사례를 하는 것도 되며, 또한 동시에 여신을 그 축제[34] 때에, 마치 찬송하는 이들이 하듯, 옳게 그리고 참으로 찬양하는 것이 되겠으니, 우리에겐 적절한 일일 것입니다.

소크라테스: 잘 말씀하셨습니다. 그러면, 솔론께서 들으신 대로 전해지지는 않고 있으나, 이 나라가 실제로 행하였다고 크리티아스 할아버지께서 이야기하신 그 옛날의 행적은 어떤 것이었습니까?

크리티아스: 제가 말씀드리죠. 이 옛날 이야기를 제가 들은 것은 젊은 나이를 훨씬 지나신 분한테서였습니다. 사실 그때에 크리티아스 할아버지께서는, 스스로 말씀하셨듯이, 춘추가 이미 거의 아흔에 가까우셨고, 저는 기껏해야 열 살가량이었습니다. 그날은 우리의 아파투리아 b

---

32) Solōn(약 640~560 또는 558)은 헬라스의 일곱 현인 중의 한 사람이었으며, 아테네의 유명한 정치가요 시인이었다.

33) 크리티아스는 자신의 이야기가 허구가 아니라 진실임을 강조하고 있다. 그리고 소크라테스도 26e4~5에서 크리티아스의 이야기가 '지어낸 이야기'(mythos)가 아니라 '진짜 이야기'(ho alēthinos logos)임을 의심하지 않고 있다. 그러나 우리가 이를 근거로 '아틀란티스 설화'가 역사적 사실에 대한 이야기라고 생각할 필요는 없다. 이 문제에 대해서는 해제를 참조할 것.

34) 여기서 언급되고 있는 축제는 Panathēnaia 축제이다. Panathēnaia는 아테나 여신을 경배하기 위한 축제로서, 7월 중순에서 8월 중순에 열렸다(《국가(政體)》편 제2권 378c 각주 53 참조). 이 축제와 《국가(政體)》편에서 언급되고 있는 Bendis 축제(같은 책, 제1권 327a의 각주 3 참조)의 관계에 대해서는 해제를 참조할 것.

21b

(Apatouria) 축제 기간 중 '성년(成年)의 날'(Koureōtis)[35]이었습니다. 아이들에겐 축제의 관행이 늘 있었고, 그때도 있었습니다. 아버지들께서 우리에게 시 음송의 상을 내거셨기 때문이었죠. 실상 여러 시인의 많은 시도 음송되었지만, 그 당시로는 솔론의 시가 새로웠기 때문에 많은 아이가 그걸 노래했습니다. 어쨌든 문중 분들 가운데 한 분께서, 그분께 그때 실제로 그렇게 생각되셔서였든 혹은 크리티아스 할아버지께 호의를 보이기 위해서였든 간에, 자신이 판단하기엔 솔론께서는

c 다른 면에서도 가장 지혜로우셨지만, 시에 있어서도 또한 모든 시인 가운데 가장 자유로우신 분[36]이셨다고 말씀하셨습니다. 그러니까 노인께서는—실은 제가 아주 잘 기억하고 있어서 말씀드립니다만—몹시 기뻐하시더니, 미소를 지으시며 말씀하셨습니다. "아미난드로스[37]여, 만약에 그분께서 시작(詩作)을 여사(餘事)로 삼지 않으시고, 다른 사람들처럼 전념하셨던들, 그래서 그분께서 이집트에서 이리로 갖고 오신 이야기를 시로 완성하실 수 있으셨던들, 그리고 그분께서 이리로 오셔서 목격하시게 된 파쟁들[38]과 그 밖의 다른 나쁜 일들로 인해 부

35) 아테네의 경우에 10개의 지역민 단위를 각각 phylē라 하고, 이 하부 단위를 phratria(가문 집단)라 하는데, Apatouria는 매년 10월 중순에서 11월 중순에 걸친 달인 Pyanepsiōn 중에 3일 동안 계속된 아테네의 phratria 단위의 축제였고, 같은 부족인 이오니아인들도 이 축제를 가졌다. 이 축제는 일종의 통과 의례를 위한 것인데, 그 셋째 날을 Koureōtis라 불렀으며, 이날은 18세가 된 청년(ephēbos)들의 머리를 잘라 주는 성인식을 갖는 날이요, 그 본뜻도 '머리를 자르는 날'이지만, 기실은 '청년들의 날'이다.

36) '자유로운'(eleutherion)이란 표현은 솔론이 다른 유명한 시인들, 예를 들어 핀다로스(Pindaros), 시모니데스(Simōnidēs), 박킬리데스(Bakkhylidēs)처럼, 후원자들의 지원을 받아 찬가(paiōn, hymnos)나 송시(頌詩: ǭdē)를 지은 것이 아니라, 스스로 좋아서 시를 지었으며, 이게 시의 형태와 언어에 그대로 반영되었다는 것을 의미하는 것으로 보인다는 게 Taylor의 견해이다. A. E. Taylor, *A Commentary on Plato's Timaeus*(Oxford, 1928), 51~52면 참조.

37) 이 인물에 대해서는 알려진 바가 없다.

38) 여기서 언급된 파쟁(stasis)들은 솔론이 집정관(약 기원전 594/593)이 되

21d

득이 시작에 마음을 쓰지 못하게 되는 일만 없었던들, 내 판단으로는 d
헤시오도스[39]도 호메로스도 또는 다른 어떤 시인도 결코 그분보다 더 유명해지지는 못했을 것이오"라고요. 그러자 그분께서 "한데, 크리티아스님, 그 이야기는 어떤 것인가요?"라고 물으셨습니다. 크리티아스 할아버지께서는 "그 이야기는 이 나라가 일찍이 행하였던 가장 위대하고 따라서 무엇보다도 큰 명성을 얻음이 지당한 행적에 관한 것이지만, 세월과 그걸 이룩한 사람들의 사멸로 인해 그 이야기는 이제껏 전승되지 못했소"라고 말씀하셨습니다. "처음부터 들려 주십시오. 솔론께서 사실인 이야기로 말씀하셨다는 그 이야기는 무엇이며, 어떻게 그리고 누구한테서 들으신 것인지를 말씀입니다"라고 그분께서 말씀하셨습니다.

그래서 크리티아스 할아버지께서 말씀하셨습니다. "이집트 나일 강 e
의 흐름이 그 꼭대기에서 갈라지는 삼각주에 사이티코스라 일컫는 한 지역이 있는데, 이 지역의 가장 큰 나라는 사이스이고,—아마시스 왕도 바로 이곳 출신이었소—그리고 이 나라 사람들에게는 나라의 수호 여신이 있는데, 이 여신의 이름은 이집트말로는 네이트(Nēith)이고 헬라스말로는, 그들의 이야기대로, 아테나(Athēna)이오.[40] 이곳 사람들은 아테네 사람들을 몹시 좋아하며, 어떤 면에서는 자기들이 우리 고장 사람들의 친족이라고 말하고들 있소. 바로 이곳으로 솔론께서 가셨

기 전에 일어났던 파쟁들을 의미함에 틀림없다. 따라서 솔론이 이집트 여행 기간 중 당시 아테네인들에게는 잊힌 이 이야기를 듣게 된 것은 기원전 600년경이 될 것이다. L. Brisson, *Timée-Critias*(Paris, 1992), 주석 46 참조.

39) Hēsiodos는 기원전 8세기의 Boiotia의 Askra 출신으로, 호메로스(Homēros)에 버금가는 서사 시인이며, 유명한 《신들의 계보》(神統記, *Theogonia*)를 통해 신들의 계보를 정리했다.

40) Hērodotos에 따르면(《역사》, II, 59, 62), 이집트에서 해마다 거행되었던 큰 축제들 중에서 셋째로 큰 규모의 것이 사이스(Sais)에서 열린 아테나 여신의 축제였으며, '등잔불 축제'로도 불렸다고 한다.

22a 다가, 그들한테서 대단한 예우를 받았다고 말씀하셨소. 그리고 특히 그분께서 어느 날 성직자들 가운데서도 옛일과 관련해서 경험이 가장 많으신 분들께 옛일에 대해 여쭈어 보았다가, 그분 스스로도 그리고 다른 어떤 헬라스인도 말하자면 그런 일에 대해서는 거의 아무 것도 모르고 있다는 것을 발견하시게 되었다오. 언젠가는 그분께서 그들을 옛적 이야기로 유도하고자 하셔서, 이 고장(아테네)의 설화들 중에서도 가장 오래 된 걸 이야기하려 하셨다오. 즉 최초의 인간이라는 포로네우스와 니오베에 대한 설화,[41] 그리고 대홍수 뒤에 데우칼리온과 피라가 어떻게 살아 남았는가에 대한 설화[42]를 다시 이야기하고서는
b (mythologein), 이들의 후손들의 계보를 추적한 다음, 당신께서 말씀하신 그 일들을 갖고서 그 동안의 햇수가 얼마나 되었는지를 분명히 따져 보심으로써, 그 기간을 계산해 보려고 하셨다오. 그러자 성직자들 중에서 매우 연로하신 한 분께서 '아, 솔론, 솔론! 당신들 헬라스인들은 언제나 아이들이고, 연로한 헬라스인이라곤 없구려' 라고 말씀하셨다오. 솔론께서는 아무튼 그 말씀을 들으시고서 '무슨 뜻으로 그 말씀을 하십니까?' 라고 물으셨다오. 그 성직자께서는 이런 말씀을 하셨다오. '당신들은 모두가 마음이 어리다오.[43] 당신들은 옛날의 전설로 인

---

41) 포로네우스(Phorōneus)와 그의 아내 니오베(Niobē)는 아르고스(Argos)인들(헬라스인들)의 오랜 조상으로, 아래에서 언급되는 데우칼리온 이전의 전설적인 인물들이다.

42) 헬라스인들의 조상으로 이야기되고 있는 데우칼리온(Deukaliōn)과 피라(Pyrrha)는, 제우스가 인간의 타락에 대해 분노한 나머지 대홍수를 일으켜 청동기 시대의 인간들을 파멸시키려고 했을 때, 프로메테우스의 충고로 미리 방주(方舟: larnax)를 만들어 두었기에, 홍수 기간 동안 이걸 타고 있어서 물이 빠질 때까지 그 안에서 홍수를 피할 수 있었다고 한다. 이들은 훗날 헬라스 부족들의 조상이 된 헬렌(Hellēn)의 부모이다.

43) 다소 당혹감을 느끼게 하는 이 말은, 이후부터 시작해서 23b에 가서 밝혀지듯, 헬라스인들의 역사 기록이 그렇게 오래 된 것이 아니라는 걸 뜻한다. 플라톤의 이런 견해는 매우 진지한 것이었다. 그는 《법률》 편(676a1~

한 오래 된 소신도, 연륜이 오랜 학식도 자신들의 마음속에 전혀 지니고 있지 못하기 때문이오. 한데, 그 연유는 이러하오. 인간들의 사멸이 c 여러 면에서 여러 차례 일어났으며 또 일어날 것인데, 그 중에서도 최대의 것들은 불과 물에 의한 것들이고, 소규모의 다른 것들은 수없이 많은 다른 사연에 의한 것들이오. 물론 당신들한테도 전해 오는 이야기로, 언젠가 태양신(헬리오스)의 아들인 파에톤이 아버지의 수레에 끌채를 매었으나, 아버지가 모는 길을 따라 몰고 갈 수가 없어서, 지상의 것들을 몽땅 불태웠고, 그 자신도 벼락을 맞아 완전히 소멸되었다고 하는데, 이는 신화의 형태로 이야기되고 있소만,[44] 그 진실은 지구 주위로 하늘을 운행하는 것들의 이탈[45]과 긴 시간적 간격을 두고서 d

677d)에서 여기서 한 언급처럼 헬라스인들의 역사적 기록들이 최근의 것임을 지적하고 있을 뿐만 아니라, 1만 년 전의 기록에 대해서도 언급(656e4)하고 있다. 따라서 23e에서 언급되고 있는, 이집트인들이 9,000년 전에 일어난 사건에 대한 기록을 갖고 있었다는 가정은 《법률》 편의 언급들과 일치한다. Taylor, 52~53면 참조.

44) Phaethōn은 태양신 Hēlios와 바다의 요정 Klymenē의 아들인데, 클리메네는 헬리오스 모르게 파에톤을 길렀다. 파에톤은 청년이 되어 자신의 출생의 비밀을 알게 되어 아버지를 찾아가고, 헬리오스는 아들을 알아보고서, 선물을 선택하도록 하니, 아버지의 수레를 하루 동안 몰 것을 청했다. 그러나 그는 말들을 제대로 다룰 수 없어, 아버지가 모는 길을 따라 그 수레를 몰지 못하고, 너무 낮게 몰게 되어서, 지구 자체가 불타 버릴 위기를 맞게 된다. 그래서 제우스가 이를 막기 위해 파에톤을 벼락으로 쳐서 Eridanos 강에 빠뜨렸다는 설화를 두고 하는 말이다.

45) 원어 parallaxis란 표현은 플라톤의 다른 대화편들에서는 《정치가》 편 한 곳(269e4)에서만 나타난다. 그리고 동사 형태(parallattein)로는 《국가》 편 530b3에서만 사용되고 있다. 이 두 대화편에서 플라톤은 천체들은 물체들이기 때문에 규칙적인 진행에서 최소한도나마 이탈할 수밖에 없다는 취지의 언급을 하면서 이 표현들을 쓰고 있다. 따라서 《티마이오스》 편에서 천체들의 '이탈'이 지구 파멸의 원인으로 이야기된다 할지라도, 이 표현은 무질서한 천체 현상을 가리키는 것이 아니라 천체들의 정상적이고 규칙적인 운행에서 긴 시간적 간격을 두고서 간헐적으로 일어나는 현상을 가리키는

22d

일어난 지상의 것들의 대화재로 인한 파멸에 관련된 것이오. 어쨌든 그때는 산악과 건조한 고지대에 거주하고 있는 사람들이 강이나 바다에 인접해서 거주하는 사람들보다 더 많이 소멸당하오. 그러나 우리의 경우에는 나일 강이 다른 여러 면에서도 구원자이지만, 그런 경우에도 강이 범람함으로써 이 낭패에서 우리를 구원하오.[46] 반면에 신들이 이번에는 지구를 물로 청소하느라 홍수가 나게 할 경우에는, 산악에 거주하는 사람들과 목초지의 목부들이 구조되지만, 당신들의 고장에

e 있는 나라들에서 사는 사람들은 강물에 의해 바다로 떠밀려가게 되오. 그러나 이 고장에서는 그때나 다른 때나 물이 위쪽에서부터 들판으로 흘러내리지 않고, 반대로 모두가 아래로부터 자연적으로 차오르게 되어 있소.[47] 이래서 그리고 이런 까닭으로 해서 이곳에 보존된 것들이

것으로 보아야 할 것이다. Brisson(1992), 주석 59 참조.

46) 플라톤은 산악과 건조한 고지대에 거주하고 있는 사람들이 대화재로 인해 파멸될 때, 이집트 사람들은 나일 강이 범람함으로써(lyomenos: 이 낱말의 원뜻은 '풀려나서'임) 구원받은 것으로 기술하고 있다. 고대로부터 현대에 이르기까지 주석가들은 대화재 기간에 나일 강이 왜 범람했는지를 이해하는 데 어려움을 겪었다. 이 문제에 대해 Cornford는 두 가지 해석의 가능성을 제시하고 있다. (a) 만일 대화재가 범람의 원인이라면, Porphyrios가 제시했고 Archer-Hind가 따르고 있는 견해, 즉 나일 강은 지하의 수원지에 물이 많아져서 범람했다는 견해는 설득력이 없다. 왜냐하면 Taylor가 지적하고 있듯이, 뜨거운 여름의 가뭄 기간이나 대화재가 일어났을 때 다른 때와 달리 수원지의 물의 양이 불어날 이유가 없기 때문이다. 열이 범람의 원인이라는 가정하에서, 유일하게 합리적인 견해는 눈이 녹아서 물의 양을 풍부하게 했다는 것이다. 적도에 가까운 지역에 눈이 있다는 사실은 이미 고대에 널리 퍼져 있는 믿음이었다. lyomenos가 '녹게 되어'란 의미와 '풀려나서', 즉 '범람하여'란 뜻을 동시에 갖고 있는 표현임을 고려할 때에도, 이런 해석은 설득력이 있다. (b) 위의 언급은 사람들이 대화재 기간에 인공적으로 만들어진 댐의 수문을 열어 방류했다는 사실을 말하고 있다는 해석이다. 즉 고대 이집트에서는 관개 체계가 일찍부터 발달했는데, 가뭄 기간이나 대화재 동안에는 평상시에 가두어 놓았던 물을 방류함으로써 위기를 넘겼을 것이라는 것이다. Cornford, 365~366면 참조.

22e

가장 오랜 것들로 이야기되고 있소. 그러나 사실은 혹한이나 혹서가
사람이 사는 것을 막지 않는 곳이면, 어디에고 언제나 사람들이 사는
데, 그 수는 때로는 많기도 하고 때로는 적기도 하오. 당신네 고장에서 23a
건 이곳에서건 혹은 소식을 통해서 우리가 알고 있는 다른 어떤 나라
에서건 혹여 무슨 훌륭한 일이나 큰 일이 또는 다른 특이한 일이 일
어났을 경우에는, 그 모든 것이 오래 전부터 기록되어 이곳 사원들에
보존되어 있소. 하지만 당신네나 다른 나라 사람들의 경우에는, 문자
나 그 밖에 나라에 필요한 모든 것이 매번 이제 막 갖추어지는가 하
면, 다시금 주기적인 간격을 두고서, 마치 전염병처럼, 하늘에서 억수
같은 비가 자신들한테 쏟아져 내려서는, 당신들 가운데서도 문맹자들
과 교양 없는[48] 사람들만을 남겨 놓게 되오. 그래서 당신들은, 이곳 b
일이건 당신네 고장의 일이건 간에, 옛날에 있었던 일들은 모르는 채
로, 처음부터 다시 아이들처럼 되오. 솔론이여, 어쨌든 당신이 당신네
나라 사람들과 관련하여 방금 든 계보는 아이들의 설화(동화)와 별로
다를 게 없소. 첫째로 당신들은 지상에 이전에 있었던 여러 차례의 대
홍수들 가운데서 하나만을 기억하고 있으며, 게다가 당신들은 인류 가
운데 '가장 훌륭하디훌륭한 종족'(to kalliston kai ariston genos)이 당신
네 고장에 있었다는 것을 알지 못하고 있소. 이 종족에서, 즉 한때 소
수의 살아 남은 씨에서 당신과 지금 당신네 나라의 모든 시민이 태어 c
났소. 그렇지만 그 살아 남은 사람들이 여러 세대에 걸쳐 문자로써 말

---

47) 이런 언급은 나일 강의 물이 지하의 수원지에서 분출한다는 것을 의미하는 것이 아니라, 이집트에는 비가 거의 내리지 않는다는 사실을 나타내는 말이다. 이집트의 평야는 하늘에서 내리는 비에 의해서가 아니라 상류에서 흘러 범람하는 강물에 의해 물이 공급되었다. 따라서 다른 지역이 홍수로 재해를 당할 때, 이집트는 파멸을 피할 수 있었다. Cornford, 365면 참조.

48) 헬라스어로 amousos는 '시가(詩歌: mousikē)를 모르는'이란 뜻인데, 고대 헬라스에서 시가는 교양 교육의 전부였기 때문에, '교양 없는'으로 옮겼다. 18a의 해당 주석을 참조할 것.

23c

을 남기지 않은 채 죽은 탓으로 당신들은 그 사실을 모르고 있소. 솔론이여, 실은 옛날에 물로 인한 최대의 파멸이 있기 전에는, 오늘날의 아테네인들의 나라는 전쟁에 있어서도 가장 빼어났지만, 모든 면에서 유달리 가장 훌륭한 법질서를 갖추었었소. 우리가 소식에 접한 바로는 이 나라에서는 가장 훌륭한 행적이 이루어졌으며, 하늘 아래 있는 모
d 든 정체(政體) 가운데서도 가장 훌륭한 정체가 실현을 보았다고 하오.' 솔론께서는 이를 들으시자 놀라셨으며, 열의를 다해서 그 성직자들께 그 옛날의 시민들에 관련된 모든 걸 자신에게 차례차례 소상하게 들려 주도록 청하셨다고 말씀하셨소. 그래서 그 성직자께서 말씀하셨다오. '솔론이여, 전혀 인색할 게 없소. 당신과 당신들의 나라를 위해서, 그리고 무엇보다도 여신(아테나)을 위해서 내 말하리다. 여신께서는 당신네 나라와 우리 나라의 수호신이 되셔서 키워 주시고 교육
e 해 오셨는데, 여신께서는 가이아(Gaia, Gē)와 헤파이스토스한테서 당신들의 씨를 받아서 당신네 나라를 천 년이나 앞서 세우시고서,[49] 그 뒤에야 우리의 이 나라를 세우셨소. 한데, 여기 이 나라의 확립 연대는 우리의 성스러운 기록에는 8,000년으로 적혀 있소. 그러니까 9,000년 전에 있었던 시민들과 관련해서 그들의 법률과 그들이 행한 행적들 중에서도 가장 훌륭한 것을 내가 간략하게 당신에게 밝혀 주리다.[50]

49) 이 언급은 아테네의 건국 설화와 관련된 것이다. 이 설화에 따르면, 아테나 여신이 헤파이스토스(Hēphaistos)에게 무기를 주문하기 위해서 그를 찾아갔는데, 헤파이스토스가 여신을 겁탈하려 한다. 서로 몸싸움을 하는 과정에서 그의 정액이 땅 위에 떨어졌는데, 대지(Gē)의 여신 가이아(Gaia 또는 Gē)가 이를 받아 탄생시키매, 아테나 여신은 이것을 받아 상자에 숨겨, 아테네의 왕 케크롭스(Cecrops)의 딸들에게 열지 말고 간직하도록 당부한다. 그러나 이들은 결국 상자를 열어 보게 되고, 그 속에 뱀의 모습을 한(또는 뱀과 함께 있는) 아이를 보고 놀란 나머지 기절해 버리는데, 이 아이가 에리크토니오스(Erichthonios)요, 훗날 아테네의 왕이 된다.

50) 여기서부터 25d까지 9,000년 전의 고대 아테네가 아틀란티스 섬에 형성된 세력에 대항해 벌인 전쟁과 대륙의 소멸에 관한 이야기가 전개된다. '아

그러나 모든 것과 관련해서 정확한 것은 한가한 때에 그 기록 자체를 24a
갖고서 하나씩 자세히 이야기하도록 합시다. 그러면 그들의 법률을 이
곳의 법률과 대조해서 생각해 보시오. 당시의 당신네 나라에 있었던
것들의 많은 예를 오늘날 이곳에서 발견하게 될 것이기 때문이오.[51]
첫째로, 성직자들의 부류가 다른 부류들에서 분리되고, 그 다음으로는
장인들의 부류가 각 직능마다 다른 직능과 섞이지 않고 자기들끼리
일을 하며, 또한 목부들의 부류와 사냥꾼들의 부류, 그리고 농부들의
부류도 그러는 것을 발견하게 될 것이오. 그리고 특히 당신은 전사의 b
부류가 이 고장에서는 다른 모든 부류에서 분리되는 것을 분명히 목
격했겠는데, 그들에게 있어서는 전쟁과 관련된 것들 이외에는 다른 어
떤 것에도 관심을 갖지 못하도록 법에 의해 정해져 있소. 더 나아가
그들의 무장 상태는 방패와 창의 휴대이거니와, 아시아인들[52] 가운데
서는 우리가 최초로 이것들로 무장을 했는데, 이는 여신(아테나)께서,
당신네 고장에서는 당신들한테 최초로 가르쳐 주셨듯, 가르쳐 주셨던
것이오. 그런가 하면 또한 지혜(phronēsis)와 관련된 것의 경우에도, 당
신은 이곳의 법이 바로 처음부터 우주의 질서(kosmos)에 관해서 얼마
나 큰 관심을 기울였는지를 분명히 보오. 이들 신성한 것들[53]에서 예 c
언술과 건강을 위한 의술에 이르기까지, 인간사(人間事)를 위한 모든
것을 찾아내는가 하면, 이에 따르는 다른 모든 학문도 아울러 갖추게
되었음을 말씀이오.[54] 그러니까 그때 여신께서는 이런 모든 규정

틀란티스 설화'에 관해서는 해제를 참조할 것.

51) 플라톤은 《국가(政體)》 편에서 제시된 '아름다운 나라'의 법제도가 9,000년 전의 아테네에 이미 실현되어 있었다는 것을 전제하면서 이야기를 하고 있다.

52) 플라톤이 살던 시대에는 아프리카라는 지역 개념이 없었으므로 이집트도 아시아의 일부처럼 여겼음을 이로써 알 수 있다.

53) 천체들이 보여 주는 질서를 가리킨다.

54) 플라톤이 여기서 말하고자 하는 것은 이집트인들이 인간 생활에 관련된

(diakosmēsis)과 제도(syntaxis)를 확립하신 뒤에, 당신들이 태어난 곳을 골라서, 먼저 당신들을 정착시켰는데, 이는 이곳의 좋은 기후(좋은 기온: eukrasia)[55]가 가장 지혜로운 사람들을 산출할 것이라는 걸 여
d 신께서 간파하셔서였소.[56] 한데, 여신께서는 전쟁을 좋아하시고 지혜를 사랑하시기 때문에[57] 자신을 가장 닮은 사람들을 낳아 주게 될 곳

모든 기술을 천체들에 대한 연구에 토대를 두었다는 것일 것이다. Cornford는 이 구절이 Isokratēs의 *Bousiris*(21)의 내용을 생각나게 한다고 말하고 있는데, 그가 말하고 있는 내용은 실은 이 책의 21에서 23에 걸쳐 언급되어 있으며, 그 내용은 다음과 같다. Bousiris는 이집트의 전설 속의 왕이다. 그가 성직자들에게 세입을 얻게 함으로써 여가를 누릴 수 있게 하여, 의술을 발견하고 철학(philosophia)의 수련을 하게 했는데, 철학은 법률을 제정하고 존재하는 것들(ta onta)의 본성(physis)을 탐구할 수 있게 하는 것이다. 그리고 젊은 성직자들로 하여금 천문학 · 산술 · 기하학을 탐구하게 했다고 하니, 《티마이오스》 편의 위 구절에서 '이에 따르는 다른 모든 학문'은 바로 이것들을 일컫는 것으로 보인다. Cornford, 17면, 각주 2 참조.

55) eukrasia의 원뜻은 기온 또는 기후가 '잘'(eu) '혼합(krasis)된 상태', 즉 '좋은 혼합을 이룬 상태'를 뜻하는 말인데, 이는 온 · 냉 · 건 · 습이, 즉 온도와 습도가 잘 혼합된 지중해성 기후를 염두에 둔 표현이다.

56) 고대 헬라스 의학은 기후가 인간의 본성에 매우 큰 영향을 미치는 것으로 보았는데, Archer-Hind는 이런 견해를 히포크라테스(Hippokratēs)의 저작인 《공기, 물, 장소에 관하여》(*Peri aerōn, hydatōn, topōn*)에서 찾아볼 수 있다고 지적한다. R. D. Archer-Hind, *The Timaeus of Plato: Introduction, text and notes*(London and New York, 1888), 77면 참조. 플라톤은 《필레보스》 편 26b1에서 '좋은 기후'를 모든 좋은 것은 한정자와 비한정자의 혼화(混和)라는 이론의 예로서 제시하고 있는데, 이는 '좋은 기후'가 적정한 온도와 습도의 혼화 현상이기 때문이다.

57) 아테나(Athēna, Athēnē) 여신은 아테네(Athēnai)의 수호신이며, 전쟁의 여신이고, 온갖 기예(技藝)를 관장하며 지혜의 권화(權化)이기도 하다. 아테네의 아크로폴리스(akropolis)에 있는 파르테논(Parthenōn) 신전은 여신을 모신 신전이다. Parthenōn은 '처녀(parthenos)인 아테나를 모신 방'이란 뜻이다. 여신은 주신(主神) 제우스와 지혜의 여신(Mētis) 사이에서 태어난 딸이다. 제우스는 그와 메티스 사이에 태어나는 자식들이 자기에게 위협이 될 것이라는 경고를 가이아(Gaia)와 우라노스(Ouranos)한테서 받고서, 메티스

24d
인 이곳을 고르시어 맨 먼저 정착시켰소. 그래서 당신들은 그와 같은 법률을 이용하며, 아니 그보다도 한결 더 나은 법질서를 갖추고서 살게도 되었고, 또한 마치 신들의 자손으로서 그들의 양육을 받은 사람들이기라도 한 듯, 일체의 훌륭함(덕: aretē)에 있어서 모든 사람을 단연코 능가하게 되었소. 그런데 당신네 나라의 많은 위대한 행적이 이곳에 기록되어 있어서 경탄의 대상이 되고 있는데, 그 가운데서도 한 가지가 중대성과 훌륭함에 있어서 그 모두를 압도하오. 그 기록은 바 e
깥쪽 아틀란티스 해(대서양)로부터 시작해서 오만 무례하게 전 유럽과 아시아로 동시에 전진해 오는 엄청난 세력을 당신네 나라가 옛날에 제지했다는 것을 말해 주고 있기 때문이오.[58] 그 당시엔 그곳 바다는 실상 건널 수가 있었다오. 그건 그 바다의 입구, 곧 당신네가 헤라클레스의 [두] 기둥으로 부른다는 해협[59] 앞에 섬이 있었기 때문이오. 그런데 이 섬은 리비아와 아시아[60]를 합친 것보다 더 컸으며, 이

가 임신하자 혹시나 자기보다 강한 아들을 낳으면 어쩌나 싶어 메티스를 삼켜 버렸다. 그러나 때가 되어 어쩔 수 없이 헤파이스토스가 도끼로 제우스의 머리를 열자, 아테나가 완전 무장을 갖춘 상태로 전쟁의 함성을 지르며 나왔다고 한다. 여신은 'Pallas Athēnē'로도 불리는데, '팔라스'는 창을 '휘두르는 자' 또는 '처녀'를 뜻한다고도 한다. 고대 로마 신화의 '미네르바'에 해당하는 아테나 여신은 또한 'glaukōpis Athēnē'로도 불리는데, '글라우코피스'는 '번득이는 눈을 가진'이란 뜻이다. 그래서 그랬는지는 모르겠으나, 번득이는 눈을 가진 올빼미는 아테나 여신의 영물이요, 아테네의 상징이기도 해서, 그들의 은화에는 여신과 올빼미 그리고 올리브 가지가 으레 새겨져 있었다. 아테네인들에게 올리브나무를 준 것도 여신이었기 때문이다.

58) 《티마이오스》 편과 《크리티아스》 편에서 제시된 내용을 근거로 그려 본 세계 지도와 역사 시대의 헬라스인들의 활동 무대를 대조해 보기 위해서는 부록의 그림 1과 2를 참조할 것.

59) 현재의 지브롤터 해협을 의미한다. 이 기둥에는 "더 이상 가지 말 것"(항해의 한계점: ne plus ultra)이라는 비명이 새겨져 있었다는 전설이 있다.

60) 당시에 리비아는 서북부 아프리카를, 아시아는 소아시아를 가리키는 지

24e

섬으로부터 다른 섬들에 접근하는 것이, 다시 이들 섬으로부터는 저
25a 진짜 바다를 빙 둘러 있는 바로 맞은편의 전 대륙으로 접근하는 것이
당시의 항해자들에게는 가능했소. 우리가 말하고 있는 해협 안의 이쪽
모두는 좁다란 입구를 갖고 있는 항구처럼 보이기 때문이오. 그러나
다른 쪽은 진짜 바다이며, 이를 완전히 에워싸고 있는 육지가 진정으
로 대륙이라 불리어 지당할 것이오. 그런데 이 아틀란티스 섬에는 군
왕(basileus)들로 결성된 강대하고 놀라운 세력이 있어서, 이 섬 전체
뿐만 아니라 다른 많은 섬과 이 대륙의 일부를 지배하고 있었소. 이에
b 더하여, 해협 안쪽의 이곳 이집트에 이르기까지의 리비아와 티레니아
에 이르기까지의 유럽을 지배했소.[61] 이 모두가 하나로 결집된 이 세
력은 당신네 지역과 우리 지역 그리고 해협 안쪽의 모든 지역을 옛날
에 단번에 예속시키려 꾀했소. 그런데 솔론이여, 그때 당신네 나라의
세력은 용기(aretē)[62]와 강력함에 의해 모든 사람에게 확연히 드러나
보였소. 당신네 나라는 용맹성과 전쟁과 관련된 일체의 기술에 있어서
c 모두의 선봉에 서서, 한편으로는 헬라스인들을 영도하였으며, 다른 한
편으로는, 다른 나라들이 꽁무니를 뺌으로써 어쩔 수 없이 혼자가 되
어서도, 최악의 위험한 상황을 맞으며 침략자들을 제압함으로써 전승

명이었다.

61) 리비아는 이집트의 서쪽에 위치한 아프리카의 부분을 지칭하기 위한 일반적 이름이었다. 그리고 헬라스인들에 의해 티레니아(Tyrrhēnia)라 불린 나라는 로마인들에 의해서는 에트루리아(Etruria)로 불렸는데, 중서부 이탈리아를 가리킨다. Brisson(1992), 주석 82 참조.

62) aretē는 원래 모든 종류의 사물에 있어서 그것의 '훌륭한 상태'(goodness)를 뜻하는 말이다. 그런데 이 말이 사람에게 일반적으로 적용되면, 사람의 '훌륭한 상태'가 되니, '덕'을 뜻하는 것이 되겠다. 호메로스의 작품 배경이 되는 시대에는 전쟁 영웅이 훌륭한 사람의 잣대가 되었으니, 사람의 '훌륭한 상태'는 으레 '용기'를 가리키는 말이었다. 여기서 aretē는 이런 뜻으로 사용된 것으로 보았다. aretē에 대해서는 18b의 주석(14) 및 86e의 주석(695)을 참조할 것.

25c

기념비를 세웠소. 그래서 아직껏 예속화되지 않은 사람들이 예속화되는 걸 막아 주었으며, 헤라클레스의 기둥 경계 안쪽에 거주하던 다른 모든 사람을 유감 없이 해방했소. 그러나 그 뒤에 몇 차례의 엄청난 지진과 홍수가 일어나고, 고난의 일주야(一晝夜)가 지나는 사이에, 당 d
신네 나라의 모든 전사가 한꺼번에 땅 밑으로 빠져들어가 버렸고, 아틀란티스 섬도 마찬가지로 바다 아래로 가라앉더니 사라져 버렸다오. 이 때문에 오늘날까지도 그쪽 바다는 건널 수도, 그 흔적을 찾을 수도 없게 되었소. 그 섬이 가라앉으면서 생기게 한 얕은 깊이의 [물밑][63] 진흙이 방해가 되어서라오'라고 말씀이오."[64]

소크라테스님, 이제 선생님께서는 솔론께서 전하신 바에 따라 연로하신 크리티아스께서 하신 이야기를 제가 간결하게 말씀드린 걸 들으 e
셨습니다. 그런데 어제 선생님께서 정체(政體: politeia)와 그 시민들에 대해 말씀하셨을 때, 저는 방금 제가 말씀드린 이야기를 상기하고서는, 선생님의 말씀이 신통하게도 여러 가지 점에서 솔론께서 말씀하신 것들과 요행히 딱 들어맞는다는 것을 깨닫고서는 놀라워했습니다. 그렇지만 저는 당장에 그것을 말하려 하지는 않았습니다. 상당한 세월이 26a
지난 터라, 제가 충분히 기억을 하고 있지 못했기 때문이었습니다. 그래서 저는 제가 먼저 마음속으로 모든 것을 충분히 외워 보고 나서, 이처럼 말해야만 될 것 같다는 생각을 했습니다. 어제 선생님께서 저희에게 분부하신 것에 대해 제가 선뜻 동의했던 것은 그 때문이었습니다. 이런 모든 경우에 가장 중대한 일은 취지에 적합한 어떤 논제(논의거리, logos)를 제시하는 것인데, 우리는 이를 적당할 만큼 충분

63) Cornford의 견해를 따라서 κάρτα βραχέος를 κατὰ βραχέος로 읽었다. 항해하는 선원들의 관심은 진흙이 수면 아래 얼마나 가까이 깔려 있는지 하는 문제이지, 진흙의 깊이는 문제되지 않겠기 때문이다.

64) '솔론이여, … 진흙이 방해가 되어서라오'까지는 이집트의 성직자가 솔론에게 들려 준 내용이고, 그 다음의 '라고'는 솔론이 이 말을 전했음을 말하는 것이며, '말씀이오'는 크리티아스 할아버지의 말씀이다.

하게 갖게 될 것이라고 생각해서였죠. 그래서, 이분께서 말씀드렸듯이,
b 어제 저는 이곳을 떠나자 곧 그 이야기를 기억해 내는 대로 이분들께 되풀이해서 이야기했고, 이분들과 헤어진 뒤엔 밤사이에 그걸 돌이켜 생각해 봄으로써, 거의 모든 것을 기억해 냈습니다. 정말 속담마따나, 어릴 때 배운 것은 놀랍도록 기억에 남습니다. 실은 제가 어제 들은 것들을 죄다 다시 기억으로 되살릴 수 있을지 전 모르겠습니다. 하지만 제가 아주 오래 전에 들었던 그 이야기 가운데서 어떤 걸 제가 혹시 기억하지 못하게라도 된다면, 제 자신이 몹시 놀라게 될 것 같군요. 그러니까 그때 들었던 것은 아주 즐겁게 그리고 놀이 삼아 들은 것이
c 었고, 어르신께서는 제가 몇 번이고 여쭤 보았기 때문에 열성으로 저를 가르쳐 주셔서, 마치 지울 수 없는 납화(蠟畫)[65]처럼, 제 마음속에 머물러 있게 되었습니다. 더욱이 저는 이분들께 이른 아침부터 이것들을 이야기해 드렸는데, 이는 저와 함께 논의거리를 충분히 가지셨으면 해서였습니다. 그러니, 소크라테스님! 이 모든 이야기를 하게 된 원래의 취지로 돌아가, 이제 저는 그 대강뿐만 아니라 제가 들은 대로 하나하나 말씀드릴 준비가 되어 있습니다. 선생님께서 어제 저희에게 이야기 형태로 들려 주신 그 나라와 그 시민들을 이제 사실로서 이곳으
d 로 옮겨 놓고서, 그 나라를 이 나라인 것으로 저희는 간주할 것이며, 선생님께서 생각해 보신 시민들을 저희는, 그 성직자께서 말씀하신 대로, 우리의 그 진짜 조상들이라고 말할 것입니다. 이런 것들은 전적으로 적합하며, 그 시민들을 그 당시에 살던 사람들이라고 말한다고 해서 저희가 턱없는 이야기를 하는 것은 아닐 것입니다. 저희 모두는 선

---

65) 납화(enkauma)는 고대 헬라스에서 행해진 회화의 한 기법에 따라 그려진 그림을 말한다. 이 기법은 다양한 색이 가미된 밀랍 덩어리를 금속으로 된 팔레트에서 열을 가해 녹여 화필로 칠하는 것이다. 그런데 이 밀랍 덩어리가 식게 되면 급속히 응고되기 때문에, 이렇게 그려진 그림은 열을 가하지 않고서는 지울 수가 없게 된다.

26d

생님께서 분부하신 것에 적합한 것을 저마다 분담해서 능력껏 이행하도록 할 것입니다. 그러니까 소크라테스님! 선생님께서는 저희의 이 이야기가 마음에 드시는지 아니면 그것 대신에 또 다른 이야기를 저희가 찾아야만 하는지 생각해 보셔야 하겠습니다. e

소크라테스: 크리티아스님, 우리가 무엇으로 이 이야기를 대체할 수 있겠습니까? 이 이야기는 그 연관성[66]으로 인해 당면한 여신의 축제에 가장 적합할 것입니다. 또한 지어낸 이야기(mythos)가 아니라 사실인 이야기(logos)라는 게 굉장한 것임이 분명합니다. 실상 우리가 이것들을 제쳐놓고 다른 것들을 어떻게 그리고 어디서 찾게 되겠습니까? 그건 불가능합니다. 부디 행운이 함께 하길 빌거니와, 여러분께서는 이야기를 해 주셔야겠지만, 저는 어제 이야기의 보답으로 이제 가만히 듣기만 하면 되겠군요. 27a

크리티아스: 그러시면 소크라테스님, 우리가 정한 선생님에 대한 접대의 순서를 생각해 보시죠. 우리로서는 이렇게 하는 것이 좋다고 생각되었기 때문입니다. 티마이오스님께서는 우리 중에서 천문학에 제일 밝으시고 우주(to pan)[67]의 본성(physis)에 관하여 아는 것을 무엇보다도 자신의 일로 삼아 오셨기 때문에, 자신께서 먼저 우주(세계: kosmos)[68]의 생성에서부터 이야기를 시작하셔서 인간의 본성에 대한

66) 9,000년 전의 아테네에 대한 이야기는 여신이 창건한 이 도시의 공적과 여신이 키우고 교육시킨 시민들의 공적을 상기시켜 주기 때문에 아테나 여신을 기리는 축제에 그야말로 적합할 것이다.

67) 여기에서 '우주'로 번역하고 있는 to pan은 일반적으로 전체 또는 모두를 뜻하는 말이지만, '우주'(the universe)를 뜻하기도 한다.

68) kosmos는 원래 '질서'나 '훌륭한 품행' 또는 여인들의 '장식'이나 '장식물'을 뜻하는 말이었다. 그런데 피타고라스가 이 우주 자체를 kosmos라 말한 것은 그가 보기에 우주가 하나의 아름다운 질서 체계였기 때문이었다. Diels-Kranz, *Die Fr. der Vors.*, I(Weidmann, 1974), 105면, 24~25 참조. 그리고 우주에 대한 이런 호칭 자체와 관련된 플라톤의 기본적인 생각이 어떤 것인지는 28b에서 그리고 그곳의 주석에서 엿볼 수 있다.

27a

이야기로 끝내시는 것이 좋을 것같이 생각되었습니다. 저로서는 그 다음에 다음과 같은 이야기를 하는 것이 좋을 것 같습니다. 즉 티마이오스님한테서는 이 이야기를 통해 태어난 사람들을 넘겨받고, 반면에 선
b 생님한테서는 이들 중에서 탁월하게 교육받은 사람들을 넘겨받아서, 이들을 솔론의 이야기와 법에 따라서 판관들에게로 인도하듯이 우리한테로 인도해서, 이 나라의 시민들을, 사라진 그 사람들인 걸로 그 성직자들의 전언(傳言)이 알려 준 그때의 아테네 시민들인 것처럼 만드는 것이, 그리고 그 다음에는 이미 그 시민들, 곧 아테네인들인 것으로 하고서, 이들에 관한 이야기를 하는 것이 좋을 것 같습니다.[69]

소크라테스: 저는 완벽하게 그리고 호화판으로 이야기의 향응을 받게 될 것 같습니다. 그러니 티마이오스님, 선생님께서 하실 일은 관습에 따라 신들을 부른 연후에, 그 다음 이야기를 하는 것일 것 같습니다.

c 티마이오스: 소크라테스님, 그거야 조금이라도 분별 있는 사람이라면 누구나 모든 일을 시작하는 데 즈음해서, 그 일이 큰 일이든 작은 일이든 간에, 항상 신을 부르니까요. 한데, 우주에 관한 논의를 어떤 식으로건 하려고 하는 우리로서는, 즉 우주가 어떻게 생겨났는지 아니면 애당초 생겨나지 않은 것인지를 논의하려는 우리로서는 조금이라도 빗나가지 않으려면, 남녀 신들을 불러내서, 무엇보다도 그들의 마음에 들도록 하고, 덩달아 우리의 마음에도 들도록 모든 걸 이야기할
d 수 있게 되기를 기원해야만 됩니다.[70] 신들을 불러 도움을 청하는 일은 이로써 한 걸로 해 두죠. 이제 우리끼리의 도움도 청해야만 됩니다. 여러분께서는 되도록 쉽게 아시게 되고, 저로서는 제기된 것과 관련해서 제가 생각한 대로 한껏 밝혀 보여 드리게끔 말씀입니다.

그러니까 제 판단으로는 먼저 다음 것들이 구분되어야 합니다. '언제나 존재하는 것'(to on aei)이되 생성(genesis)을 갖지 않는 것[71]은

69) 이와 관련해서는 해제에서 언급한 것을 참조할 것.

70) 26e에서 '행운'을 빈 것과 같은 맥락의 것이다.

무엇이고, '언제나 생성되는 것' (to gignomenon aei)[72]이되 결코 존재(실재)하지는 않는 것은 무엇인지 말씀입니다. 분명히 앞엣것은 '합리적 설명(logos)과 함께하는 지성에 의한 앎(이해)' (noēsis meta logou)에 의해 포착되는 것으로서 '언제나 같은 상태로 있는' (aei kata tauta on) 것인 반면에, 뒤엣것은 '비이성적인 감각' (aisthēsis alogos)과 함께하는 의견(판단: doxa)의 대상으로 되는 것으로서, 생성·소멸되는 것[73]이요, 결코 '참으로 존재하는 것' 이 아닙니다. 한데, 생성되는 모든 것은 또한 필연적으로 원인이 되는 어떤 것에 의해 생성됩니다. 어떤 경우에도 원인 없이는 생성될 수가 없기 때문입니다. 그런데 무엇을 '만드는 이' (匠人, 匠色: dēmiourgos)[74]이건 간에, 그가 '언제나 같은 상태로 있는 것' 을 바라보며, 이런 걸 본(paradeigma)으로 삼고서,[75] 자기가 만드는 것이 그 형태(모습: idea)[76]와 성능(dynamis)[77]

28a

71) 이데아, 즉 형상을 가리킨다.

72) 바로 앞에서 '생성' 으로 번역한 genesis란 표현은 이중적인 의미를 갖고 있다. 여기서처럼 ① '변화의 과정 속에 있음' 을 뜻하거나, ② '어떤 것이 어떤 시점에 생겨남' 을 뜻한다. 이러한 두 가지 의미 중에서 이후에 언급되는 '우주를 만드는 이' 나 '아버지' 란 표현과 관련해서 쓰인 '생성' 은 둘째 의미에 부합한다.

73) 헬라스어로는 gignomenon kai apollymenon이다. 이 두 표현은 서로 떼어서 생각할 수 없는 말이다. 생성된 것은 소멸할 수밖에 없는 것이며, 소멸할 수밖에 없는 것들은 생성되는 것들이다. 38b를 참조할 것.

74) dēmiourgos는 사람들에게 필요한 것들을 만들어 주는 직인(職人: artisan)이나 장인(匠人: craftsman)을 뜻하나, 비유적으로는 넓은 의미에 있어서 무엇이건 '만드는 이' (poiētēs: maker)를 가리키는 데 쓰이기도 한다. 플라톤은 이 말을 실로 광범위하게 애용하고 있어서, 심지어는 어떤 가치의 '구현자' 에다가도 적용하고 있다(예컨대, 《국가(政體)》 편 제6권 500d 참조). 그러나 이 대화편에서는 이후로 우주 또는 세계의 창조자를 가리키고 있다.

75) 본이기도 한 이데아 또는 형상 이론이 적극적으로 제시되고 있다. 플라톤에 있어서 형상은 또한 본(paradeigma)으로서 제시되기 때문에 그의 형상 이론은 일반적으로 '본으로서의 형상 이론' 으로 불리기도 한다. 플라톤은 바로 이 대화편에서 감각에 의해 지각되는 사물 또는 세계를 본의 모상(모

을 갖추게 할 경우에라야, 이렇게 완성되어야만, 모든 것이 필연적으
b 로 아름다운 것으로 됩니다. 하지만 그걸 만드는 이가 이 생겨난 것을 바라보며, 이 생성물을 본으로 삼는다면, 그건[78] 아름다운 것이 못 됩니다. 바로 '온 천구'[79]—혹은 이를 우주(세계: kosmos) 또는 도대체

사물: eikōn)으로 파악하는 견해를 적극적으로 개진하고 있다. 그래서 그는 사물과 형상 간의 관계를 '모방' 또는 '닮음'의 관계로 표현하기도 한다. 그러나 본인 형상과 그것의 모상에서 성립하는 관계를 우리가 일상적으로 생각하는 모방의 관계처럼 생각해서는 안 된다. 일반적인 모방의 경우, 원본과 그 모사물은 존재론적으로 볼 때 같은 차원의 것이다. 예를 들어 유명한 화가의 그림을 누군가 모방했을 때, 원본이 한결 더 완전한 것이라 할지라도, 그 둘 사이에 존재론적인 차이는 없다. 반면에 플라톤에 있어서 형상은 그 모상과 존재론적으로 같은 차원의 것이 아니다. 형상은 '지성에 의해서[라야] 인식될 수 있는 것'(to noēton)으로서 시공 속에 존재하는 것이 아니다. 이런 존재론적 차이를 무시할 때 플라톤의 형상 이론에 대한 심각한 오해가 생길 수 있다. 플라톤은 《파르메니데스》 편 1부에서 형상 이론에 대해 제기될 수 있는 여러 난점을 소개하고 있는데, 이는 형상 이론이 결함이 있기 때문에 제시된 것이 아니라 오히려 형상과 사물 간의 관계를 잘못 이해할 때 생길 수 있는 난점들을 보여 주는 것이다. 《파르메니데스》 편에서 형상 이론과 관련해서 제기되고 있는 문제점들은 기본적으로 형상과 사물을 존재론적으로 같은 차원에 놓을 때 성립하는 것이다. 형상이 사물의 본이라는 것은 형상이 더 완전한 형태의 사물이라는 것이 아니라, 형상이 그것을 닮은 것들에 의존하지 않고 존재론적으로는 그것들의 원리가 됨을 의미한다.

76) 여기서 idea는 전문 용어로 사용된 것이 아니다. 이 말은 일상적인 언어로는 '형태', '모양', '외관', '성질', '종류', '종'(種), '모습', '보임새'를 뜻한다.

77) 플라톤에 있어서 사물의 본성(physis)과 실재성(ousia)을 드러내 보여 주는 것은 사물의 dynamis이다. Brisson(1992), 주석 99 참조.

78) '그렇게 만들어진 것'을 뜻한다.

79) 원어는 ho pas ouranos(나중에는 ho ouranos로 그냥 쓰고 있음)로서, ouranos(우라노스)는 일반적으로는 그냥 '하늘'을 가리키는 말이나, 여기와 31a, b, 32b에서처럼 '우주' 또는 '천구'를 뜻하기도 하는데, 실제로 34b5에서는 kyklos … ouranos라는 말이 보이니, 이는 '둥근 하늘', 즉 천구(天球)

28b

그 밖에 다른 무슨 이름으로든 그렇게 부르는 것이 제일 받아들여짐직한 것이면, 그 이름으로 부르도록 하죠[80]—에 관한 고찰을 함에 있어서는, 그러니까 모든 것과 관련해서 처음에 탐구해 마땅한 것부터 먼저 해야만 합니다. 즉 그것이 그 어떤 생성의 시초(archē)도 갖지 않고 언제나 있었는지, 아니면 어떤 시초에서 시작해서 생성을 보았는지를 말씀입니다. 그것은 생성되었습니다.[81] 그것은 볼 수 있고 접촉할

라는 뜻이다.

80) 그 밖에도 원래 '전체'를 뜻하는 'to holon'이라는 말이 '우주'를 가리키는 용어로 또한 쓰이고 있음을 우리는 《고르기아스》 편(508a3)이나 《필레보스》 편(28d5~6) 등에서 발견하게 된다. 그러나 《티마이오스》 편보다 뒤엣 것으로 간주되는 《필레보스》 편에서는 '이른바 이 to holon'이라는 표현을 쓰고 있는 걸 보면, 아마도 이 무렵에는 플라톤이 이 용어를 별로 탐탁해하지 않았는지도 모르겠다.

81) 고대의 《티마이오스》 편 해석에 있어서 가장 중심적인 주제는 창조 신화를 빌려 플라톤이 설명하고 있는 이 우주의 성립을 글자 그대로 해석할 것인지 아닌지 하는 문제였다. 티마이오스는 우주가 단연코 '생성되었다'(gegonen)고 말하는데, 이런 언급과 관련해서 중대한 논쟁의 대상이 되는 것은 플라톤이 '우주가 시간의 어떤 시점에서 시작되었다는 것'을 믿었는지 아닌지 하는 문제이다. 이 문제와 관련해서 이미 고대로부터 학자들은 대립된 두 진영으로 나뉜다. ① 비유적 해석: 플라톤에 의해서 언급된 이 우주의 성립은 글자 그대로 파악해서는 안 되고, 그것은 다양한 구조적 계기들을 갖고서 영원히 존재하는 kosmos에 대한 신화적 표현이요, 이러한 계기들은 창조된 것으로 기술되지만 실제로는 언제나 함께 존재해 왔다고 하는 해석이다(Xenokratēs, Crantor, Proklos, Taylor, Cornford, Cherniss, Taran 등의 견해). ② 글자 그대로 하는 해석: kosmos의 창조를 글자 그대로 받아들여야 하고, kosmos는 시간의 어떤 시점에서 창조되었다는 해석이다(Ploutarchos, Aristotelēs, Vlastos, Hackforth, Guthrie 등의 견해). 플라톤이 우주의 창조를 실제적 사건으로 믿었는지 혹은 영원히 존재하는 우주의 훌륭함과 질서를 설명하기 위한 방편으로 창조 신화를 이용한 것인지 하는 문제는 끊임없이 논쟁이 되고 있고 아마도 해결될 수 없을지도 모른다. 그러나 그가 엮고 있는 창조 신화의 목적은 우주가 어떻게 탄생되었는지에 대한 연대기적인 보고라기보다는, 오히려 우주와 인간의 본성에 대해 바람직

수도 있는 것이며, 몸통(몸: sōma)을 갖고 있기 때문입니다. 그리고 그런 모든 것은 감각에 의해 지각될 수 있거니와, 감각에 의해 지각될
c 수 있는 것들은 감각과 함께 판단(의견: doxa)에 의해 포착되는 것들로서, 생성되는 것들이며 생겨날 수 있는 것들로 밝혀졌기 때문입니다. 다른 한편으로 생성되는 것은 원인이 되는 어떤 것에 의해서 생성되는 게 필연적이라고 우리는 말합니다. 그런데 이 우주(to pan)의 창조자(만든 이: poiētēs)와 아버지(patēr)를 찾아내는 것은 힘든 일이거니와, 찾아낸다 하더라도 모두를 상대로 이를 말해 준다는 것도 불가능합니다. 그래서 우주와 관련하여서는 이 문제를 다시금 생각해 보아야만 합니다. 즉 우주를 구성한 이(ho tektainomenos)[82]가 본들 가운데
29a 서 어떤 걸 바라보면서 우주를 만들어 냈는지, 말하자면, '똑같은 방식으로 한결같은 상태로 있는 것' (to kata tauta kai hōsautōs echon)[83]을 바라보면서 그랬는지, 아니면 생성된 것을 바라보면서 그랬는지를 말씀입니다. 만약에 이 우주(kosmos)가 과연 아름답고 이를 만든 이(dēmiourgos) 또한 훌륭하다면, 그가 영원한 것(to aidion)을 바라보고

한 이해를 갖도록 하기 위한 체계적 설명의 시도라는 점을 부정할 수는 없다. 이런 관점에서 볼 때, '비유적 해석'을 취하는 학자들의 견해처럼 우주의 몸통과 혼의 구성 등에 대한 데미우르고스의 창조 행위를 글자 그대로 받아들일 것은 아니다. 그러나 플라톤은 데미우르고스의 창조 행위 이전에 주어진 혼돈의 상태와 질서가 잡힌 우주를 분명히 구분하고 있기 때문에, 우주가 정연한 질서 체계를 구축하게 된 시점이 곧 참된 의미에 있어서 그것의 생성 시점이라고 보고 있는 것이 플라톤의 견해라고 할 것이다.

82) 헬라스어로 'ho tektainomenos'는 목조물을 '짜맞추는 이' 또는 '결합하는 자'라는 뜻으로 목수를 가리키는데, 여기서 데미우르고스는 이런 목수에 비유되고 있다.

83) 이 말은 '본'이 되는 이데아 또는 형상의 불변성을 나타내는 중요한 표현들 중의 하나이다. 이것은 앞(28a)에서 '언제나 같은 상태로 있는 것'이라는 표현을 더 강화한 것으로서, 《국가》 편 제5권 479a, 《파이돈》 편 79d, 80b 등에도 보인다.

29a

서 그랬을 것이라는 건 분명합니다.[84] 하지만 만일에 누군가가 그런 말을 하는 것이 가당치도 않다면,[85] 그는 생성된 것을 바라보고서 그랬을 것입니다. 그가 영원한 것을 바라보고서 그랬을 것이라는 것은 실로 누구에게나 명확합니다. 왜냐하면 생겨난 것들 중에서 가장 아름다운 것이 우주이며, 원인들 중에서도 가장 훌륭한 것이 그걸 만든 이이기 때문입니다. 우주는 바로 이렇게 해서 생겨났기에, 그것은 합리적 설명(logos)과 지혜(phronēsis)에 의해 포착되며 '똑같은 상태로 있는 것'[86]에 따라 만들어졌습니다. 이런 점들이 이러할진대,[87] 이 우주 b
가 어떤 것의 모상(模像: eikōn)일 것임이 또한 전적으로 필연적입니다.[88] 그러면 모든 것의 시작은 그것의 본성에 따라 시작하는 것이 아주 중요합니다. 따라서, 설명들은 그것들이 설명하고 있는 바로 그 대상들과 동류의 것들이기에, 모상 및 그것의 본과 관련해서는 다음과 같은 식의 구분을 해야 합니다. 물론 한결같고 확고하며 '지성(nous)과 함께라야'(meta nou) 분명해지는 것에 대한 설명들은 한결같고 변하지 않는 것들이어야 합니다.—그러는 것이 가능한 한, 그리고 논박

84) 플라톤이 이 우주의 질서를 설명하기 위해서 형상을 상정하는 이유는 무엇보다도 질서와 아름다움은 우연히 저절로 나올 수 없고 형상에 근거해야 된다고 생각했기 때문이다. 즉 형상은 규칙성과 질서를 보여 주는 현상을 설명하기 위한 존재론적 근거를 제공하는 것이다.

85) 어디까지가 부정하는 내용인지 자체가 문제될 수도 있겠다. 이 부분의 해석에 대해서는 이론이 많고, 경우에 따라서는 텍스트 자체를 달리 읽는 사람들도 있다.

86) '본'이 되는 이데아 또는 형상을 가리킨다.

87) 바로 앞에서 말한 것들, 즉 우주가 아름답고 이를 만든 이가 훌륭하며 '언제나 똑같은 방식으로 한결같은 상태로 있는' 영원한 것이 본으로 되었다는 것 등을 가리킨다.

88) 《티마이오스》 편에서 형상은 규칙성과 질서를 보여 주는 현상을 설명하기 위한 존재론적 근거이기 때문에, 이 우주를 본인 형상을 '닮은 것', 즉 '모상'으로 파악하는 것은 플라톤이 자연 세계를 질서 있는 자연으로 다루고 있음을 의미한다.

29b

될 수 없고 흔들릴 수 없는 설명들에 적합한 한, 이에 그 어떤 모자람
c 도 없게끔 해야만 합니다.—반면에 그것[89]을 본뜬 것에 대한 설명은, 이것이 모상(eikōn)이기에, 앞의 설명들에 대해서도 역시 상응하게 '그럼직한 설명들'(eikotes logoi)[90]이어야 합니다.[91] 생성(genesis)에 대한 존재(실재성: ousia)의 관계는 바로 믿음(확신: pistis)에 대한 진리(alētheia)의 관계이니까요.[92] 그러니 소크라테스님, 설령 우리가 많

89) '본'을 가리킨다.

90) 헬라스어로 eikotes logoi는 eikōs logos의 복수이다. 플라톤에 있어서는 이데아들 또는 형상(形相: eidos)들만이 '참으로 존재하는 것들'인데, 이것들은 '지성에 의해서[라야] 알 수 있는 것들'(ta noēta)이다. 반면에 '감각의 대상들'(ta aisthēta)은 참으로 존재하는 것들이 아니라, 이데아들의 모상(模像: eikōn)들일 뿐이다. 현실의 우주도 존재론적으로는 데미우르고스의 우주론적 설계의 본(paradeigma)에 대한 '모상'일 뿐이다. 여기에서 시도되고 있는 우주론도 그런 '모상'(eikōn)에 대한 '모상에 어울리는 (그럼직한) 이야기'일 뿐이라는 점이 누누이 강조되고 있다. 이처럼 플라톤은 생성의 세계가 본의 모상임을 염두에 두고, eikōs란 말을 사용하고 있는데, 이 말은 본과 '닮은'의 뜻을 지닌다. 생성의 세계가 본의 모상이듯이, '그럼직한 설명'은 본으로서의 형상에 대해 성립하는 '참된 설명'(alēthēs logos)의 모상이다. 역자는 eikōs logos를 '그럼직한 설명'으로 옮겼다. 왜냐하면 우리말 '-직하다'는 말이 '표준에 가깝다'는 의미를 갖고 있기 때문에, '그럼직한'이란 표현이 eikōs란 말이 지니는 뉘앙스를 잘 전달할 수 있다고 생각해서이다. 영어로는 probable보다는 verisimilar란 말이, 그리고 불어 vraisemblable와 독일어 wahrscheinlich가 상응하는 표현이라 하겠다.

91) '정확한 설명'과 '그럼직한 설명'의 구분은 설명 대상의 존재론적 구분에 따른 것이다. 즉 본의 역할을 하는 형상은 '언제나 같은 상태로 있는 것'이기에 그것에 대해서는 '한결같고 불변의' 설명이 가능한 데 반해서, 이 우주는 '본'의 모상이기에 역시 모상에 어울리는 '그럼직한 설명'만이 가능하다. 헬라스인들의 옛말로 "닮은 것에 닮은 것이"(끼리끼리: ho homoios[to homoion] tō̧ homoiō̧)라는 게 있는데, 플라톤은 이를 그의 인식이론에 있어서도 하나의 기본 원칙으로 삼고 있다. 존재론적으로 다른 대상들은 서로 동류(同類: syngeneia)의 것들이 아니기 때문에 동류의 것이 아닌 대상들에는 그 설명들도 다를 수밖에 없다는 생각에서다.

92) 이런 유비(類比) 관계(analogia)에 대한 본격적인 언급은 《국가》편 제7

29c

은 것, 즉 신들[93] 및 우주의 생성에 관해서 여러 가지 점에서 전적으로 모든 면에서 일관되고 정확한 설명을 실상 할 수 없게 될지라도, 놀라시지는 마십시오. 하지만 우리가 누구 못지 않게 그럼직한 설명을 제시하기만 한다면, 우리는 만족해야 합니다. 말하는 저나 판정자들인 여러분이 인간적 본성을 갖고 있음을 기억하고서, 이런 것들에 관해서 d 는 '그럼직한 이야기'(eikōs mythos)[94]를 받아들이고, 그것을 넘어 더

권 534a에서 찾아볼 수 있다.

93) 여기에서는 천체들을 가리킨다. 헬라스인들은 천체도 신으로 간주하여 그렇게 불렀다.

94) 플라톤은 여러 차례 반복적으로 '그럼직한 설명'(eikōs logos) 또는 '그럼직한 이야기'(eikōs mythos)라는 표현을 사용하는데, 그의 우주론의 핵심적인 부분인 27d~69a에서 무려 25번이나 이런 표현을 사용한다(29c, 30b, 34c, 44d, 48c, 49b, 53d, 55d, 56b, 56c, 57d, 59c, 68d 등). 그리고 우주론의 결론에 해당하는 부분인 69a~92c에서는 두 번 사용하고 있다(72d, 90e). 그런데 그는 eikōs logos란 표현을 훨씬 자주 사용하고 있지만, eikōs mythos란 표현도 이곳(29d2)과 59c6, 68d2에서 사용하고 있다. 플라톤이 eikōs logos와 eikōs mythos란 표현을 구분해서 사용하고 있는지는 학자들의 논란거리이다. 이 두 표현에서 강조점은 eikōs에 있지만, 플라톤에 있어서 일반적으로 mythos와 logos는 구분되기 때문에, eikōs logos와 eikōs mythos를 구분해 볼 수 없는 것은 아니다. 일반적으로 mythos는 고대 헬라스의 전통적 신화에서 볼 수 있는 설화적 이야기를 의미하는 반면에, logos는 단지 이성에만 토대를 두고 있는 논의 또는 설명을 뜻한다. 역자는 eikōs logos와 eikōs mythos를, 제시된 설명이 '지성에 의해서[라야] 알 수 있는 것', 즉 형상 또는 '지성(nous)의 작용'의 측면을 보여 주는지 아닌지 하는 관점에서 구분하는 것이 옳다고 생각한다. 즉 이 자연 세계에 대한 설명이 형상적 측면이나 지성의 작용 측면을 보여 주고 있을 때, 이런 설명은 eikōs logos로 규정할 수 있다. eikōs logos는 감각에 의해 지각되는 것들과 관계하기 때문에, 형상 자체에만 근거해 설명하는 참된 설명(alēthēs logos)과는 다르지만, 형상의 모상에 대한 설명인 한, 그것에는 형상적 측면이 반영되어 있다. 반면에, 플라톤은 이 우주의 기원이나 사물들에 대한 설명에 있어서 확정적인 이야기를 할 수도 없고 굳이 형상적 측면과 연관시킬 필요가 없는 경우에는 eikōs logos보다 eikōs mythos란 표현을 사용하고 있는 것으로 보인다. 역자는 우리말 '이야기'란 말이 mythos와 logos의 의미를 다 포용할 수 있는

29d

이상은 탐구하지 않는 것이 적절합니다.

소크라테스: 티마이오스님, 아주 훌륭했습니다. 우리는 선생님께서 당부하시는 대로 전적으로 받아들여야 합니다. 사실 우리가 선생님의 서론(서곡: prooimion)을 훌륭하게 받아들였으니까, 선생님께서는 이제 우리에게 주제(主題, 본 악곡: nomos)[95]를 차례로 이야기해 주십시오.

티마이오스: 그러면 이 우주를 구성한 이(ho synistas)가 무슨 까닭으로 [일체] 창조물(생성: genesis)과 이 우주(to pan)를 구성했는지를
e 말하도록 하죠.[96] 그는 훌륭한(선한: agathos) 이였으니, 훌륭한 이에게는 어떤 것과 관련해서도 그 어떤 질투심이든 이는 일이 결코 없습니다.[97] 그는 질투심에서 벗어나 있어서, 모든 것이 최대한으로 자기 자신과 비슷한 상태에 있게 되기를 바랐습니다. 바로 이것을 누군가가

표현이란 점에서 문맥에 따라서는 eikōs mythos와 eikōs logos를 구별하지 않고 '그럼직한 이야기'로 옮기기도 했다.

95) 헬라스어 nomos에는 관습·법·멜로디·가락 등의 뜻이 있는데, 여기에서는, 시가(詩歌)로 치면, 서시(序詩, 서곡: prooimion)에 대한 '본(本) 시가(악곡)'인 셈이니, '서론'에 대한 '본론'이라 보면 되겠다.

96) 플라톤이 우주를 만든 이를 '구성한 이'(ho synistas)로 표현하는 데서 분명히 알 수 있듯이, 그는 '생성'을 구성의 관점에서 이해하고 있다. Scheffel은 genesin kai to pan tode synestēsen란 표현이 헬라스인들에게 낯선 것임을 지적하고 있다. 즉 문체론적으로 볼 때, genesis란 말은 synistanai와 억지로 결합되었다는 것이다. 그리고 그는 헬라스 문헌에서 유사한 말의 결합이 거의 없다는 사실이 플라톤에 있어서 genesis 개념의 특성을 잘 드러내 준다고 본다. 즉 플라톤에게는 이 우주만이 아니라 genesis가 구성의 결과로 제시되었다는 것이다. W. Scheffel, *Aspekte der Platonischen Kosmologie*(Leiden, Brill 1976), 34면 참조.

97) 《티마이오스》 편에 등장하는 데미우르고스는 우주 창조에 있어서 가능한 한의 최선(最善)을 실현하고 있는 자이다. 그런 점에서 말할진대, 그는 《국가(政體)》 편(6, 7권)에서 언급되고 있는 '좋음(善)의 이데아'를 우주 창조에 있어서 구현하고 있는 셈이다.

29e

[일체] 창조물(생성)과 우주(kosmos)의 무엇보다도 가장 주된 원리 (archē)[98]로서 지혜로운 사람들한테서 받아들인다면, 그 받아들임은 30a
지당할 것입니다. 이는 신이 모든 것이 훌륭하기를 바랐지, 그 어떤 것도 가능한 한에 있어서,[99] 볼품 없기를 바라지는 않았기 때문인데, 이처럼 가만히 있지 않고, 조화롭지 못하며 무질서하게 움직이는 가시적인 모든 것[100]을 그가 받아서는, 그것들을 무질서 상태(ataxia)에서 질서 있는 상태(taxis)로 이끌었습니다. 질서 있는 상태가 무질서한 상태보다는 모든 면에서 더 좋다고 생각해서였죠. 그리고 최선자(最善者: ho aristos)가 가장 훌륭한 것(to kalliston) 이외의 다른 걸 행한다는 것은 전에도 가당치 않았지만, 지금도 가당치 않습니다. 그래서 그는 본 b
성상 가시적인 것들로 미루어, 지성적이지 않은(anoēton) 그 어떤 제작물도 지성(nous)[101]을 지닌 것보다, 전체로서 볼 때, 결코 더 훌륭해

---

98) archē는 '기원'이라는 뜻 이외에 '원리'라는 의미를 갖고 있다. 우리가 archē를 원리의 뜻으로 이해한다면, 위의 언급은 데미우르고스가 '좋음'(to agathon)을 원리로 해서 가능한 한 최선의 것으로 이 우주를 만들었다는 뜻으로 해석할 수 있다. 《티마이오스》 편에서 데미우르고스는 최선자로서 그리고 이 우주는 최선의 것으로 여러 차례 기술된다는 점(30a, 37a, 41a~b)을 통해서도 알 수 있듯이, 플라톤은 이 우주가 아름답고 조화로운 질서 체계로서 좋음을 실현하고 있는 것으로 파악하고 있다. 우주는 그 나름으로 '최선'이 실현되어 있는 것이요, '좋음'(善: to agathon)이 그 원리로서 작용하고 있음을 보여 주고 있다고 말할 수도 있겠다.

99) '가능한 한에 있어서'(kata dynamin)란 단서는 이 대화편 전체(32b, 37d, 38c, 42e, 53b, 65c, 71d, 89d 등)에 걸쳐 자주 사용되고 있다. 헬라스인들의 격언으로 '주어진 것을 선용할지니라'(to paron eu poiein)는 것이 있는데, 플라톤은 데미우르고스도 이 정신에 따르는 것으로 말하고 있다.

100) 데미우르고스가 질서를 부여하기 이전의 물질의 상태에 대한 자세한 언급은 52d~53b에서 하게 된다.

101) 플라톤의 경우에 '지성'은, 인식론적인 관점에서 볼 때, 참된 존재인 이데아에 대한 직관적 인식 또는 그런 작용(noēsis)의 주체인데, 이런 인식은 궁극적으로는 언제나 좋음(to agathon)에 대한 인식과 연관된다. 그는 지성

30b

지지는 못한다는 것을 알아내게 되었거니와, 또한 더 나아가 지성은 혼(psychē)과 떨어져서는 어떤 것에도 있을 수 없다는 것도 알아내게 되었습니다. 바로 이런 헤아림(logismos)을 통해서, 그는 지성을 혼 안에, 혼은 몸통 안에 함께 있게 하여 이 우주를 구성하였는데, 이는 자기가 완성해 낸 제작물이 그 본성에 있어서 가능한 한 가장 아름답고 가장 훌륭한 것이도록 하기 위해서였습니다. 그러므로 바로 이처럼 그럼직한 설명에 따라서, 이 우주는 진실로 신의 '선견(先見)과 배려'(pronoia)[102]에 의해서 '그 안에 혼(생명)을 지녔으며 또한 지성을 지닌 살아 있는 것'(zōon empsychon ennoun te)[103]으로 생기게 된 것이

을 지닌 참된 철학자들이 추구하게 되는 궁극적 앎을 '좋음(善)의 이데아'에 대한 인식이라 말하고 있다. 그리고 이러한 좋음에 대한 통찰은 이론적 인식으로만 끝나지 않고 행위나 다른 영역들에서도 좋음의 구체적 실현을 지향하기 때문에, 결국 지성은 좋음을 인식하여 그것을 현실화시키는 능력이라 말할 수 있다. 플라톤은 이런 성격을 갖는 우주적 지성을 여기에서 또한 말하고 있다.

102) pronoia는 원래 '선견'을 뜻하나, 이에 따른 '배려'까지도 포함시키는 것이 여기에서는 그 뜻을 살리는 것 같아서, '선견과 배려'로 옮겼다. 이 낱말은 흔히 '섭리'(providence)로 이해되는 것이기도 하다.

103) 헬라스인들에 있어서는 혼(psychē)은 원래 '숨', '목숨', 즉 '생명'을 의미한다. 헬라스어로 '살아 있는 것', 즉 '생물' 또는 '동물'을 zōon(living being, animal)이라 하거나 ta empsycha라 하는데, 뒤엣것은 'psychē를 지닌 것들'이란 뜻이다. 말하자면, '살아서 움직이는 것들'이란 의미이다. 우주도 살아서 움직이기는 마찬가지인데, 그 운동이 규칙적이고 질서 있으며 불변적이어서, 지극히 '이성적'이라는 생각을 헬라스의 현자들로 하여금 갖게 했다. 따라서 우주의 운동도 결코 '비이성적이고 멋대로인 것의 힘'이나 '우연'에 의한 것이 아니라, 인간의 경우에 있어서처럼, '지성'(nous)을 지니고 있는 '혼'의 지배를 받고 있는 것으로 보도록 플라톤은 권하고 있다. 그래서 그는 《필레보스》 편(28c~30c) 및 《티마이오스》 편(30a~b)에서도 이 우주의 질서를 설명하는 과정에서 지성을 소유하고 있는 우주 혼에 대해 언급하고 있다. 우주 혼은 그에게 있어서 기본적으로 '소우주와 대우주 사상'에 의거한 유비 추리에 의해 상정된다. 고대 헬라스인들에 있어서 우주론의 주된 문제는 천체들의 운동의 규칙성을 설명하는 것인데, 플라톤은 우

라고 말해야 합니다. c

이게 전제되었으므로, 우리로서는 그 다음 것들을 다시 이야기해야만 하는데, 그건 우주를 구성한 이가 살아 있는 것들 중의 어느 것을 그것이 닮게끔 구성했는가 하는 것입니다. 그렇다고 해서 본성상 부분[104]의 성격을 갖는 것들 중의 어떤 것을 그것이 닮은 것이라고 격하시키지는 않도록 하죠.—왜냐하면 불완전한 것을 닮은 것은 그 어떤 것도 결코 아름다운 것으로 될 수 없겠기 때문입니다.—오히려 우리는 다른 모든 살아 있는 것이 개별적으로나 유적(類的)으로나 그 부분들로 되는 바로 이것에 우주가 무엇보다도 가장 닮은 것이라고 간주하도록 하죠. 그야 물론 그것이 자신 안에 '지성에 의해서[라야] 알 수 있는 살아 있는 것들'(noēta zǭa)[105] 모두를 포함하여 갖고 있기 때문입니다. 이 세계[106]가 우리와 그 밖에도 가시적인 것들로서 구성을 본 모든 생물을 자신 속에 지니고 있듯이 말씀입니다. 왜냐하면 d
신은 이 우주가 지성에 의해서 알게 되는 것들(ta nooumena) 중에서 가장 아름답고 모든 면에서 완전한 것을 최대한으로 닮게끔 만들고자

주를 생명체에 비유함으로써 이러한 규칙성을 설명하고 있는 것으로 볼 수 있다. 즉 생명체는 자발적 운동의 원리—이런 원리를 플라톤은 혼이라 부른다—를 특징적으로 갖고 있는데, 특히 인간의 혼에는 지성이 주어져 있어서 일관되고 선한 의도에 상응하는 행위를 할 수 있게 된다. 그런데 다른 생명체와 마찬가지로 우주도 질서와 규칙성을 보여 주고 있기 때문에 플라톤은 유비 추리에 의해 이 우주를 혼과 지성을 지닌 살아 있는 것으로 파악하고 있는 셈이다. L. Brisson, *Inventing the Universe*(New York, 1995), 26면 참조.

104) '부분'의 헬라스어는 meros인데, 여기서는 유(類: genos)의 부분을 이루는 종(種: eidos)을 뜻하는 것으로 보아도 되겠다.

105) 'ta noēta zǭa'는 살아 있으며, 숨을 쉬고, 움직이는 실제 생물들이 아니라, 생물들의 형상들을 의미한다.

106) '이 세계'로 옮긴 원어는 hode ho kosmos로서, 앞(30b7)에서는 '이 우주'로 옮겼던 것이지만, 이는 문맥을 고려하여 한 것이다.

30d

해서, 본성상 자신과 동류(同類)인 모든 살아 있는 것을 자신 안에 갖
31a 고 있는 하나의 가시적인 살아 있는 것으로서 우주를 구성했기 때문
입니다. 그러면 천구(ouranos)를 하나로 부르는 것이 옳았겠습니까, 아
니면 다수나 무한수인 것으로 말하는 것이 더 옳았겠습니까? 이 천구
가 정녕 본에 따라서 만들어졌다면, 하나로 부르는 것이 옳습니다. 지
성에 의해서[라야] 알 수 있는 모든 살아 있는 것을 포함하는 것은
다른 것과 함께 둘째 것이(둘 가운데 하나가) 결코 될 수 없을 것이
기 때문입니다. 만약 그렇게 되면, 그 둘과 관련해서 또 다른 살아 있
는 것이 있어야만 할 것이고, 그 둘은 바로 이것의 부분이 될 것이며,
더 나아가 이 우주가 닮게 된 것은 그 둘이 아니라, 그 둘을 포함하는
것이라고 말하는 게 더 옳겠기 때문입니다. 그래서 이 우주가 유일성
b 의 측면에서 '완전한 살아 있는 것'(panteles zōon)을 닮도록 하기 위
하여, 우주를 만든 이는 바로 이런 이유로 우주를 둘로도 무수하게도
만들지 않았기에, 유일한 종류의 이 하나의 이 천구(ouranos)가 생겨
났으며, 또한 앞으로도 그렇게 있을 것입니다.[107)]

물론 생성된 것은 물체적인 것이며 볼 수도 있고 접촉할 수도 있는 것이어야만 합니다. 그렇지만 불 없이는 어떤 것도 결코 볼 수 있는

---

107) 데미우르고스는 이 우주가 단일성의 측면에서 본에 최대한 닮은 완전한 것이 되도록 천구를 단일한 것으로 만드는데, 그 까닭은 지성의 관점에서 보았을 때, 단일성은 완전성을 의미하고 이 우주는 단일성을 지님으로써 더 좋은 것이 되기 때문이다. 이에 대한 플라톤의 논증은 다음과 같다. ① 본은 지성에 의해서라야 알 수 있는 모든 살아 있는 것을 포함하는 완전한 것이어야 한다. 그렇지 않으면, 이 우주는, 그것의 모상인 탓으로, 완전하지 못할 것이기 때문이다. ② 모든 살아 있는 것을 포함하는 두 번째 본은 있을 수 없다. 만약, 그렇지 않으면 두 개의 본은 같은 형상의 두 개의 예들이 될 것이고, 그 형상이 참된 본이 될 것이기 때문이다. 그러므로 본은 다른 모든 형상의 경우처럼 단일한 것이다. ③ 이 우주를 만든 이는, 이 우주가 단일성의 측면에서 그것의 본에 닮도록 하기 위해서, 하나의 모상으로 만들었다. Cornford, 42~43면 참조.

31b

것으로 될 수 없고,[108] 단단한 어떤 것 없이 접촉할 수 있는 것으로 될 수도 또한 없지만, 흙이 없고서는 단단한 것이 될 수도 없을 것입니다. 이런 연유로 신은 불과 흙으로 우주의 몸통을 구성하기 시작하면서 만들어 갔습니다. 그러나 셋째 것 없이 이들 둘만으로는 훌륭하
게 결합될 수가 없습니다. 양쪽 중간에서 결합해 주는 어떤 끈 c
(desmos)[109]이 생겨야만 하기 때문이죠. 끈들 중에서도 가장 훌륭한 것은 자신도 묶여진 것들도 최대한 하나로 만드는 것이겠는데, 이 일은 등비 비례(analogia)[110]가 그 성질상 가장 훌륭하게 수행하는 것입니다. 어떤 수들이든 간에 세 개의 수 중에서, 그것들이 정수들(整數:
onkoi)이든 제곱근들(정수가 될 수 있는 것들: dynameis)이든 간에,[111] 32a

---

108) 불과 시각의 관계에 대해서는 45b~46a를 참조할 것.

109) 플라톤은 '끈' 혹은 '묶음'이란 뜻을 갖는 desmos란 표현을 우주론적 설명을 하면서 여러 차례 사용하고 있다. 그는 이 표현을 기본적으로 요소들을 하나의 통일체로 통합하는 과정에 사용하고 있는데, 이러한 '묶음'을 통해서 좋음이 실현된다.

110) analogia는 연속하는 수 계열에서 이웃하는 두 항 사이의 비(比)가 동일함을 나타내는 말이다. 예를 들어 2, 4, 8의 수 계열은 analogia인데, 그 까닭은 2와 4의 비가 4와 8의 비와 같기($2 : 4 = 4 : 8$) 때문이다. 비례 관계가 3개의 항들 사이에서 성립하면, $a : x = x : b$ 또는 $x : a = b : x$, 4개의 항들 사이에서 성립하면 $a : b = c : d$로 형식화할 수 있다.

111) 헬라스어로 … ἀριθμῶν τριῶν εἴτε ὄγκων εἴτε δυνάμεων ὡντινωνοῦν 인 구절에서 역자는 hōntinōnoun을 arithmōn에 연결되는 것으로 해석하였다. 헬라스어 dynamis는 수학적 측면에서 사용될 때 '제곱수'(평방수) 또는 '제곱근' 등을 의미한다. 대부분의 학자들은 dynamis를 '제곱수'로 onkos는 '세제곱수'(입방수)로 해석하지만, 역자는 Brisson의 견해를 따라서 앞의 것을 '제곱근'을 의미하는 것으로 보았다. Brisson이 지적하듯이, dynamis에 대한 이런 해석은 《테아이테토스》 편 148a~b에 근거할 때 충분히 가능하다. 여기서 dynamis는 제곱할 경우 정수로 될 수 있는 '제곱근'의 의미로 사용되고 있다. 그리고 onkos는 일반적으로 '부피', '크기', '물체의 덩어리'란 의미로 사용되는데, 이 말은 또한 수적인 측면에서는 집합적인 수(《법률》 편 737c를 참조할 것)를 의미하기도 한다. 플라톤은 이 구절에서

32a

중간 것(중항)이 이런 것일 때, 즉 첫째 것(항)이 이것(중항)에 대해 갖는 관계가 그것(중항)이 마지막 것(항)에 대해 갖는 관계이고, 다시 역으로 마지막 것(항)이 중간 것(중항)에 대해 갖는 관계가 중간 것(중항)이 첫째 것(항)에 대해 갖는 관계일 때, 그 경우에 중간 것(중항)은 첫째 것(항)과 마지막 것(항)이 되고 다시 마지막 것(항)과 첫째 것(항)은 둘 다 중간 것(중항)으로 되는데, 이렇게 되면 모든 것은 필연적으로 같은 것들로 되고, 일단 서로 같은 것들로 되면, 이것들은 모두가 하나로 될 것입니다.[112] 그런데 우주의 몸통이 아무런 깊이도 갖지 않고 평면으로 되어야만 했다면, 하나의 중항(mesotēs)으로도 그 자신과 관계되는 다른 것들과 자신을 함께 묶기에 충분했을 것입니다.
b 그러나, 그것(우주의 몸통)은 실상 입체적 형태로 되는 것이 적절하거니와, 입체적인 것을 조화롭게 결합하는 것은 결코 하나의 중항이 아니라, 언제나 두 개의 중항입니다.[113]

---

onkos를 dynamis와 대비하고 있기 때문에, 여기서 onkos는 무리수와 대비되는 '정수'(整數)의 뜻으로 사용된 것으로 볼 수 있다. L. Brisson, *Le Même et l'Autre dans la Structure Ontologique du Timée de Platon*(Academia, Sankt Augustin, 1994), 372~373면 및 (1992), 주석 134 참조.

112) 31c에서 언급한 등비 비례(analogia)에 대한 설명이다.

113) '31b8~32b3'까지의 언급에서 '평면'들간에는 하나의 중항으로 충분하지만, 입체들의 경우는 그것들을 연결시키기 위해서는 두 개의 중항이 필요하다는 말의 의미는 31c4~32a1의 onkos와 dynamis의 의미를 어떻게 보느냐에 따라 현격한 해석의 차이를 낳는다. onkos를 '세제곱수'(입방수)로, dynamis를 '제곱수'(평방수)로 해석하는 학자들은, dynamis를 '평면'(epipedon)과, onkos를 '입체'(stereon)와 연결해서 이해하고 있다. 이렇게 이해할 때, 평면들간에 그리고 입체들간에 성립하는 비례 관계는 평방수와 입방수의 비례 관계로 파악되는데, 이것은 다음과 같이 기호로 일반화시킬 수 있다. 즉 p^2과 q^2이 두 개의 평방수일 때, $p^2 : pq = pq : q^2$, 그리고 p^3과 q^3이 두 개의 입방수일 때, $p^3 : p^2q = p^2q : pq^2 = pq^2 : q^3$(Cornford, 45면 참조). 그러나 Brisson이 지적하듯이, 이런 해석은 두 가지 난점이 있을 수 있다. 첫째, 위 해석은 기본적으로 dynamis를 제곱수로, onkos를 입방수로 파

32b

바로 그래서 신은 물과 공기를 불과 흙 사이의 중간에 놓고서, 이것들을 가능한 한, 그것들이 서로에 대해 같은 비례 관계를 갖게 하여, 즉 불이 공기에 대해 갖는 비(比)는 공기가 물에 대해 갖는 비이고, 공기가 물에 대해서 갖는 비는 물이 흙에 대해서 갖는 비이도록 하여 묶은 다음, 천구(ouranos)를 볼 수 있고 접촉할 수 있는 것으로 구성했습니다. 이런 까닭으로 그리고 수에 있어서 이와 같은 네 가지인 것들에서 우주의 몸통이 그 비례 관계로 인해 조화를 이룸으로써 생겨났 c

---

악할 때 성립할 수 있는 것이다. 둘째, 플라톤이 이 세계의 구성 요소로서 상정하고 있는 4원소들 상호간의 관계에 대해서 이런 해석은 실제적인 기여를 할 수 없다. 그래서 그는 이 구절이 사각형 면적과 입체 용적의 배가(倍加) 문제를 함축하고 있는 것으로 파악하고 있다(Brisson(1994), 367~388면 참조). 실제로 당시에 이 배가 문제, 즉 면적이나 용적이 배가될 때, 한 변의 길이가 어떻게 변하는지에 대한 문제는 비례 중항을 구함으로써 풀릴 수 있다는 것이 알려져 있었다. 이런 관점에서 보자면, 만일 우주가 2차원의 평면으로만 되어 있을 경우에는, 두 개의 평면을 조화롭게 묶기 위해서 하나의 중항만으로 충분하다는 언급은 '평면' 면적의 배가의 관점에 입각해서 쉽게 이해할 수 있다. 예를 들어, 한 변의 길이가 1m인 정사각형의 면적보다 두 배가 되는 정사각형의 면적은 2㎡이고, 이 두 개의 정사각형들 간에 기하학적 비례 관계로 성립하는 중항(기하 평균 · 상승 평균 · 등비 중항 · 비례 중항)은 $\sqrt{2}$ 하나뿐인데, 이것은 두 배 넓이의 정사각형의 한 변의 길이가 된다. 다음으로 입체의 배가 문제와 관련해서, 키오스의 히포크라테스는 플라톤에 앞서 입체 용적의 배가 문제, 즉 용적이 배가될 때 한 변의 길이가 어떻게 변하는지에 대한 문제는 두 용적의 크기 사이에서 두 개의 중항을 기하학적 비례 관계에 따라 발견하는 것과 동일한 것임을 발견하였다. 즉 $a : x = x : y = y : b$(a, b는 두 용적, x, y는 두 개의 중항)의 식에서 $a^3 : x^3 = a : b$의 관계가 성립($a : x = x : y$에서 $x^2 = ay$, $a : x = y : b$에서 $xy = ab$, $y = ab/x$. $y = ab/x$를 $x^2 = ay$에 대입하면 $x^2 = a^2b/x$, $x^3 = a^2b$. $x^3 = a^2b$의 양변에 a를 곱하면 $ax^3 = a^3b$, $a^3/x^3 = a/b$. 그러므로 $a^3 : x^3 = a : b$)되므로, x가 곧 배가된 입체의 한 변의 길이가 되는 것이다(T. Heath, *A History of Greek Mathematics*, Vol. I(Oxford, 1921), 200~201면 참조). 플라톤은 이런 원리에 따라서 두 개의 입체를 조화롭게 묶기 위해서는 두 개의 중항이 필요한 것으로 언급하고 있다고 볼 수 있다.

32c
으니, 이것들한테서 친화(philia)[114] 또한 얻게 되었죠. 그리하여 그것이 자신과의 통합을 보게 되었으니, 이것은 이를 결합한 이(ho syndēsas) 말고는 다른 어떤 것에 의해서도 해체되지 않게끔 되었습니다.[115]

그런데, 우주의 구성은 이들 네 가지 것 각각의 전부를 취한 것입니다. 우주를 구성한 이는 그것을 모든 불·물·공기·흙으로 구성하였지, 이것들 중의 그 어떤 것의 부분도 어떤 힘(dynamis)도 [우주] 바깥에 남겨 놓지 않았으니까요. 이는 이런 생각을 하게 되어서였습니
d 다. 첫째로는, 우주가 완전한 부분들로 이루어져 최대한 전체로서 살
33a 아 있는 완전한 것이었으면 해서였고, 게다가 또한 그게 하나뿐이었으면 해서였습니다. 그야 남겨진 것들이 없기 때문인데, 이것들이 있다면, 이에서 또 하나의 그런 것[116]이 생겨날 수도 있겠죠. 또한 더 나아가서, 그것이 늙지도 병들지도 않았으면 해서였습니다. 그는 뜨겁거나 찬 것들이 그리고 강력한 성능을 지니고 있는 모든 것이 이 구성된 몸통을 밖에서 에워싸고서 이것에 부딪치게 된다면, 때아니게 이것을

---

114) 4원소 설(說)을 주장한 엠페도클레스는 이들 상이한 네 가지 원소가 서로 결합하여 삼라 만상을 이루도록 하는 외부의 힘을 '친화'(친화력: philia, philotēs)라 말하는 한편으로, 이들 원소들의 결합 상태가 해체되도록 하는 힘을 불화(不和: neikos)라 했다. 《티마이오스》 편에서는 이 '불화'의 작용에 대한 언급은 없고, '친화력'에 대한 언급만이 보이는데, 플라톤은 이 힘의 근원을 4원소들의 기하학적 비례 관계(등비 비례)에서 찾고 있다. 《고르기아스》 편(507e~508a)에서도 그가 기하학적인 관점에서 우주와 인간의 세계를 보고 있음이 눈에 띄는데, 그 내용은 다음과 같다. "현자들은 하늘과 땅을, 그리고 신들과 인간들을 함께 지탱케 하는 것들은 공동 관계(koinōnia)와 친화(philia), 절도(節度: kosmiotēs) …라 말하며, 또한 이 때문에 이 우주(to holon)를 '코스모스'(kosmos)로 부르죠 … 선생은 기하학적(비례) 평등(hē isotēs geometrikē)이 신들 사이에서도 인간들 사이에서도 큰 힘을 발휘한다는 사실을 모르고 있소 … 기하학에 무관심한 탓이죠."

115) 이와 관련된 언급은 41a, b에서 다시 하고 있다.

116) '또 다른 하나의 우주'를 가리킨다.

해체시키고, 또한 질병과 노령을 가져다 줌으로써, 이것이 소멸하도록 만든다는 걸 알아차려서였죠. 바로 이런 이유로 그리고 이런 헤아림에서 그는 이것을 그것들[117] 전부를 써서 완전하여 늙지도 병들지도 않는 하나뿐인 전체로 구성했습니다.[118] 형태도 이것에 적절한 동류의 b
것을 부여했습니다. 그 자신 살아 있는 것으로서 자신 안에 모든 살아 있는 것을 포용하게 되어 있는 것에는 가능한 모든 형태를 자신 안에 포용하는 형태가 적절할 것입니다.[119] 그 때문에 그는 그것을 중심에서 모든 방향으로 끝점들에 대해서 같은 거리를 갖는 구형(球形: sphairoeides)으로 둥글게 돌려 만들어 냈는데,[120] 이것은 모든 형태 가운데서도 최대의 자기 동일성을 지닌 것입니다. 이는 닮은 것(한결같은 것)이 닮지 않은 것(한결같지 못한 것)보다 월등하게 낫다고 여겨서였죠. 그런데 여러 가지 이유로, 그는 그것의 표면 전체를 빙 둘러 매끄럽게 다듬었습니다. 그것은 눈도 전혀 필요하지 않았으니, 이는 c
바깥에 볼 수 있는 것이라곤 아무 것도 남아 있지 않았기 때문입니다. 또한 청각도 필요하지 않았는데, 이는 들을 것이라곤, 아무 것도 남은 게 없었기 때문입니다. 호흡에나 필요할 공기도 에워싸고 있지 않았으며, 또한 자신 속에 자양을 받아들이는 한편으로 앞서 소화된 것은 다시 내보낼 수 있게 하는 어떤 기관도 가질 필요가 없었습니다. 아무 것도 그것에서 나가지도 않았고, 어디에서고 그것에 들어오지도 않았기 때문입니다.—실은 아무 것도 없었기 때문이죠.—그것은 자신의

117) 물·불·흙·공기를 가리킨다.

118) 여기서 '구성했다'고 한 헬라스어의 원뜻은 '짜맞추었다'이다. 28c에서 '우주를 구성한 이'에 대한 주석을 참조할 것.

119) 이 구절은 기하학적 관점에서 이해되어야 한다. 유클리드도 밝혔듯이 모든 정다면체는 구에 내접할 수 있다. 유클리드, 《기하학 원본》(*Stoicheia*), XIII, 정리 13~17. Brisson(1992), 주석 142, 143, 145 참조.

120) 여기에 '돌려 만들어 냈다'고 옮긴 헬라스어는 도공이 도자기를 만들 때 녹로를 돌려가며 하는 행위를 가리키는 낱말이다.

33c

소모를 자신에게 자양으로서 제공하고,[121] 모든 것을 자신 안에서 그리고 스스로 겪기도 하고 작용을 미치기도 하게끔 기술적으로 창출되
d 었습니다.[122] 이를 구성한 이(ho syntheis)는 자족한 것이 다른 게 필요한 것보다 한결 더 나은 것으로 생각했기 때문입니다. 또한 뭔가를 붙잡을 것도 아니고, 그렇다고 뭔가를 막을 것도 아닌 손의 쓰임새도, 발이나 그 밖의 디디는 데 이바지하는 일체의 것의 쓰임새도 없었기에, 그것에 공연히 그것들을 덧붙여 줄 필요가 없다고 그는 생각했습니다.
34a 그는 그것에다 그것의 몸통에 적합한 운동을, 즉 일곱 가지 운동[123] 중에서도 지성(nous) 및 지혜(phronēsis)와 가장 많이 관련된 것[124]을 부여했기 때문입니다. 바로 이런 까닭으로 그는 그것을 같은 방식으로 같은 곳에서 그리고 그 자신 안에서 회전하게 함으로써, 이 우주가 둥글게 돌면서 운동하도록 만들되, 나머지 여섯 가지 운동은 모두 배제

---

121) Brisson이 말하고 있듯, 아마도 56c~58c에서 언급하게 되는 물질의 해체와 변환을 두고 하는 말일 것 같다. Brisson(1992), 주석 149 참조. 이와 관련해서는 헤라클레이토스의 토막글 76(Diels-Kranz)이 같은 생각을 나타내는 것이겠는데, 그 내용은 다음과 같다. "불은 흙의 죽음을 살며, 공기는 불의 죽음을 살고, 물은 공기의 죽음을, 흙은 물의 죽음을 산다 … 불의 죽음은 공기한테 탄생이고, 공기의 죽음은 물한테는 탄생이다."

122) '기술적으로 창출되었다'(ek technēs gegonen)는 표현을 통해 알 수 있듯이, 이 우주는 우연적으로 생성된 것이 아니라, 위대한 기술적 산물인 것으로 이야기되고 있다. 이는 플라톤이 그의 기술관을 자연 세계를 설명하는 데 이용하고 있음을 보여 주는 것으로, 그에게 있어서 기술은 적도(適度)의 창출에 있어서 성립한다.

123) 일곱 가지 운동은 회전 운동 이외에, 앞뒤로, 좌우로, 그리고 위아래로 움직이는 직선 운동들을 말한다. 43b를 참조할 것.

124) 원운동(회전 운동)이 '지성 및 지혜와 가장 많이 관련된 것'으로 언급되는 까닭은 무엇보다도 그것이 자신의 동일성을 가장 잘 유지하기 때문이다. 그래서 나중에(37a) 원운동은 '스스로 자신으로 회전하여 돌아오는 운동'으로 규정된다. 데미우르고스는 형상의 불변성과 동일성을 생성의 세계에 가능한 한에 있어서 최대한으로 실현하고자 하는데, '원운동'은 이를 가장 잘 실현할 수 있는 운동이다.

34a

하여, 그것이 이들 운동으로 헤매는 일이 없도록 만들었습니다. 이 회전 운동에는 발이 전혀 필요 없으므로, 그는 그것을 다리도 발도 없게 만들었습니다.

언젠가는 있게 될 신[125]과 관련해서, 언제나 있는 신[126]의 이 모든 헤아림이 있고 나서야, 매끄럽고 고르며 중심에서 모든 방향으로 같은 b
거리를 갖고, 전체로서 완전한 몸통을 완비된 물질들에서 만들어 냈습니다. 그리고 그는 이것[127]의 중심에 혼이 자리잡게 한 다음, 이것이 전체를 통해서 뻗치도록 했으며, 더 나아가서 이 몸통을 혼으로 밖에서 감쌌습니다.[128] 그래서 그것을 그는 그야말로 둥글게 회전하는 외로운 하나뿐인 천구(kyklos … ouranos)이게 했지만, 그것은 그 훌륭함(aretē)으로 해서 자기 자신과 어울려 지낼 수 있어서 자기 이외의 다른 것이 전혀 필요하지도 않으며, 자기 자신과 충분히 친지도 친구도 됩니다. 바로 이 모든 것으로 해서 그는 우주를 행복한 신으로 생겨나게 했습니다.

그런데, 우리가 혼에 대해서 이제야 늦게 언급하려 드는 것처럼, 신 또한 혼을 그처럼 [몸통보다] 더 어린 것이게 만들지는 않았습니 c
다.[129]—그가 그것들을 결합함에 있어서 연장인 것이 연소한 것에 의해서 지배당하도록 내버려 두지는 않았기 때문이겠죠.—한데, 우리는 어느 면에서 닥치는 대로 무턱대고 하는 경우가 많은데, 말을 함에 있어서도 어쩌면 이런 식이죠. 하지만 그는 출생에 있어서도 훌륭함에

125) 천구 또는 우주를 가리키며, 헬라스어로는 ho pote esomenos theos 이다.

126) 데미우르고스를 가리키며, 원어는 ōn aei theos 이다.

127) 몸통을 가리킨다.

128) 이곳과 36e에서 '몸통을 혼으로 밖에서 감쌌다'는 표현은 우주 혼이 우주의 몸통 안팎으로 미치어 있음을 의미할 뿐, 우주 혼이 그 바깥에 있는 것으로 말하는 것은 아니다.

129) 시간적으로는 우주의 혼과 몸통이 동시적으로 함께 존재하게 되었겠으나, 서열상으론 혼이 앞서는 것으로 보면 되겠다.

34c
있어서도 몸통보다 앞서고 연상인 혼이 몸통의 주인으로, 그리고 다스
림을 받을 몸통을 다스리는 것으로 구성했는데, 그건 다음의 것들로
35a 다음과 같은 방식으로 해서였습니다. 그는 불가분적이고 언제나 같은
상태로 있는 존재(ousia)와 물체들에 있어서 생성되고 가분적인 존재,
이들 양자에서 그 중간에 있는 셋째 종류의 존재를 혼합해 냈습니다.
그리고 다시 그는 동일성(hē tautou physis) 및 타자성(hē tou heterou
physis)과 관련해서도 역시 같은 방식으로 이것들의 불가분적인 것과
물체들에 있어서 가분적인 것의 중간에 있는 셋째 종류의 것들을 구
성했습니다. 그리고서 그는 셋인 이것들을 갖고서 이 모두를 하나의
형태(idea)로 혼합했는데, 동일성과 섞이기 힘든 타자성은 억지로 조
b 화를 이루게 결합했죠. 그리고서는 [이것들을] 존재와 함께 섞어서,[130]
[이들] 셋으로 하나를 만들고, 다시 이 전체를 그가 적절한 부분들만
큼 나누었지만, 나뉜 각 부분은 동일성(tauton), 타자성(thateron) 그리
고 존재(ousia)로 혼합된 것입니다.[131] 한데, 그는 이런 식으로 나누기

130) 우주 혼의 구성 요소인 존재, 동일성, 타자성에 대해 설명하고 있는 구절(35a1~8)의 해석에 있어서 우선 문제가 되는 것은 35a4의 au peri의 처리 문제이다. Taylor와 Archer-Hind는 이것을 삭제하고 이 구절을 해석하는 반면에, Grube는 Proklos를 따라 이 표현을 집어 넣어서 해석해야만 그 의미가 올바로 드러난다고 주장한다. 그리고 Cornford나 Cherniss는 Grube의 해석을 따르고 있다. 역자는 이들과 마찬가지로 au peri를 삭제하지 않고 읽었다. 그러나 35a8~b1의 '… βία. … τῆς οὐσίας'에서 텍스트 읽기는 Cornford를 따르지 않고, Burnet 판을 그대로 따랐다. 이 구절에서 불가분적인 존재, 동일성, 타자성은 형상을 가리키고, 가분적인 존재, 동일성, 타자성은 감각에 의해 지각되는 것들과 관련해서 하는 말이다. 플라톤이 우주 혼을 형상과 물체적인 것들의 중간적인 것들로 구성된 것으로 파악하는 이유는 기본적으로 혼이 형상의 세계와 감각에 의해 지각되는 생성의 세계에 모두 관여할 수 있다는 것을 설명하기 위한 것이다. 이로 인해 우주 혼은 영원한 형상의 세계와 끊임없이 변화하는 생성의 세계를 매개하는 역할을 한다. Cornford, 60~66면, H. Cherniss, *Aristotle's Criticism of Plato and the Academy*(New York, 1944) 409면 주석 337, Taylor, 107~108면 참조.

35b

시작했습니다. 그는 처음에 전체에서 한 부분을 떼어내고, 그 다음에 이것의 2배 되는 부분을 떼어내고, 다시 세 번째로 두 번째 부분의 한 배 반, 즉 첫번째 부분의 3배를, 네 번째로 두 번째 부분의 2배를, 다
섯 번째로 세 번째 부분의 3배를, 여섯 번째로 첫번째 부분의 8배를 c
그리고 일곱 번째로 첫번째 부분의 27배를 떼어냈습니다.[132] 그 다음
으로 그는 2배인 것들의 간격들(diasthēma)과 3배인 것들의 간격들을 36a
채웠습니다. 이는, 거기에서[133] 부분들을 더 떼어 내어서 그것들 사이에 놓음으로써, 각각의 간격 안에 두 개의 중간 것(평균: mesotēs)이 있게 한 것인데, 그 중의 하나는 양쪽 끝수들에 대한 동일한 [비율의] 분수(meros)만큼 이것들보다 더 많기도 하고 더 적기도 한 것[134]인 반면에, 다른 하나는 같은 수만큼 한쪽보다는 더 많으나, 다른 한쪽보다는 더 적은 것[135]입니다. 한데, 이 연결 항(項)들에서 앞의 간격들
안에 3/2, 4/3, 9/8의 간격이 생기게 되어,[136] 그가 9/8의 간격에 의해 b

---

131) 여기에서 말하는 '동일성', '타자성' 및 '존재'는 그것들 자체가, 바로 앞에서 언급했듯 이미 혼합된 것들이다.

132) 플라톤은 3단계의 수학적 조작을 통해 우주 혼을 구성하는데, 이것은 구성의 첫번째 단계이다. 이를 통해서 1, 2, 3, 4, 9, 8, 27의 수 계열이 성립한다. 이것은 2배 간격의 수 계열인 1, 2, 4, 8과 3배 간격의 수 계열인 1, 3, 9, 27로 나뉜다. 이를 도식화하면 옆의 그림과 같다. 그 다음의 수학적 조작을 통해 분명히 드러나듯이, 플라톤이 우주 혼의 구성에 있어서 이런 수 계열을 이용한 것은 음악 이론과 연관짓기 위한 것이다.

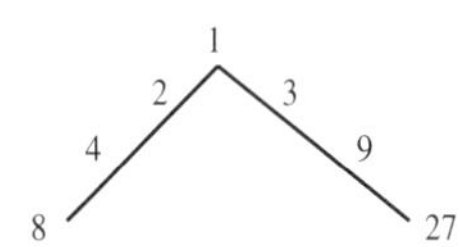

133) 35b에서 언급한 '혼합된 전체'를 가리킨다.

134) 조화 평균을 의미한다. a와 b가 양 끝수일 때 두 수의 조화 평균은 2ab/(a + b)로 공식화할 수 있다.

135) 산술 평균을 의미한다. a와 b가 양 끝수일 때 두 수의 산술 평균은 (a + b)/2로 공식화할 수 있다.

136) 이것은 수학적 구성의 두 번째 단계이다. 데미우르고스는 수학적 구성의

서 모든 4/3의 간격을 채워 가다 보니, 이것들 각각의 부분을 남기게 되었는데, 부분의 이 남은 간격은 수적 비율로 256 대 243인 항들을 갖습니다.[137] 그리하여 그 혼합된 것, 즉 거기에서 그가 이것들을 잘

첫 단계에서 주어진 두 개의 수 계열을 조화 평균과 산술 평균으로 채워 나간다. 2배 간격의 수 계열의 경우, 1과 2의 조화 평균은 4/3 산술 평균은 3/2이고, 2와 4의 조화 평균은 8/3 산술 평균은 3, 4와 8의 조화 평균은 16/3 산술 평균은 6이 된다. 이러한 조화 평균과 산술 평균으로 2배 간격의 수 계열을 채워 나가면, 다음과 같이 구성된다. (가) 2배 간격의 수 계열: 1, (4/3), (3/2), 2, (8/3), (3), 4, (16/3), (6), 8. 그리고 둘째로 3배 간격의 수 계열의 경우, 1과 3의 조화 평균은 3/2 산술 평균은 2, 3과 9의 조화 평균은 9/2 산술 평균은 6, 9와 27의 조화 평균은 27/2 산술 평균은 18이 된다. 다시 이러한 조화 평균과 산술 평균으로 3배 간격의 수 계열을 채워 나가면, 다음과 같이 구성된다. (나) 3배 간격의 수 계열: 1, (3/2), (2), 3, (9/2), (6), 9, (27/2), (18), 27. 이때 간격의 비율들은 (가)에서는 4/3, 9/8로, (나)에서는 3/2, 4/3로 연속해서 반복적으로 나타난다. 그래서 플라톤은 처음의 수 계열을 조화 평균과 산술 평균으로 채워 나가면 원래의 간격 속에 3/2, 4/3, 9/8의 간격이 생긴다고 언급하고 있는 것이다. 이러한 두 개의 수 계열에서 반복적으로 나타나는 세 개의 간격의 비율들, 즉 4/3, 3/2, 9/8는 이미 플라톤 시대에 알려져 있던 음악적 비율 관계에 상응한다. 즉 4/3는 완전 4도 음정, 3/2은 완전 5도 음정, 9/8는 온음에 상응한다. 그리고 순수하게 음악적 관점에서 보았을 때, 1에서 27까지의 수 계열은 4옥타브와 장 6도를 포함한다. 즉 두 음 사이에 진동수가 1 : 2의 관계는 1옥타브를 나타내기 때문에 1 : 16은 4옥타브, 그리고 16 : 24 = 2 : 3은 완전 5도, 24 : 27 = 8 : 9는 온음을 나타내는데, 완전 5도와 온음을 더하면 장6도가 된다. 이를 수식으로 정리하면 2/1 × 2/1 × 2/1 × 2/1 × 3/2 × 9/8 = 27로 된다.

137) 이것은 수학적 구성의 세 번째 단계이다. 데미우르고스는 두 번째 수학적 구성을 통해 주어진 두 개의 수 계열에 있어서 4/3의 모든 간격을 9/8의 간격으로 채워 나가는데, 이런 비율로 채우고 남은 부분의 간격은 그 비율이 256/243으로 되는데, 이는 음악에서 leimma라고 일컫는 것으로 '나머지'(잔여)라는 뜻이다. 이로 해서 다음과 같은 수 계열이 성립한다. (가) 2배 간격의 수 계열: 1, 9/8, 81/64, 4/3, 3/2, 27/16, 243/128, 2, 9/4, 81/32, 8/3, 3, 27/8, 243/64, 4, 9/2, 81/16, 16/3, 6, 27/4, 243/32, 8 그리고 (나) 3배 간격의 수 계열: 1, 3/2, 27/16, 243/128, 2, 3, 9/2, 81/16, 729/128, 6, 9, 27/2, 243/16, 2187/128, 18, 27. Kytzler는 이러한 세 번째 단계의 수학적 구성은

36b
라 냈던 그것을 이렇게 해서 어느새 마저 써 버렸습니다.[138] 그리고선
그가 이 전체 구조(systasis)를 길이로 둘로 가르고서, 그 둘을 'X' 모양
으로 중점이 서로 교차하도록 한 다음, 그 각각이 원형으로 하나를 이
루게 구부렸습니다. 이것들이 [처음의] 그 교차점과는 반대편에서 또 c
한 만나게 한 거죠.[139] 그리고선 그것들을 같은 곳에서 같은 방식으로

음악 이론을 통해서만 그 의미가 분명히 드러난다고 보고 있다. 그가 지적하듯이, 2배 간격의 수 계열과 3배 간격의 수 계열은 뚜렷한 대비를 보여 준다. 즉 2배 간격의 수 계열의 경우, 분자는 동일하게 남아 있고 분모가 일정한 비율로 감소하기 때문에, 결국 수 계열이 계속 진행되면, 분수 대신에 정수(整數)가 나타난다. 이처럼 이 계열은 언제나 동일한 불변하는 질서를 보여 준다. 반면에 3배 간격의 수 계열의 경우는 분모는 동일하게 남아 있고 분자가 계속 증가하기 때문에 항상 복잡한 분수 형태로 진행하는 과정을 보여 준다. 즉 이 수 계열은 정수에서 점점 멀어지면서 계속 변화하는 관계를 나타낸다. 결국 2배 간격의 수 계열은 언제나 변하지 않는 불변성의 원리인 동일성을 나타내고, 3배 간격의 수 계열은 끊임없이 변하는 타자성의 원리를 나타낸다. Kytzler의 견해에 따르면, 이런 두 개의 수 계열의 특징은 음악의 영역에서도 나타난다. 2배 간격의 수 계열에서는 온음계적 7음계의 조성(調性)의 원리가 나타나는데, 이것은 변화할 수 없는 질서를 보여 주고 동일성을 유지하면서 음악의 전체 공간을 구성할 수 있게 하는 원리이다. 반면에 3배 간격의 수 계열에서는 원음들간에 사이음이 나타나는데, 이를 통해 조바꿈(轉調)이 가능해지고 새롭고 다양한 음들이 생기게 된다. 즉 3배 간격의 수 계열은 음악의 영역에서 새롭고 다양한 음들이 생겨나는 원리를 보여 주고 있다. 음악의 영역에서 2배 간격의 수 계열과 3배 간격의 수 계열이 보여 주는 두 원리는 서로 대립해 있지만, 서로 배제하는 것이 아니라, 음악의 전체 공간에서 상보적으로 작용한다. 플라톤이 우주 혼의 구성과 연관해서 이런 전문적인 음악 이론을 도입하는 까닭은 음악에서 발견되는 두 개의 원리가 우주 혼을 구성하는 동일성과 타자성의 특성을 가장 잘 보여 준다고 생각했기 때문이다. B. Kytzler, Die Weltseele und der musikalische Raum(*Hermes*, 87, 1959) 참조.

138) 이 구절은 앞서 언급한 세 번째 단계의 수학적 조작을 통해 동일성과 타자성의 특징을 잘 보여 주는 음악의 원리가 만족스럽게 드러났음을 의미한다. Kytzler, 앞의 글 참조.

139) 데미우르고스가 만들고 있는 천구의 모형은 고리 모양의 구형이다. 그런

36c

회전하는 운동으로써 에워싸서는[140] 이들 원(kyklos)[141] 가운데 하나는 바깥쪽 것으로, 다른 하나는 안쪽 것으로 만들었습니다. 한데, 그는 바깥쪽 운동을 '동일성의 운동'(phora tēs tautou physeōs)이라 부르고, 안쪽 운동은 '타자성의 운동'(phora tēs thaterou physeōs)이라 불렀습니다.[142] 그는 동일성의 운동은 평면으로 오른쪽으로 돌게 하되,[143] 타

데 둘째 고리를 첫째 고리 안쪽에 놓았다는 언급에서 알 수 있는 사실은, 이 고리들이 순수한 기하학적 원들이 아니라 휘기 쉬운 물질이라는 것이다. 만일 그것이 순수한 기하학적 원들이라면, 두 고리의 지름이 같기에 각기 안팎으로 놓일 수가 없기 때문이다. Cornford, 74면 참조.

140) 두 개의 원을 에워싸는 '같은 곳에서 같은 방식으로 회전하는 운동'의 의미를 이해하기 위해서는 고리 모양의 천구 모형을 염두에 둘 필요가 있다. 천구의 모형에 있어서, 두 원형 고리는 그것들을 지탱해 주고 그 자체도 적도면에 수직으로 있는 축을 중심으로 회전하는 원형 고리에 부착될 수밖에 없다. 즉 두 개의 원을 에워싸는 원은 양극에 접촉해 있는 천구 전체의 운동 궤도를 나타내고 있다. 바로 적도면 위에서 움직이는 동일성의 운동이 이러한 천구 전체의 운동을 상징하고 있다. 이런 방식으로 이해할 때, 40a의 언급은 잘 이해될 수 있다. 거기서 항성들은 적도면 위에 배치되는 것이 아니라, 온 천구에 배치되어 있는 것으로 묘사되어 있다. 부록 그림 3 참조. Cornford, 77면 참조.

141) 'kyklos'는 고리 또는 원을 뜻하는 말인데, 여기서는 천구의 모형에 있어서 원형의 고리를 가리키고 있고, 동일성이나 타자성 운동의 궤도를 상징한다.

142) 동일성과 타자성의 회전 운동은 천체 운동의 두 방향을 의미하기도 하고, 인식에 있어서 다른 기능을 상징하기도 한다. 우주론적 설명에 있어서는 동일성의 운동은 천구 전체를 통해서 둥글게 움직이는 회전 운동으로서, 특히 항성(恒星)들의 운동에서 그 순수한 형태를 볼 수 있다. 즉 그것은 적도면과 평행하게 동쪽에서 서쪽으로 움직이면서 일어나는 매일매일의 운동이다. 반면에 타자성의 운동은 동일성의 운동과는 다른 평면 위에서 움직이는 일곱 개 천체들의 운동을 나타낸다. 여기서 일곱 개의 천체(행성)들이라 함은, 38d의 언급을 고려할 때, 태양·금성·수성 그리고 달·화성·목성·토성을 가리킨다. 플라톤은, 지구가 중심이고 그 지구 위에서 천구를 바라다보는 관측자의 입장에서 보게 되는 천체들의 겉보기 운동을 설명하고 있으므로, 겉으로 보기에 적도와 각을 이루면서 회전 운동을 하는 태양과 달도

36c

자성의 운동은 대각선으로 왼쪽으로 돌게 하지만,[144] 주도권은 동일성과 한결같음을 유지하는 회전[운동](periphora)에 주었습니다. 왜냐하 d
면, 그가 이것은 분할하지 않고 하나로 그냥 두되, 안쪽의 회전은 여섯 군데에서 2배와 3배의 각 간격에 따라서 일곱 개의 부등한 원으로 분할했기 때문인데, 이 간격들은 각기 세 개씩입니다.[145] 그리고 그는 원들이 서로 반대 방향으로 돌도록 정해 주었는데, 셋은 같은 속도로, 그리고 다른 넷은 서로 그리고 앞의 셋과는 다른 속도로 운동하되, 일정 비율에 따라 운동하는 것들이게 했습니다.[146]

떠돌이별(astra planēta), 즉 행성에 포함시킨 듯하다. 아무튼 이 일곱 개의 행성들은, 태양이 회전하는 황도면과 동일한 면이지만 지름이 제각기 다른 원을 따라서, 서쪽에서 동쪽으로 다양한 주기를 갖고서 움직인다. 플라톤이 이 운동을 '타자성(thateron)의 운동'이라고 부른 것은 이 운동이 차이성을 보여 주기 때문일 것이다. 천구와 적도 및 황도에 대해서는 부록 그림 4, 5를 참조할 것.

143) '평면으로'(kata pleuran)는 '적도면과 평행하게'라는 의미이다. 동일성의 운동은 천구 전체의 운동으로서 적도면과 평행하게 동쪽(왼쪽)에서 서쪽(오른쪽)으로 운행한다.

144) 타자성의 운동은 적도면에 기울어져 있어서, 옆에서 보면 적도면에 대해 대각선으로 보이는 황도면과 같은 평면을 따라 동일성의 운동과는 반대 방향으로 운행한다.

145) 부록 그림 6 참조.

146) 이 구절에서 우선 같은 속도로 움직이는 세 개의 행성은 38d의 언급을 고려할 때, 태양·금성·수성을 의미하는 반면, 다른 네 개의 행성은 달·화성·목성·토성이다. 그리고 세 개의 행성이 같은 속도로 움직인다는 것은 이것들이 같은 주기로 그들의 궤도를 운행함을 의미한다. 다른 한편, 타자성의 '원들이 서로 반대 방향으로 돈다'는 말로 플라톤이 설명하고자 하는 내용은 다음과 같다. 즉 일곱 개의 천체들 가운데, 태양·금성·수성은 동일한 주기를 갖고 같은 방향으로 움직이는데, 이 셋은 1년이 경과하면 처음의 위치에 도달하게 된다. 나머지 네 개의 천체들(달·화성·목성·토성) 가운데 달은 궤도의 주기가 가장 작기 때문에 태양보다 12배 빠르게 회전하고, 나머지 셋은 태양보다 느리게 회전한다. 그런데 이 셋(화성·목성·토성)은 일곱 개의 천체들에 영향을 미치고 있는 타자성의 운동을 고려할 때 태양의

36d

그런데 혼의 전체 구성(구조: systasis)이 그것을 구성한 이의 뜻대
로 이루어졌을 때, 그는 다음으로 물체의 성질을 갖는 모든 것을 혼
e 안에서 짜맞추기 시작하여, 이것의 중심이 혼의 중심과 만나게 해서
서로 어울리게 했습니다. 혼은 천구(ouranos)의 중심에서 바깥쪽에 이
르기까지 모든 방향으로 엮이어 있고 또한 천구를 바깥쪽에서 둥글게
에워싸고 있어서,[147] 자신 안에서 스스로 회전하면서, 영원히 끝나지
않는 슬기로운 삶의 성스러운 시작을 보게 되었습니다. 그리고 사실
천구의 몸통은 가시적인 것으로서 생겨난 반면에, 그 혼은 비가시적이
37a 고 헤아림(logismos)과 조화(harmonia)에 관여하고 있는 것이어서, 지
성에 의해서[라야] 알 수 있고 언제나 존재하는 것들 중에서도, 최선
의 존재에 의해서 생겨난 것들 중에서는 최선의 것입니다. 그런데 혼
은 동일성, 타자성 및 존재, 이들 세 부분으로 혼화되어 있으며, [적절
한] 비율로 나뉘고 결합되어 있고, 또한 스스로 자신으로 회전하여 돌
아오는 운동[148]을 하므로, 그것이 분해되는 존재(ousia)를 갖는 어떤
것에 접하게 될 때에도, 그리고 또는 비가분적인 존재를 갖는 어떤 것
에 접하게 될 때에도, 자신의 전체를 통해서 운동을 하여 알려 줍니다.
b 그게 무엇이든, 그것과 어떤 것이 같은지 아니면 다른지를, 즉 생성되
는 것들과 관련되건 또는 언제나 같은 상태로 있는 것들과 관련되건
간에, 특히 무엇과 관련해서, 어떤 점에서, 어떻게 그리고 어느 때에,

그룹과 반대 방향으로 움직이는 것으로 파악된다. 예를 들어 목성은 12년 주기로 움직이는 것으로 관찰되었는데, 태양이 1년 주기로 회전할 때 목성은 1/12만큼만 회전한다. 이런 현상을 타자성의 운동을 고려해서 이해하면, 타자성의 운동을 상징하는 태양이 동쪽으로 1년의 주기로 회전할 때, 목성은 그 반대 방향인 서쪽으로 11/12만큼 회전하는 것으로 보아야만, 태양이 1년 주기로 회전할 때 목성은 1/12만큼만 회전하는 것으로 말할 수 있다.

147) 이런 언급은 34b에서 이미 강조한 내용을 다시 반복하고 있다. 즉 혼은 중심에서 바깥쪽에 이르기까지 우주의 몸통 전체에 걸쳐 뻗치어 있고, 그 운동을 전달한다.

148) 36c2~3의 '같은 곳에서 같은 방식으로 회전하는 운동'과 같은 의미이다.

37b

어떤 것[149]이 같은 것이거나 다른 것인지 또는 그런 것들[150]로 되는지를 말씀입니다.[151] 한데, 이 알림(logos)[152]은, 다른 것인 것과 관련해서 이루어지건 또는 같은 것인 것과 관련해서 이루어지건 간에, 마찬가지로 참된 것으로서, 자신에 의해서 운동하게 되는 것 안에서 아무런 소리나 소음도 없이 전달되되, 이것이 감각에 의해 지각될 수 있는 것과 관련해서 일어나고, 타자성의 회전이 똑바로 진행해서 자신의 혼 전체에 이를 전달할 경우에는, 확실하고 참된 판단(doxa)들과 믿음
(pistis)들이 생기게 됩니다. 반면에 이 알림이 이성적인 것(to c
logistikon)[153]과 관련된 것이고 동일성의 회전이 원활히 진행해서 이를 전할 경우에는, 필연적으로 '지성에 의한 이해'(nous)와 인식(epistēmē)이 이루어집니다.[154] 한데, 이 양쪽 것들[155]이 생기게 되는 것이 혹시나 누군가가 혼 이외의 다른 것 안에서라고 말한다면, 그는

---

149) 우주 혼이 그때마다 접하게 되는 대상을 가리킨다.

150) '같거나 다른 것'을 가리킨다.

151) 이 구절에서 해석상 문제가 되는 것은 συμβαίνει ··· πρὸς ἕκαστον ἕκαστα εἶναι καὶ πάσχειν의 의미이다. 역자는 Taylor와 Cornford의 견해를 따라, ἕκαστον을 ὅτῳ(a7)의 선행사로, 그리고 a7의 ὅτῳ τ' ἄν τι ···의 τι를 ἕκαστα εἶναι καὶ πάσχειν의 주어로 보고, ἕκαστα는 동일함과 다름을 의미하는 것으로 보는 것이 문법적으로 옳다고 생각했다. Taylor, 177~178면 및 Cornford, 94~95면 참조.

152) 앞에서 '알려 준다'로 옮긴 원어는 'legei'(말한다, 말해 준다)이고, 그 내용이 'logos'(말)이겠는데, 이는 우주 혼이 대상에 대해 인지한 내용을 자신에게 내밀한 대화 형태로 알려 주는 것으로 의인화해서 하는 표현이다.

153) 곧 '지성에 의해서[라야] 알게 되는 것'(to noēton)을 가리킨다.

154) 여기에서도 플라톤의 인식 이론의 원리가 되고 있는 "닮은 것에 닮은 것이"(to homoion tō̧ homoiō̧) 알려진다는 주장이 철저하게 지켜지고 있음을 확인하게 된다.

155) 여기서 '양쪽 것들'이란, Taylor가 그랬듯, '판단과 믿음' 및 '지성에 의한 이해와 인식'을 가리킨다고 보았다. 그러나 Cornford나 Archer-Hind는 뒤의 둘만을 받는 것으로 보았다. Taylor, 183면 및 Cornford, 96면 참조.

37c

전혀 진실이 아닌 것을 말하게 될 것입니다.[156)]

이것[157)]을 생기게 한 아버지가 이것이 영원한 신들의 상(像: agalma)[158)]으로서 생겨나 운동하게 되고 살아 있는 것을 보았을 때, 그는 경탄하며 기뻐한 나머지, 그것을 그 본(paradeigma)에 대해 한결
d 더 닮은 것으로 만들어 내야겠다고 생각했습니다. 그러니까, 본이 살아 있는 영원한 것이듯이, 그는 이 우주도 그처럼 가능한 한 그런 것이도록 만들어 내려고 꾀했습니다. 그런데 그 살아 있는 것의 본성은 영원한 것이어서, 이를 생성된 것에 완전히 부여하는 것은 사실 불가능했습니다. 그러나 그는 움직이는 어떤 영원(aiōn)의 모상(eikōn)을 만들 생각을 하고서, 천구에 질서를 잡아 줌과 동시에, 단일성(hen) 속에 머물러 있는 영원의 [모상], 수에 따라 진행되는 영구적인 모상(aiōnion eikōn)을 만들게 되는데, 이것이 바로 우리가 시간(chronos)이
e 라 이름지은 것입니다. 왜냐하면 천구가 생겨나기 전에는 낮과 밤 그리고 연월이 없었는데, 그것이 구성되는 것과 동시에 그가 그것들의 탄생을 궁리했기 때문입니다. 이것들 모두는 시간의 부분들이며, '있었음'(과거)[159)]과 '있을 것임'(미래)은 생겨난 시간의 종류들인데, 바

156) 우주 혼의 정신적 운동에 관한 언급이 끝나고, 이제 천구에 있는 천체들의 물리적 운동으로 옮겨간다. 따라서 천체들이 만들어져 앞에서 설정한 궤도들에 마침내 올려지는데, 이는 곧 시간의 창조를 의미하기도 한다.

157) 천구, 즉 우주를 가리킨다.

158) agalma는 보통 신들을 기쁘게 하거나 신들을 찬미하고 경배하기 위해 만든 제물 등의 상 또는 신상(神像)을 의미한다. 그런데 아테네의 전설적인 명장(名匠) 다이달로스가 만든 상들은 살아서 움직였다고 한다. 여기에서 언급된 상도 이런 복합적인 의미를 갖고 있다고 보아야 할 것 같다.

159) 헬라스어로는 to 'ēn'(영어로 표현하면 the 'was')이고, 바로 다음의 '있을 것임', 즉 '미래'는 to 'estai'(영어로는 the 'shall be'에 해당)이며, '현재'는 to 'esti(n)'(영어 the 'is'에 해당)이다. 이런 표현들을 쓰게 된 것은 헬라스어로 '과거'나 '미래'를 나타내는 명사형의 낱말이 원래는 없었기 때문이다.

로 이것들을 우리는 부지중에 영원한 존재(aidion ousia)에 잘못 적용시키고 있습니다. 그야 물론 우리가 '있었다' 거나 '있다' 그리고 '있을 것이다' 라는 말을 하지만, 영원한 존재에는 '있다' (esti)만이 참된 표현으로서 적합하고, '있었다' 와 '있을 것이다' 는 시간 안에서 진행 38a
되는 생성에 대해서나 말하게 되는 것이 적절하기 때문입니다.—이것들은 운동들[을 나타내는 것들]이니까요. 그러나 운동을 하지 않고 언제나 같은 상태로 있는 것이 시간으로 인해서 더 늙는다거나 더 젊어진다는 것은 합당하지 않으며, 그것이 '일찍이 생겨났었다(되었다)' 거나 '지금 생겨나(되어) 있다' 거나 '앞으로 있게(…이게) 될 것이다' 라는 것도 합당하지 않거니와, 또한 생성이 감각의 영역에서 운동하게 되는 것들에 부여해 주게 된 그 어떤 표현을 말하는 것도 전혀 합당하지 않습니다. 이것들은 영원을 흉내내고, 수에 따라서 도는 시간의 종류들로서 생겨난 것입니다.—이에 더하여, 우리는 다음과 같은 말도 또한 합니다. 즉 생겨난 것(생긴 것)은 생겨난 것(생긴 것) '이다' b
(einai)라고, 생기고 있는 것은 생기고 있는 것 '이다' 라고, 더 나아가 생겨날 것은 생겨날 것 '이다' 라고, 그리고 '있지 않은 것' (to mē on)은 있지 않은 것 '이다' 라고 우리는 말하는데, 이것들 중의 그 어느 것도 정확하지 못합니다.[160] 그렇더라도 아마도 지금으로서는 이것들에 관

160) 여기에서 '이다' 라고 옮기고 있는 헬라스어는 einai 인데, 이에는 '있다' (to exist)는 뜻과 '…이다' (to be …)는 뜻이 있다. einai 의 이 두 가지 뜻과 관련된 문제를 본격적으로 다루고 있는 대화편이 《소피스테스》 편이다. 그런데 플라톤이 여기서 언급되고 있는 표현들이 정확하지 못하다고 말하는 까닭은 무엇보다도 바로 앞(37e~38a)에서 엄밀히 말해 '영원한 존재' 또는 '운동을 하지 않고 언제나 같은 상태로 있는 것' 에만 적용될 수 있다고 언급한 '…이다' (einai)는 표현을 생성의 세계에 적용하고 있기 때문일 것이다. 그리고 생성되는 것들에 대해 과거, 현재, 미래적 형태로 언급한 뒤에, "있지 않은 것(to me on)은 있지 않은 것이다"라는 표현을 덧붙인 것은 생성되는 것들은 엄밀히 말해 참된 존재(실재)가 아니기 때문에 하는 말이다. 한편, Cherniss 는 생성의 세계를 표현하는 헬라스어가 부정확하고 다의적으

38b

해서 꼼꼼하게 따지고 들기에 적절한 계제가 아닌 것 같습니다.

어쨌든 시간은 천구와 더불어 생겨났는데, 이는 만약 언젠가 이것들의 해체 사태가 일어난다면, 이것들은 생겨나기를 함께 하였으므로 해체되는 것도 함께 하도록 하기 위한 것입니다. 그리고 그것은 영원한 본성을 지닌 그 본에 따라 생겨났는데, 이는 그것[161]이 그 본을 가능
c 한 한 최대한 닮도록 하기 위한 것입니다. 그야 물론 본이 영원토록 있는 것인 반면에, 천구는 그것대로 일체 시간에 걸쳐 언제나 '있어왔고' '있으며' '있을 것'이기 때문입니다. 그래서 시간이 생겨나도록 하기 위한 시간의 창조(genesis)와 관련되는 신의 이러한 숙고와 의도로 해서 태양과 달 그리고, 떠돌이별들(행성들: astra planēta)이라는 이름을 갖는, 그 밖의 다섯 별이 시간의 수치들의 구별과 수호를 위해 생겨났습니다. 그러나 신은 그것들 각각의 몸통을 만든 다음에야, 타자성의 회전(periodos)이 운행하는 궤도들에 그것들을 자리잡게 했습
d 니다. 일곱 궤도에 일곱 천체를 자리잡게 한 것입니다. 즉 달을 지구 가까이 첫째 회전 궤도(kyklos)로, 태양을 지구 위로 둘째 회전 궤도로 운행케 하는 한편으로, 샛별(금성)과 이른바 헤르메스에게 바쳐진 별(수성)은 속도에 있어서는 태양과 나란히 달리는 회전 궤도로 운행하는 것들이도록 했으나[162] 이것(태양)과는 반대되는 힘을 갖게 했습니다. 이 때문에 태양과 헤르메스의 별 그리고 금성(샛별)은 똑같이 서

로 해석될 수 있다는 점을 의식해서 플라톤이 이런 언급을 하고 있다고 보고, 《티마이오스》 편의 이런 언급은 《소피스테스》 편의 einai 문제에 대한 논증과 상관없이 옳을 수 있음을 주장하고 있다. H. Cherniss, *Timaeus* 38a8~b5, *Journal of Hellenic Studies*(1957) 참조.

161) 여기에서 밝혀지지 않고 있는 주어인 '그것'이 '시간'인지 아니면 '천구'인지는 단언하기 어렵게 되어 있다.

162) 여기서 금성과 수성에 대해서 '속도에 있어서는 태양과 나란히 달리는 회전 궤도로 운행하는 것들'로 언급하는 까닭은 금성·수성·태양이 각속도가 동일하게 회전 운동을 하기 때문이다. 이 셋은 서로 다른 궤도에 배치되었으나, 각속도가 같기 때문에 동일한 운행 주기를 갖는다.

38d
로 따라잡기도 하고 따라잡히기도 합니다.[163] 그러나 나머지 것들[164]
을 그가 어디에다 그리고 무슨 까닭으로 자리잡게 했는지,[165] 이 모두
를 만약에 어떤 사람이 상세히 말하고자 한다면, 그 설명은 부차적인
것이면서도, 원래 이야기의 목표로 삼았던 것보다도 더 많은 일거리를 e
제공하게 될 것입니다. 그러니 이는 나중에 한가한 때에나 이야기할
가치가 아마도 있을 것도 같습니다. 그리하여 시간을 생기게 함에 있
어서 함께 도와야만 했던 천체들이 저마다 각각에 적합한 운동에 참
가하게 되고, 생명을 지닌 끈들에 의해서 몸통들이 묶이게 됨으로써
살아 있는 것들로 되어서는, 저마다 지정받은 바를 또한 알게 되었을
때, 동일성의 운동과 교차해서 진행하며 이것에 의해 지배를 받는 비 39a
스듬한 타자성의 운동에 따라 각각이 진행하되,[166] 이것들 중에서도
어떤 것은 더 큰 회전 궤도로 진행하고, 어떤 것은 더 작은 회전 궤도
로 진행했는데, 더 작은 회전 궤도로 진행하는 것들은 더 빨리 회전했
으나, 더 큰 회전 궤도로 진행하는 것들은 더 느리게 회전했습니다. 바
로 동일성의 운동으로 인해서, 가장 빨리 회전하는 것들은 한결 느리
게 진행하는 것들을 실제로는 따라잡으면서도, 오히려 이것들에 의해
서 따라잡히는 것처럼 보였습니다.[167] 왜냐하면 동일성의 운동은, 이

163) 여기서 금성과 수성이 태양과 '똑같이 서로 따라잡기도 하고 따라잡히기도 한다'는 언급은, 금성과 수성이 똑같이, 새벽녘 동쪽 하늘에서 관찰될 때는 태양보다 먼저 보이기에 태양보다 앞지르는 것으로 보이고, 초저녁 서쪽 하늘에서 관찰될 때는 태양이 진 후에 보이기에 태양보다 뒤지는 것으로 나타남을 의미한다(부록 그림 7 참조). 그리고 이렇게 '따라잡고 따라잡히기'를 일으키는 원인을 바로 앞에서 '반대되는 힘'으로 표현한 것이다.

164) 화성 · 목성 · 토성을 가리킨다.

165) 원어는 'hidrysato'로서, 이 낱말은 신을 경배하기 위한 상이나 신전 따위를 세우는 것을 뜻하는 말인데, 이는 앞(37c)에서 언급한 '상'(像)과 관련해서 하게 된 말이다.

166) 여기서 ἰούσης … κρατουμένης는 ἰοῦσαν … κρατουμένην으로 읽었다.

167) 타자성의 궤도를 운행하는 행성들 가운데 가장 빠른 것은 달이고, 가장

것들의 모든 회전 궤도가 두 갈래로 반대 방향으로 동시에 진행하는
b 탓으로, 이것들이 나선 형태를 이루게 하여,[168] 가장 빠른 운동인 자

느린 것은 토성이다. 우리가 이러한 행성들의 운동만을 고려한다면, 달은 실제로 토성을 따라잡는다. 그러나 플라톤이 이야기하듯이, 동일성의 운동을 고려한다면 이와는 반대로 우리에게 보이게 된다. 그 이유는 다음과 같다. 동일성의 운동은 24시간의 주기를 갖고 운행하는 운동이고, 토성과 달은 동일성과 반대 방향으로 움직인다. 만일 오늘 오후 10시에 달과 토성이 어떤 항성과 일직선상에 있다면, 내일 오후 10시에 항성은 원래의 그 자리에 있을 것이다. 그리고 토성은 동일성의 운동과 반대 방향인 동쪽으로 약간만 이동해 있을 것이고, 달은 훨씬 더 멀리 이동해 있을 것이다. 만일 우리가 동일성의 매일매일의 운동만을 생각하고 행성들이 그것과 보조를 맞추려는 것으로(뒤지지 않는 것으로) 생각한다면, 토성이 달을 따라잡는 것으로 보일 것이다. 이처럼 가장 빨리 운동하는 것은 동일성 운동 때문에 한결 느린 것에 의해 따라잡히는 것처럼 보여, 그렇게 말할 수 있을 것이다. Cornford, 113~114면 참조.

168) 이런 나선 운동이 일어나는 까닭은 다음과 같이 이해할 수 있다. 7개의 행성들은 동쪽에서 서쪽으로 24시간의 주기를 갖고 움직이는 동일성의 운동뿐만 아니라 그와 반대 방향으로 훨씬 천천히 움직이는 타자성의 운동의 영향을 동시에 받는다. 예를 들어 태양이 적도면과 황도가 교차하는 지점에 있다고 상정해 보자. 동일성의 운동은 서쪽으로 태양을 움직이지만, 24시간이 경과한 다음에 태양은 원래 처음의 출발점에 있지 못할 것이다. 왜냐하면 태양은 타자성의 운동의 영향을 동시에 받는데, 타자성의 운동이 훨씬 느린 속도로이긴 하지만 그것을 반대 방향으로 움직이게 하기 때문이다. 따라서 태양은 24시간이 경과한 다음에 처음의 위치보다 약간 동쪽으로 움직여져 있을 것이고, 태양의 운동은 천구 위에서 원형으로 돌지 못하고 약간 나선형으로 도는 결과가 된다. 다음날도 마찬가지 이유로 태양은 조금 더 동쪽으로 나선 형태로 돌게 된다. 이것은 회귀선에 도달할 때까지 매일 지속될 것이고, 회귀선에 도달하면 반대 방향으로 나선 형태로 돌게 된다. 이처럼 플라톤은 규칙적으로 움직이는 두 개의 회전 운동(동일성과 타자성의 운동)에 근거해서 겉보기에 '방황하는' 것으로 보이는 천체들의 운동이 실상은 규칙적으로 운동하는 것임을 설명하는 데 성공하고 있다. 그러나 플라톤은 태양에 적용했던 것과 마찬가지의 설명을 다른 행성들에 적용할 방법을 알지 못한 것으로 보인다. G. Vlastos, *Plato's Universe*(Oxford, 1975), 55~59면 참조.

39b
신으로부터 가장 느리게 멀어져 가는 천체를 자신과 가장 가까이 있
는 것처럼 보이게 했기 때문입니다. 그러나 그것들이 여덟 개의 운동
궤도를 따라 돌면서 지키게 될[169] 속도의 빠름과 느림에 있어서 서로
간에 어떤 뚜렷한 척도가 있도록 하기 위해서, 신은 궤도들 가운데서
지구에서 두 번째 것에 불을 켰는데, 바로 이것이 오늘날 우리가 태양
이라 부르게 된 것입니다. 이는 태양이 가능한 한 온 천구를 최대한도
로 비추기 위해서, 그리고 이들 살아 있는 것들로 하여금 저마다 자신
들에게 적합한 수(數: arithmos)를 동일성과 한결같음을 갖는 회전 운
동(periphora)에서 배움으로써 이 수에 관여하도록 하기 위해서였습니
다. 실상 밤과 낮이 생기게 된 것은 이렇게 해서 그리고 이런 이유들 c
로 해서인데, 이는 단일하며 가장 슬기로운 회전 주기입니다. 반면에
한 달은 달이 그 자신의 회전 궤도를 다 돌고 나서 태양을 따라잡을
때 생기나, 1년은 태양이 그 자신의 궤도를 돌고 났을 때 생겼습니다.
한데, 많은 사람은, 소수를 제외하고는, 나머지 다른 것들의 회전 주기
(periodos)들을 주목하지 못한지라, 그것들에 이름을 지어 주거나, 수
에 의한 고찰을 통해 서로를 견주어 재지도 못하고 있습니다. 그래서 d
굉장한 단위의 수로 계산되고 놀랍도록 다양한 이것들[170]의 떠돎[171]
이 말하자면 시간이라는 것을 그들은 알지 못하고 있습니다. 그렇더라
도 시간의 완전수(完全數)가 그때에 완년(完年)[172]을 채우게 된다는

169) καὶ τὰ를 καθ’ ἃ로 읽었다.

170) 바로 앞에서 언급된 다른 천체들을 가리킨다.

171) '떠돌이별(행성)들'(astra planēta, planētes asteres)이라는 이름은 '떠돎'(planē)에서 유래했다.

172) 완년(完年: ho teleos eniautos)은 흔히 '대년'(大年: magnus annus, the Great Year)이라 불리는 것으로, '플라톤년'(annus Platonicus)이라고도 하는가 하면, '대플라톤년'(magnus Platonicus annus)이라 불리기도 했다. 1년을 360일로 쳐서 36,000년에 해당되며, 이를 날짜로 환산하면, 12,960,000일이 되는데, 여기에서 말하는 '시간의 완전수'(ho teleos arithmos)란 이를 가리키는 것 같다. 이와 관련된 언급은 《국가》편 제8권 546a~547c에도 나온다.

39d

것은 적어도 이해할 수 있습니다. 즉, 여덟 회전 주기 모두의 상대적인 속도[에 따른 회전]들이 일제히 완결을 보아 그 종결점에 이르게 되는 때에 말씀입니다. 이는 동일하고 한결같이 진행하는 것의 회전 운동에 의해 측정되죠.[173] 바로 이런 방식으로 그리고 이것들을 위해서, 천구를 통해 운행한 다음 회귀(回歸)들[174]을 갖게 되는 별들[의 회전 주기들]이 생기게 된 것인데, 이는 이것[175]이 완전하고 지성에 의해서

e [라야] 알 수 있는 살아 있는 것을, 그 영원한 본성을 모방함에 있어서, 최대한 닮은 것이도록 하기 위한 것입니다.

이제 그것은 시간의 탄생에 이르기까지, 그 밖의 다른 것들에 있어서도 자기가 닮고자 했던 바로 그것에 대한 닮음의 실현은 이미 보았지만, 자기 안에 아직은 모든 생물을 탄생시켜 다 포함해 갖고 있지는 못하고 있다는 이 점에 있어서는 여전히 닮지 못한 처지에 있었습니다. 그래서 그[176]는 자신의 이 남은 일을 그 본의 본성을 본떠서 완수하는 일을 시작했습니다. 따라서 그는 살아 있는 것인 것(to ho estin zōon)[177] 안에 있는 종류들로 어떤 것들이 몇 가지나 있는지를 지성

173) 단지 동일성의 회전 운동만이 완전한 한결같음과 규칙성을 갖고 움직인다. 그 때문에 그것은 일차적인 시간적 척도이다. 각각의 천체는 저마다 특정한 시간에 결부되어 있다(39d). 그러나 행성들의 다양한 시간들은 태양과 달의 운동의 시간 단위들에 의해 측정된다. 특히 공통적인 시간, 즉 대년(大年)이 있어서, 이때 모든 천체는 저마다 그 최초 자리로 되돌아가 있게 된다.

174) 원어는 tropē(복수는 tropai)로서, 이 말은 회귀 또는 특히 지점(至點)을 뜻한다. 즉 태양이 황도 위의 하지점에 이르거나 혹은 동지점에 이르는 시점을 의미하는데, 이 시점에서 태양은 상승하거나 하강하는 운동을 멈추고 다시 회귀하게 된다. 모든 행성은 유사한 운동을 보여 주고 있다.

175) 천구 또는 우주를 가리킨다.

176) 우주의 창조자인 데미우르고스를 가리킨다.

177) 이런 표현은 플라톤이 형상에 대해 사용하는 표현 방식의 하나로서, 우주를 생물처럼 '살아 있는 것'으로 보고, 이것의 '본'이 되고 있는 것을 '살아 있는 것인 것 자체'(즉 그 형상)로 말하고 있다. 역자의 역주서 《국가(政

39e

(nous)[178]이 알아보는 대로, 그런 것들을 그 종류만큼 이것이 또한 갖
게 되어야만 한다고 생각했습니다. 한데, 그것들로는 네 가지가 있고,
그 한 가지는 천상의 신들의 부류[179]이나, 다른 한 종류는 날개가 있
어 공중을 날아다니는 것이며, 셋째 것은 물 속에서 사는 종류이고, 넷 40a
째 것은 걸어다니며 마른 땅에서 살고 있는 종류입니다. 그는 신적인
부류의 대부분의 형태를 불로 만들어 냈는데, 이는 보기에 최대한 빛
나고 최대한 아름다운 것이도록 하기 위해서였습니다. 그러는 한편으
로, 그는 이 부류가 우주(to pan)를 닮게 하느라 이들을 아주 둥글게
(eukyklon) 만들었으며, 또한 이들을 가장 강력한 자의 지혜
(phronēsis)[180] 속에 놓이게 해서 그것을 따르도록 했는데, 이들을 온
천구에 둥글게 배치함으로써, 그것을 위해 전체에 걸쳐 수놓여진 진짜
장식(kosmos)[181]이 되게 했습니다. 그리고 그는 이들 각각에 두 가지
운동(kinēsis)을 부여했는데, 그 하나는 같은 곳에서 같은 방식으로 하
는 운동으로, 이는 그 각각이 같은 것들에 대해 항상 같은 것들을 스
스로 생각하게 됨으로 인한 것이지만, 다른 하나는 전진 운동인데, 이 b
는 그 각각이 동일하고 한결같은 것의 회전 운동(periphora)에 의해 지
배됨으로 인한 것입니다. 하지만 그는 다섯 가지 형태의 다른 운동[182]
과 관련해서는 이들 각각이 운동을 하지 않고 정지 상태로 있도록

體)》편 제7권 490b의 주석(397면)을 참조할 것.

178) 이 '지성'은 물론 '데미우르고스'의 지성이고, 그는 무엇보다도 지성의 화신인 셈이다.

179) 천체들을 가리킨다. 헬라스인들은 신화 시대부터 천체들을 신들로 불러온 것 같다. 플라톤도 관습에 따라 그렇게 부르고 있는 것이다. 《국가》편 제6권 508a에도 '하늘에 있는 신들'이란 표현이 보인다.

180) 이것은 천구를 이끄는 동일성의 운동을 의미한다. 모든 천체는 동일성 운동의 지배하에 있다.

181) kosmos에 '우주'의 뜻과 '장식' 또는 '장식물'의 뜻이 있기에 하는 말이다. 27a에서 'kosmos'에 대한 주석을 참조할 것.

182) 34a 및 43b를 참조할 것.

40b

했는데, 이는 그 각각이 가능한 한 최선의 것으로 되도록 하기 위해서였습니다. 바로 이런 까닭으로 별들 중에서도 떠돌지 않고(붙박이로 있고) 신적이며 영원한 것들로 살아 있으면서 언제나 같은 곳에서 같은 방식으로 회전하며 머물러 있는 그 모든 것이 생겨났습니다.[183] 반면에 회귀하는,[184] 그리고 그와 같은 떠돌이를 하는 별들은, 앞서 언급된 것과 똑같이,[185] 그런 식으로 생겨났습니다. 또한 그는 지구 (gē)

c 를 우리의 양육자로서, 전체를 관통해서 뻗쳐 있는 축을 중심으로 감돌면서,[186] 밤과 낮을 지키고 이를 만들어 내는 것으로서, 천구 안에 태어난 모든 신(천체) 가운데서도 으뜸가고 가장 귀중한 것으로서 고안해 냈습니다. 이들 신들의 윤무와 상호 병렬, 회전들의 자기 자신들로 향한 역행이나 나아감(順行)을, 그리고 신들(천체들) 중의 어느 것들이 합(合)에 있어서 같은 선상에 있게 되고, 또 몇몇이 정반대 위치에 있게 되는지를, 또한 이들 각각이 서로 어느 것들 다음이나 앞에 있게 되며 어느 때에 각각이 우리한테서 숨었다가는 다시 나타나는지

183) 이는 천구의 둥근 천장에 고정되어 있으면서 동일성의 운동을 따르는 항성(붙박이별)들의 탄생에 대한 언급이다.

184) 앞의 39d에서 '회귀'와 관련된 언급을 참조할 것.

185) 39c를 참조할 것.

186) Budé 판과 Loeb 판은 ἰλλομένην 대신에 εἱλλομένην을 취하고 있으나, Cornford가 해석하는 대로, Burnet 판에 따라 그대로 읽어도 될 것 같다. Cornford의 견해를 따르면, 지구의 운동은 다음과 같이 이해해 볼 수 있다. 플라톤에 있어서 지구는 천구의 중심에 있는 것으로 생각되었지만, 가만히 정지해 있는 것으로 파악된 것은 아니다. 왜냐하면 지구가 단지 동일성의 운동의 영향만 받고 그 자신은 움직이지 않는다면, 어떤 위치 변화도 없을 것이고 밤과 낮은 생길 수 없기 때문이다. 밤과 낮이 생기기 위해서는 동일성의 운동에 따라 날마다 움직이는 항성들과는 역방향으로 지구가 24시간의 주기로 천구의 축을 중심으로 같은 곳에서 회전하는 것으로 이해되어야 한다. 플라톤은 바로 이런 운동을 나타내기 위해 illomenēn이란 표현을 사용한 것으로 보인다. Cornford, 120~134면 및 특히 120면의 각주 참조.

를,[187] 그래서 이를 계산할 수 없는 사람들에게 두려움들과 함께 그 d
다음에 생기게 될 것들의 전조들을 보내 주게도 되는지를, 시각(視覺)을 위한 이것들의 모형들도 없이, 말로 설명한다는 것은 헛수고일 것입니다. 그러니 우리로서는 이 문제는 이로써 충분한 것으로 치고, 가시적이고 생성된 신들의 본성에 관한 언급은 끝맺은 것으로 하죠.

그런데 다른 신들(daimones)[188]과 관련해서는 그 탄생을 언급한다거나 안다는 것이 우리의 힘에 부치는 일이기에, 우리는 이전에 [그들에 관해서] 언급했던 사람들의 말을 믿어야 합니다. 그들[189]은, 스스로 말하듯이, 신들(theoi)의 자손들이어서 자신들의 조상을 아마도 분명히 알고 있는 사람들일 테죠. 따라서, 비록 그들이 그럼직하거나 필
연적인 논증들도 없이 말하더라도, 신들의 자식들을 불신할 수는 없는 e
일이며, 그들이 집안일을 알려 주는 것으로 말하니, 우리로서는 관습(nomos)에 따라 믿어야만 합니다. 그러므로 우리로서는, 그들의 주장에 따라, 이 신들과 관련된 탄생(계보)이 이러하다고 하고, 또한 그렇

187) 플라톤이 40c4~d3에서 사용하고 있는 표현들은 천문학의 용어들이다. '병렬'은 천체들이 근접해서 뜨고 지는 현상을, '합'은 천체들이 같은 천문학적인 경도를 갖는 것을, '대립'은 천체들의 경도가 180° 다른 것을, '역행'은 천체가 주어진 방향으로 회전하다가(이를 '순행'이라 한다) 반대 방향으로 회전하는 것을(부록 그림 8 참조), '숨는 것'은 천체가 다른 천체에 가려서 보이지 않는 것, 즉 일식이나 월식을 가리키는 말이다. Vlastos (1975), 50~51면을 참조할 것.

188) 신화에 나오는 신들을 가리킨다.

189) 오르페우스(Orpheus)나 무사이오스(Mousaios)를 가리키는 것으로 보아야 할 것 같다. 오르페우스는 트라케 출신의 전설적인 인물로, '오르페우스 비교(秘敎)'를 창시한 사람이다. 그를 훗날 사람들이 가인(歌人)으로도 여기게 된 것은 그가 남긴 것으로 전해지는 교리(教理)가 담긴 시들 때문이다. 그리고 무사이오스는 달의 여신 Selēnē의 아들이라고도 하며, 전설적인 시인 및 가인(歌人)으로, 그리고 오르페우스의 제자 또는 동료로 알려져 온다. 그의 아들은 Eumolpos로 알려져 있는데, 그 역시 전설적 인물로 Eleusis 비교(秘敎)의 창시자이고, 이 종교의 제관(祭官)은 그의 후손들이었다.

40e 게 말하게 하죠. 게(Gē, Gaia)와 우라노스(Ouranos)의 자식들로서 오케아노스(Ōkeanos)와 테티스(Tēthys)가 탄생했고, 다시 이들의 자식들로 포르키스(Phorkys), 크로노스(Kronos), 그리고 레아(Rhea)와 이들의 무
41a 리가 탄생했습니다. 또한 크로노스와 레아한테서 제우스(Zeus)와 헤라(Hēra) 그리고 우리가 알기로 이들의 형제 자매라 불리는 모든 신이 탄생했고, 다시 이들의 다른 자손들이 태어났습니다.[190] 어찌 되었건, 모든 신이, 즉 제 모습을 드러낸 채로 회전하고 있는 신들도, 그리고 자신들이 원해야만 드러내는 신들도,[191] 모두 탄생을 보았기에, 이 우주(to pan)를 탄생시킨 이는 이들을 향해 이렇게 말했습니다.

"신들 중의 신들이여, 내가 피조물(제작물)들인 그대들을 만든 이요 아버지이니, 나로 해서 생기게 된 것들은 내가 원하지 않고서는 해체
b 될 수 없느니라. 실은 결합된 모든 것은 해체될 수 있지만, 그야말로 훌륭하게 조화를 이루고 좋은 상태에 있는 것을 해체하고 싶어하는 것은 악한 자나 할 짓이니라. 이런 까닭으로, 그리고 비록 그대들은 생성된 터라 불사적인 것도 아니며 전적으로 해체될 수 없는 것도 아니지만, 그렇다고 해서 그대들이 해체되는 일은 결코 없을 것이며 또한 죽을 운명에 처할 것도 아니니, 이는 그대들이 태어날 때 묶이게 된 그 끈들[192]보다도 한층 더 강하고 한층 더 위력 있는 내 의지(意志)

190) 헬라스 신화에 의하면, Ouranos는 1대 주신(主神)이고, Kronos가 2대, 그리고 Zeus가 3대째 주신이다. 한데, 우라노스는 하늘이고, 그를 낳고 또 그의 아내가 된 Gaia는 땅이다. 우라노스가 제 아이들이 세상에 나오는 것을 싫어해 가이아의 자궁 속에 그냥 가두어 두니, 그 고통을 견디다 못한 가이아가 막내아들 크로노스를 설득해서, 낫을 갖고 있다가 우라노스가 자기와 교접하려고 할 때, 그 남근을 자르게 했고, 이렇게 해서 크로노스는 주신이 된다. 헤시오도스의《신들의 계보》(神統記) 154~210 참조.

191) 천체들과 신화 속의 신들을 구별하여 하는 말이다.

192) 38e에서 언급된 것으로, 천체들의 몸통을 묶고 있는 생명을 지닌 끈들을 의미한다.

41b

의 끈을 그대들이 갖게 되었기 때문이니라. 그러니 이제 내가 그대들에게 밝히어 말하는 것을 유념할지어다. 사멸하는 부류들로 아직 세 가지가 탄생되지 않은 채로 남아 있느니라. 이것들이 탄생되지 않고서는 우주(천구: ouranos)가 완전하지 못할 것이니라. [그대로는] 그것이 모든 부류의 생물[193]을 자신 안에 갖지 못할 것이기 때문이니, 그것이 c
족히 완전한 것이려면, 이것들을 갖추어야 할 것이니라. 하지만 나를 통해서 그것들이 태어나서 생명을 지니게 된다면, 그것들은 [그대들] 신들과도 같아질 것이니라. 그러니 사멸하는 것들이 있도록 그리고 이 우주(to pan)가 정말로 전체(모두: hapan)[194]인 것이도록 하기 위해서, 그대들은 본성에 따라, 그대들의 탄생과 관련된 나의 역량을 모방해서, 생물들의 만듦(dēmiourgia)에 임할지니라. 그리고 이것들에 속하는 것들 중에서 어떤 것이 불사의 것들과 같은 이름을 갖는 것이 합당한 한, 그것은 신적인 것이라 일컫는 것일 것이며, 또한 그것들 안에 언제나 올바름(dikē)을, 그리고 그대들을 따르고자 하는 것들을 인도하는 것[195]일 것이니, 내가 이것을 씨로 뿌림으로써 일을 시작한 다음에 그 대들에게 넘겨줄 것이니라. 나머지는, 그대들이 불사의 것에 사멸하는 d
것을 짜맞추어서는, 생물들을 만들어 내고 탄생시켜서 영양을 주어 자라게 하면서도, 그것들이 소멸하면 다시 받아들일지어다."

이런 것들을 일러 준 다음에, 그는 그 안에서 우주의 혼을 혼합해 섞었던 이전의 혼합 용기[196]에다 이전 것들 중에서 남은 것들을 거의

193) 39e~40a에서 언급된 생물들을 의미한다.

194) 우주를 뜻하는 to pan에서 'to'는 정관사이고 'pan'은 '모두', '전체'라는 뜻이어서, 이런 말을 하고 있다.

195) 죽게 마련인 생물이 지니게 될 신적이고 인도하는 부분은 천체들이 아니라 데미우르고스가 생물에 직접 부여한 것이다. 이것은 43a에서 '불사하는 혼의 회전들'로 언급되는데, 혼에 있어서 불사적 부분인 지성(nous)을 가리킨다.

196) 원어는 kratēr로서 포도주를 물과 섞는 데 쓰는 '혼합 용기'이다. 이때의

41d

같은 방식으로 섞어서 다시 부었지만, 이번 것은 더 이상 똑같은 상태
로 순수한 것이 못 되고, 두 번째나 세 번째 단계의 것입니다. 그리고
그는 전체를 혼성한 다음, 그것을 별들과 같은 수의 혼들로 나누어 각
e 각의 혼을 각각의 별에 분배해 주었습니다. 그리고서는 마치 전차에
태우듯[197] 각각을 각각에 앉힌 다음, 혼들한테 우주(to pan)의 본성을
보여 주고서는, 이들에게 다음과 같은 정해진 조례들(條例: nomoi)[198]
을 말해 주었습니다. 즉 아무도 자기한테서 불이익을 받지 않도록 최
초의 탄생은 모두에게 한가지로 정해질 것이나, 이들은 각자에게 적합
한 각각의 시간의 도구들[199]에 뿌려진 다음, 생물들 중에서도 신을 가
42a 장 공경하는 부류로서[200] 태어나야만 할 것임을, 그리고 인간의 성은
이중적이어서, 이 중에서 한층 더 강한(나은)[201] 것은 후에 남자로 불
리게 될 그런 부류일 것임[202]을 말했습니다. 그래서 필연에 의해 혼들
이 몸들 속에 심길 때마다, 그리고 이것들[203]의 몸에 있어서 일부가

'혼합'을 헬라스말로는 krasis 라고 하는데, 이 말은 플라톤 철학에서 중요한 의미를 갖는 용어이기도 하다.

197) 《파이드로스》 편 246a~250c 의 신화에서, 신과 인간의 혼이 각기 날개가 달린 쌍두마의 전차를 모는 것에 비유되고 있다. 신들의 경우에는 두 필의 말도, 이들을 모는 이도 다 훌륭하여 천상에서 노니나, 사람의 경우에는 한 필의 말은 훌륭하나, 다른 하나는 그렇지 못해 자칫 날개를 잃고서 지상을 배회하다 윤회를 거듭하는 것으로 묘사되고 있다.

198) 《파이드로스》 편 248c 에서는 보상의 필연성을 상징하는 여신인 '아드라스테이아'(Adrasteia)의 조례(thesmos)로 윤회에 대한 언급을 하고 있다. 그리고 《법률》 편 903d~904c 에서는 윤회와 관련된 언급을 하다가, 결국엔 각자가 어떤 존재로 되는가는 각자가 어떤 욕구를 가지며 그의 혼의 상태가 어떤가에 달려 있음을 말하고 있다.

199) 별들을 가리킨다.

200) 《법률》 편 902b 에서도 인간을 이렇게 말하는 표현이 보인다.

201) 원어 kreitton 에는 '더 강하다'는 뜻과 함께 '더 낫다'는 뜻도 있다.

202) 90e~91d 를 참조할 것.

203) 혼과 몸이 결합되어 있는 생물들을 의미한다.

42a

드나들 때마다,[204] 첫째로, 강렬한 느낌들(pathēmata)[205]에서는 모두에 한가지인 감각적 지각(aisthēsis)[206]이, 둘째로, 즐거움(쾌락: hēdonē) 및 괴로움(고통: lypē)과 뒤섞인[207] 욕망(욕구: erōs)[208]이, 그리고 이러한 것들 이외에도 두려움과 격정 및 이것들에 동반하는 모든 것[209]
b
이 그리고 이것들과는 성질상 반대되는 처지에 있는 온갖 것이 함께 생기는 것은 필연적일 것입니다. 그들이 이것들을 지배하게 될 경우에는, 그들은 올바르게 살 것이나, 이것들에 의해 지배를 받게 될 경우에는, 올바르지 못하게 살 것입니다. 그리고 적절한 기간 동안 훌륭히 산 자는 다시 그의 동반자인 별의 거주지로 되돌아가서 행복하고 익숙한 삶을 누리게 될 것이나,[210] 이에 실패한 자는 두 번째 탄생에서 여성
c
으로 바뀔 것입니다. 그리고 그가 이런 처지에서도 여전히 나쁜 상태(kakia)에서 벗어나지 못할 경우에는, 그가 타락하게 된 기질(tropos)대로, 그런 기질 형성의 유사성에 따라 그와 같은 어떤 짐승의 부류로 언제나 바뀔 것입니다. 또한 그는 바뀜(윤회함)으로 인한 고통들에서

---

204) 신체적인 소모와 보충, 섭취와 배설, 외부의 자극과 이에 대한 반응 등을 말한다.

205) pathēma(복수는 pathēmata) 또는 pathos는 모두 그 어원을 paskhō에 두고 있는데, 이는 '겪는다'(suffer)는 뜻을 나타내는 동사이다. 따라서 pathēma는 사람이 겪는 모든 것, 즉 '느낌' · '정서' · '감정' · '상태' · '처지' · '고난' 등을 나타내는 표현이며, 우리의 몸에 영향을 미치는 외적 대상이 '처한 상태'에서 비롯된 그것의 '성질들'을 의미하기도 한다. pathēma는 다양한 뜻을 갖고 있기에, 역자는 문맥에 따라서 적합한 표현을 사용하여 옮겼다. 43b의 해당 주석을 참조할 것.

206) aisthēsis에 대한 자세한 설명은 61c를 참조할 것.

207) 즐거움과 괴로움이 분리될 수 없다는 점에 대해서는 64a~65b 및 《파이드로스》 편 258e 그리고 《파이돈》 편 60b~c를 참조할 것.

208) erōs는 성적인 욕정 이외에 일반적인 욕망을 의미하기도 한다.

209) 69c~d를 참조할 것.

210) 윤회의 고통에서 벗어나는 것에 대한 신화적인 언급으로서 이와 관련지음직한 것을 《파이드로스》 편 249a에서 만날 수 있다.

42c

그전에는 벗어나지 못할 것입니다. 그가 불·물·공기·흙으로 이루
어져 나중에 덧붙어 자라게 된 굉장한 덩어리[211]를, 이 소란스럽고 비
이성적인 덩어리를 자신 속에 있는 동일성과 한결같음의 회전과 함께
d 이끌고 감으로써, 즉 이성(logos)에 의해 [이것들을] 지배함으로써 처
음의 최선의 상태의 모습으로 되돌아가기 전까지는 말씀입니다.
그[212]는, 이들 각자의 이후의 나쁜 상태가 자기 탓이 되지 않도록 하
기 위해, 이 모든 것을 그들에게 조례로 정해 준 다음에, 그것들 중 일
부는 지구에 일부는 달에, 그리고 일부는 시간의 도구들인 그 밖의 다
른 모든 별에 [씨로서] 뿌렸습니다. 그리고 이 씨뿌림 다음에 그는 젊
은 신들[213]한테 사멸하는 몸들을 형성하는 일을, 또한 인간의 혼에 아
e 직 덧붙어 생겨나야만 하는 모든 나머지 것[214]과 이것들에 수반되는
모든 것을 다 만들어 내고서 다스리는 일을, 그리고 사멸하는 생물 자
신이 그 자신의 나쁜 일의 탓이 되는 경우를 제외하고서는, 이들을 가
능한 한 최대한으로 훌륭하디훌륭하게 조종하는 일을 맡겼습니다.

그리고서 그는 사실상 이 모든 일을 처리한 뒤에 습관대로 평소의
제자리에 머물러 있었습니다. 그가 그렇게 머물러 있는 동안, 그의 자
식들은 아버지의 지시를 유념하면서 그것에 따르기 시작하였습니다.
그들은 사멸하는 생물의 불사하는 원리(archē)를 받아서는, 그들 자신
을 만든 이(dēmiourgos)를 흉내내어, 나중에 다시 돌려 줄 것들로서
43a 불·흙·물·공기의 부분들을 우주에서 빌려 온 다음, 그들이 갖게 된
것들을 한데 접합했는데, 이는 그들 자신을 묶고 있는 풀리지 않는 끈

211) 원래 모습을 갖지 못한 혼에 대한 비슷한 표현이 《국가》 편 제10권 611d 에도 보인다. 그런 혼이 따개비와 해초, 돌 등이 덧붙어 자란 탓으로 그 모습을 알아볼 수 없게 된 바다의 신 글라우코스에 비유되고 있다.

212) 이 우주를 탄생시킨 이를 가리킨다.

213) 옛날 이야기 속의 신들이 아닌 천체들을 가리킨다.

214) 인간 혼의 사멸하는 부분들, 즉 격정(thymos) 및 욕구(욕망: epithymia)를 가리킨다.

43a

들로 한 것이 아니라 작아서 보이지도 않는 수많은 볼트[215]로 접합한 것입니다. 그는 모든 부분으로 각각의 몸을 하나씩 완성해 낸 다음, 들고나는 것이 반복되고 있는[216] 몸 속에 불사하는 혼의 회전들(periodoi)[217]을 묶어 넣었습니다. 그러나 이 회전들은 도도한 흐름 속에 묶인 터라, 이 흐름을 제압하지도, 그것에 제압당하지도 않았지만, 강제적으로 움직여지거나 움직이게 해서, 전체 생물이 운동하게 되는 b
데, 실로 닥치는 대로 무질서하고 불규칙적으로(alogōs) 나아갑니다. 이는 여섯 가지의 운동 모두에 관여하면서 하는 것입니다. 왜냐하면 그것들은 앞뒤로, 다시 좌우로 그리고 아래위로 여섯 장소에 따른 전 방향으로 헤매면서 나아가게 되었기 때문입니다.[218] 그것들에 영양을 공급해 주느라 들고나는 흐름의 파도가 큰 것이긴 하지만, 각각의 생물에 부딪치는 것들의 성질들(pathēmata)[219]이 다음과 같은 경우에 한층 더 큰 소란을 일으키기 때문입니다. 즉 누군가의 몸이 바깥의 다른

215) 원어는 gomphos로서, 원래는 배를 건조할 때 사용하는 볼트를 말한다.

216) 티마이오스는 인간의 몸에 있어서 영양 섭취와 배설의 현상을 강물의 흐름과 연관지어 언급하고 있다. 43b, 80d, 81b 참조.

217) 41c에서 언급된 혼의 신적이고 인도하는 부분을 말한다.

218) 우주의 몸통을 구성하는 천구에는 단지 회전 운동만이 부여되고, 여섯 가지 운동은 배제된다(34a). 그리고 천체들은 회전 운동과 회전 운동 범위 내에서의 전진 운동만을 하며 움직인다. 그러나 인간 존재에는 모든 운동이 주어졌다는 사실은 어떤 점에서 그것이 혼란스런 존재임을 보여 준다. Brisson(1992), 주석 265 참조.

219) 여기서 pathēmata는 몸에 영향을 미치는 외적 대상의 '성질들'을 의미한다. 이런 성질들이 혼에까지 전달될 때, 감각적 지각이 생긴다. 그러나 pathēmata는 외적 대상이 그것에 대한 우리의 지각 여부와 관계없이 그 자체로 갖고 있는 성질들을 의미하는 것은 아니다. 왜냐하면 61c~d에서 분명히 제시되듯이, pathēmata는 언제나 그것을 지각하는 몸과 연관해서만 설명될 수 있기 때문이다. 그리고 플라톤은, 65b에서 분명히 볼 수 있듯이, 자주 pathēmata와 pathē(pathos의 복수)를 구별하지 않고 교체해 가면서 사용하고 있다. 42a 해당 주석 참조.

c 불[220]과 우연히 부딪치게 되거나, 또는 굳은 흙덩이나 떨어지는 물에 부딪칠 때, 혹은 공기에 의해 움직여지는 바람의 몰아침에 의해 엄습당할 때, 그리고 이 모든 것에 의해 생기는 운동들이 몸을 통하여 혼에 전달되어 그것에 부딪쳐 올 때 그런 일이 일어납니다.[221] 이 때문에 바로 이 운동들은 나중에 통틀어서 감각적 지각들(aisthēseis)[222]이라 일컫고 지금도 여전히 그렇게 일컫고 있습니다. 감각적 지각들은 특히 그 순간엔, 최다 최대의 운동을 일으키고, 끊임없이 흐르고 있는
d 도관(ochetos)[223]과 어울려 혼의 회전들을 움직이며 격렬하게 흔들게 되는데, 감각(자극)들은 동일성의 회전과 반대로 흐름으로써 동일성의 회전을 완전히 차단해서 이것이 지배하고 진행하는 것을 방해하는 한편으로, 또한 타자성의 회전을 뒤흔들게 됩니다.[224] 그래서 이것들(감각들)은 각각 셋인 2배 간격의 수 계열과 3배 간격의 수 계열들 그리고 3/2, 4/3, 9/8의 중항과 연결 고리들(syndeseis)을, 이것들은 자신들

---

220) 《티마이오스》 편에서 언급되고 있는 불의 종류들과 관련해서는 45b~d, 58c~d를 참조할 것.

221) 지각을 4원소, 즉 불·흙·물·공기와 연관지어 설명하느라 이런 말을 하고 있다.

222) Cornford는 Proklos가 플라톤이 'aisthēsis'를 어원적으로 'aisthō'(숨을 내쉬다) 혹은 'aissō'(돌진이나 쏘는 것과 같은 빠른 운동을 하는 걸 뜻함)와 연관지은 것으로 보았다고 하며, 후자가 더 그럴듯하다고 말하고 있다. Cornford, 148면 각주 3 참조.

223) ochetos는 원래 '물을 운반하는 수단'을 의미한다. 플라톤이 77c와 79a에서 피가 통과하는 혈관들을 '수로'에 비유하고 있는 것을 고려해 볼 때, 이곳에서도 ochetos는 혈관에 대한 비유적 표현인 것으로 보인다. 당시 사람들은 감각적 자극을 전달하는 신경의 존재에 대해 몰랐기 때문에, 플라톤은 피가 감각적 자극들을 전달하는 것으로 상정하고 있다. 77e를 참조할 것.

224) 41d에서 언급되었듯이, 인간 혼의 불사적인 부분은 우주 혼과, 똑같은 상태로 순수한 것은 아니지만, 동일한 구조를 갖고 있다. 그것은 우주 혼과 마찬가지로 동일성과 타자성의 두 원으로 구성되어 있고 같은 방식의 운동을 한다.

43d

을 묶은 자에 의하지 않고서는 결코 풀릴 수 없기 때문에, 온갖 나선
형태로 뒤트는가 하면, 또한 가능한 온갖 방식으로 원(회전 궤도)들을 e
모두 깨뜨리고 망가지게 했습니다.[225] 그래서 이것들이 서로 가까스로 함께 움직이게 되었지만, 그 움직임은 불규칙적이었으니, 어떤 때는 반대로, 어떤 때는 비스듬히, 또 어떤 때는 거꾸로 하는 것이었습니다. 이를테면 그것은 누군가 머리를 거꾸로 땅에 대고 발을 어떤 것에 기대어 위로 들어올렸을 경우에, 이 상태에서는 그런 처지에 있는 사람과 그를 바라보는 사람들의 각각의 오른쪽은 왼쪽으로, 왼쪽은 오른쪽으로 각 편에 대해 [바뀌어] 보이게 되는 것과 같습니다.[226] [혼의] 회전들(periphorai)은 바로 이와 똑같은 일을, 그리고 그 밖에도 이런
유의 것들을 강렬히 겪게 되거니와, 그것들이 동일성의 부류나 타자성 44a
의 부류에 속하는 외부의 어떤 것과 마주칠 때에도, 그것들은 어떤 것과 동일한 것을, 그리고 어떤 것과 다른 것을 진실과는 반대로 말함으로써, 그것들이 잘못되고 어리석은 것들로 되는데, 이때에는 그것들(혼들) 안에서 어떤 회전도 통솔하거나 주도하지 못하게 됩니다.[227]

---

225) 혼의 구조에 대해서는 35b~36b, 그리고 혼의 구조가 해체될 수 없음에 대해서는 41a~b를 참조할 것.

226) A와 B가 얼굴을 마주 보고 있다면, B의 오른쪽은 A의 왼쪽을 마주 볼 것이다. 그러나 A가 머리를 땅에 대고 거꾸로 서서 여전히 B를 바라본다면, B의 오른쪽은 A의 오른쪽을 마주 볼 것이다. 따라서 정상적인 관계는 역전된다. R. D. Archer-Hind, *The Timaeus of Plato*(London, 1888), 150~151면 참조.

227) 플라톤에 있어서 참된 인식은 혼을 구성하는 동일성과 타자성의 두 원이 본성에 따라 회전할 때 성립한다. 37a~b에서 언급되었듯이, 우주 혼은 그것을 구성하는 부분들이 적절한 비율로 나뉘고 결합되어 있고 원활히 움직이기 때문에, 그것이 접하게 되는 대상에 대해 어떤 것이 같거나 다른지를 제대로 알리게 된다. 반면에 인간의 혼은 몸에 결합될 때 감각의 흐름에 영향을 받아서 혼의 회전들이 온갖 방식으로 뒤틀려 원활히 움직이지 못하게 되고 참된 인식을 하지 못하게 된다.

44a

그러나 외부에서 어떤 감각들이 전달되어 와서 그 혼의 회전들과 부
딪치게 되어, 이 회전들과 함께 또한 혼을 담고 있는 그릇(용기:
kytos) 전체[228]를 이끌고 가게 될 경우에, 그땐 이 회전들은 지배를
당하고 있으면서도 지배하는 것으로 여겨집니다. 그리고 이 모든 겪음
(pathēma) 때문에, 지금도 태초에 그랬듯, 혼이 사멸하는 것인 몸 속에
b 묶이게 될 때, 혼은 처음에는 지성이 없는(어리석은: anous)[229] 상태
가 됩니다.[230] 그러나 성장과 영양의 흐름이 한결 약하게 밀려들어올
때, 그리고 다시 그 회전들(periodoi)이 고요를 되찾아 자신들의 길을
가게 되고 시간이 지남에 따라 좀더 안정되면, 그땐 어느새 각각의 그
회전들은 본성에 따라 진행하는 원들의 형태로 똑바로 잡히게 되고,
타자성과 동일성도 옳게 부르게 되어, 이 회전들을 가진 자를 분별 있
는 사람으로 되게 해 줍니다. 그래서 바른 양육에 교육(paideusis)까지
c 받게 되면,[231] 이 사람은 최대의 질병[232]에서 벗어나게 되어, 완벽하
고 지극히 건전하게 됩니다. 반면에 그가 [이를] 소홀히 한다면, 일생
의 삶을 쩔뚝거리며 보낸 뒤에, 교화되지 못하고 어리석은 상태[233]로

228) 헬라스어 kytos는 원래 움푹 들어간 그릇(용기)이나 항아리 등을 의미하는데, 여기에서 말하고 있는 '혼의 그릇 전체'란 '몸 전체'를 뜻하는 것으로 보는 것이 옳을 것 같다. 왜냐하면 'kytos'가 이 대화편들의 다른 곳들에서는 부분적인 의미의 것으로 쓰이고 있기 때문이다. 이를테면, 45a에서는 불사하는 부류의 혼이 거처하는 '머리통'(to tēs kephalēs kytos)을, 67a에서는 머리 꼭대기와 배꼽 사이에 있는 '강'(腔)을, 69e에서는 몸통의 강을, 그리고 74a에서는 몸통 전체를 가리킨다.

229) '어리석음'(anous)은 혼의 회전 운동이 원활하게 진행하지 못할 때 생기는 것이고, 88b에서는 무지(amathia)와 동일시된다.

230) 여기서 언급된 내용은 최초의 인간뿐만 아니라 새로 태어나는 모든 유아기의 인간 혼에도 적용된다. 반면에 우주 혼은 그것의 몸통과 결합하자마자 슬기로운 삶을 시작한다. 36e를 참조할 것.

231) 플라톤은 87b~90d에서 혼이 최선의 상태를 회복하기 위해서는, 몸과 혼의 균형, 양육, 교육, 사회적 환경 등이 중요함을 강조하고 있다.

232) 이는 무지를 가리킨다. 86b 및 88b를 참조할 것.

44c

다시 하데스[234]로 돌아가게 됩니다. 따라서 이것들은 나중에 언젠가 일어날 일들입니다. 그러나 우리로서는 지금 제기되어 있는 것들에 대해서 한층 더 자세히 다루어야만 하고, 또한 이것들에 앞선 것들을, 즉 몸들의 생성에 관해서 부분별로, 그리고 혼에 관하여도, 이것들이 어떤 이유들과 신들[235]의 어떤 선견과 배려들로 해서 생기게 되었는지를, 가장 그럼직한 설명을 견지하면서, 이런 식으로 이런 관점에서 진행해 d
가며 자세히 이야기해야만 합니다.

그래서 그들[236]은 구형(球形: peripheres)인 우주(to pan)의 형태를 모방하여 둘인 신적인 회전(periodos)[237]을 구형체(sphairoeides sōma) 속에 묶어 넣었는데, 이 구형체는, 우리가 지금 머리라 일컫는 것으로서,[238] 가장 신적인 것이고 우리에게 있는 모든 것에 대해 주인 노릇을 하는 것입니다. 그리고 신들은 몸 전체를 결합한 다음, 이것을 머리

---

233) '교화(敎化)되지 못하고(atelēs) 어리석은(anoētos)' 이라고 한 표현에서 atelēs는 원래 종교 용어이다. 오르페우스(Orpheus) 비교(秘敎)나 '엘레우시스교(Eleusis敎)에서는 밀교 의식(密敎儀式: mystēria)이 있었는데, 이 종교에 입문하는 의식이 곧 입교(入敎: teletē, myēsis) 의식이다. 플라톤은 철학에 입문하는 것도 새로운 세계에 들어가는 것이라 해서 '입교'를 의미하는 말들로 이를 나타냈다. 철학은 곧 '지혜에 대한 사랑'을 의미하니까, '교화되지 못했다'는 말은 지혜를 사랑해 보지 못했다는 뜻이기도 하다. 《고르기아스》 편 493b에서는 atelēs 대신에 amyētos가 anoētos와 함께 연관되어 사용되고 있다.

234) Hades의 헬라스말 원 표기는 Hadēs 또는 Aïdēs(서사시에서)로서, 제우스와 형제간인 그는 지하 세계를 관장하는 신인데, 나중에는 지하 세계 자체, 즉 저승을 의미하기도 한다. 그래서 '보이지 않는'(a-idēs)이라는 말과 연관지어 생각하기도 한다.

235) 천체들을 가리킨다.

236) 신들로 언급된 천체들을 가리킨다.

237) 이는 인간 혼의 이성적 부분을 구성하는 동일성과 타자성의 두 원을 말한다.

238) 인간의 혼이 우주 혼을 본으로 해서 만들어졌듯이, 머리는 구형인 우주의 몸통 형태를 본으로 해서 만들어졌다.

44d

에 봉사할 것으로서 그것에 넘겨 주었는데, 이는 그들이 장차 있게 될 모든 운동[239]에 머리가 관여하게 될 것임을 알아차리고서였습니다. 따라서 그것이 온갖 형태의 높낮이를 가진 땅 위를 굴러다님으로써,
e 어떤 곳은 오르는 데 어떤 곳에서는 빠져 나오는 데 당황하는 일이 없도록, 그것에 운반 수단으로서 그리고 쉬운 이동 수단으로서 몸을 주었습니다. 바로 이런 연유로 몸은 길이를 갖게 되었고, 뻗을 수도 있고 굽힐 수도 있는 사지의 생장도 보았습니다. 신이 이동 수단으로서 이를 고안해서죠. 몸은 이것들로 붙잡기도 하고 의지하기도 하며 온갖
45a 지대로 이동할 수 있게 되었습니다. 우리에게 있어서 가장 신적이고 가장 성스러운 것의 거처를 맨 꼭대기에 갖고 다니면서 말씀입니다. 그래서 이런 방식으로 그리고 이런 까닭으로 다리와 손이 모두에게 달려 있게 되었습니다. 그런가 하면, 신들은 앞쪽을 뒤쪽보다 더 귀중하고 지휘하는 것이 더 적절한 것이라 여기고서, 우리가 대부분의 이동을 이런 식으로 하게 해 주었습니다. 따라서 사람은 몸의 전면을 [후면과] 구분되고 닮지 않은 것으로서 가져야만 했습니다. 이 때문에 그들은 먼저 머리통 둘레의 바로 이곳[240]에 얼굴을 자리잡게 한 뒤에,
b 혼의 모든 선견과 배려를 위한 기관들[241]을 이것에 붙박아 놓고서는, 본성상 앞에 있는 것이 주도권을 지니는 것이도록 정해 주었습니다. 한데, 그들은 기관들 가운데서도 빛을 전달하는 눈[242]을 먼저 만들어서는, 다음과 같은 이유로 고정시켜 놓았습니다. 그들은 태울 수는 없

239) 천체들의 회전 운동들과는 다른 여섯 방향의 운동들을 가리킨다. 34a, 43b 참조.

240) 앞쪽(전면)을 가리킨다.

241) 기관(器官)을 뜻하는 헬라스어 organon(복수는 organa)은 수단이나 도구의 뜻도 갖고 있다.

242) 원어는 phōsphora ommata로서, 플라톤이 눈을 이렇게 묘사하는 까닭을 이해하기 위해서는 시각 현상에 대한 그의 설명을 염두에 둘 필요가 있다. 45d의 해당 주석을 참조할 것.

고, 부드러운 빛(phōs)을 제공해 줄 수 있을 뿐인 그런 불(pyr)의 성질을 갖는 것이 나날의 낮[243] 특유의 물질(sōma)로[244] 되도록 고안했습니다.[245] 왜냐하면 우리 안에 있는 순수한 불은 그것과 동기간이기 때문인데, 이것을 그들이 매끄럽고 빽빽한 상태로 눈 전체를 통하여 흐르도록 만들되, 눈의 가운데 부분(눈동자)에서는 [이를] 유달리 압착했으니, 이렇게 해서 이보다 거친 다른 것은 다 막아 주고 [앞서와 c
같은] 그런 순수한 것만을 걸러서 통과시키게 됐습니다.[246] 그래서 낮의 빛이 시각의 흐름 주위에 있을 때마다, 닮은 것이 닮은 것을 향해 나와서는 함께 결합하게 되고,[247] 눈의 직선 [시선] 방향에 따라 하나의 동질화된 물질을 이루게 되는데,[248] 이는 안에서 나오는 불이 밖에서 만나게 되는 것과 부딪치게 되는 곳에서는 어디서나 그러합니다. 그래서 유사성으로 인해서 전체가 동일한 성질을 지닌 것으로 되는데, 이것이 어떤 대상과 접촉하게 되더라도 또 어떤 대상이 이것과 접촉하게 되더라도, 이들의 운동을 이것이 몸 전체를 통하여 혼에까지 전 d

243) 헬라스어 hēmera는 영어 day가 그렇듯, '날'과 '낮' 둘 다를 뜻한다. 그리고 이 낱말은 앞에서 말한 '부드럽다'(hēmeron)는 낱말과 연상 작용을 일으키도록 하고 있다.

244) sōma 앞의 반점쉼표(,)는 없애고 읽었다. tou pyros에 연결짓기보다는 oikeion에 연결짓는 것이 나을 것 같아서다.

245) 낮은 그 자신의 특유한 물질을 갖고 있으며, 이것은 공기 중에 흩어져 있는 햇빛(불의 일종)으로 구성되어 있고 태양이 지면 밤에 이것은 물러나는 것으로 상정되고 있다(45d). Cornford, 152면 각주 2 참조.

246) 눈의 구조에 대한 이런 언급과 유사한 견해를 엠페도클레스의 토막글 84(Diels-Kranz)에서 찾아볼 수 있다.

247) 플라톤의 시각에 관한 이론에서 핵심적인 생각은 "닮은 것에 닮은 것이" 지각된다는 것이다. 우리가 낮에 볼 수 있는 것은 낮의 빛과 우리 내부의 불이 유사하기 때문이다.

248) 눈이 향하는 곳에서는 눈에서 나온 불의 흐름과 그와 같은 종류인 공기 속의 불이 결합하여 시선 방향에 따라 동질적인 불의 광선을 형성한다. Archer-Hind, 156면 참조.

45d

달함으로써, 우리가 바로 그것에 의해 본다고 말하는, 감각적 지각을 생기게 합니다.[249] 그러나 밤이 되어 [눈의 불과] 동족인 불이 떠나 버리면, 이것(내부의 불)도 단절됩니다.[250] 왜냐하면 이것이 자기와 유사하지 않은 것을 향해 나가게 되면, 그 자체가 바뀌게 되고 꺼져 버리게 되어, 자기 주변의 공기가 불을 갖고 있지 않은 탓으로, 더 이상 이 공기와 합쳐질 수가 없기 때문이죠. 그래서 이것은 보는 것을 그치고, 더 나아가 잠을 가져다 주는 것이 됩니다. 신들이 시각의 안전

e 수단으로 강구한 것이 눈꺼풀의 구조인데, 이것을 닫게 되면 내부의 불의 힘을 [안에] 가두게 되고, 반면에 이 힘은 우리 내부의 운동들을 분산시켜서 가라앉힙니다. 한데, 이들 운동이 가라앉게 되니 평온이 찾아들고, 이 평온이 깊어지면 꿈도 거의 없는 잠이 덮치게 됩니다. 하지만, 어떤 한결 강한 몇몇 운동들이 남아 있게 될 경우에는, 이것들이 어떤 종류의 것들로 어떤 곳에 남아 있는가에 따라, 그런 종류의 그만

46a 큼의 닮은 상들을 꿈 속에서 생기게 하고, 또한 우리가 꿈에서 깨어나 있을 때에도 기억된 상들로 생기게 합니다. 그리고 거울들 및 반사하

---

249) 플라톤의 시각에 관한 이론은 다음과 같이 간단히 설명할 수 있다. 그는 시각을 설명하기 위해 세 가지 종류의 불 또는 빛을 상정하고 있다. 하나는 눈에서 나오는 불(빛)이고, 다른 하나는 공기에 퍼져 있는 낮의 불(빛)이고, 나머지 것은 보이는 대상에서 나오는 불(빛)이다. 처음의 둘은 서로 동질적인 것으로 하나의 같은 성질을 갖는 물질을 형성한다. 이것이 대상에서 나오는 불(빛)과 만나게 되면, 그것들의 운동을 먼저 눈에 전달한 다음, 온몸을 통하여 혼에까지 전달함으로써 지각이 성립한다. Archer-Hind, 156면 참조.

250) 플라톤은 '낮 특유의 물질'이 밤에 물러나는 것으로 상상하고 있는데, 일몰과 더불어 낮의 물질이 그 안에 거의 불을 갖고 있지 않은 밤의 공기에 의해 대치되는 것으로 생각하고 있는 것 같다. 엠페도클레스가 말한 지구 주위를 회전하는 낮과 밤의 두 반구(半球)를 아마도 그가 염두에 두고 있는 것으로 보이는데, 그 하나는 온통 불로 구성되어 있고 다른 하나는 공기와 소량의 불로 구성되어 있다. 밤의 공기는 습기 찬 것이기에 눈에서 나오는 불을 끈다. Cornford, 153면 각주 2 참조.

는 매끄러운 모든 것[의 표면]에 있어서 영상의 형성과 관련된 것을 아는 것은 이젠 전혀 어려운 일이 아닙니다. 내부의 불과 외부의 불 각각의 상호 결합으로 해서, 그리고 다시 매끄러운 표면 주위에서, 여러 가지 방식으로 형태가 바뀌기는 하면서도, 매번 하나의 불이 형성됨으로 해서, 그와 같은 모든 상(像)이 필연적으로 비치게 되니까 b
요.[251] 얼굴 주변의 불이 시각 주변의 불과 매끄럽고 반들거리는 표면 주변에서 함께 결합하게 되어서죠.[252] 그러나 왼쪽 것들은 오른쪽 것들로 보이게 되는데, 이는 통상적인 부딪침과는 반대로 시각 광선(시선)의 반대되는 부분들이 [대상의] 반대되는 부분들과 접촉하게 되기 때문입니다.[253] 그러나 이와 반대로, [시각의] 빛이 결합하게 되는 대상[의 빛]과 결합함에 있어서 방향이 바뀔 때, 오른쪽 것들은 오른쪽으로 왼쪽 것들은 왼쪽으로 보이게 되는데, 이런 일은, 거울의 매끄러 c
운 표면이 양쪽에서 볼록하게 되어서,[254] 시각의 오른쪽 부분의 빛을

251) 거울에서 영상의 반사에 대한 플라톤의 설명은 다음과 같다. 그는 먼저 '안과 밖의 두 개의 불의 결합'에 대해 말하는데, 이것은 눈에서 나오는 불과 낮의 빛의 결합을 의미한다. 이는 모든 시각의 첫번째 조건이다. 그런데 거울의 반사와 같은 특수한 경우에는 더 나아가서 '매끄러운 표면 주위에서 단일한 불의 형성'이라는 두 번째 조건이 필요하다. 즉 거울의 반사의 경우에는, 낮의 빛과 결합한 시각 광선이 대상한테서 나온 불의 흐름과 거울의 표면에서 마주치게 되고, 이 둘은 단일한 불을 형성해서 대상에서 거울로 그리고 거울에서 눈으로 전달된다. Cornford, 154~155면 참조.

252) 거울에서 반사되는 대상의 예로서 얼굴이 제시되고 있는데, 여기서 얼굴은 관찰자 옆에 서서 거울을 바라보고 있는 사람의 얼굴일 수도 있고, 관찰자 자신의 얼굴일 수도 있다.

253) 여기서 하는 설명은 오른쪽과 왼쪽이 바뀌어서 보이는 평면거울의 경우이다. 내가 거울 앞에서 자신을 바라볼 때, 영상의 오른쪽 눈은 나의 오른쪽 눈에 대립해 있다. 그러나 어떤 사람이 실제로 내 얼굴을 본다면, 그의 오른쪽 눈은 나의 왼쪽 눈에 대립한다. 그래서 플라톤은 직접적으로 사물을 보는 경우와는 반대로 평면거울에서는 왼쪽은 오른쪽으로 보인다고 말하고 있다. Taylor, 288면 참조.

왼쪽으로, 왼쪽의 것을 오른쪽으로 투사할 때 생깁니다.[255] 그리고 같은 거울을 길이로(세로로) 얼굴과 마주하게 돌려놓으면, 그것은 전체를 뒤집혀 보이게 만드는데, 이는 빛의 아래쪽을 위쪽으로, 위쪽을 아래쪽으로 다시 투사하기 때문입니다.[256]

한데, 이 모든 것[257]은 보조적(부차적) 원인들(synaitiai, ta synaitia)[258]에 속하는 것들인데, 신은 가능한 한 최선의 것[259]을 실현

254) 오목거울의 경우를 두고 하는 말이다.

255) 이 경우는 수평으로 놓여 있는 반원통형의 오목거울 표면에서 일어나는 영상의 반사에 대한 것이다. 이러한 거울을 바라볼 때, 시각 광선의 흐름의 방향이 바뀌기 때문에, 오른쪽에서 나온 빛의 흐름은 왼쪽으로 반사된다. 그래서 직접적으로 사물을 보는 경우와 마찬가지로 오른쪽은 왼쪽에 대립한다.

256) 이 경우는 길이로(수직으로) 놓여 있는 반원통형의 오목거울 표면에서 일어나는 영상의 반사에 대한 것이다. 이때는 영상이 거꾸로 보이게 된다.

257) 이것은 앞서 45b~46c에서 언급된 시각의 작용 원리에 대한 물리적 설명을 의미한다.

258) 여기서 복수 2격으로 표현된 tōn synaitiōn이 to synaition과 synaitia 중 어느 것의 복수 2격인지는 불분명하다. 왜냐하면 플라톤은 '원인'을 가리키는 표현인 to aition(형용사적 용법, 복수는 ta aitia)과 aitia(명사 용법, 복수는 aitiai)에 대비해서 to synaition(ta synaitia)과 [hē] synaitia([hai] synaitiai)를 사용하고 있는데, to synaition과 synaitia의 복수 2격이 동일하게 tōn synaitiōn이기 때문이다. 플라톤은 《파이돈》 편(99b3~4)에서 '진짜 원인과 그것 없이는 원인이 결코 원인일 수 없는 것'을 구별하고 있는데, '그것 없이는 원인이 결코 원인일 수 없는 것'은 이 대화편에서 언급된 '보조적 원인'을 뜻한다. 그는 사물의 좋음이나 아름다움을 실현하기 위해서는 물리적 혹은 물질적 조건이 필요하다고 보나, 이것은 단지 보조적 원인일 뿐 진짜 원인이 될 수 없다는 것을 이어지는 언급에서 강조하고 있다.

259) '최선의 것'이라 옮긴 것의 원어는 hē tou aristou … idea인데, 여기에서 'idea'를, 더러 그러고 있듯, 자칫 플라톤적인 의미의 형상(形相: eidos)인 '이데아'로 오해하기 쉽다. 그러나, 플라톤에 따를진대, '좋음(善)의 이데아'는 있지만 '최선(최선의 것)의 이데아'는 없다. 그리고 문맥상으로도 그 뜻은, Cornford가 그렇게 옮기고 있듯, 단순히 '최선의 결과'나 '최선의 것'으로 보면 되겠다.

하는 데 봉사하는 것들로 이것들을 사용합니다. 그러나 이것들은 대부분의 사람들[260]에 의해 보조적 원인들로 되는 것들(synaitia)이 아니라 [바로] 만물의 원인들이 되는 것들(aitia)로 간주되고 있습니다. 차게도 하며 뜨겁게도 하고, 굳어지게도 하며 흩뜨리기도 하는 등[261] 이와 같은 모든 작용을 일으키는 것들이라 해서죠. 그러나 이것들은 어떤 경우에도 이성(logos)이나 지성(nous)을 지닐 수가 없습니다. 왜냐하면 존재하는 것들 중에서 지성을 지니기에 합당한 유일한 것을 우리는 혼이라 말해야만 하기 때문입니다.[262] — 이것은 눈에 보이지 않는 것인 반면에, 불·물·흙·공기는 모두가 가시적인 물질로 생겨난 것입니다.—지성과 앎(epistēmē)을 사랑하는 사람은 반드시 슬기로운 종류의 원인들(aitiai)을 일차적인 것들로 추구하되, 다른 것들에 의해서 운동하게 되는 것들이면서도, 필연적으로 다른 것들을 운동하게끔 하는 것들에 속하게 되는 원인들[263]은 이차적인 것들로 추구합니다. 그러므로 우리로서도 같은 방식으로 해야만 합니다. 우리는 원인들의 종류를 둘로 말해야만 하되, 지성과 함께(지성을 지니고서) 아름답고 훌륭한 것들을 생기게 하는 것들인 원인들과 지혜(phronēsis)는 없이 닥치

d

e

260) 자연 세계의 질서를 물질적인 것만을 원인으로 해서 설명하고 있는 자연철학자들을 가리킨다고 보아야겠다.

261) 아래에서 말하게 되는 불·물·흙·공기가 이런 작용들과 관계된다고 볼 수 있을 것이다.

262) 30b에서 언급되었듯이, 지성이 어떤 것에 있으려면 혼 속에 있을 수밖에 없다. 그런데 플라톤에 있어서 혼은 그 자체로 선하거나 나쁜 것이 아니라 지성의 소유 여부에 따라 혼의 성격이 달라진다. 지성을 지닌 혼은 그것이 지배하는 것들을 질서 있게 운동하게끔 하는 반면에, 지성을 결여한 혼은 무질서한 운동을 일으킨다. 《법률》 편 897b1~4 및 898a~b 참조.

263) 플라톤은 물질을 스스로 운동할 수 없는 것으로 보기 때문에, 운동의 원인을 혼에서 찾는다. 《파이드로스》 편(245c)에서 혼은 '스스로 운동하는 것' (to hauto kinoun)으로서 '운동의 원천' (archē kinēseōs)으로 언급되고 있다. 역시 같은 내용의 언급이 《법률》 편 896a~b에서도 보인다.

46e

는 대로 그때마다 무질서한 일을 해내는 원인들을 구별해야만 합니다.[264] 눈이 지금 지니고 있는 성능을 갖도록 하는 데 함께 기여한 눈의 보조적 원인들로 되는 것들(ta symmetaitia)에 대한 언급은 충분히 한 것으로 하죠. 그렇지만, 신이 우리에게 눈을 주게 된 것이 바로 이 혜택 때문인데, 이 혜택과 관련된 눈의 최대의 기능(ergon)을 그 다음
47a 으로 언급해야만 합니다. 제 판단으로는 시각이야말로 우리에게 있어서 최대 혜택의 원인이 되고 있는데, 이는 우리가 별들이나 태양이나 또는 하늘을 보지 못했다면, 지금 우주에 관해 하고 있는 이야기들 가운데 아무 것도 언급되지 않았을 것이기 때문입니다. 그러나 사실은 낮과 밤이 관찰되고, 달들과 해(年)들의 회전 주기들이 그리고 춘분과 추분, 지일(至日)이 관찰됨으로써 수를 고안하게끔 하는 한편으로, 시간의 관념과 우주의 본성에 관한 탐구 활동을 갖도록 해 주었습니다.
b 또한 이로 해서 우리는 철학(지혜에 대한 사랑: philosophia)[265]의 부류를 얻게 되었는데, 이보다도 더 좋은 것이 죽게 마련인 종족에게 신들한테서 주어지는 선물로서 내려지지도 않았고, 앞으로도 내려지지 않을 것입니다. 따라서 저는 이것이 눈의 가장 좋은 점이라고 주장합니다. 그러니 우리가 무엇 때문에 그 밖의 한결 못한 점들을 찬양하겠습니까? 이것들에 대해서는 지혜를 사랑하지 않는 자가 눈이 멀게 되어 비탄한들 공연히 비탄하는 것이겠지요?[266] 그러나 우리로서는 시

---

264) '지성과 함께'(지성을 지니고서: meta nou)라는 표현과 '지혜는 없이'(monōtheisai phronēseōs)가 대비되고 있다.

265) philosophia는 원래 지혜(sophia)를 사랑하는 행위, 즉 지혜에 대한 사랑을 의미했을 뿐이었으나, 그런 행위가 거두는 학문적 성과나 그런 성격의 학구적인 탐구 활동을 가리키는 말로 차츰 바뀌어 갔다. 플라톤의 대화편들에서도 이 말은 이들 두 가지 의미로 쓰이고 있다. 이 말을 처음으로 쓰기 시작한 사람은 피타고라스로 알려져 있다.

266) "비탄한들 공연히 비탄하는 것이겠지요?"라는 구절은 에우리피데스의 《페니키아 처녀들》(*Phoinissai*) 1762를 약간 변형해서 인용한 것이다. 이 구

47b

각(opsis)이 이 혜택[267]의 원인이라고, 즉 이런 목적을 위해서라고 말하도록 하죠. 신은 시각을 고안해서 우리에게 주었는데, 이는 하늘(우주)에 있는 지성(nous)의 회전들[268]을 보고서 이것들을 우리 쪽의 사고(思考: dianoia)의 회전들을 위해 우리가 이용할 수 있도록 하기 위해서라고 말씀입니다. 비록 우리 것이 불안스런 것들이고 그것들은 흔들림이 없는 것들이지만, 그것들과는 동류의 것들이니까요.[269] 또한 c
그것들(우주의 회전들)을 우리가 철저히 배우고 자연에 따른 계산법의 정확성을 습득함으로써, 전혀 방황하는 일이 없는 신의 회전들을 흉내내어 우리한테 있는 방황하는 회전들을 정상화할 수 있도록 하기 위해서라고 말씀입니다. 그리고 소리[270]와 청각에 관해서도 다시 같은 설명을 할 수 있겠는데, 이것들은 같은 목적으로 그리고 같은 이유들로 신들한테서 주어졌다고 말씀입니다. 말(logos)도 같은 목적을 위한 것으로 정해진 것인데, 이를 위해서는 이것이 가장 큰 몫의 기여를 하니까요. 또한 청각(듣기)과 관련해서 시가(詩歌, 음악: mousikē)의

절을 인용해서 하고자 하는 말은 시각의 '가장 좋은 점'이 천체 현상들의 관찰을 통해 '지혜를 사랑하는 활동'을 하게 되는 것이겠는데, 시각을 이렇게 이용할 줄 모르던 사람이 눈이 멀게 되어 비탄한들, 진정으로 비탄할 만한 일이겠는가 하는 뜻으로 하는 말이다. 왜냐하면 이런 사람이 눈이 멀게 되어 정작 한탄하는 것은 하찮은 것들을 볼 수 없어서일 테니까.

267) '지혜에 대한 사랑', 즉 철학을 할 수 있게 하는 혜택을 가리킨다.

268) 앞서 34a에서 언급되었듯이, 천구의 회전 운동을 '지성과 지혜에 가장 많이 관련된 것'으로 보기 때문에 하는 표현이다. 34a의 해당 주석 참조.

269) 앞서 41d에서 언급되었듯이, 인간의 혼은 우주 혼과 동일한 구조를 갖고 있지만, 이들 둘은 중요한 차이점을 갖고 있다. 우주 혼의 경우에는, 이것이 몸통과 결합할 때 아무런 방해도 받지 않고 지성에 어울리는 회전 운동을 하면서 언제나 조화와 질서를 보여 준다(34a 및 36e 참조). 그러나 인간의 혼의 경우에는, 이것이 몸과 결합할 때 영양과 감각의 흐름으로 인한 공격을 받아서 혼의 회전이 흔들리고 질서를 잃게 된다(43a~e 참조).

270) 헬라스어로는 phōnē인데, 이것은 소음(psophos)과 대비되는 말로서, 또렷한 말이나 음악적 소리를 의미한다. Cornford, 158면 각주 3 참조.

47c

소리에 유용한 모든 것도 조화(harmonia)[271]를 위해 주어졌기 때문이
d 고요. 한데, 우리 안에 있는 혼의 회전들과 동류의 운동(phora)들을 갖는 이 조화는, 지성을 지니고서 '무사 여신들'(Mousai)[272]과 사귀고 있는 자에겐, 오늘날 그렇게 여겨지고 있듯, 비이성적인 쾌락을 위해서[273] 유용한 것으로서가 아니라, 우리 안에 생겨난 혼의 조화롭지 못한 회전에 대항하여 혼이 질서를 찾고 자신과 화합토록 하기 위한 원군으로서 '무사 여신들' 한테서 주어졌습니다.[274] 그리고 리듬(rhythmos)[275] 또한 우리 대부분에 있어서 찾아볼 수 있는 적도에 어

---

271) harmonia는 대개 영어의 harmony로 이해하면 되는 말이지만, 플라톤이 여기서 사용하고 있는 harmonia의 뜻을 이해하기 위해서는, harmonia가 선법(旋法: mode)의 뜻을 갖고 있다는 것을 유의할 필요가 있다. 선법은 음계를 형성하는 일정한 음 조직을 의미한다. 장음계나 단음계처럼 음정 배열과 소리의 높이(音度: pitch)에 따라서 선법들간에 차이가 생긴다. 상이한 선법을 구성하는 음들간의 관계는 수학적으로 분석할 수 있는데, 플라톤은 앞서 35a~b에서 이런 음악 이론의 관점에서 우주 혼의 구조를 제시하였다. 따라서 여기서 사용되고 있는 harmonia는 우주 혼의 회전 운동들이 보여 주는 조화로운 수적 비례 관계를 염두에 둔 표현이다. 그래서 플라톤은 바로 다음의 언급에서 '우리 혼 속의 회전들과 동류의 운동들을 갖는 이 조화'란 말을 하고 있다. 《국가》 편 제3권 398c~399c 및 주석 49 참조.

272) Mousa(영어로는 Muse)로는 아홉 자매가 있어서, 곧잘 복수 형태(Mousai)로 불리는데, 이들은 제우스와 Mnēmosynē 사이에서 태어난 딸들이다. 시가와 춤 그리고 철학이나 천문학 등 모든 지적 탐구도 이들의 소관사이다. 시가를 의미하는 헬라스말 mousikē[technē]는 Mousa가 관장하는 기예(技藝: technē)라는 뜻이다. 《국가》 편 137면 주석 15 참조.

273) 플라톤이 《국가》 편에서 시가에 대해 하고 있는 비판의 초점은 시가가 단순히 즐거움을 주는 것이라는 당시 사람들의 견해에 대한 것이다. 이런 비판은 《법률》 편 656c~d에서도 찾아볼 수 있다.

274) 플라톤이 《파이돈》 편 61a3~4에서 철학(philosophia)을 '가장 위대한 시가'(hē megistē mousikē)라고 말하고 있는 것도 같은 맥락에서 이해할 수 있다.

275) 《국가》 편 제3권 398d에 노래(melos)가 노랫말(가사: logos), 선법(旋法: harmonia) 그리고 리듬으로 이루어져 있다는 언급이 있으며, 이와 함께 이와 관련된 언급들이 그 앞뒤로 자상하게 되어 있다.

긋나고(ametron) 우아함(charis)이 부족한 상태(hexis) 때문에 같은 목 e
적으로 같은 신들에 의해 보조자로서 우리에게 주어진 것입니다.[276)]

그러니까 우리가 하게 되는 언급들 가운데 이미 앞에서 한 것들은 적은 부분을 제외하곤[277)] '지성(nous)에 의해 만들어진 것들'[278)]을 보여 준 것들입니다. 그러나 '필연(anankē)의 산물들'[279)]도 우리의 이
야기에 병행되어야 합니다.[280)] 이 우주(kosmos)의 탄생이 실은 필연과 48a
지성의 결합으로 해서 혼성된 결과의 것이기 때문입니다. 그러나 지성은 필연으로 하여금 생성되는 것들의 대부분을 최선의 것(to beltiston)을 향해 이끌고 가도록 설득함[281)]으로써 필연을 다스리게 되었으니,

276) 29d 이후 여기까지가 대부분이 '지성에 의해 만들어진 것들'을 다루는 내용으로서, 《티마이오스》 편의 '제1부'를 이룬다고 보면, 여기(47e)서부터 69a까지는 '필연의 산물들'을 다루는 내용으로서, 그 내용상 '제2부'를 이루는 셈이다.

277) 43a~44a(혼과 몸의 결합으로 생긴 무질서)와 45b~46c(시각의 작용 원리)의 언급 내용을 가리킨다. Brisson(1992), 주석 328 참조.

278) 지성이 원인이 되어 생겨난 것들을 뜻한다. 플라톤은 '좋음' 내지 '질서'의 원인을 지성에 기인하는 것으로 보기 때문에 '지성에 의해 만들어진 것들'(ta dia nou dedēmiourgēmena)이란 표현을 하고 있다. 앞서의 논의에서 전체로서의 우주가 보여 주는 질서와 인간 혼과 몸의 구조가 현재와 같은 방식으로 생기게 된 이유 등에 관한 것들이 이에 해당한다.

279) 헬라스어 anankē에는 강제 · 필요 · 필수 · 운명 · 필연 · 필연성 등의 뜻이 있는데, 여기서는 '필연'으로 번역하기로 했다. 그리고 《국가》 편(616c)에서는 '아낭케'(필연)가 여신으로 신격화되어 있다. 그러나 《티마이오스》 편에서 anankē는 지성이 개입하기 이전의 물질의 상태를 지칭하기 위해 사용된다. 지성이 개입하기 이전의 물질들은 다른 것에 의해 움직여지고 다시 다른 것들을 필연적으로 움직이지만, 이 운동은 불확정적이고 불규칙적이며 무질서하게 이루어진다. 이런 측면에서 anankē는 48a6~7에서 '방황하는 원인의 종류'(to tēs planōmenēs eidos aitias)로 규정된다. '필연'과 관련해서는 바로 다음 면의 설득에 대한 주석 281도 참조할 것.

280) 이 순서는 서술상의 편의에 의한 것일 뿐, 사실은 동시적으로 일어난 일이다.

281) 플라톤이 데미우르고스가 지성의 힘을 통하여 그에게 주어진 물질적인

48a

이런 식으로 그리고 이에 따라서 필연이 슬기로운 설득에 승복함으로써 태초에 이 우주(to pan)가 이렇게 구성되었습니다. 따라서 만약 어떤 사람이 우주가 어떻게 생성되었는지를 이에 따라 진실하게 말하려면, 방황하는 원인의 종류를 또한 함께 다루어야만 합니다. 즉 그것이 본성상 어떻게 운동을 일으키는지(pherein)[282]를 말씀입니다. 그러니
b 우리는 이런 식으로 되돌아가야만 하거니와, 같은 이것들에 어울리는 또 다른 출발을 다시금 하게 될 우리로서는, 앞엣것들에 대해서 했던 것과 마찬가지로, 이제 이것들에 대해서도 다시 그처럼 처음부터 시작해야만 합니다. 물론 우리는 천구의 생성 이전의 불·물·공기·흙의 성질을 그 자체로, 그리고 그때의 이것들의 상태들(pathē)을 고찰해야만 합니다. 실상 지금껏 아무도 이것들의 생성에 대해서 밝혀 준 일이 없건만, 우리는 불이 그리고 이것들 각각이 도대체 무엇인지를 알고 있는 자들에게 말하듯이, 이것들을 우주(to pan)의 원소들(stoicheia)[283]

것들을 질서짓는 방식을 '설득'으로 표현하는 까닭을 이해하기 위해서는 '데미우르고스'의 원뜻이 '장인'임을 유의할 필요가 있다. 모든 장인은 주어진 재료들을 갖고서 자신이 목표로 하는 것을 최선을 다해 만든다. 그러나 이때 유능한 장인은 그에게 주어진 재료들이 갖고 있는 성질과 힘을 이용할 뿐이지, 그것들의 성질에 반하는 것을 강제하지는 않는다. 설득은 강제와 다르기 때문에 장인의 작업은 설득에 비유할 수 있다. 따라서 데미우르고스가 그에게 주어져 있는 질료적인 것, 즉 필연을 강제하지 않고 설득한다 함은 필연이 그 고유한 힘과 성질을 갖고 있으며, 이런 필연의 특성을 그가 자신의 목적을 위해 최대한 이용할 뿐이라는 것을 함축하지, 필연의 한계(제약)까지 넘어설 수 있다는 것을 의미하지는 않는다.

282) 여기서 pherein은 '운동을 일으킨다'는 뜻으로 사용된 것으로 보았다. 데미우르고스에게 주어진 것들은, '방황하는 원인'으로 묘사되는 데서 알 수 있듯이, 본성상 무질서한 운동을 일으키는 것들이다.

283) 헬라스어 stoicheia는 원래 알파벳의 문자(자모)들을 의미한다. Cornford는 현존하는 문헌들 가운데서는 《테아이테토스》 편 201e에서 이 표현이 처음으로 '물리적 원소들'을 지칭하기 위해 사용되었다고 주장한다. 그러나 그는 원자론자인 레우키포스(Leukippos)와 데모크리토스(Dēmokritos)가 원

48b

로 상정하고서 원리들(근원적인 것들: archai)로서 말하는데, 조금이라도 분별이 있는 사람이면 이것들을 단지 음절(syllabē) 형태들로도 그 c
럴듯한 것처럼 비유하는 것이 적절하지 않습니다.[284] 그러므로 지금으로서는 어쨌든 우리의 처지는 다음과 같은 것이라 해 두죠. 우리는 만물에 관련되는 원리(archē)나 원리들을, 어떻게 표현하는 것이 좋을 것으로 판단되건 간에, 이것들에 관해서는 지금은 언급해서는 아니 됩니다. 이는 다른 어떤 이유 때문도 아니고, 현재의 설명 방식[285]으로는 우리 생각을 설명하기가 힘들기 때문입니다.[286] 따라서 여러분께서도 제가 그런 설명을 해야만 된다고 생각하셔서도 아니 되지만, 또한

자들을 단어를 구성하는 문자(자모)에 비유해서 원자들의 무한히 다양한 결합을 설명했다는 주장을 부인하지는 않고 있다. Cornford, 161면 각주1 참조.

284) 알파벳이 합해져서 음절(syllabē)을, 다시 음절이 단어를 이루듯, 원소와 사물의 관계도 같은 시각으로 보게 된 헬라스의 철학사적인 배경과 연관해서 이런 언급을 하고 있다. 《티마이오스》 편에서 제시된 이론에 따르면(53c 이하), 엠페도클레스(Empedoklēs)가 이 우주를 구성하는 원소들(뿌리들)로 제시한 불·물·공기·흙은 더 이상 분해될 수 없는 궁극적 요소가 아니다. 플라톤은 4원소(불·물·공기·흙)의 생성을 정다면체들을 구성해서 설명하고 있는데, 각각의 정다면체는 그것의 면을 이루는 삼각형들과 그리고 이런 삼각형들을 궁극적으로 구성하는 요소 삼각형들로 분해된다. 《티마이오스》 편에서는 바로 이런 요소 삼각형들이 문자들(요소들: stoicheia)에 비유된다(54d, 55b). 문자의 비유를 플라톤의 이론에 적용하면, 요소 삼각형들은 문자에, 이것들로 구성된 입체의 표면을 이루는 삼각형들은 음절(syllabē)에, 그리고 정다면체들은 단어에 비유될 수 있다. 따라서 엠페도클레스가 궁극적 원소로 상정한 4원소는, 이런 비유적 관점에 따르면, 음절의 형태들로도 그럴듯한 것처럼 비유될 수 없다.

285) '그럼직한 설명'을 뜻한다.

286) 플라톤은 여기서 '그럼직한 설명'에 따라서는 만물의 궁극적 원리를 말할 수 없다고 언급하는데, 이는 다른 탐구 방식으로는 원리를 파악하는 것이 가능함을 시사하는 것으로 볼 수 있다. 실상, 그는 53d에서 소수의 사람들은 만물의 원리들을 알 수 있을 것이라고 말하고 있다.

48c

제 자신이 그와 같이 큰 일에 덤벼드는 것이 옳게 하는 것일 거라고
d 스스로 자신을 납득시킬 수도 없을 것입니다. 그러나 처음에 언급된 바를, 즉 그럼직한 이야기의 취지를 굳게 지켜서, 앞서도 그랬듯, 그 어떤 경우보다도 못지 않게 그럼직한, 아니 오히려 한층 더 그럼직한 이야기를 낱낱에 대해서 그리고 전체에 대해서 처음부터 말할 것입니다. 그러면 이번에도 이야기를 시작함에 있어서 생소하고 익숙하지 못한 이야기 진행[287]에서부터 그럼직한 것들의 결론에 이르기까지 우리
e 를 보호해 줄 보호자인 신을 부른 다음,[288] 다시 이야기를 시작하도록 하죠.

그렇지만 우주에 관한 이야기의 새로운 시작은 앞엣것보다 더 여럿으로 분류되는 것이게 하죠. 그때는[289] 우리가 두 가지 종류만을 구분했지만, 이번에는 다른 셋째 종류[290]를 명시해야만 하기 때문입니다.

---

287) 생소하고 익숙하지 못한 이야기 진행에 대해서는 약간의 보충적 설명이 필요할 것 같다. 먼저 '이야기 진행'(diēgēsis)이라고 하는 것은 이 대화편이 우주에 관한 기술을 이야기 형태로 하고 있어서 하는 말이고, '생소하고 익숙하지 못하다'는 표현은 《티마이오스》 편에서 전개되고 있는 우주나 자연에 관한 설명 방식이, 이전의 자연 철학자들의 것들과는 전혀 다른 형태의 접근 방식임을 두고 하는 말이다.

288) 27c~d를 참조할 것.

289) 27d~29a의 내용을 가리킨다. 거기서는 지성에 의해서[라야] 인식되는 것들과 감각에 의해서 지각되는 것들만이 엄격하게 구분되었다.

290) 플라톤은 '셋째 종류'의 것을 우선 일체 생성의 '수용자'(hypodochē: 49a6, 51a5)로 부르고, 기본적으로, 생성되는 모든 것을 '받아들이는 것'(dechomenon 또는 dechesthai: 50b6, 50d3, 50e3 등) 또는 그것들이 '그 안에서 언제나 생성되어서 나타나고 다시 그곳으로 소멸하게 되는 것'(en hộ: 49e7, 50d1, 50d6)으로 규정한다. 그러나 그는 이것의 성격을 더욱 분명히 밝히기 위해서 다양한 비유를 사용하고 있다. 이것은 '유모'(tithēnē: 49a6, 52d5, 88d6) 또는 '어머니'(mētēr: 50d3, 51a5)에 비유될 뿐만 아니라, 또한 온갖 형태를 만들어 낼 수 있는 '금'(50a~b)에 비유되고, 모든 상이 새겨질 수 있는 '새김바탕'(ekmageion: 50c)으로 언급되기도 한다. 그리고 최종적으로는 '언제나 존재하고 소멸을 허용하지 않는 공간(chōra)의 종류로서,

48e

앞서 한 언급들의 경우에는 두 가지로 충분했기 때문이죠. 그 하나는 본(paradeigma)의 종류로 전제된 것으로서, '지성에 의해서[라야] 알 수 있는 것'(noēton)이며 '언제나 같은 상태로 있는 것'인 반면, 둘째 것은 본의 모방물(mimēma)로서 생성을 가지며 눈에 보이는 것입니다. 49a
그때 우리는 셋째 것을 구분하지 않았는데, 그 두 가지로 족할 것이라 생각해서였습니다. 그러나 이제 우리의 이야기가 어렵고 분명치 않은 종류의 것[291]을 논의를 통해 밝히도록 강요하는 것 같습니다. 그렇다면 이것이 어떤 성능(dynamis)과 본성(physis)을 갖고 있는 것으로 이해해야 할까요? 무엇보다도 이런 것으로 이해해야 합니다. 이는 일체

생성되는 모든 것에 터(hedra)를 제공하는 것'(52a~b, 52d)으로 일컫게도 된다. 이처럼 다양한 비유를 통해 제시되는 '셋째 종류'의 성격을 파악하기는 매우 어렵지만, 플라톤의 견해를 이해하기 위해서는 다음과 같은 점에 유의할 필요가 있다. 첫째, 플라톤이 '형상'과 '감각에 의해 지각되는 것들' 이외에 '셋째 종류'의 것을 상정하는 이유는 '감각에 의해 지각되는 것들'을 형상의 모방물로 상정하기 때문이다. 만일 '셋째 종류'의 것을 상정하지 않는다면 형상과 감각에 의해 지각되는 것들은 구분될 수 없다(52c~d 참조). 둘째, '셋째 종류'는 감각에 의해 지각되는 것들이 그 안에서 생성되고 소멸하는 기반으로서 제시되기 때문에, '순수한 연장'이나 '추상적 공간'으로 볼 수는 없다. 왜냐하면 감각에 의해 지각되는 것들은 언제나 어떤 장소(topos)나 공간 속에 있어야 하지만(52b), 플라톤이 사용하고 있는 비유의 성격을 고려할 때, 이런 기반은 텅 빈 '공간'이 아니라 아직 형태나 성질에 있어서 혼돈 상태(chaos)에 있는 물질들이 장차 어떤 것으로 생성될 힘(dynamis) 또는 가능성을 지닌 채 있는 것이기 때문이다. '셋째 종류'는 '공간적 측면'만이 아니라, '영양을 제공하는 측면', 즉 '구성적 측면'을 함께 지니고 있다. 결국, 플라톤은 감각적으로 지각되는 것들의 생성을 설명하기 위해서 이런 두 측면을 모두 지니고 있는 것을 존재론적으로 상정하고 있는 것으로 보인다. 이 문제에 관한 자세한 논의는 Brisson(1994), 208~220면을 참조할 것.

291) 플라톤은 셋째 종류의 것이 파악하기 힘든 것임을 반복해서 강조하고 있는데, 그 까닭은 이것이 지성에 의해서 파악되는 것도 아니고 감각적 지각에 의해서 파악되는 것도 아니기 때문이다. 51a7~b1, 52b1~3 참조.

49a

생성(genesis)의 수용자(hypodochē)[292]인 것으로, 이를테면 유모(tithēnē)[293]와 같은 것으로 이해해야만 합니다. 그래서 진실을 말하게는 되었지만, 이것에 관해서는 한층 더 분명하게 말해야 됩니다. 하지
b 만 이는 어려운 일인데, 특히 이를 위해서는 불과 관련된, 그리고 이것과 함께 다른 것들과 관련된 난문들에 먼저 부딪치게 되는 게(proaporēthēnai)[294] 불가피하기 때문에 그렇습니다. 이것들 각각에 대해 어떤 성질의 것을 불이라 말하기보다는 진정으로 물이라 말해야만 하고, 또한 어떤 성질의 것을 나머지 모든 것보다는 또는 그 각각보다는, 그게 무엇이든, 오히려 그것이라고 말해야 할지를 말한다는 것은, 그래서 어떤 신뢰할 수 있고 확실한 표현을 사용하게 된다는 것은 어려운 일이니까요. 그러면 바로 이것에 대해 우리가 어떻게 말하며, 또한 이것들에 관해서 어떤 식으로 그리고 무엇을 난문으로 제기함으로써 그럼직하게 되는 것일까요? 먼저 우리가 오늘날 바로 물이라 일컫

292) hypodochē(hypodokhē)는 일반적으로는 '받아들임', '접대', '숙소', '용기'(容器) 등을 의미하며, 신체 기관과 관련해서는 일단 음식을 받아들여 영양을 제공하게 되는 '위' 또는 생식 기관인 '자궁'을 의미한다. 플라톤은 이런 뜻을 고려하여 셋째 종류의 것을 비유적인 의미에서 수용자로 말한 뒤에, 부연해서 '유모' 또는 '어머니'에 다시 비유하고 있는 것으로 보인다.

293) 플라톤이 수용자를 유모에 비유하는 까닭은, 유모가 아기의 성장을 돕듯, 수용자도 생성이 이루어지도록 돕는 역할을 하는 존재임을 염두에 두었기 때문일 것이다.

294) 길(poros)이나 해결책이 막힌 당혹스런 곤란한 처지를 헬라스어로 aporia라 하는데, 이 말은 다소 전의(轉義)되어 '난문'(難問)을 뜻하기도 한다. '난문들에 먼저(pro) 부딪치게 되는 게 불가피하다'는 말은 부딪치게 될 난문들이 어떤 것들인지를 먼저 밝히고서, 이것들부터 먼저 해결하지 않을 수 없게 되었다는 뜻이다. 이 표현은 바로 아래(b7)의 diaporēthentes란 표현과 연관됨이 틀림없다. 아리스토텔레스도 어떤 문제를 다루기에 앞서 이런 뜻의 '아포리아'들로 어떤 것들이 있는지를 먼저 밝혀야만 탐구의 방향을 제대로 잡을 수도 있고, 자기가 찾는 것을 정확히 알아볼 수도 있다고 말하고 있다. 《형이상학》 B권 제1장 참조.

49b

는 것이 굳어지면, 우리가 그렇게 생각하고 있듯, 돌이나 흙으로 되는
것을 우리가 봅니다만, 다시 같은 이것이 용해되고 해체되면, 바람이 c
나 공기로 되나, 공기가 점화되면, 불로 되고, 거꾸로 불이 압축되어서 꺼질 때는, 다시 공기의 형태로 돌아가는 걸 우리가 보는 것 같습니다. 그리고 다시 공기가 모이고 엉기게 되면, 구름과 안개로 되고, 이것들이 한층 더 압축될 때는, 이에서 물이 흐르고, 물에서는 다시 흙과 돌이 생기니, 이처럼 이것들은 순환하여 서로로 생성하는 것을 우리가
보는 것 같습니다.[295] 이처럼 이것들 각각은 결코 같은 것으로 나타나 d
지 않으므로, 누군가가 이것들 가운데 무엇[296]을, 그게 무엇이든, '이것' (touto)이고 다른 어떤 것이 아니라고 단정적으로 주장하고서도, 제 자신을 부끄럽게 여기지 않을 수 있겠습니까?[297] 그럴 수는 없을 것이나, 이것들에 관해서는 다음과 같은 표현들로 말하는 것이 가장 안전한 편입니다. 우리가 그때마다 다른 식으로 생성되는 것으로 언제나 보게 되는 것을, 이를테면 불을 두고, '이것' (touto) 아닌 '이와 같은 것' (to toiouton)이 불이라 그때마다 일컫는 것이, 그리고 물도 '이것' 이라 하지 않고 언제나 '이와 같은 것' 이라 하는 것이 말씀입니다.[298]

295) 플라톤은 여기서 4원소들이 모두 상호간에 생성 변화하는 것처럼 말하지만, 나중에 4원소에 관한 그의 이론을 본격적으로 전개할 때는(56c~57b), 흙을 제외한 불·물·공기 세 가지만 서로간에 변환될 수 있는 것으로 설명하고 있다.

296) 여기에서 '무엇' 은 물음 형태로 읽어야 한다.

297) 이 구절(49c7)부터 50b5행까지의 내용은 학자들간에 해석상의 논란이 분분한 부분이다. 이 문제를 집중적으로 다루고 있는 글들은 다음과 같다. H. Cherniss, "A much misread passage of the *Timaeus*(*Timaeus* 49c7~50b5)", *American Journal of Philology*, 1954. N. Gulley, "The interpretation of Plato, *Timaeus* 49d~e", *American Journal of Philology*, 1960. E. N. Lee, "On Plato's *Timaeus* 49d4~e7", *American Journal of Philology*, 1960. D. Zeyl, "Plato and talk of a world in flux: *Timaeus* 49a6~50b5", *Harvard Studies in Classical Philology*, 1975.

298) 우리가 지각하는 현상들은 언제나 변화하기 때문에 불변적인 것을 지시

49d

또한 그 밖에 다른 어떤 것도 마치 어떤 불변성(bebaiotēs)을 지닌 것
e 처럼 일컫는 일도, 즉 우리가 '이것'(tode) 또는 '저것'(touto)[299]이란
낱말을 사용하여 가리킴으로써 '일정한 무엇'(ti)을 나타낸다고 생각
하는 그런 모든 것이라고 일컫는 일도 없는 것이 말씀입니다. 그것
은 '이것'이나 '저것'이란 표현을, 그리고[300] 그것들을[301] 불변의
것들로 있는 것으로 나타내는 하고많은 표현(phasis)을 기다려 주지
않고 피해 버리기 때문입니다. 어쨌든 우리는 이것들을 별개의 것들
(hekasta)로 말해서는 안 되고, 각각의 경우에도 그 모두의 경우에도
'언제나 유사한 것으로서 반복해서 나타나는(peripheromenon) 이와 같
은 것(toiouton)'이라는 식으로 불러야만 합니다.[302] 특히 '불'이라 함

하는 표현인 '이것'이나 '저것'이란 표현을 사용할 수 없지만, 그렇다고 이런 것들이 완전한 흐름의 상태에 있는 것은 아니다. 현상들은 변화를 하면서도 어떤 특성을 반복해서 보여 주기 때문에 '이와 같은 것'으로 불릴 수 있다. 이런 관점에서 플라톤은 '이와 같은 것'에 의해 지시되는 것을 '언제나 유사한 것으로서 반복해서 나타나는 이와 같은 것'(to toiouton aei peripheromenon homoion : 49e), '언제나 이와 같은 것'(to dia pantos toiouton : 49e)으로 말하고 있다.

299) 헬라스어 'touto'는 '이것' 또는 '저것'의 뜻을 다 갖고 있으나, 'tode'는 가까이 있는 '이것'을 가리키는 말이다.

300) 그 다음(e3)의 kai tēn tǭde('이것에 대해서' 또는 '이것에 의해서'라는 표현)를 군더더기로 보아 빼고서 읽었다.

301) 플라톤은 '불변성'을 나타내는 표현을 피하는 현상을 처음에는 단수로 언급하다가, 복수로 표현하고 있다.

302) 수용자 속에 반복해서 나타나는 '이와 같은 성질의 것들'을 두고 '불', '물' 등의 이름으로 부르는 것이지, 구별되는 대상들, 즉 사물들로서 부르는 것은 아니라는 의미이다. 이처럼 플라톤은 우리가 일상적으로 사물들 혹은 현상들을 보는 방식과는 근본적으로 다른 관점을 보여 주고 있다. 즉 우리는 일상적으로 어떤 사물이 다른 종류의 것으로 변할 때, '그것'이 변화를 했다고 말한다. 그리고 '그것'이 다시 처음 상태로 변화했다면, '그것'이 원래 상태로 혹은 형태로 돌아갔다고 말한다. 그러나 플라톤은 이렇게 말하는 대신에 '형태들(특성들)이 다시 돌아왔다'고 말할 것을 요구한다. 즉 그는

은 '언제나 이와 같은 것'을 두고 하는 것이며, 또한 그 밖의 것으로 생성(genesis)을 갖는 모든 것의 경우에도 이는 마찬가지입니다. 그 안에 이것들 각각이 언제나 생성되어 나타났다가 다시 거기에서 사라지게 되는 것,[303] 단지 그것만을 '저것'(touto)이나 '이것'(tode)이라는 50a
낱말을 사용하여 부를 수 있겠지만, 반면에 무슨 성질의 것이든 간에, 그게 뜨거운 것이거나 흰 것 혹은 대립되는 것들 가운데 어떤 것이건 간에, 그리고 대립되는 것들로 이루어진 모든 것도, 그 낱말들 가운데 어느 것으로도 그걸 부르지 말아야 될 것입니다.[304] 그러나 이에 관해서는 다시 한층 더 명확하게 말하도록 열의를 쏟아야만 하겠습니다. 가령 누군가가 금으로[305] 온갖 형태를 만든 다음, 그 각각의 것들을

우리가 '모든 현상적 세계는 반복적이고 안정된 한정된 특성들의 나타남'으로 이루어진 것으로 파악해야 된다는 것이다. 그리고 우리가 현상을 이런 특성들로 이루어진 것으로 파악하면, 이런 특성들이 나타날 수 있는 토대 혹은 기반을 상정해야만 한다. 바로 이런 토대 혹은 기반이 '생성의 수용자'로 불리는 것이며, 이것은 생성의 토대로서의 자기 동일성을 언제나 잃지 않는 것이다. E. N. Lee, 주석 297에서 밝힌 논문의 27면 참조.

303) 앞에서 말한 생성의 수용자를 가리킨다.

304) 수용자는 모든 것을 받아들이면서도 "그 자신의 성능에서 벗어나는 일이 전혀 없는 것"(50b), 즉 동일성을 유지하는 것이기 때문에 '이것'이나 '저것'으로 말할 수 있다. 또한 수용자는, 50e~51a에서 언급되듯이, 아무 형태도 없는 것이기 때문에, '이것'이나 '저것'이란 표현 이외에 '수용자'를 지칭할 수 있는 표현은 없다. 왜냐하면 이것을 어떤 식으로든 기술하는 것은 이것이 어떤 한정된 특성을 갖는 것으로 말하는 것이 되기 때문이다. C. Osborne은 플라톤이 수용자의 이런 특성을 고려하여, 수용자를 언급하면서 언어적으로 정확하게 다음과 같이 세 가지 방식으로 표현하고 있음을 지적하고 있다. ① 유모·어머니 등 비유적으로 언급하는 것, ② '눈에 보이지 않는' 또는 '형태가 없는' 등으로 부정적 방식으로 언명하는 것, ③ 불·물 등에 의해 수용자가 특징지어지는 방식으로 이것에 대해 언급하는 것(51b2~6). C. Osborne, Space, Time, Shape, and Direction: Creative Discourse in the *Timaeus*, *Form and Argument in Late Plato*, ed. by C. Gill and M. M. McCabe(Oxford, 1996), 202면 참조.

50a

온갖 것으로 변형하기를 멈추지 않을 경우에, 어떤 사람이 이것들 가
b 운데 하나를 가리키며, 그것이 도대체 무엇인지를 묻는다면, 그것은
금이라고 말하는 것이 진실과 관련해서 가장 안전한 편일 것입니다.
그렇지만 그 안에 생기게 된 삼각형이나 그 밖의 하고많은 형태에 대
해서, 이것들을 '존재하는 것들'(onta)로 결코 말해서는 아니 될 것이
니, 이는 이것들이 누군가가 그렇게 말하고 있는 동안에도 변전하기
때문이죠. 따라서 안전하게 '이와 같은 것이라는 표현'(to toiouton)이
라도 [그 질문자가] 받아들이려 한다면, [그것으로] 만족할 일입니다.
바로 똑같은 말이 모든 물질을 받아들이는(수용하는) 성질의 것에 대
해서도 타당합니다.[306] 이것은 언제나 '같은 것'(같은 이름)으로 지칭
해야만 합니다. 왜냐하면 그것은 그 자신의 성능(dynamis)에서 벗어나
는 일이 전혀 없기 때문입니다—또한 그것은 언제나 모든 것을 받아
c 들이면서도, 자기 속으로 들어오는 것들 중의 어떤 것과도 어떤 식으
로건 닮은 형태(morphē)를 갖는 일도 결코 없겠기 때문이기도 합니다.
그것은 본성상 모든 것에 대해서 '새김바탕'(ekmageion)[307]으로 있으

305) '금의 비유'와 관련해서 해석상 문제가 되는 것은 플라톤이 이 비유를 통해서 '수용자'의 질료적 측면을 암시하고 있는지에 관한 것이다. 왜냐하면 플라톤은 '금으로'(ek khrysou)라는 표현에서 'ek'(out of)를 쓰고 있는데, 이 말은 일반적으로 질료적 측면을 나타내기 위해 사용되는 표현이기 때문이다. 그러나 플라톤이 수용자를 금에 비유하면서 우선적으로 염두에 둔 것은 금으로 만들어진 온갖 형태가 언제나 변전할 수 있는 데 반해서, 금은 언제나 자기 동일성을 유지한다는 측면일 것이다. 그런데 그가 이후에 '수용자'를 '새김바탕'(50c), '향유의 기초제'(50e) 등에 비유하고 있는 점을 고려할 때, '수용자'의 질료적 측면을 무시할 수는 없다. '수용자'를 현상이 그 안에서 나타나는 것이면서 동시에 현상이 그것으로 구성되는 것으로 파악하는 견해에 대해서는 48e의 해당 주석 및 Brisson(1994)의 책 214~218면을 참조할 것.

306) 앞에서 '금'에 대해서 했던 말이 '수용자'에 그대로 적용될 수 있다는 뜻으로 하는 말이다.

307) '새겨질 상(형태)'(ektypōma)들이 새겨지는 바탕이 되는 것을 말한다.

50c

면서, 그 안으로 들어오는 것들에 의해 변동도 하게 되고 모양도 다양하게 갖게 되어, 그것들로 인해 그때마다 다른 것으로 나타납니다. —여기에 들어오고 나가는 것들은 '언제나 존재하는 것들'(ta onta aei)의 모방물들(mimēmata)[308]로서, 그것들[309]한테서 설명하기 힘들고 놀라운 어떤 방식으로 그 형태들을 얻어 갖게 된 것들인데, 그 방식에 대해서는 나중에 추구할 것입니다.[310] 그야 어쨌든, 지금으로서는 세 가지 부류를, 즉 생성되는 것, 그리고 이 생성되는 것이 그 안에 d
서 생성하게 되는 곳인 것, 그리고 또한 생성되는 것이 태어남에 있어서 닮게 되는 대상인 것을 염두에 두어야 합니다. 특히 받아들이는 것(to dechomenon)을 어머니[311]에, 본받게 되는 대상인 것을 아버지에, 그리고 이들 사이의 창조물(physis)을 자식에 비유하는 것이 적절하겠습니다. 또한 '새겨질 상(像)'(ektypōma)이 온갖 다양성을 보이는 다양한 것이려면, 새겨지는 것이 그 안에 들어와 있게 되는 곳인 바로 이것[312]은, 어딘가에서 받아들이게 될 그 모든 형태(idea) 중의 어떤 형태도 갖지 않는 상태로 있는 것말고는, 달리 준비가 잘된 상태에 있

308) 수용자 속에서 들고나는 것들을 플라톤은 또한 '언제나 존재하는 것들의 모상(닮은 것)들'(tōn aei ontōn aphomoiōmata: 51a1~2), 또는 지성에 의해서라야 알 수 있는 것들의 '모상'(eikōn: 52c)으로도 언급하고 있다. 이처럼 플라톤이 수용자 속에 들고나는 것들을 형상의 모방물들로 말하는 데서 알 수 있듯이, 그는 현상들에 있어서 '이와 같은 것'으로나마 지칭할 수 있는 측면을 형상에 근거해 설명한다.

309) '언제나 존재하는 것들'을 가리킨다.

310) Archer-Hind는 아마도 52c에서 언급된 것으로 말하고 있고, Taylor는 이 약속이 지켜지지 않은 것으로 말하고 있다. Archer-Hind, 177면 및 Taylor, 324~326면 참조.

311) 수용자를 어머니에 비유하고 있는 점을 이해하기 위해서는, 고대 헬라스인들이 아버지가 아이의 특성을 결정하는 유일한 원인이고, 어머니는 단지 태아에게 영양과 그 안에서 자랄 자리를 제공함으로써 이바지한다고 생각했음에 유의할 필요가 있다.

312) 수용자를 가리킨다.

e 게 될 수가 없을 것이라 생각하는 것이 마땅합니다. 그것이 잇달아 들어오게 되는 것들 중의 어떤 것과 닮은 상태에 있고서는, 이것과 대립되는 성질의 것들이나 전적으로 다른 성질의 것들이 들어올 때는, 받아들이게 된 것들에 자신의 모습을 함께 나타나게 함으로써 그것들이 잘못 닮게[313] 할 테니까요. 이 때문에 자신 속에 온갖 부류의 것들을 받아들이게 되어 있는 것은 모든 형태(eidos)에서도 벗어나 있어야만 합니다. 마치 온갖 좋은 향유의 경우에 먼저 시작 단계에서 기술적으로 고안하듯이, 즉 향기들을 받아들이게 될 액체[314]를 가능한 한 최대한으로 무취(無臭)한 상태로 만들 듯이 말씀입니다. 또한 부드러운 어떤 것 안에다 형태들을 새기려고 하는 모든 사람은 그 안에 어떤 형태든지 드러나는 것을 전혀 용인하지 않고, 먼저 그것을 평평하게 함

51a 으로써, 그것을 최대한 매끄럽게 만듭니다. 그러니 언제나 존재하는 모든 것의 모상(模像)들(닮은 것들: aphomoiōmata)을 자신의 전체에 걸쳐 몇 번이고 훌륭하게 받아들이려고 하는 것의 경우에 있어서도 마찬가지여서, 그것에는 본성상 모든 형태에서 벗어나 있는 것이 적절합니다. 바로 이런 까닭으로 가시적(horaton)이며 전적으로 감각에 의해 지각될 수 있는(aisthēton) 것으로서 생성된 것의 어머니 그리고 수용자(hypodochē)를 흙이라거나 공기라고도, 또는 불이나 물이라고도, 또한 이것들의 복합물들이라거나 이것들을 생기게 한 요소적인 것들이라고도 말하지 맙시다. 하지만, 우리가 그것을 눈에 보이지 않고(aoraton) 형태도 없는(amorphon) 종류의 것으로서 모든 것을 받아들

b 이는(pandeches) 것이지만, 어떤 점에서는 지극히 당혹스런 방식으로 '지성에 의해서[라야] 알 수 있는 것'(to noēton)에 관여하는 것으로서 또한 가장 포착하기 힘든 것으로서 말한다면, 우리가 잘못 말하지는

313) 이 닮음의 대상들은 물론 '언제나 존재하는 것들'(ta onta aei), 즉 '지성에 의해서[라야] 알 수 있는 것들'(ta noēta)이다.

314) 곧 기초제(基礎劑)를 가리킨다.

않게 될 것입니다.[315] 그리고 앞서 언급된 것들로 미루어 그것의 본성에 접근할 수 있는 한에 있어서, 누군가가 다음과 같이 말한다면, 가장 옳게 말하는 것일 겁니다. 즉 그것에 있어서 불타는 부분이 매번 불로 나타나고, 습하게 된 부분이 물로, 그리고 이것들[316]의 모방물들을 받아들이는 한에 있어서 흙이나 공기로 나타납니다. 그러나 이제 다음과 같은 것을 더욱 명확히 하고서 그것들에 관한 고찰을 해야만 합니다. 그러니까 '불 자체'(pyr auto)와 같은 어떤 것이 그 자체로 있는지, 그리고 '그 자체로 존재하는 자체의 것들'(auta kath' hauta onta)이라는 식으로 우리가 늘 말하고 있는 모든 것이 각각 존재하는지, 아니면 우리가 보기도 하는 바로 이것들 그리고 우리가 몸을 통해서 지각하게 c
되는 그 밖의 온갖 것, 이런 것들만이 그와 같은 실재성(진실성, alētheia)을 지닌 것들일 뿐, 이것들 이외에 다른 것들은 어떤 식으로도 어떻게도 있지 않고, 각각의 것에는 지성에 의해서[라야] 알 수 있는 어떤 형상(形相: eidos)이 있다고 우리가 매번 말하는 것은 공연한 일이요, 이건 결국 실제로 말일 뿐 아무 것도 아닌 것인지?[317] 그런데,

315) '지극히 당혹스런 방식으로 지성에 의해서[라야] 알 수 있는 것에 관여하는 것'이라는 언급은 다음과 같이 이해해 볼 수 있다. 우선 우리는 수용자가 지성에 의해서[라야] 알 수 있는 것과 어떤 특성을 공유하고 있다는 것을 주목할 필요가 있다. 수용자는 형상과 마찬가지로 눈에 보이지 않고(51a), 언제나 존재하고 파멸될 수 없는 것(52a)이다. 이것은 형상 이외에 '이것' 또는 '저것'이란 말로 지칭할 수 있는 유일한 것이다. 그러나 수용자와 형상은 존재론적으로 분명히 다른 것이며, 이들에 대한 인식도 같은 식으로 이루어지는 것이 아니다. 위의 언급은 바로 이런 이상한 종류의 실재에 대한 인식을 특징짓기 위한 표현으로 보인다. 그는 이런 인식을 나중에 '서출적 추론'이라 일컫고 있다. 52b 해당 주석 참조.

316) 51a 첫줄 및 50c5에서 언급한 '언제나 존재하는 것들'을 가리킨다.

317) 이런 언급을 통해 우리는 플라톤의 형상 이론에 대해 당시에도 비판적 논의가 있었음을 알 수 있다. 형상 이론에 대해 제기될 수 있는 비판의 구체적 내용은 《파르메니데스》 편 제1부에서 찾아볼 수 있다. 일부의 학자들(G. Ryle, G.E.L. Owen 등)은 플라톤이 《파르메니데스》 편에서 형상 이론을

당면한 문제를 의문스런 채로 판정도 하지 않고 제쳐놓고서는, 그게 그러하다고 자신 있게 주장하여 말한다는 것은 적절하지도 않으며, 또한 [이미] 긴 이야기에다가 또 다른 긴 부수적인 일거리를 덧보태어
d 서도 아니 됩니다. 하지만, 만약에 어떤 중대한 기준이 간단한 언급을 통해 정해져서 제시되기만 한다면, 이것은 가장 시의 적절한 것이 될 것입니다. 그래서 저는 저의 판정[318]을 다음과 같이 내립니다. 그건, 만약에 지성(직관: nous)과 참된 판단(의견)(doxa alēthēs)이 [별개인] 두 가지 종류라면, 이것들은, 즉 우리에 의해서 지각될 수 없고 단지 지성에[나] 알려지는(사유되는: nooumena) 형상들(eidē)은 전적으로 그 자체로(kath' hauta) 존재한다는 것입니다.[319] 반면에 만약, 어떤 사람들에겐 그렇게 보이듯이, 참된 판단(의견)이 지성과 어떤 점에서도 다르지 않다면, 우리가 육신을 통해 지각하게 되는 그 모든 것을 이번
e 에는 가장 확고한 것들로 간주해야만 합니다. 따라서 우리는 그것들을 두 가지로 말해야만 하는데, 이는 그것들이 생긴 유래도 다르고 닮지도 않았기 때문입니다. 이들 중 한쪽은 가르침을 통해서, 다른 쪽은 설

수정하고 있다는 이른바 수정주의적 해석을 취하고 있지만, 역자는 이런 견해에 반대한다. 《파르메니데스》 편 제1부에서 제기된 비판들은 형상 이론의 결함들이 아니라, 그런 식으로 형상을 이해하면 잘못이라는 걸 독자로 하여금 스스로 깨우치도록 하기 위한 배려에서 제시된 것으로 보는 것이 합당할 것이다. 앞의 해제 및 박종현 역주 《국가(政體)》 편에서 "플라톤의 생애와 철학"(35~40면)을 참조할 것.

318) 원어는 psēphos로서, 원래는 자신의 판단에 따른 '투표'를 가리키는 말인데, 여기에서는 자신의 판단에 따른 결론을 이 투표에 의한 결정에 빗대어 말하고 있다.

319) 이와 연관된 내용을 《국가》 편 제5권에서 찾아볼 수 있다. "별개의 능력(힘)은 그 본성상 별개의 대상에 관계한다면, 그리고 이들 둘이, 즉 의견(판단)과 인식이 같이 능력(힘)들이로되, 우리가 말하듯, 각기 다른 능력(힘)이라면, 이에서 인식의 대상과 의견(판단)의 대상이 동일한 것이라는 추론이 나올 수가 없습니다"(478a~b).

득에 의해서 우리에게 생기기 때문이죠. 그리고 한쪽 것은 언제나 참된 설명(근거: logos)을 동반하나, 다른 쪽 것은 그게 없습니다(alogon).[320] 또한 한쪽 것은 설득에 의해 바뀌지 않으나, 다른 쪽 것은 설득에 따라 바뀝니다. 그리고 한쪽 것에는 모든 사람이 관여한다고 말해야겠지만, 지성에는 신들이, 인간들 중에서는 소수의 부류가 관여한다고 말해야만 합니다. 이것들이 이러하므로, 이 중의 한 가지 52a
가, 즉 '똑같은 상태로 있는 형상(形相)'이 있다는 데 동의해야만 하는데, 이것은 생성되지도 소멸되지도 않는 것이며, 자신 속에 다른 것을 다른 곳에서 받아들이지도 않고 또한 자신이 그 어디고 다른 것 속으로 들어가지도 않는 것이며, 그리고 눈에 보이지도 않지만 다른 식으로도 지각되지 않는 것이니, 이것은 '지성에 의한 이해(앎)'(사유: noēsis)가 그 대상으로 갖게 되어 있는 것입니다. 반면에 형상과 같은 이름을 갖고 그것과 닮은 둘째 것은 감각에 의해 지각될 수 있고 생성되는 것이며, 언제나 운동하는 것이요, 그리고 어떤 장소(topos)에서 생성되었다가 다시 거기에서 소멸하는 것이며, 감각적 지각(aisthēsis)을 동반하는 판단(의견: doxa)에 의해 포착되는 것입니다. 또한 이와 달리, 셋째 것은 언제나 존재하는[321] 공간(chōra)[322]의 종

---

320) 이 구절에서 '참된 설명(alēthēs logos)을 동반한다'는 말은, 단순한 의견이나 판단(doxa)이 '아무런 논거(logos)도 없는'(alogon) 것인 데 비해, 형상에 대한 앎은 그 원인 내지 근거를 제공한다는 것을 의미한다. 플라톤은 《메논》 편에서 지식과 '참된 의견'의 차이를 지적하면서, 지식은 참된 의견이 '원인의 추론에 의해서'(αἰτίας λογισμῷ)(98a) 뒷받침될 때 성립함을 밝히고 있다.

321) Cornford의 견해를 따라, aei와 on을 연결시켜서 해석하였다. Cornford, 192면 각주 1 참조.

322) 헬라스어 chōra(khōra)는 '어떤 것이 그 안에 있는 공간 혹은 장소', '지역', '나라', '나라가 차지하는 영토' 등을 의미하는 표현으로서, 그 안에 아무 것도 없는 '빈 공간'(to kenon)을 의미하는 것이 아니다. 플라톤에 있어서 chōra는 아무 것도 없이 무한히 펼쳐져 있는 허공이 아니라, 마치 어머

b 류로서, [자기의] 소멸은 허용하지 않으면서도, 생성을 갖는 모든 것에
자리(hedra)를 제공하는 것이지만, 이것 자체는 감각적 지각을 동반하
지 않는 '일종의 서출적 추론'(logismos tis nothos)[323]에 의해서나 포착
될 수 있는 것으로 도무지 믿음(확신)의 대상[324]으로 될 수 없는 것
입니다. 실은 이것을 바라보노라면, 우리는 꿈을 꾸고 있는 상태에 처
하기도 하는데,[325] 있는 모든 것은 어딘가 반드시 어떤 장소(topos) 안
에 있으며 어떤 공간(chōra)을 점유하는 게 필연적이지만, 땅에도 하
늘 어디엔가도 없는 것은 아무 것도 아니라고 우리는 말합니다. 이 꿈
꾸는 상태 때문에 우리는 이 모든 것을, 그리고 이것들과 유사한 것들
을, 잠결이 아니고 진실로 있는 성질의 것과 관련해서조차도, 깨어 있
c 는 상태로 구분해서 진실을 말할 수가 없게 됩니다. 즉 모상(eikōn)의
경우에는, 그것이 생김에 있어서 그 근거가 되고 있는 것[326] 자체는

니의 자궁이 태아의 발생을 허용하는 터를 제공하는 것처럼, 그 안에서 생성 소멸하는 것들이 나타나는 '기반'의 뜻으로 사용되고 있다.

323) '서출적 추론'이란 공간에 대한 인식론적 특징을 드러내기 위한 표현이다. 공간은 감각적 지각의 대상들을 수용하는 것이긴 하지만, 그 자체가 눈에 보이거나 만질 수 있는 것은 아니기 때문에 감각에 의해 지각되는 것이 아니다. 그것이 '일종의 추론'(logismos)에 의해서 알게 되는 것이긴 하나, 그렇다고 해서 형상들의 경우처럼 정통적인 지성(nous) 자체의 이해(noēsis)에 의해 알게 되는 대상도 아니다. '서출적'(nothos)이란 이런 의미에서 붙인 표현일 것이다.

324) '도무지 믿음의 대상으로 될 수 없는 것'의 원어는 mogis piston으로서, 감각적 지각의 차원에서는 '확신할 수 없는 것'이라는 뜻으로 이해해도 되겠다. '믿음' 또는 '확신'(pistis)의 인식론적 성격에 대해서는 《국가》 편 제6권 511e, 제7권 534a 등에서 언급되고 있거니와, 여기서는 '공간'이 감각적 '확신'이나 '믿음'의 대상일 수는 없음을 말하고 있다.

325) 공간에 대한 인식을 꿈꾸는 상태에 비유하는 까닭과 관련해서 Brisson은 플라톤에 있어서 꿈이 감각과 지성 사이에 위치하는 것으로 간주되기 때문에 하는 표현으로 보고 있다. Brisson(1994), 201면 참조.

326) 원어는 τοῦτο ἐφ' ᾧ로서 이것은 일차적으로는 '형상'이겠고, 더 나아가 생성되는 것을 수용하는 '공간'일 수도 있겠다.

52c

모상에 속하는 것일 수가 없고, 그것은 다른 어떤 것[327]의 영상(phantasma)으로서 언제나 운동하고 있는 것이기에, 이런 까닭으로 그것은 어떤 다른 것[328] 안에서 생기는 것이 합당한데, 이로써 그것이 어떤 식으로건 존재(ousia)에 매달려 있게 되거나, 아니면 그것이 전혀 아무 것도 아닌 것으로 되거나 한다고 말씀입니다. 반면에 '참으로 있는 것'(to ontōs on)의 경우에는 정확성으로 인한 참된 설명이 뒷받침하기를, 앞엣것과 뒤엣것이 서로 다른 것인 한, 이들 둘[329] 중의 어느 것도 다른 것 안에 있게 되어, 이것들이 동시에 하나의 같은 것이면서 둘이 되는 일은 결코 없을 것이라는 것입니다. d

그러니까 이것(다음 것)이 저의 판정에 따른 추론의 결론으로 얻어진 요약된 이야기(설명: logos)로서 주어진 걸로 하죠. 즉 존재·공간·생성이 있고, 이 셋이 세 가지로 있으며, 천구(우주)가 생기기 전에도 있었다는 겁니다. 그렇기는 하나, 생성의 유모는 물의 상태로 되는가 하면, 불타는 상태로 되기도 하고, 흙과 공기의 모습들을 받아들이기도 하며, 이것들에 동반하는 하고많은 그 밖의 상태들(pathē)을 겪게 됨으로써 보기에 온갖 모습으로 나타난다는 거고요. 그러나 그것 e
은 결코 닮지 않고 균형이 잡히지 않은 힘들(dynameis)로 가득 차 있기 때문에, 그것의 어떤 부분에서도 평형을 이루지 못하고, 그것들(힘들)로 인해서 그것이 균형을 잃고서 온갖 방향으로 기우뚱거리며 흔들리게 되는가 하면, 또한 그것이 운동하게 됨으로써 다시 그것들을 흔들어 놓게 된다는 겁니다.[330] 운동을 하게 된 그것들은 언제나 각기

---

327) 형상을 가리킨다.

328) 공간을 가리킨다.

329) 공간과 형상을 가리킨다.

330) 플라톤은 '공간'이 '생성의 유모'로서 그 안에 가득 찬 힘들에 의해 흔들리거나(seisthai) 흔들림(seismos)을 제공하는 것으로 말하고 있는데, '공간'의 운동에 대해서는 88d에서도 다시 언급되고 있다. 이처럼 수용자 또는 공간은 흔드는 운동을 하는 것으로 묘사되기 때문에 전적으로 수동적인

52e

다른 방향으로 분산되어 옮겨가게 되고요. 마치 고리버들 세공의 키나 곡식을 가려내는 일과 관련된 기구들에 의해 흔들리고 까불리는 것들
53a 이, 그 중에서 단단하고 무거운 것들은 한쪽으로, 엉성하고 가벼운 것들은 다른 자리로 옮겨가서 자리를 잡는 것과도 같죠. 흔들림을 제공하는 기구처럼, 그 자체가 운동을 하게 된 수용자에 의해 그때 이처럼 흔들리게 된 네 가지 부류의 것들 중에서 가장 닮지 않은 것들은 서로 최대한 멀리 떨어지게 하고, 가장 닮은 것들은 같은 곳으로 최대한 모이게 하는데, 바로 이 때문에 이것들은 서로 다른 지역(공간)을 점유하게 되었다는 겁니다. 우주가 이것들에서 질서를 갖추어 갖게 됨으로써 생겨나기 전에는 말씀입니다. 그러니까 이 이전에는 이것들 모두가 비례(비율: logos)도 없고 척도(metron)도 없는 상태로(alogōs kai
b ametrōs) 있었습니다. 그러나 우주가 질서를 갖게 되도록 하는 일이 착수되었을 때, 불 · 물 · 공기 · 흙이 처음에는 이것들 자체의 어떤 흔적들(ichnē)[331]을 갖고 있었으나, 이는, 마치 어떤 것에서 신이 떠나

것이 아니라 능동적인 역할도 하는 것으로 보아야 한다. 그리고 이러한 공간의 '흔들림'을 '필연' 혹은 '방황하는 원인'의 문제와 연관해서 이해할 필요가 있다. 앞서 이 우주는 지성이 필연, 즉 방황하는 원인을 설득함으로써 성립된 것으로 언급되었는데(48a), 방황하는 원인은 데미우르고스의 지성과 독립해서 작용하는 힘이다. 방황하는 원인은 '본성상 무질서한 운동을 일으키는 것'(48a)이기 때문에, 그 성격을 무엇보다도 운동의 관점에서 규정할 수 있다. 바로 52e의 이 구절은 방황하는 원인이 운동을 일으키는 방식을 밝히기 위한 것이라 볼 수 있겠다.

331) 우주가 질서 지어지기 이전에 있었던 것으로 가정된 4원소의 흔적들은 데미우르고스에게 주어진 원초적 물질들이 수적인 비례나 균형을 갖추지 못한 상태에서 나타나는 것들이다. 플라톤은 모든 존재하는 사물들은 그것들 나름의 어떤 구조(systasis)를 갖는 것으로 파악하는데, 그는 53c 이하에서 4원소를 포함한 모든 사물을 구조적 관점에서 설명하고 있다. 그는 사물들의 구조를 수적 비례나 균형과 연관해서 이해한다. 따라서 데미우르고스가 도형들과 수로써 질서를 부여하기 이전에 있었던 4원소의 흔적들은 아직 4원소로 구성되기 이전의 물질의 상태를 가리키는 것으로 보아야 할

53b

있을 때 모든 것이 처함직한, 그야말로 완전히 그런 상태에 처하여 있었는데, 그때는 바로 이런 성질의 것이었던 것들을 신[332]이 최초로 도형(eidos)들과 수(arithmos)들로써[333] 그 형태들을 만들어 내기 시작하였습니다.[334] 신은 이것들을 그렇지 못한 상태에 있던 것들에서 가능한 한 가장 아름답고 가장 훌륭하게 구성해 냈다는 것, 이걸 무엇보다도 우리에게 있어서 언제나 되뇔 말이도록 하죠. 어쨌든 이제 이것들 각각에 대한 질서 부여(diataxis)와 각각의 것들의 생성을 익숙지 않은 설명 방식에 의해서 여러분께 설명하도록 해야 하겠습니다만, 여러분 c
께서는 언급되는 것들이 의당 명백하게 되도록 하는 데 의존해야만 하는 그런 교육 방식들에 관여해 온 터이시니, 따라오시게 될 겁니다.[335]

그러니까 첫째로, 불·흙·물·공기가 물체들(sōmata)이라는 것은 아마도 모두에게 분명할 것입니다. 그러나 모든 물체의 형태(eidos)는 깊이(bathos)도 갖고 있습니다. 한데, 이 깊이를 다시 면의 성질을 갖는 것이 둘러싸고 있다는 것은 전적으로 필연적입니다. 그러나 직선

것이다. 이 점과 관련해서는 69b의 언급을 참조할 것.

332) 데미우르고스를 가리킨다.

333) 여기서 말하고 있는 eidos는 53c 이하의 설명을 염두에 둘 때, 4원소를 구성하는 기하학적 도형들을, '수'는 56c에서도 다시 이야기되듯, 4원소를 구성하는 삼각형들의 수를 가리키는 것으로 보인다.

334) 원어는 διεσχηματίσατο εἴδεσί τε καὶ ἀριθμοῖς이다.

335) 이런 언급은 기하학적인 방법, 특히 입체 기하학적 방법에 의한 설명을 두고 하는 말인데, 《국가》 편 제7권 528b~c에서는 입체 기하학(stereometria)이 아직 학문적 체계를 갖추지 못하고 있는 상황이 언급되고 있다. 그런데 이 언급을 두고 Morrow는 이 대화편이 나온 뒤에 정다면체들의 이론적 구성이 완성되었음을 알 수 있게 해 준다고 지적하고 있다. 그리고 이것이 그 무렵에 완성되었다는 사실은 《티마이오스》 편에서 제시된 입체 기하학에 대한 자세한 설명을 통해서도 알 수 있다고 본다. G. R. Morrow, Plato's Theory of the Primary Bodies in the *Timaeus* and the Later Doctrine of Forms(*Archiv für Geschichte der Philosophie*, 1968), 20면 주석 13 참조.

53c

형태의 평면[336]은 삼각형들로 구성되었습니다.[337] 그리고 모든 삼각
d 형은 두 가지의 삼각형에서 비롯되는데, 그 각각은 직각 하나와 나머지를 예각들로 갖고 있습니다. 두 가지 삼각형 중에서 하나는 같은 변들에 의해 나뉜 직각의 부분을 양쪽으로 갖고 있고,[338] 다른 것은 같지 않은 변들에 의해 나뉜 직각의 같지 않은 부분들을 [양쪽으로] 갖고 있습니다.[339] 이것[340]을 우리는 불 및 다른 물체들의 시초(원리: archē)[341]로서 상정하고서, 필연성을 동반하는 그럼직한 설명(이야기)[342]을 따라 나아갈 것입니다. 그러나 이것들[343]보다도 한층 더 근

---

336) 원문에서는 hē orthē 다음에 내용상 physis가 생략되어 있다. physis를 바로 앞에서는 '어떤 성질을 갖는 것'으로, 여기서는 어떤 '형태'로 옮겼다. 그리고 '직선 형태의 평면'은 직선으로 둘러싸여진 평면을 의미한다.

337) 플라톤은 평면을 삼각형들로 구성하고 있는데, 유클리드 기하학의 관점에서 볼 때 삼각형은 도형(형태)들 중에서 가장 기본적인 것이다.

338) 이는 직각 이등변 삼각형을 가리키는 말인데, 이런 표현은 도형을 그려 가면서 설명하는 데서 비롯된 것이다. 먼저 정사각형을 그린 다음, 대각선을 그음으로써 얻어진 두 개의 삼각형이 대각선으로 인해 직각이 반분된 셈인데, 이 삼각형에서 이등변은 이 직각을 나누어 가진 셈이다. 이렇게 성립된 삼각형의 세 변은 길이에 있어서 1 : 1 : $\sqrt{2}$의 비(比)를 갖는다.

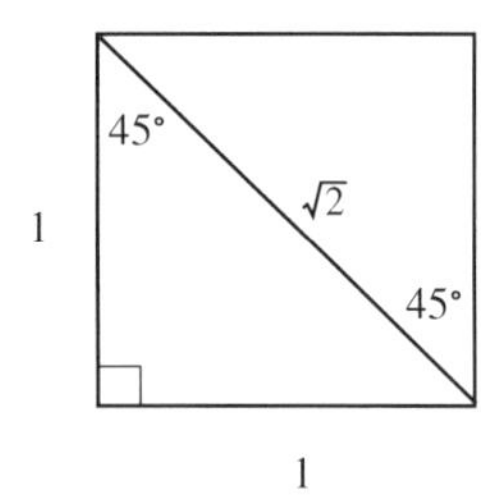

339) 이는 직각 부등변 삼각형을 가리키는 말이고, 여기에서 언급된 표현과 54a~b의 표현에 따르면, 그것은, 예컨대, 이런 삼각형이다. 점선은 이 삼각형 둘이 합해져서 등변 삼각형(정삼각형)을 이룸을 나타내기 위한 것이다. 이렇게 성립된 삼각형의 세 변은 길이에 있어서 1 : $\sqrt{3}$: 2의 비를 갖는다.

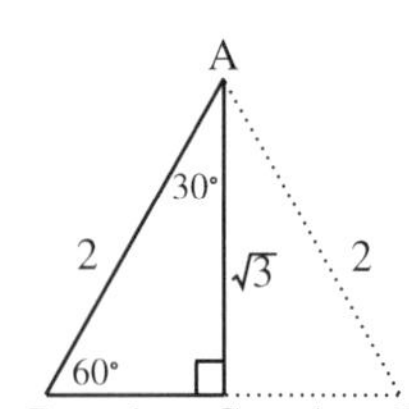

340) 원문에서 단수로 받고 있기 때문에 '이것'은 직각 부등변 삼각형을 가리킨다. 따라서 '이것'은 불 · 물 · 공기의 시초 또는 원리로 된다. 반면에 직각 이등변 삼각형은 흙의 시초 또는 원리로 된다.

341) archē에는 시초 · 시작 · 기원(起源) · 원리 · 근원 등의 뜻이 있다.

53d

원적인 시초들(원리들: archai)은 신이 그리고 사람들 중에서는 신의 사랑을 받게 되는 이나 알 것입니다.[344] 그러면 어떤 것들이 가장 아 e
름다운(훌륭한) 네 가지 물체로 될지를, 그래서 자기들끼리는 같지 않으면서도, 이것들 중 어떤 것들은 해체됨으로써, 서로 다른 것에서 생겨날 수 있게 될지를 말해야만 됩니다. 이에 성공한다면, 우리는 흙, 불 그리고 비례 관계에 따라 이것들 사이에 있는 것들[345]의 생성에 관한 진리를 얻게 됩니다. 왜냐하면 이 점에 대해서는, 즉 그 각각이 확실히 하나의 부류에 관련된 것일진대, 눈에 보이는 것들로서 이것들보다 더 아름다운(훌륭한) 물체들이 있다고는 우리가 누구와도 동의

---

342) 원어는 'kata ton met' anankēs eikota logon'이다. 플라톤이 두 개의 삼각형을 이용해서 하고 있는 4원소의 생성에 대한 설명을 '그럼직한 것'으로 언급하는 까닭은, 그가 생성의 세계를 본의 모상으로 파악하고 있기 때문이다(29c 주석 참조). 그런데 그가 4원소의 생성에 대한 설명을 또한 '필연성을 동반하는' 것으로 언급하는 이유는 분명하지 않다. Taylor는 이때의 '필연성'을 두 개의 삼각형을 상정할 경우 연역적으로 도출될 수밖에 없는 귀결의 필연성을 의미하는 것으로 보고 있다(Taylor, 363~364면 참조). 반면에 Brisson은 데미우르고스가 자기에게 '필연의 산물'로 공간 속에 주어진 4원소의 흔적들을 갖고서 작업할 수밖에 없는 필연성을 염두에 두고 한 표현으로 보고 있다. Brisson(1992), 주석 393 참조. 그러나 Cornford가 지적하듯이, 이때의 필연성은 필연적으로 주어진 공간의 성질들과 기하학적 구성의 논리적 필연성을 모두 염두에 둔 표현이라 보는 것이 옳을 것 같다. Cornford, 212면 각주 3 참조.

343) 앞에서 말한 두 가지 삼각형을 가리킨다.

344) 플라톤은 이런 언급을 통해서 삼각형이 궁극적 원리가 아님을 시사하고 있다. 그러나 삼각형보다 더 근원적인 시초(원리)가 무엇인지는 이 대화편에서 밝혀지지 않고 있다. 그런데, Cornford는 삼각형에 앞서는 원리를 선분과 수로 추측하고, 여기서 관심거리가 되고 있는 물체들의 생성과 그것들 간의 상호 변환을 설명하기 위해서는 굳이 삼각형에 앞서는 원리까지 거슬러 올라갈 필요가 없기 때문에, 플라톤이 그 이상의 언급을 하지 않은 것으로 보고 있다. Cornford, 212~213면 참조.

345) 물과 공기를 가리킨다. 32b 참조.

하지 않을 것이기 때문입니다. 따라서 아름다움에 있어서 빼어난 네
가지 부류의 물체들을 구성하도록 하여, 우리가 이것들의 본성을 충분
54a 히[346] 파악했다고 선언하게 되도록 노력해야만 합니다. 그런데 두 개
의 삼각형 중에서 직각 이등변 삼각형은 한 종류(physis)만이 있으나,
직각 부등변 삼각형은 무수한 종류가 있습니다.[347] 따라서 이 무수한
것들 중에서도 가장 아름다운 것을 우리는 다시 선택해야만 합니다.
우리가 적절히 시작을 하려면 말씀입니다. 그러므로, 만약에 누군가가
이것들의 구성을 위해서 한결 더 아름다운 것을 선택해서 말해 줄 수
있다면, 그는 우리의 적으로서가 아니라 친구로서 군림하는 것입니다.
그러면 많은 삼각형 중에서 다른 것들은 생략하고 가장 아름다운 것
하나를 우리가 채택하게 되겠는데, 이것에서 등변 삼각형(정삼각형)
b 이 세 번째로 구성됩니다.[348] 한데, 그게 왜 그런지는 긴 설명이 요구
되는 것입니다.[349] 그러나 누군가가 이걸 논박해서 그게 그렇지 않음
을[350] 발견해 낸다면, 그에게는 우정의 상(賞)이 기다리고 있습니다.
그러면 불과 그 밖의 것들의 물체들(입체들: sōmata)[351]이 구성되도
록 해 준 두 가지 삼각형이 선택된 것으로 하죠. 그 하나는 직각 이등
변 삼각형이고, 다른 하나는 더 큰 변이 더 작은 변보다 제곱에 있어

---

346) '충분히'(hikanōs)란 말은 4원소들 서로간의 변환을 설명하는 데 충분하다는 것을 나타내기 위한 표현이지, 이 세계를 구성하는 물체들에 대한 수학적 설명이 완전하다는 것을 의미하는 것은 아니다.

347) 직각 이등변 삼각형은 그 형태가 직각과 두 개의 동일한 변에 의해 결정되기 때문에 단일하지만, 직각 부등변 삼각형은 각각의 변이 어떤 길이도 가질 수 있기 때문에 그 형태가 무수히 많다.

348) 직각 부등변 삼각형 둘이 결합하여 등변 삼각형이 구성되는 경우를 두고 말하는 것인데, 세 번째란 말은 앞의 두 요소 삼각형 다음에 성립한다는 의미이다.

349) 이 문제에 대한 자세한 설명은 부록 [1]을 참조할 것.

350) Archer-Hind 및 Cornford를 따라서, dē를 mē로 읽었다.

351) 여기에서 '물체들'로 언급된 sōmata(bodies)는 사실상 '입체들'을 뜻한다.

54b
서 언제나 세 배가 되는 삼각형입니다.[352] 다음으로, 앞에서 불명하게
언급되었던 점을 이제 한층 더 분명히 구분해야만 합니다. 네 가지 부
류의 것들 모두가 서로를 통해 서로로 생성될 수 있는 것으로 보였을
텐데, 그렇게 보인 것은 옳지 않습니다.[353] 왜냐하면 우리가 선택한 c
삼각형들에서 네 가지 부류가 생겨나기는 하지만, 셋이 부등한 변들을
갖고 있는 하나의 삼각형(직각 부등변 삼각형)으로 구성되는 것이고,
네 번째 것 하나만 직각 이등변 삼각형으로 구성되기 때문입니다. 그
러므로 그것들 모두가 서로로 해체되어, 많은 작은 것에서 소수의 큰
것들이 그리고 그 역순의 것들이 생성되는 것은 불가능하지만, 세 가
지 것[354]은 그게 가능합니다. [이 셋은] 모두가 본성상 한 가지 삼각
형으로 이루어진 것들이기 때문이죠. 또한 한층 큰 것들이 해체될 경
우에는, 같은 것들(삼각형들)에서 작은 것들이 여럿 구성될 것인데,
제각기 자체에 적합한 형태들을 받아들임으로써 그럴 것입니다. 그리
고 다시 이들 작은 것들 여럿이 삼각형들로 흩어지게 될 땐, 한 덩어 d
리[355]를 나타내는 하나의 [통합적인] 수가 되어, 또 다른 하나의 커다
란 도형(형태: eidos)을 이루게 될 것입니다. 그러면 상호 변환과 관련
해서는 이쯤으로 언급이 된 걸로 하죠. 이것들 각각이 어떤 도형(형
태)의 것이 되며, 그리고 이것은 얼마나 많은 수가 합해져서 생기게
되는지가 다음으로 언급할 것일 겁니다. 그 첫번째 도형이며 가장 작
은 구성물부터 시작되겠는데, 그것의 요소(stoicheion)[356]는 빗변이

352) 여기서 언급되고 있는 직각 부등변 삼각형은, 54d6~7의 언급을 함께 고려할 때, 이를테면 빗변이 2이고, 가장 짧은 변이 1, 나머지가 $\sqrt{3}$인 삼각형을 의미한다. Brisson은 이를 일반화해서 빗변이 a, 가장 짧은 변이 a/2, 나머지는 $a\sqrt{3}/2$가 되는 것으로 표현하고 있다. Brisson(1992), 주석 402 참조.

353) 53d~e에서 언급된 내용을 두고 하는 말이다.

354) 불 · 공기 · 물을 가리킨다.

355) 헬라스어로는 heis ongkos인데, ongkos의 의미에 대해서는 앞의 31c 주석을 참조할 것.

54d

[나머지 두 변 중에서] 더 작은 변보다 길이에 있어서 두 배가 되는
것입니다. 한데, 이와 같은 삼각형들의 한 쌍이 대각선(빗변)을 따라
e 합쳐지고, 이 합침이 세 번 되풀이되어, 빗변들과 짧은 변들이 중심인
같은 곳에서 맞물리게 되면, 수에 있어서 여섯 개인 삼각형들에서 하
나의 등변 삼각형(정삼각형)이 생기게 됩니다.[357] 그리고 [이] 등변
55a 삼각형들 넷이 합쳐지면,[358] 세 개의 평면각이 함께 하나의 입체각을,
즉 평면각들 중에서 최대 둔각인 것 다음에 오는 각[359]을 만듭니
다.[360] 이러한 네 개의 각이 만들어지게 됨으로써 최초의 입체 도형이
구성되는데, 이것은 이걸 둘러싼 전체 [구형]의 둘레(to peripheres)를
동일하고 닮은 부분들로 분할하는 것입니다.[361] 두 번째 것은 같은

---

356) 여기서는 물 · 불 등의 물체들을 이루는 삼각형의 도형들과 관련된 것이므로, '요소 삼각형'으로 이해해야 되겠다. 54b의 주석들 가운데서 삼각형에 관련된 것을 참조할 것.

357) 플라톤은 여기서(54d7~e3) 불 · 공기 · 물의 입체의 면을 이루는 등변 삼각형(정삼각형)을 앞서 54a의 경우와 달리 두 개가 아니라 여섯 개의 요소 삼각형들로 구성하고 있다. 그리고 55b3~7에서는 흙의 입체의 면을 이루는 정사각형을 두 개가 아닌 네 개로 구성하고 있다. 이처럼 등변 삼각형(정삼각형)이나 정사각형을 구성하기 위해서 두 개만으로 충분한 데도, 그가 여섯 개 혹은 네 개로 구성하는 이유는, 57c~d에서 언급되고 있는 4원소들의 다양한 부류들의 생성과 그것들 상호간의 변환을 효과적으로 설명하기 위한 것이다. 이와 관련해서는 부록 [1]을 참조할 것.

358) 앞의 정삼각형 넷이 피라미드형의 정사면체로 합쳐지는 걸 말한다.

359) 둔각이 90°보다는 크되 180°보다는 작은 각일진대, 정수로 말할 때의 최대 둔각인 179° 바로 다음은 180°일 것이다.

360) 등변 삼각형의 내각은 각각이 60°이기 때문에, 이것들 셋이 결합해서 이루는 입체각 각각은 180°가 된다.

361) peripheres는 Taylor가 밝히고 있듯이, 구형(球形: sphaira) 전체의 표면을 의미한다. 이런 언급은 구형 안에 내접하는 정사면체에 관한 문제가 되겠는데, 이때의 정사면체는 구형 전체의 표면을 네 개의 동일한 부분들로 나눈다. 이 주제에 대해서는 유클리드, 《기하학 원본》, XIII, 정리 13을 참조할 것. Cornford, 217면 각주 3 참조.

55a

[요소] 삼각형들로 구성되긴 하나, 등변 삼각형(정삼각형) 여덟 개로 구성되는데, [이때의] 하나의 입체각은 네 개의 평면각으로 이루어집니다. 그리고 그런 입체각이 여섯 개 생기게 되면, 또한 두 번째 물체(입체: sōma)가 이처럼 완성을 봅니다.[362] 세 번째 입체는 120개의 요소 [삼각형]들(stoicheia)로 구성되고 12개의 입체각을 갖는데, 각각의 b
입체각은 다섯 개의 등변 삼각형의 평면에 의해 둘러싸여 있거니와, 20개의 등변 삼각형의 면들을 갖는 것으로 됩니다.[363] [두 가지] 요소 [삼각형]들 중에서 하나는 이것들을 탄생시켰으므로, 자유롭게 되었지만, [다른 하나인] 이등변 삼각형은 네 번째 종류의 것을 탄생시키기 시작했습니다. 그것[364]이 넷씩 결합되고, 그 직각들이 중심점에 모임으로써 하나의 등변 사각형(정사각형)을 만들어 내게 된 것입니다.[365]
여섯 개의 그런 것들이 결합해서 여덟 개의 입체각을 이루게 되었고, c
이것들 각각은 세 개씩의 평면 직각들로 구성됩니다. 그래서 구성된 물체의 형태(skhēma)는 입방체(정육면체)가 되는데, 여섯 개의 정사각형의 평면을 면들로 갖고 있습니다. 그러나 아직도 하나의 구조(systasis)가, 즉 다섯 번째 것이 남아 있는데,[366] 신은 이것을 우주를 위해, 우주를 다채롭게 그려 내느라,[367] 이용하였습니다.[368]

362) 정8면체를 말한다.
363) 정20면체를 말한다.
364) 이등변 삼각형을 말한다.
365) 이 도형에 대해서는 부록 1을 참조할 것.
366) 여기에서 말하는 도형은 정12면체이다. 데미우르고스는 정12면체를 우주 전체를 위해 사용했는데, 이것은 구에 가장 가까운 정다면체이다.
367) 원어 'diazōgrapheō'는 원래 '다양한 색깔로 그림 그리는 것'을 의미한다. 《파이돈》 편 110b에서는, 지구를 위에서 보았을 때, 마치 12조각의 가죽으로 된 공(구형체: sphaira) 모양이고, 이것이 다채롭게 채색된 모습으로 보이는 것으로 언급되는데, 이 묘사가 지구 아닌 우주에도 비슷하게 적용되고 있는 것 같다. 여기서는 이 헬라스어가 아마도 황도대의 12궁을 포함한 다른 모든 별자리를 그릴 수 있는 형태에 대한 암시를 하고 있는 것으로 볼

55c

그런데, 만약에 누군가가 이 모든 걸 생각해 보고서, 우주(kosmos)가 수적으로 무한하다[369]고 말해야 할 것인지 아니면 유한하다고 말해야 할 것인지에 대해 적절하게도 의문을 갖게 된다면, 그게 무수하다고
d 말하는 것은 의당 알고 있어야 할 것에 대해 실로 무지한 사람의 판단이라고 그는 생각할 것입니다.[370] 그러나 우주가 실은 하나로 생긴 것이라 말하는 것이 적절한지 아니면 다섯이 생긴 것이라[371] 말하는

수 있겠다.

368) 이제까지 언급된 도형들에 대해서는 부록의 그림 9를 참조할 것.

369) 디오게네스 라에르티오스(Diogenēs Laertios) IX, 31에 보면, 원자론자인 레우키포스가 이런 주장을 하고 있는 것으로 되어 있다. "그는 전체(to pan)가 무한하다(apeiron)고 주장한다. … 이의 일부는 충만하여(plēres) 있고(원자들을 가리켜 하는 말이다—역자 보충), 일부는 비어(kenon) 있다(공간을 가리켜 하는 말이다—역자 보충). … 이것들에서 나온 세계들(kosmoi)은 무수하며(apeiroi), 이것들은 그것들로 해체된다. 세계들은 이렇게 생성된다." 플라톤이 이 대목에서 티마이오스로 하여금 이런 말을 하게 한 것은 아마도 원자론자들의 이런 주장을 염두에 두고서 한 것 같다.

370) 헬라스어로는 무수하거나 무한한 것을 'apeiros'라 하는데, 이 말은 또한 경험이 없어 모르고 있는 것도 뜻한다. 반면에 경험이 있어서 알고 있는 것은 empeiros라 한다. 여기서는 이런 표현을 갖고 농언을 하고 있다. 이런 농언은 《필레보스》 편 17e에도 보인다.

371) 플라톤의 제자로서 훗날 아카데미아 학원의 원장(기원전 339~314)이 되었던 크세노크라테스(Xenokratēs)가 남긴 "플라톤의 생애에 관하여"라는 글에 플라톤의 구술 내용으로 짐작되는 다음과 같은 내용의 것이 있다. "그래서 그는 생물들을 이처럼 다시 종류들과 부분들로 나누었다. 모든 생물의 요소들(stoicheia)에 이르기까지 모든 방식으로 나누고서, 바로 이것들을 그는 다섯 가지의 형태들(skhēmata)과 물체들(sōmata)이라 일컬었는데, 에테르(aithēr)·불·물·흙, 그리고 공기가 그것들이다"(이 인용문은 J. Harward, *The Epinomis of Plato*(Oxford, 1928), 123면 주석에 인용된 헬라스어 원문을 옮긴 것이다). 《티마이오스》 편 31a에서 분명히 우주를 단일한 것으로 이미 단언한 터에, 이 대목에서 '다섯 kosmoi'가 정확히 무엇을 의미하는지는 극히 불명하나, 위의 인용문과 연관시켜 말한다면, 이제껏 말한 다섯 가지의 도형들 중에서 적어도 넷은 물체들에 관한 언급이었고, 53a에서

55d

것이 적절한지 하는 이 문제에 그가 멈칫거리고 있다면, 그는 더욱 그럴법하게 의문을 갖고 있는 것입니다. 그렇더라도 우리의 판단은 그럼직한 설명에 따라서 우주가 본성상 하나인 신이라고 알려 주고 있지만, 다른 사람은 어쩌면 다른 것들에 주목하고서 다른 판단을 할 것입니다. 이 사람도 그냥 내버려 두고, 이제껏 논의를 통해서 생겨난 [도형의] 부류들을 불·흙·물 그리고 공기에 할당하도록 하십시다. 그러면 흙에는 정육면체의 도형을 부여합시다. 왜냐하면, 흙은 네 가지 부 e
류 중에서 가장 덜 움직이는 것이며 물체들 중에서 조형성(造形性)이 가장 높은 것인데, 가장 안정된 면(面)들[372]을 갖는 것이 무엇보다 그런 것으로 되는 게 필연적이기 때문입니다. 그리고 처음에 전제되었던 삼각형들 중에서도 [길이가] 같은 변들을 갖는 면이 [길이가] 같지 않은 변들을 갖는 면보다 본성상 더 안정된 것입니다. 그리고 이들 각각의 삼각형으로 구성된 평면의 경우에도 등변 사각형(정사각형)이 등변 삼각형(정삼각형)보다 부분에 있어서나 전체에 있어서나[373] 필
56a
연적으로 더 안정되어 있습니다. 그 때문에 우리는 흙에 그것(정육면체)을 할당하는 한편으로, 물에는 나머지 것들 중에서 가장 움직이기 힘든 도형(형태: eidos)을, 불에는 가장 잘 움직이는 도형을, 그리고 공기에는 그 중간 것을 할당함으로써 그럼직한 설명을 유지하게 되겠습니다. 그리고 가장 작은 물체를 불에, 반면에 가장 큰 것은 물에, 그 중간 것은 공기에 할당하고요. 그리고 다시 가장 모가 진 것을 불에,

---

는 이것들이 '흔적' 단계에서는 저마다 다른 지역(공간)을 점유했었다는 언급이 있었다는 점이다. 57c에서도 비슷한 언급이 보인다. 그리고 에테르에 관한 간단한 언급이 58d에 보이는데, 위작으로 간주되어 오는 《에피노미스》 편 981c에서도 에테르가 다섯 번째 물체로 언급되고 있다.

372) '면'의 헬라스어는 basis인데, 원뜻은 입체를 받쳐 주는 '밑면'이다.

373) 부분은 요소 삼각형의 두 형태(직각 부등변 삼각형과 직각 이등변 삼각형)를 가리키고, 전체는 이것들로 구성된 등변 삼각형(정삼각형)이나 등변 사각형(정사각형)을 의미한다.

두 번째로 그런 것을 공기에, 세 번째로 그런 것을 물에 할당하는 것입니다. 그러니까 이것들 모두에 있어서 가장 적은 수의 면들을 가진 것이 본성상 가장 잘 움직이는 것일 게 필연적인데, 이는 그것이 그
b 모두 가운데서 모든 방향으로 가장 예리하고 가장 모가 진 것이어서죠. 나아가 그것은 또한 가장 가벼운 것인데, 이는 그것이 가장 적은 수의 동일한 부분들로 구성되어 있어서고요.374) 두 번째 것은 이들 같은 성질들을 두 번째로 갖고 있고, 세 번째 것은 세 번째로 갖고 있습니다. 그러면 바르고 그럼직한 설명에 따라서 피라미드(pyramis)의 도형으로 된 입체는 불의 요소(stoicheion) 및 씨(sperma)375)라고 하죠. 반면에, 생성순으로 두 번째 것376)은 공기의 요소 및 씨라 말하되, 세 번째 것377)은 물의 요소 및 씨라 말합시다. 그런데 이것들 모두는 아
c 주 작아서, 각 부류에 속하는 하나하나는 그 작음 때문에 우리한테 전혀 보이지 않지만, 이것들이 많이 함께 모이게 되면, 이것들의 덩어리들이 보이게 된다고 생각해야만 합니다. 특히 이것들의 수들과 운동들 그리고 그 밖의 다른 모든 면에서의 힘들과 관련되는 비율들의 경우에 있어서도, 필연의 본성이 자발적으로 그리고 설득되어 승복하게 되는 바로 그런 방식으로 신378)에 의해 모든 면에서 정확하게 완성되었기 때문에, 이것들이 적정한 비율로 구성을 보았다고 생각해야만 하고

374) 플라톤은 여기서 물체를 구성하는 삼각형들의 수로써 무게를 설명하고 있다. 이런 설명은 불·공기·물의 입자들을 구성하는 등변 삼각형들이 동일한 것임을 함축하고 있다. 그러나 이 설명은 57c~d의 언급과 모순되는 것으로 보인다. 왜냐하면 57c~d에서의 언급처럼 물체들을 구성하는 삼각형들이 다른 크기를 갖는다면, 그것들의 수만으로는 물체의 무게를 재기에 충분할 수 없기 때문이다. 이 문제에 대해서는 부록 2를 참조할 것.

375) 다원론자들 중의 한 사람인 아낙사고라스는 근원적인 물질들을 상징적으로 '씨들'(spermata)이라 불렀다.

376) 정8면체(oktaedron: octahedron)를 가리킨다.

377) 정20면체(eikosaedron: icosahedron)를 가리킨다.

378) 데미우르고스를 가리킨다.

요.[379]

그 다음으로는, 우리가 그 부류들과 관련해서[380] 앞서 말했던 모든 것으로 미루어 다음과 같은 것이 그럼직한 설명(이야기)에 가장 부합할 것입니다.[381] 흙이 불과 만나게 되어 이것의 날카로움에 의해서 해 d
체되면, 이동을 하게 되겠는데, 그것이 불 자체 속에 해체되게 되었거나 혹은 공기나 물의 덩어리 속에 해체되게 되었거나 간에, 그것의 부분들이 어딘가에서 서로 만나게 되어 자신들끼리 결합해서 다시 흙이 될 때까지 그럴 것입니다.—왜냐하면 그것이 결코 다른 종류로 옮아가지는 않을 것이기 때문입니다.[382]—반면에 물이 불에 의해서 쪼개지거나[383] 혹은 공기에 의해서 그렇게 되는 경우에, 하나의 불의 입자(sōma)와 두 개의 공기의 입자가 구성되어 생겨날 수 있습니다.[384] 그

379) 이제껏 네 가지 물체의 도형적·수적 구성과 관련된 언급을 했지만, 이제 공간에 있어서의 그것들의 활동성과 관련된 언급을 하게 된다.

380) ὧνπερ는 ὧν περὶ로 읽되, περὶ를 τὰ γένη와 연결시켰다.

381) 여기서부터 57b까지 4원소 서로간의 변환에 대한 설명이 제시된다. 이런 설명은 4원소가 그것들을 구성하고 있는 요소 삼각형들로 분해될 수 있고, 이 요소 삼각형들이 다시 재결합할 수 있다는 가정하에서 이루어지고 있다. 불·공기·물은 동일한 요소 삼각형(직각 부등변 삼각형)들로 구성되어 있기 때문에 서로간에 변환 가능하지만, 흙은 다른 요소 삼각형(직각 이등변 삼각형)들로 구성되어 있어서 흙으로만 재결합할 수 있다.

382) 여기서는 흙(단단한 물체들)에 대한 불의 작용을 설명하고 있다. 흙이 실제로 불타거나 혹은 공기(연기)나 물(증기)의 덩어리에 의해 둘러싸여져 있거나 간에, 불은 흙의 입자들을 쪼갠다. 그리고 흙을 구성하는 요소 삼각형은 불·공기·물을 구성하는 요소 삼각형과 다르기 때문에, 흙은 다른 원소들로 변환될 수 없다.

383) 물이나 공기가 '쪼개진다'(meristhen)는 말은 일상적으로는 허용되지 않는 표현이지만, 여기에서는 입자의 구조적인 관점에서 하는 언급이므로 오히려 그 뜻을 살리기로 했다.

384) 불 또는 공기가 물의 입자를 쪼개는 경우에 대한 설명이다. 가령 불로 인해 물이 끓을 때, 그것은 뜨거운 수증기로 변환한다. 이때 물은 두 개의 공기 입자와 한 개의 불 입자로 쪼개지는 것으로 언급되는데, 불의 입자가 남

e 런가 하면, 공기의 조각들(tmēmata)은 해체된 하나의 입자(부분)에서 두 개의 불의 입자가 생겨날 것입니다.[385] 그리고 역으로, 소량의 불의 입자가 많은 양의 공기나 물 그리고 어떤 흙에 포위되어서는, 이동하는 이것들 속에서 움직이게 되어, 싸우다가 져서는 조각으로 부서지게 되면, 두 개의 불의 입자는 하나의 공기의 도형(형태: eidos)으로 결합하게 됩니다.[386] 그리고 공기가 압도되어서 잘게 쪼개지게 되면, 온전한 공기 입자 둘과 그 입자의 반이 응축된 하나의 온전한 물의 도형(형태)으로 될 것입니다.[387] 이것들을 바로 다음과 같이 다시금 생각해 보기로 합시다. 즉 [불과는] 다른 것들 중의 어떤 부류가 불
57a 속에 포위되어서, 그것(불)의 각들과 변(모서리)들의 날카로움에 의해 쪼개질 때, 그것이 불의 성질(종류: physis)로 결합하게 되면, 쪼개지는 걸 그치게 됩니다.—왜냐하면 자신을 닮고 자신과 동일한 각각의 부류는 어떤 변화도 일으킬 수 없으며 똑같이 닮은 상태에 있는 것에 의해서는 어떤 변화도 겪을 수 없기 때문입니다.[388]—반면에 다른 어

아 있는 것으로 가정되는 까닭은 뜨거워진 공기의 현상을 설명하기 위한 것으로 보인다.

385) 정20면체인 물은 두 개의 공기 입자와 한 개의 불 입자로 변환될 뿐 아니라, 원리적으로는 모두 불로 변환될 수 있음을 말하고 있다. 즉 두 개의 공기 입자는 불로 인해 더 쪼개져서 각각 두 개의 불 입자로 쪼개지고, 최종적으로 물은 다섯 개의 불 입자로 될 수 있다.

386) 이 경우는 앞서와는 반대로 불에서 공기로 변환되는 과정을 설명하고 있다.

387) 불은 공기를 거쳐 물로 변환될 수 있음을 설명하고 있다. 공기 입자 둘(8 × 2 = 16)과 공기 입자 반(4)은 합해질 때 정20면체인 물을 구성할 수 있다. 공기에서 물로 되는 변환은 안개 · 구름 · 비 등의 자연 현상을 설명하기 위한 것으로 보인다.

388) 플라톤은 여기서 일차적 물체가 갖고 있는 힘은 단지 그 자신과는 다른 것에만 영향을 미칠 수 있다는 원리를 밝히고 있다. 예를 들어, 불은 자신과 같은 것을 다른 어떤 것으로 변환시킬 수 없고, 단지 그것과 다른 것인 차가운 것만을 변화시킬 수 있다.

떤 부류의 것으로 바뀐 데다가, 한결 약한 것으로서 더 강한 것과 싸움을 하고 있는 한, 그것은 해체됨을 멈추지 않습니다.[389] 그리고 다시, 소량의 한결 작은 입자들이 많은 양의 한결 큰 것들 속에 포위되어 쪼개져서는 꺼지게 될[390] 때, 제압하는 쪽의 형태(종류)[391]로 그것 b
들이 결합하려고 들면, 꺼지길 그치고, 불에서 공기가, 공기에서는 물이 생기게 됩니다.[392] 반면에 그것들(한결 작은 입자들)이 이것들(공기나 물)로 이행해 가다가 다른 부류들 중의 어떤 것과 만나서 싸우게 되면, 해체됨을 멈추지 않습니다. 그것들이 떠밀리어 완전히 해체되어서는 같은 부류의 것으로 피해 가거나, 또는 싸움에 져서, 그것들 여럿(불의 여러 입자)이 제압하고 있는 쪽 것(물)과 닮은 하나의 입자로 되어 그것의 동거자(同居者)로 머물게 될 때까지는 말씀입니다.[393] 더구나 이런 일들을 겪음에 따라 모두가 장소들도 바꾸게 됩니 c

389) '다른 어떤 부류로 바뀐'이란 표현이 가리키는 것은 불의 작용을 받고 있는 물의 경우이다. 이때 물은 직접적으로 불로 변화하지 않고, 중간 단계를 거치게 되는데, 이때 물 입자는 두 개의 공기 입자와 하나의 불 입자로 변환될 수 있다. 따라서 '다른 어떤 부류로 바뀐'이란 표현은 중간 단계에서 불과는 다른 것, 즉 공기로 이행하는 과정을 나타내는 말이다. 그리고 이 단계에서 약한 입자(공기)는 처음에 이것을 공격했던 더 강한 것(불)과 여전히 싸움을 하게 되는데, 불이 충분히 강하다면, 남아 있는 공기를 해체시켜 불로 변환시킬 때까지 싸움은 멈추지 않게 된다. Cornford, 227면 참조.

390) 이 표현 자체가 불을 염두에 둔 것일 것이다.

391) 물을 가리킨다.

392) 불에서 공기로, 공기에서 물로 변환되는 과정에는 두 가지 방식이 있을 수 있다. 한 가지는, 불을 구성하는 삼각형들이 먼저 공기의 입자를 형성하기 위해, 그 다음에는 물 입자를 형성하기 위해 직접적으로 완전히 재결합하는 방식이다. 다른 하나는 불이 물로 완전히 재결합하지 못하는 경우이다. 이 구절에서는 앞엣것이 언급되고 있다.

393) 여기서는 불이 물로 완전히 재결합하지 못하고 공기로 이행하는 과정에서 일어날 수 있는 경우를 설명하고 있다. 이 단계에서 불의 입자들은 또 다른 물체들에 의해서 공격을 받을 수 있는데, 이때 두 가지 가능성이 있다. ① 불의 입자들에서 새롭게 형성된 공기의 입자를 구성하고 있는 삼각형들

다. 이는 각각의 부류의 큰 덩어리들은 수용자의 운동 때문에 그 자신의 고유한 지역에 따로따로 떨어져 있지만,[394] 그때마다 자신들과는 닮지 않은 것들로 되면서도 다른 것들과 닮은 것들로 되는 것들은 그 흔들림으로 인해서 그것들이 닮게 되는 것들의 지역(topos)으로 이동하게 되기 때문입니다.[395]

그리하여, 혼합되지 않은(단순한) 일차적인 모든 물체[396]가 그와 같은 까닭들로 해서 생기게 되었습니다. 그러나 이것들의 종류(도형: eidos)들 안에 또 다른 부류(genos)들[397]이 생겨나게 되는 것은 [두 가지] 요소 [삼각형]들 각각의 구성(구조: systasis)[398]이 그 원인이라

은 그것들의 원래의 종류, 즉 불의 입자들로 재결합할 수 있다. 또는 ② 불의 입자들에서 새롭게 형성된 공기의 입자를 구성하고 있는 삼각형들은 최종적으로 물(제압하는 물체)로서 재결합할 수 있다. 뒤엣것의 경우에, 그것들은 물의 영역에서 안식처를 얻을 수 있게 되고, 해체 과정은 그치게 된다. Cornford, 228 면 참조.

394) 52d~53a 의 내용을 참조할 것.

395) 52e~53a 에서 언급된 것처럼, 수용자는 그 자신이 운동을 하여 4 원소들 중에서 가장 닮지 않은 것들은 서로 최대한 멀리 떨어지게 하고, 가장 닮은 것들은 같은 곳으로 최대한 모이게 한다. 그래서 4 원소들은 각기 다른 지역을 점유하게 된다. 만일 이런 방식으로만 운동이 이루어진다면, 4 원소들은 네 개의 다른 지역을 점유한 상태로 있을 것이다. 그러나 4 원소들 상호간의 변환이 원소들이 움직여 가는 방향을 지속적으로 바꾸어 놓게 된다. 왜냐하면 원소들에서 일어나는 모든 질적인 변화는 장소적 변화와 분리될 수 없기 때문이다.

396) '혼합되지 않은 일차적인 물체들' (akrata kai prōta sōmata)은 불 · 공기 · 물 · 흙을 말한다. 그러나 물체 또는 물질에는 이것들만이 있는 것이 아니므로, 다음의 언급이 있게 되는 것이다.

397) 헬라스어로 종류를 뜻하는 낱말에는 genos, eidos, idea 등이 있는데, 일반적으로 genos(類, 부류)가 상위 개념이고, eidos 나 idea 는 그 하위인 '종'(種) · '종류' 를 뜻하나, 여기에서는 오히려 거꾸로 되고 있는 셈이다. 이를 피하기 위해서라면 'eidos' 를 앞에서처럼 '종류' 아닌 '도형' 으로 옮겨도 될 것 같다.

고 주장해야만 합니다. 각각의 구성(구조)은 처음에 비단 한 가지 크기를 갖는 삼각형만을 산출한 것이 아니라 더 작은 것들과 더 큰 것들도 산출하였는데, 그 수는 [그 네 가지] 종류(도형) 안에 부류들이 있을 수 있는 그만큼이 됩니다.[399] 바로 그 때문에 그것들이 자기들끼리 혹은 다른 것들과 결합하게 되었을 때, 무한한 다양성이 있게 됩니다. 자연에 관하여 그럼직한 설명을 하고자 하는 사람들은 바로 이 다양성의 관찰자들로 되어야 합니다. d

그런데, 운동(kinēsis) 및 정지(stasis)와 관련하여, 그것들이 어떤 방식으로 그리고 어떤 상황들에서 발생하는지에 대해 의견의 일치를 보지 못한다면, 이후의 논구에 많은 장애가 있게 될 것입니다. 실은 그것들에 관해 이미 부분적으로는 언급이 되었지만,[400] 이것들에 더해 다음 것이, 즉 운동은 균등성(homalotēs)의 상태에서는 결코 존재하지 않는다는 것이 언급될 점입니다.[401] 그건 운동을 하게 하는 것이 없이 운동을 하게 되는 것이 있기란, 또는 운동을 하게 되는 것이 없이 운동을 하게 하는 것이 있기란 어렵기 때문에, 아니 오히려 불가능하기 때문에 그렇습니다. 이 양쪽 것이 없으면 운동이 없으며, 이것들이 균등한 것일 수는 결코 없습니다. 바로 이처럼 정지를 균등성에 기인하는 것으로, 그리고 운동을 불균등성(anōmalotēs)에 기인하는 것으로 e

398) 여기에서 systasis는 수동적 의미인 '구조'보다는 능동적 의미의 '구성'을 의미한다고 보는 게 낫겠다. 그리고 systasis의 동사 형태인 synistanai는 54e, 55a, 89c 등에서 능동적 의미로 사용되고 있다. Cornford, 231면 참조.

399) 삼각형들이 서로 다른 크기를 갖고 있다는 언급과 관련된 문제에 대해서는 부록 2를 참조할 것.

400) 이는 52d~53a, 57a, 57c 등의 언급을 두고 하는 말이다.

401) 닮은 것들끼리는 서로 이끌리기는 하지만, 닮은 것들이 닮은 것들을 변화시킬 수는 없다. 그리고 닮은 것들이 함께 모일 때, 다른 것이 더해지지 않는다면 더 이상의 변화는 일어날 수 없다(57a 참조). 따라서 운동이 가능하려면, 적어도 서로 다른 힘을 갖고 있는 두 개의 물체가 있어야만 한다.

58a 언제나 보도록 합시다. 그리고 다시 불균등성의 원인은 '같지 않음'
(anisotēs)[402]입니다. 그리고 우리는 '같지 않음'의 발생(발생 기원:
genesis)에 대해서는 이미 언급했었습니다.[403] 그러나 우리는 도대체
어떻게 해서 각각의 것들이 부류에 따라 분리되어서는, 상호간의 운동
(변환: kinēsis)들[404]과 이동(phora)들[405]을 멈추지 않았는지를 언급하
지는 않았습니다. 그러면 다음과 같이 다시 언급하도록 합시다. 우주
의 회전(periodos)[406]은 [네] 부류의 것[407]을 모두 에워싸고 있기 때
문에, 그리고 그것은 원형이고 본성적으로 그 자신에게로 모이게 되는
성향을 지니고 있어서, 그것들 모두를 죄어서 어떤 빈 공간도 남게 되
b 는 걸 허용하지 않으려 합니다.[408] 바로 이 때문에 불은 모든 것 속으

---

402) '같지 않음'은 질적·양적인 의미의 것일 수 있지만, 여기에서는 요소 삼각형들이 크기에 있어서 같지 않음을 가리키고 있다.

403) 57c~d의 언급을 말한다.

404) 4원소들 상호간의 변환을 의미한다.

405) 상호간의 변환 아닌 장소적 이동을 뜻한다.

406) 헬라스어 periodos는 '원주', '둘레', '회전 운동' 등의 뜻들을 갖고 있는데, 여기서는 회전 운동의 뜻으로 사용되었다.

407) 4원소에 상응하는 기하학적 입체들을 말한다.

408) 이곳에서의 언급처럼 플라톤은 분명히 우주 안에 빈 공간(허공: kenē chōra)을 인정하지 않는다. 그러나 그는 곧 원소들로 구성된 것들의 결합 구조에 존재하는 빈틈(kenotēs: 58b3, ta diakena: 58b5)을 인정한다. 이런 언급들은 서로 모순되는 것으로 보이지만, 사실은 그렇지 않다. 플라톤은 58a4~7에서, 천구의 회전 운동이 우주 안에 존재하는 입자들에 압력(구심력)을 행사하기 때문에, 이 운동이 입자들을 죄어서 허공을 존재할 수 없게 한다고 주장한다. 그리고 그는 59a1~8, 60b6~c7, 79b1~c7, 80b8~c8에서도 허공을 부인하고 있는데, 이 모든 경우에 그는 입자들이 서로 인접한 입자들에 접촉을 통해 운동을 전달해야 할 필연성을 확보하기 위해서 허공을 부인하고 있다. 즉 만일 우주 공간 안에 허공이 있다면, 입자들은 서로간에 접촉을 통해 운동을 전달할 수 없게 된다. 그러나 플라톤이 우주 안에 허공을 부인한다고 해서, 입자들의 결합 구조 안에 있는 빈틈의 존재까지 부인하는 것은 아니다. 사실상 플라톤이 4원소가 갖고 있는 것으로 가정하고 있는

58b

로 가장 잘 뚫고 들어가나, 공기는 미세함에 있어서 두 번째 것으로
생겨났기 때문에 두 번째로 그러하고, 다른 것들 또한 이런 식입니다.
왜냐하면 가장 큰 부분들로 이루어진 것들은 그 결합 구조 속에 가장
큰 빈 곳(kenotēs)을 남겨 놓지만, 가장 작은 것들은 가장 작은 빈 곳
을 남겨 놓기 때문이죠. 한데, 압축 형태의 죔[409]은 작은 것들을 큰
것들의 빈틈(diakena)으로 밀어넣습니다. 따라서 작은 것들이 큰 것들
옆에 놓이게 되어 더 작은 것들은 더 큰 것들을 분해하는 반면에, 더
큰 것들은 그것들(더 작은 것들)을 결합시키게 되면, 모든 것은 위아
래로 [이리저리] 그들 자신의 지역으로 이동하게 됩니다. 각각은 크기 c
를 바꿈으로써 또한 장소상의 위치도 바꾸기 때문입니다. 바로 이렇게
해서 그리고 이런 까닭으로 불균등성의 발생이 영속적으로 유지됨으
로써, 그것은 이들 물체의 영속적인 운동이 지속적으로 현재도 있고
미래에도 있게 되도록 해 줍니다.

그 다음으로 우리는 불에도 여러 부류가 있게 되었다는 점에 주목
해야만 합니다. 이를테면, 불꽃 및 불꽃에서 방출되는 것, 즉 태우지는
않지만 눈에 빛을 제공하는 것,[410] 그리고 불꽃이 꺼졌을 때 그곳 등
걸불 속에 남아 있는 것이 그것들입니다. 공기의 경우에도 마찬가지여 d
서, 에테르(aithēr)란 이름으로 불리는 가장 밝고 맑은 것이 있는가 하
면, 안개나 컴컴함[411]이란 이름으로 불리는 흐린 것들이 있으며, 또한

기하학적 입체들은 완전하게 포개질 수 없기 때문에 빈틈은 존재한다. 그러나 이 빈틈은 입자들이 서로간의 접촉을 통해 운동을 전달하는 것을 막을 정도의 그렇게 큰 빈틈은 아니다. 따라서 플라톤이 허공을 부인하는 것과 입자들 사이의 빈틈을 인정하는 것은 서로 모순되는 것이 아니다. D. O'Brien, *Theories of Weight in the Ancient World*, Vol. II, *Plato: Weight and Sensation. The Two Theories of the Timaeus*(Leiden, Brill, 1984), 주석 5 (359~365면) 참조.

409) 우주의 회전 운동이 그 안에 있는 네 부류들에 가하는 압축을 의미한다.

410) 이것은 45b에서 낮 특유의 물질로서 언급되었다.

411) 원어는 skotos(어둠)로서, 아마도 '먹구름' 같은 걸 뜻하는 것 같다.

58d

그 밖에도 이름 없는 종류의 것들이 있는데, 이것들은 삼각형들의 '같지 않음'으로 인해 생긴 것들입니다.[412] 그리고 물의 경우에는 맨 먼저 두 갈래로 나뉘는데, 그 하나는 액체의 부류이고 다른 하나는 녹을 수 있는 부류입니다.[413] 그런데 액체 상태의 것은 물의 부류들 중에서도 작고 [크기가] 같지 않은 것(입자)들에 관여하고 있는 탓으로 그 불균등성과 형태의 특성으로 인해 그 자체로도 움직이기가 쉬울 뿐만
e 아니라 다른 것에 의해서도 그렇게 됩니다.[414] 반면에, 녹을 수 있는 부류는 크고 균등한 것들로 구성된 것이라 앞엣것보다도 더 고정적이며, 그 균등성으로 인해 굳혀짐으로써 무겁기도 합니다.[415] 그러나 불이 그 속으로 들어가서 그것을 해체시키게 되면, 그것은 균등성을 잃게 되지만, 이 균등성을 잃게 됨으로써 그것은 더욱 운동에 관여하게 되고, 쉽게 움직일 수 있게도 되어서, 인접한 공기에 의해 떠밀리기도 하고 땅에 펴지게도 됩니다. 한데, 이들 각각의 상태에 대한 명칭을 얻게 되었으니, 덩어리의 내려앉음은 '녹음'[416]이라 하나, 땅 위에 펴짐

---

412) 57c~d의 언급을 참조할 것.

413) 물 입자로 구성된 것들은 우선 크게 두 가지 유형으로 나뉘는데, 하나는 정상적인 상태에서 액체 상태로 있는 것이고 다른 하나는 고체 상태로 있는 것이다. 앞엣것은 물이 얼음으로 응고될 때처럼 액체에서 고체로 변할 수 있는 것이고, 뒤엣것은 금속이 녹을 때처럼 고체에서 액체로 변할 수 있는 것이다.

414) 액체 상태로 있는 것들의 유동성은 우선 이것들을 구성하는 물 입자의 구조적 특성에 기인하는 것으로 설명된다. 즉 이것들은 비교적 작은 것들이면서 또한 서로 다른 크기의 물 입자들로 구성된 불균등한 것들이기 때문에 유동적이다. 그리고 더 나아가 유동성이 형태의 특성에 기인하는 것으로 이야기되는 까닭은 물을 구성하는 정20면체가 흙을 구성하는 것보다 덜 안정적이라는 점(55e)을 염두에 두었기 때문일 것이다.

415) 고체 상태로 있는 것들은 비교적 크고 균등한 것들로 이루어져 있기 때문에 더 안정적이다. 그리고 균등한 것들로 구성되어 있기 때문에 더 조밀하고 더 무거운 것이 된다.

416) 플라톤은 '녹음'의 현상을 고체 상태의 금속을 구성하고 있는 정20면체

은 '흐름' 이라 합니다. 그러나 불이 다시 이곳에서 쫓겨날 때는, 그것 59a
이 빈자리로 들어가지 못하기 때문에, 인접한 공기가 떠밀리게 되어서
는, 이 공기가 아직도 쉽게 움직일 수 있는 액체 덩어리를 불이 있던
자리들로 밀어넣음으로써, 이것이 자체와 결합[417]하게 합니다. 그러나
함께 떠밀리게 된 액체는, 불균등성을 생기게 한 불이 떠났기 때문에,
다시 균등성을 되찾게 되어, [원래의] 자신과 동일한 상태에 처하게
됩니다.[418] 불의 떠남은 냉각이라 불리나, 그것이 떠난 다음의 압축은
굳어짐의 부류라 불립니다. 우리가 물의 녹을 수 있는 부류라고 일컫
고 있는 이 모든 것 중에서 가장 미세하고 가장 균등한 것들로 형성 b
된 가장 조밀한 것은, 유일한 부류의 것으로서, 빛나며 노란빛을 띠고

의 요소 삼각형들의 크기가 바뀌는 것을 가정함으로써 설명하고 있다. 우선 불 입자가 외부에서부터 정20면체의 빈틈으로 침투해 들어갈 때 녹는 현상이 시작된다. 이때 56d~e의 경우와 달리, 불이 물로 혹은 물이 불로 변화되는 것은 아니다. 불 입자는 금속 덩어리 내에서 파괴되지 않고 남아 있다. 그 결과 금속은 뜨거워진다. 그리고 불 입자가 더욱 밀고 들어갈 때, 정20면체의 물 입자들을 그것들을 구성하고 있는 요소 삼각형들로 분해한다. 이렇게 쪼개진 것들은 더 작은 크기의 정20면체로 재결합할 수 있다. 이런 상태가 될 때 금속은 더 잘 움직일 수 있는 구조를 갖게 되고 녹게 된다. 구조적 측면에서 볼 때, 녹음은 고체 상태의 금속을 구성하는 물 입자가 다른 입자로 변환하는 것이 아니라, 단지 그것의 구조가 변화되는 것이다. 즉 고체 상태의 금속을 구성하고 있는 물 입자의 요소 삼각형들이 더 크기가 작은 것들로 바뀌는 것을 의미한다. 이런 일이 일어날 때, 금속 덩어리는 그 안으로 침투해 들어간 불 입자들에 대해 충분한 여유 공간을 제공하지 못한다. 따라서 금속은 확장하고 이렇게 확장된 금속은 주변의 공기에 의해 밀리게 되고, 이는 '흐름'으로 일컬어진다.

417) 액체 상태로 있는 작은 크기의 물 입자들의 결합을 의미한다.

418) 냉각 현상이 일어날 때, 고체 상태의 금속 안에 들어와 있는 불 입자들은 쫓겨나서 인접한 공기를 밀치게 된다. 그리고 이렇게 밀려난 공기는 다시 금속을 밀치게 되고 그것을 액체 상태에서 고체 상태로 이행하게 한다. 이때 작은 크기의 물 입자들은 불이 쫓겨난 자리들을 채우면서 다시 원래 크기의 물 입자로 바뀌게 되고, 균등성을 회복하게 된다.

59b

있으며, 가장 귀중한 소유물인 금으로서 바위를 통해 걸러져서 응고된 것입니다. 그리고 금의 방계로서 그 조밀함 때문에 가장 단단한 것이며 검은빛을 띠고 있는 것은 '아다마스'[419]라 불립니다. 그리고 금의 입자들과 비슷한 입자들을 갖되, 하나 이상의 종류들을 갖고 있는 것은,[420] 조밀함에 있어서 어느 면에서는 금보다 더 조밀하며, 소수의 미세한 흙의 입자에 관여하기 때문에 더 단단하지만, 그 안에 더 큰
c 빈틈을 갖고 있기 때문에 더 가벼운 것으로서, 광택이 나고 굳어진 물의 일종인 구리가 합성되어 생기게 됩니다.[421] 그리고 이것에 섞여 있

---

419) 원어는 adamas 이고, 영어로는 adamant 라 한다. 어원상으로는 깨뜨릴 수 없는 것이라는 뜻인데, 강철이나 금강석을 말한다. 플라톤은 《국가》 편(제10권 616c)에서 이것을 아낭케 여신의 방추(紡錘)의 축과 고리를 만들고 있는 물질로 말하고 있다. 그리고 《정치가》 편(303e)에서도 금을 정련하는 과정에서 구리와 은 그리고 가끔은 '아다마스'를 분리해 내게 되는 것으로 언급하고 있다. Pollux 가 이것을 '금의 꽃'이라 했다니, '금강석'인 것은 분명한 것 같으나, 문제는 여기에서 '검은 빛을 띠고 있다'는 표현이겠는데, 이와 관련해서 Cornford 는 플라톤이 이것을 본 적이 없는 것으로 거의 단정하고 있다. Cornford, 252 면 참조.

420) 균등한 크기의 요소 삼각형들이 아니라 서로 다른 크기의 요소 삼각형들로 구성되어 있음을 의미하는 것이다.

421) 구리와 금의 차이에 대한 설명은 이해하기 매우 힘들다. 플라톤은 59b2 에서 금을 가장 조밀한 것으로 언급하고서, 다시 여기서는 구리가 금보다 더 조밀한 것이며 더 단단한 것으로 이야기하고 있다. 이런 언급들은 분명히 서로 모순되는 것으로 보인다. 그러나 우리가 이런 설명을 이해하기 위해서는 우선 '단단함'(딱딱함)의 원인에 대한 그의 설명을 염두에 둘 필요가 있다. 그는 62b8~c3 에서 '단단함'의 원인을 '형태'의 측면만이 아니라 '조밀함'의 측면에서도 설명하고 있다. 즉 그는 형태적으로 사각형의 면들로 구성된 것(흙)이 가장 안정된 것이기 때문에 더 단단한 것으로 말할 뿐만 아니라 가장 조밀하게 결합된 것을 가장 단단한 것으로 이야기하고 있다. 이런 설명은 이곳(59b)의 설명에서 모두 찾아볼 수 있다. 그는 금강석의 경우에, 그것의 단단함을 그것이 갖고 있는 결합 구조의 조밀함에 기인하는 것으로 설명하고 있다. 반면에 구리의 경우에는, 사각형의 면을 갖고 있는 흙이 그것에 포함되어 있기 때문에 단단하다고 말하고 있다. 그러나 그는

59c

는 흙의 부분은 세월이 오래 되어 다시 서로 분리되면, 스스로 표면화되어 녹청이라 불리게 됩니다. 그와 같은 것들 중에서 나머지 다른 것들을 그럼직한 이야기의 방식을 좇아 더 거론한다는 것은 전혀 복잡할 게 없습니다. 어떤 사람이 휴식을 위해서 '언제나 존재하는 것들'(ta onta aei)[422]에 관한 논의를 제쳐 두고, 생성에 관한 그럼직한 설명을 검토해 봄으로써 후회할 것이 없는 즐거움을 얻게 될 때, 그는 언제든 삶에 있어서 절도 있고 슬기로운 오락[423]을 갖게 될 것입니다. d
그러니 이제 이 오락에 내맡기고서, 같은 것들과 관련해서 다음으로 이어지는 그럼직한 것들을 다음과 같은 식으로 이야기해 나가도록 합시다. 불과 섞여 있는 물[424]은 미세하고 액체 상태의 것으로서, 운동

이처럼 구리의 단단함을 실상 형태와 연관해서 설명하면서도, 그로 인해 금보다 더 조밀한 것으로 말하고 있기 때문에 혼란을 야기한다. 즉 그가 여기서 구리가 금보다 더 조밀하다고 이야기하는 까닭은 그것이 더 단단한 것이기 때문에 하는 말이지, 구리가 금보다 더 조밀하게 결합되어 있다는 것을 의미하는 것은 아니다. 왜냐하면 그는 구리를 구성하고 있는 요소 삼각형들이 금을 구성하고 있는 것들보다 덜 조밀하게 결합되어 있다는 이유로 구리를 더 가벼운 것으로 분명히 말하고 있기 때문이다. 플라톤의 언급을 이해하기 힘든 까닭은 그가 무게와 단단함을 모두 조밀함과 연관해서 설명하는 데 반해서, 현재의 과학적 설명에 따라 우리는 조밀함을 단단함과 관계없이 무게하고만 연관시키기 때문이다. 결국 플라톤은 조밀함과 무게의 연관성을 유지하면서도, 조밀함을 단단함과 연관시키고 있기 때문에 위와 같은 설명을 하고 있는 것이다. 이 문제에 대한 자세한 논의는 D. O'Brien, 88~96면을 참조할 것.

422) 지성에 의해서[라야] 알 수 있는 것들, 즉 형상들을 의미한다.

423) 원어는 paidia인데, 여기서 이 말은 단순한 '오락'이나 '놀이'의 뜻으로 사용된 것이 아니다. 어린아이들이 '놀이'를 통해 교육받을 수 있듯이, 플라톤에 있어서 paidia는 교육적으로 가치 있고 진지한 것으로 간주된다. 플라톤에 있어서 이 표현이 갖는 의미에 대해서는 W. K. C. Guthrie, *A History of Greek Philosophy*, 제4권, 61~62면을 참조할 것.

424) 여기서 물이 불과 섞여 있는 것으로 언급되는 까닭은 불이 유동적인 것을 액체 상태로 유지시켜 준다고 보기 때문이다.

59d

과 흙(땅) 위에서 구르는 그 방식 때문에 액체(유체)라 말하게 되는 것인데, 그것의 면(밑면)[425]들이 흙의 면들보다 덜 안정되어 있어서 무너지는 탓으로 보드랍기도 하고, 이것이 불과 공기에서 분리되어서
e 홀로 남게 되면 더욱 균등하게 되나, 이것에서 나가는 것들에 의해 자신으로 압축됩니다. 이것이 이런 식으로 응고되었을 때, 지상의 상공에서 이 과정을 최대로 겪게 되는 것은 우박이라고 하고, 땅 위에서 그렇게 되는 것은 얼음이라 합니다. 그리고 그런 과정을 덜 겪고 아직도 반쯤만 응고된 지상의 상공의 것은 눈이라 하고, 땅 위의 이슬에서 응고되어 생긴 것은 서리라 합니다. 그렇지만 서로 혼합되어 있는 대부분의 물의 종류들[426]은—흙에서 자란 식물들을 통해서 걸러진 것
60a 들의 부류 전체는 즙이라 합니다만—각각이 혼합으로 인한 차이를 지니고 있어서, 여러 부류의 다른 것들이 이름도 없는 채로 있지만, 그 안에 불을 지니고 있는 네 가지 종류[427]는 가장 두드러지게 된 것들로서, 제 이름들을 얻어 갖고 있습니다. 그 하나는 몸과 함께 혼을 뜨겁게 하는 포도주이고, 그 다음 것은 부드럽고 시각 광선을 갈라놓는 것으로서, 그 때문에 보기에 밝고 빛나며[428] 반짝이는 것으로 보이는 기름의 종류로서 수지(樹脂), 아주까리 기름 및 바로 올리브 기름,[429] 그리고 같은 특성을 지닌 그 밖의 모든 것입니다. 그런가 하면, 입 둘

425) 56e에서 '면'에 대한 주석을 참조할 것.

426) 수많은 크기의 물 입자들로 구성된 것들을 말한다.

427) 플라톤이 물의 어떤 종류들에 대해 불을 그 안에 갖고 있는(empyros) 것들로 말하는 까닭은 이것들이 불에 기인하는 것으로 보이는 성질들을 보여주기 때문이다. 예를 들어, 포도주는 몸과 마음을 뜨겁게 하고, 기름의 종류는 불로 타게 됨으로써 빛을 발한다.

428) 이에 대한 설명은 67e~68a를 참조할 것.

429) 원어는 elaion auto로서, 이런 표현을 쓰는 것은 elaion이란 말이 비단 올리브 기름만이 아니라, 일반적인 의미의 기름을 가리키는 말로도 쓰이기 때문이다. 바로 앞에서 '기름의 종류'라고 한 elaiēron(oily)이란 형용사도 그런 경우의 것이다. 영어 oil의 어원도 elaion에 두고 있다.

레에 수축되어 있는 것들[430]을 그 자연적 상태에 이르기까지 이완시 b
켜 줄 수 있는 모든 것[431]은, 이 성능에 의해서 단맛을 제공하게 되는
데, 꿀이라는 가장 일반적인 이름을 갖습니다. 반면에 얼얼하게 함(태
움)에 의해 살갗을 허는 것으로서, 거품이 이는 부류는 모든 즙에서
분해되어 나왔는데, 신(산성의) 즙[432]이라 불립니다.

흙의 종류들 가운데 물을 통해 걸러지는 것은 다음과 같은 방식으
로 돌덩이가 됩니다. 그것과 섞여 있는 물이 혼합 과정에서 와해될 때,
물은 공기의 형태로 변합니다. 그러나 그것이 공기로 되면, 그것은 제
구역[433]으로 빠르게 올라갑니다. 그러나 그것 주위에는 어떤 빈 공간 c
도 없습니다.[434] 그래서 인접한 공기를 떠밀게 됩니다. 한데, 이 공기

---

430) 미각 기관인 혀를 가리킨다.

431) 64d에서 설명되고 있듯이, 즐거운 감각은 자연적이지 못한 상태에서 자연적인 상태(physis)로 돌아가는 데서 생긴다. 어떤 즙은 미각을 전달하는 통로인 혀를 자연스럽지 못하게 수축시키는 데 반해서, 단맛이 있는 즙은, 66c에서 설명되듯이, 혀를 그것의 자연스런 상태로 이완시킨다고 보고 있는 것이다.

432) 여기서 '신(산성의) 즙'이라 옮긴 것의 원어는 opos이다. Liddell & Scott가 편찬한 *A Greek-English Lexicon*(Oxford, 1968)에서는 첫째로, 채소를 두들겨서 짠 녹즙이나, 우유를 응고시켜 치즈를 만들기 위해 사용되는 무화과나무의 즙, 그리고 일반적으로는 신(산성의) 즙을 가리키는 것으로 말하고 있다. 그러나 이곳에서 말하는 opos를 플라톤은 '거품이 이는 부류'로 말하고 있다. D. O'Brien이 지적하고 있듯이, '거품이 이는' 과정은 66a~b의 신맛에 대한 설명에서 언급되고 있다. 거기서 플라톤은 신맛은 부패되어서 조직이 얇아지게 되는 것들, 그리고 '부글거림'이나 '발효 작용'(zymōsis)을 일으키는 것들에서 생기는 것으로 설명하고 있다. 이를 두고 opos가 다른 모든 즙에서 분해되어 나왔다는 말을 하고 있는 것으로 보인다. D. O'Brien, 117~118면 참조.

433) 52e~53a 참조.

434) Archer-Hind 및 Cornford를 따라서 ὑπερεῖχεν αὐτῶν을 οὐ περιεῖχεν αὐτόν으로 읽었다. 그리고 우주 안에는 빈 공간이 없다는 주장에 대해서는 58a의 '빈 공간'에 대한 주석을 참조할 것.

는 무겁기 때문에,[435] 그것이 떠밀리어 흙덩어리 주위로 쏟아지게 되면, 이것을 몹시 압박하고 밀쳐서, 새 공기[436]가 상승해 떠나 버린 그 [빈]자리들로 압축해 넣습니다. 흙이 물에 의해서 해체되지 않을 정도로 공기에 의해 압축됨으로써 돌을 형성하게 되는데, 그 중에서도 같고 균등한 부분들[437]로 이루어진 투명한 돌은 더 아름다운 것이나, 그 반대의 것은 더 못생긴 것입니다. 불의 빠른 작용에 의해 물기를 모조
d 리 빼앗기고, 앞엣것보다 더 깨지기 쉬운 것으로 구성되는 것, 즉 우리가 도기(陶器)[로 된 도토(陶土)][438]라는 이름을 붙여 주는 그런 부류의 것이 생깁니다. 그러나 때로는 습기가 남아 있는 채로 흙이 불에 의해 녹게 되었다가 냉각될 때는, 검은빛을 지닌 돌[439]이 생겨납니다. 다시 두 가지 것들이 같은 식으로, 많은 양의 물이 그 혼합 상태[440]에서 빠져 나가 버린 상태로 있는데, 이것들은 흙의 더 미세한 부분(입자)들로 구성되어 있으며 짭짤한 것이고, 반쯤 응고되어 있으며 물에 의해 다시 해체될 수 있는 것들입니다. 그 중의 하나는 기름과 흙[먼지]를 깨끗이 하는 부류로서 탄산소다이고, 다른 하나는 미각

435) 여기서 '이 공기는 무겁기 때문에'라는 말이 갖는 의미는 62c~63e에서 언급될 무거움과 가벼움에 대한 설명과는 관계가 없다. 왜냐하면 거기서 무게는 전적으로 상대적인 것으로 규정되기 때문이다. 여기서는 단지 59a의 경우처럼 공기가 밀려남으로써 흙에 다시 압력을 행사한다는 의미로 이런 말을 사용한 것으로 보인다.

436) 물이 분해되어서 새롭게 생긴 공기를 가리킨다.

437) '같고 균등한 부분들'이란 표현에서 '같고'(isos)란 말은 요소 삼각형들의 크기가 같음을 의미하기 때문에, '균등한'(homalos)은 양적인 측면이 아니라 질적인 측면에서 '같은 성질을 지니고 있는'이란 뜻으로 이해해야 할 것이다.

438) 원어 keramos는 도토(陶土) 및 이것으로 만든 도기 양쪽 다를 의미하는 것이지만, 엄밀히 말해 여기서는 굽는 과정을 거쳐 '도기로 된 도토'를 뜻한다.

439) 아마도 용암을 의미하는 것 같다.

440) 흙과 물이 혼합된 것을 말한다.

과 관련된 배합에 있어서 잘 조화시켜 주는 것으로서, 관례의 규정에 e 따르면[441] 신의 사랑을 받는[다는] 소금이라는 물질이 됩니다. 두 가지 것들[442]로 구성된 복합물들은 물에 의해서는 해체되지 않으나, 불에 의해서는 해체되는데, 다음과 같은 이유로 이처럼 응고되어 있습니다.[443] 불과 공기는 흙덩어리를 용해시키지 못합니다. 그것들의 입자들은 본성상 흙의 결합 구조상의 빈틈들보다 더 작아서, 넓은 공간을 억지를 쓰지 않고서도 통과함으로써, 흙을 해체되지 않은 상태로 두어 용해되지 않는 것으로 있게 합니다. 반면에 물의 입자들은 본성상 더 크기 때문에 통로를 강제로 만들게 되어, 흙을 해체하고 용해합니다. 강제로 응고되지 않은 흙은 이처럼 오직 물만이 해체할 수 있지만, 강제로 응고된 흙은 불 이외에는 어떤 것도 해체할 수 없습니다.[444] 그 61a
건 불 이외에는 어떤 것에 대해서도 들어갈 길이 남아 있지 않기 때

441) 원문은 kata logon [nomou]로 되어 있는데, 이에 대해서는 이론이 많다. 플루타르코스(Ploutarchos)의 《향연석에서 제기된 문제들》 V. 10. 684F에는 "인간들의 관습에 따르면 소금이라는 물질은 신의 사랑을 가장 많이 받는 것이라고 플라톤이 말한 것으로" 되어 있다. Cornford는 이를 따라 kat' anthrōpōn nomon으로 읽고 있다. 이 다음의 원문에서 "신의 사랑을 받는[다는] 소금 … "이라는 표현은 아마도 제례 의식에 사용되는 희생물에 소금을 뿌리게 한 관례상의 규정이 있었기 때문에 이런 말을 하게 된 게 아닐까 싶다. 따라서 역자는 Burnet에 따라 kata logon nomou를 그대로 살려서 읽어도 된다고 생각하여 그대로 읽었다. Taylor, 426면 참조.

442) 흙과 물을 말한다.

443) 흙과 물로 혼합된 것들 가운데 어떤 것들은 물에 의해 해체되지 않고 불에 의해서만 해체된다는 사실은 물체가 갖고 있는 결합 구조의 특성에 의거해 설명된다. 플라톤은 이를 설명하기 위해 먼저 61a7까지의 언급을 통하여 흙·물·공기가 어떤 조건에서 해체되거나 해체되지 않는지를 밝히고 있다.

444) 흙이 매우 강하게 응고되어 있을 경우에는 정상적인 경우와는 달리 흙의 입자들의 빈틈이 축소될 수밖에 없기 때문에, 가장 작은 입자인 불만이 안으로 침투해서 해체시킬 수 있다.

문입니다. 다른 한편으로, 물의 경우에는, 가장 강제적인 압축(응결)은 불만이 해체할 수 있지만, 한결 약한 압축(응결)은 둘 다가, 즉 불과 공기가 해체할 수 있는데, 공기는 빈틈을 통해서, 불은 삼각형을 통해서도 그렇게 합니다.[445] 반면에 강제로 응축된 공기는 그것의 요소[삼각형]들을 통해서가 아니고서는 어떤 것도 해체하지 못하지만, 강제로 응축되지 않은 것은 오직 불만이 해체합니다. 따라서 흙과 물로
b 혼합된 물체들의 경우에 있어서, 물이 거기서 흙의 빈틈들을 점유하는 한, 이것들이 강제로 압력을 받는다 하더라도, 외부에서 공격하는 물의 입자들은 들어갈 길을 찾지 못한 채 전체 덩어리 주위를 돌며 흐를 뿐 그것을 해체시키지 못한 채로 둡니다. 반면에 불의 입자들은 물 입자들의 빈틈 속으로 들어가서, 물이 흙에 작용하는 것과 똑같은, 그런 방식으로 불이 물에 작용하는데,[446] 이것이 결합된 물질이 녹아서 흐르게 되는 것에 대한 유일한 원인입니다. 그런데 이런 것들 중에서, 어떤 것들은 흙의 경우보다도 더 적은 물을 갖고 있는 것들로서, 유리의 부류 모두와 녹을 수 있는 돌들의 종류들이라 불리는 것들이며, 반
c 면에 어떤 것들은 좀더 많은 물을 갖고 있는 것들로서, 밀랍 같은 그

445) 여기서 공기가 약하게 응결된 것들을 '빈틈을 통해서' 해체시킨다는 말은 얼음이나 눈이 공기 중에 노출되어 있을 때 일어나는 현상을 설명하기 위한 것으로 보인다. 이때 공기는 물 입자들의 빈틈을 벌려서 그것들을 녹게 하지만, 이것들을 물 이외의 다른 물질로 만들 수는 없다. 반면에 불은 응결된 것들을 증발(기화)시킬 수 있는데, 이런 현상은 '삼각형을 통해서' 해체되는 것으로 설명된다. 왜냐하면 물이 공기로 변환되기 위해서는 물의 입자들을 구성하는 요소 삼각형들이 공기를 구성하는 입자들로 재결합해야 하기 때문이다. Archer-Hind, 222~223면 참조.

446) Cook-Wilson, Taylor 및 Cornford의 견해를 따라서 텍스트를 τοῦτο πῦρ ὕδωρ로 읽었다. '물이 흙에 작용하는 것과 똑같은, 그런 방식으로 불이 물에 작용한다'는 말은, 흙이 강제로 응고되어 있지 않을 경우에는 물의 입자들이 통로를 강제로 만들어서 해체시키듯이(60e~61a), 불이 물을 해체시킨다는 의미이다.

리고 향으로 태우기에 적합한 물질들로 응고된 모든 것입니다.

이제 형태들 및 결합 방식들 그리고 상호간의 변환에 의해서 다양하게 된 종류들이 거의 제시되었습니다. 그러면 어떤 원인들로 해서 이것들의 성질들(pathēmata)[447]이 생기는지도 밝히도록 해야만 합니다. 사실은 맨 먼저, 그때마다 언급되는 것들에 대해서는 [상응하는] 감각적 지각(aisthēsis)이 있어야만 합니다만,[448] 우리는 살과 살 주위의 것들의 생성 및 혼에 있어서 사멸하는 부분을 아직 상세히 말하지 않았습니다.[449] 하지만 이것들은 감각적 지각의 대상들로 되는 모든 성질에 관련된 것들과 분리되어서는 충분히 언급될 수도 없고, 뒤엣것 d
이 앞엣것 없이 충분히 언급될 수도 없지만, 그렇다고 해서 그것들이 동시에 언급되는 것도 거의 불가능합니다. 따라서 우리는 먼저 어느 한쪽을 전제해야만 하거니와, 이 전제된 것에는 나중에 다시 돌아갈 것입니다. 그러니 [물체들의] 부류들 다음에 [그것들의] 성질들이 언급되도록 하기 위해서는, 우리로서는 먼저 몸 및 혼과 관련된 것들이 있는 것으로 하죠.[450] 그러면 첫째로 우리가 어떻게 해서 불을 뜨거운 것으로 말하게 되는지를 다음과 같이 고찰함으로써, 즉 우리 몸에 대한 불의 가르고 베는 작용[451]에 유념함으로써 알아보기로 합시다. 우리는 거의 모두가 그것의 느낌(pathos)이 날카로운[452] 것이라는 것을 e

447) pathēmata의 의미에 대해서는 42a와 43b의 주석을 참조할 것.

448) pathēmata는 외적 대상이 그 자체로 갖고 있는 성질들이 아니라 우리의 몸이 겪는 것들이기 때문에, 그것들을 설명하기 위해서는 감각적 지각에 대한 언급이 필요하다는 뜻이다.

449) 앞서의 이야기에서는 시각 기관에 대한 상세한 설명(45b~46c)과 소리와 청각에 대한 간단한 언급(47c~e)만이 있었다.

450) 여기에서 우선 전제된 혼의 사멸하는 부분들과 몸의 주된 기관들에 대한 언급은 제3부에 해당하는 69a 이후부터 하게 된다. 그리고 여기서부터 63e 끝에 이르기까지는 촉감과 관계되는 물체의 성질들을 다루게 된다.

451) 불의 가르고 베는 작용은 불을 구성하고 있는 정4면체의 구조와 관련해서 하는 말이다.

61e

지각하고 있으니까요. 면들의 섬세함, 각들의 예리함, 입자들의 작음,
운동의 빠름, 이 모두로 해서 불은 강렬하고 예리한 것이어서, 그것이
62a 부딪치는 것을 언제나 날카롭게 베는데, 그것의 형태의 형성을 기억하
는 우리로서는 무엇보다도 다름 아닌 그런 성질(physis)이 우리 몸을
가르고 잘게 쪼개기에, 우리가 오늘날 그럼직하게 '뜨거움'[453]이라고
말하는 이 성질(느낌: pathēma)과 이름을 갖게 했다고 생각해야만 합
니다. 이와 반대되는 성질은 명백한 것이지만, 그렇더라도 설명에 있
어서 부족함이 없도록 하죠. 그야 몸 주위에 있는 액체의 입자들 가운
데 한층 큰 입자들이 몸 속으로 들어갈 때, 한층 작은 것들[454]을 밀어
내지만, 그것들의 자리[455]로 들어갈 수는 없어서 우리 몸 안의 습기를
b 압축하고, 균등하지 못하고 운동하던 것을 균등성과 압축에 의해 움직
이지 않게 만듦으로써 응고시키니까요. 그러나 본성에 어긋나게 압축
된 것은 본성에 따라서 반대 (원래) 상태로 그 자신을 되돌려 놓느라
싸웁니다. 이러한 싸움과 흔들림에 '떨림'과 '한기'란 이름이 주어지
고 이 모든 상태(느낌: pathos)와 그것을 일으키는 것은 '차가움'이란
이름을 갖게 됩니다. '딱딱함'(단단함)은 우리의 살이 눌리어 들어가
게 되는 그런 모든 것에 대한 표현인 반면에, '보드라움'은 살에 눌리

---

452) '날카로운'이라고 옮긴 헬라스어는 oxy인데, 이 말은 앞서 불의 입자를 구성하고 있는 정사면체에 대해 사용된 표현이다. 56a5에서 정사면체는 가장 모가 진(날카로운: oxytaton) 것이며, 그것의 날카로움에 의해서 다른 입자들을 쪼개는 것으로 이야기(56e~57a)되었다.

453) '뜨거움'의 원어는 thermos인데, 여기서는 이 말을 '쪼갠다'는 뜻을 지닌 kermatizō 및 '조각'을 뜻하는 kerma와 연관시켜 생각하면서, 그런 명칭을 쓰게 되었을지도 모르겠다는 농언 성격의 어원 풀이를 하고 있는 것으로 볼 수 있겠다.

454) 여기서 한층 작은 입자들은, 59a의 냉각과 응고 현상에 대한 설명과 59d~e의 물이 어는 현상에 대한 설명을 염두에 둘 때, 불 입자들을 가리키는 것으로 보인다.

455) 불 입자들이 있던 자리를 말한다.

어 들어가게 되는 모든 것에 대한 표현입니다. 이것들은 서로에 대해서도 이런 관계에 있습니다.[456] 또한 작은 면(바닥) 위에 서 있는 모든 것은 눌리어 들어갑니다. 그러나 사각형의 면들로 구성된 것은, 충분히 [받쳐진 상태로] 서 있기 때문에, 가장 반발성이 강한 종류의 것 c
이거니와, 무엇이든 가장 조밀하게 결합된 것 또한 가장 크게 반발하는 것입니다.[457] '무거움'과 '가벼움'은 '아래'와 '위'라 불리는 성질과 함께 검토됨으로써 가장 분명하게 설명될 것입니다. 우주를 자연적으로 둘로 나누고 있는 두 개의 대립된 지역(topos)이 있다고, 즉 그 하나는 '아래'로서, 어떤 물체의 덩어리를 갖고 있는 것은 모두가 이리로 이동하고, 다른 하나는 '위'로서, 모든 것이 마지못해 이곳으로 올라가게 되는 것이라고 생각하는 것은 실은 결코 옳지 못한 일이기 때문입니다. 온 천구는 구형(球形: sphairoeidēs)이기 때문에, 중심에서 d
같은 거리로 떨어져 있는 모든 끝점은 성질상 같은 방식으로 끝점이어야 하고, 반면에 중심은 모든 끝점으로부터 동일한 거리로 떨어져 있기 때문에, 그것들 모두와 대립한 곳에 있는 것으로 생각해야 합니다. 우주야말로 본성상 그러한 것일진대, 누군가가 [방금] 언급된 것들(끝점들) 가운데 어느 것을 '위' 또는 '아래'로 주장함으로써 전혀 적합하지 않은 표현(onoma)을 말하고 있는 것으로 간주되는 것이 정당하지 않을 수 있겠습니까? 우주에 있어서 중심 지역은 그 성질상 아래로 말하는 것도 위로 말하는 것도 정당하지 못하고, 바로 중심에 있는 것이기 때문입니다. 반면에 [구형의] 둘레는 물론 중심도 아니며, 그것의 어떤 부분도 중심과의 관계에 있어서 다른 부분과 대립적인

456) 이 말은 '딱딱함'(단단함)과 '보드라움'이 단지 우리의 지각과 관련해서만 의미를 갖는 것이 아니라, 물체들 상호간의 관계에서도 성립함을 의미한다.

457) 플라톤은 '딱딱함'(단단함)의 원인을 형태의 측면만이 아니라 조밀함의 측면에서도 설명하고 있다. 이에 관해서는 앞서 59c의 구리에 대한 주석을 참조할 것.

62d

부분들 가운데 하나라는 것 이상으로 어떤 차이도 갖는 게 아닙니다.[458] 어떤 것이 본성상 모든 방향으로 똑같을 때, 누군가가 이것에 무슨 종류의 상반되는 표현들을 적용하고 또한 어떻게(무슨 뜻으로) 적용하게 되어야 훌륭하게 말하는 것으로 간주될 수 있을까요? 만일
63a 우주의 중심에 균형을 유지하고 있는 어떤 입체[459]가 있다면, 그것은 [그 둘레의] 끝점들 가운데 아무 쪽으로도 결코 옮겨가지 않을 것인데, 이는 그 끝점들의 모든 방향에 걸친 유사성(동일성) 때문입니다.[460] 그러나 누군가가 그 주위로 빙 돈다면, 그는 여러 차례에 걸쳐 그것의 대척점(對蹠點)에 서게 되어, 같은 지점을 '아래'로 그리고 '위'로 지칭할 것입니다. 방금 언급되었듯이, 우주 전체는 구형이기 때문에, 어떤 지역을 아래로 다른 지역을 위로 말하는 것은 실은 사리를 알지 못하는 짓입니다. 이런 표현들이 어떤 연유로 해서 쓰이게 되었으며 그리고 이것들이 어떤 경우들에 적용되기에 우리가 온 천구조차도 이 표현들을 통하여 이런 식으로 나누어서 말하는 버릇을 들이게
b 되었는지, 이에 대해 우리가 다음과 같이 가정해 봄으로써 합의를 보게 되어야만 합니다.[461] 우주에 있어서 특히 불의 종류(성질을 지닌 것: physis)가 할당받은 지역[462]에는 불이 이동해 가서 그것의 대부분

---

458) 이 구절에서 플라톤이 말하고 있는 것은 구형인 우주 둘레의 어떤 부분도 그것과 대립해 있는 부분들보다 중심에 더 가깝지 않다는 것이다. O'Brien, 12면 참조.

459) 지구를 가리키고 있는 것으로 보인다.

460) 플라톤은 《파이돈》 편 108e~109a에서 지구가 천구 한가운데에 머물러 있는 까닭을 설명하면서 같은 방식의 논증을 사용하고 있다.

461) 플라톤은 우리가 우주의 지역을 구분해서 위 또는 아래로 잘못 일컫게 된 까닭을 무거움과 가벼움의 성질에 대한 설명을 통해서 밝히고 있다. 그의 설명을 이해하기 위해서는 그가 '무게'를 물체들이 자신과 동류의 것으로 향하려는 경향에서 찾고 있고, 그것들이 향하는 방향을 아래로 가정하고 있다는 점을 유념할 필요가 있다.

462) 플라톤은 우주를 구성하고 있는 4원소들이 각기 고유한 지역을 차지하

63b

이 집결되어 있겠는데, 만일에 누군가가 그 위에 올라서서 이렇게 할 수 있는 힘을 갖고 있다면, 즉 불의 부분들을 떼어 내어서 이것을 저울[463] 위에 놓고 달아 보고서는, 저울대를 들어올려서 불을 이질적인 공기 쪽으로 강제로 당긴다면, 큰 부분 쪽보다는 작은 부분 쪽이 아마도 쉽게 이끌리지 않을 수 없게 될 것이 분명합니다. 두 개가 한[번 쓰는] 힘에 의해서 동시에 들어올려질 경우에, 당겨짐에 있어서 더 적 c
은 쪽은 더 많이, 더 많은 쪽은 덜 그 힘에 이끌릴 게 아마도 필연적일 것이기 때문입니다. 그래서 많은 쪽은 무겁고 아래로 이동하는 것으로 일컫게 되나, 작은 것은 가볍고 위로 이동하는 것으로 일컫게 되는 게 필연적입니다. 바로 이 똑같은 짓을 우리가 이 고장에서 하고 있다는 것을 알아야만 합니다. 실은 우리가 지구 위에 서서 흙의 부류 혹은 때때로 흙 자체를 갈라내면서,[464] 우리는 그것들을 이질적인 공기 쪽으로 강제로 그리고 그 본성에 어긋나게 끌어당깁니다. 그러면 양쪽 것들[465]은 자신과 같은 부류에 달라붙으려 하지만, 더 작은 쪽 것이 더 큰 쪽 것보다 우리의 강제에 쉽게 그리고 먼저 이질적인 쪽 d
으로 딸려 옵니다. 그래서 우리는 이것을 '가볍다'고 말하고, 우리가 그 쪽으로 강제하는 지역을 '위'로 일컫는 반면에, 이것들과 반대되는 상태(성질, 처지: pathos)를 '무겁다'고 그리고 '아래'라 합니다. 따라서 이러한 표현들은, 부류들의 주된 덩어리들이 서로 반대 지역을 점

고 있는 것으로 보고 있는데(57c 참조), 흙은 우주의 중심에, 불은 우주의 둘레에, 그리고 공기는 이 둘 사이에 있는 것으로 가정하고 있다.

463) 아마도 천평칭(天平秤) 같은 대저울로 생각해야 할 것 같다.

464) 영어 earth에 흙·땅·지구 등의 뜻이 있듯, 헬라스말 gē에도 똑같은 뜻들이 있다. 앞(b)에서 어떤 사람이 불의 지역에 올라서서 불의 부분들을 갖고서 '가벼움'과 '무거움' 및 '위'와 '아래'의 실험을 했듯, 이번에는 '땅'(지구) 위에서 '흙'을 갖고서 이 실험을 해 보는 것으로 생각하면 되겠다.

465) 천평칭과 같은 저울의 양쪽에 올려진 흙이나 양손에 쥔 흙의 경우를 생각하면 되겠다.

63d

유하고 있음으로 인해서, 그것들끼리도 서로 다르게 마련입니다.—한 지역에서 가벼운 것은 반대되는 지역에서 가벼운 것과, 무거운 것은
e 무거운 것과, 아래는 아래와, 위는 위와 모두가 서로 반대로 되며 엇나가게 되고 모든 방식으로 다르게 되며, 또한 그런 식이라는 것이 드러나게 될 것이기 때문입니다.—그렇지만 이것들 모두와 관련해서 다음 하나를, 즉 [물체들] 각각에는 자신과 같은 부류의 것으로 향하는 이동이 있어서 [거기로] 이동하는 것을 '무거운 것'으로 만들되, 그와 같은 것이 이동해 가는 지역을 '아래'로 만드는 반면에, 이것들과 반대되는 상태에 있는 것들은 대립되는 것들로 만든다는 것을 염두에 두고 있어야만 합니다.[466] 다시 이 상태(성질)들과 관련해서는 이것들을 그 원인들이라 해 두죠. 더 나아가, '매끄러운' 성질(상태)과 '거친' 성질(상태)의 원인에 대해서는 아마 모두가 알고 있어서 다른 사람에게도 설명해 줄 수 있을 것입니다. 그 하나는 딱딱함이 고르지 못한 상태와 섞일 때 생기는 것이고, 다른 하나는 고른 상태가 빽빽함과

466) 우주의 둘레를 따라 있는 것으로 가정된 불의 지역과 우리가 살고 있는 우주의 중심(지구)에서, 무거움과 가벼움 그리고 위와 아래가 서로 상대적으로 적용된다는 플라톤의 설명은 다음과 같이 요약해서 이해해 볼 수 있겠다. ① 무거움과 아래: 중심에서 측정할 때는, 흙의 큰 덩어리는 자신의 고유한 지역으로 돌아가려는 강한 경향을 갖고 있고, 이런 경향이 강한 것이 더 무거운 것으로 간주된다. 그리고 중심으로 향하는 운동은 아래로 향하는 운동으로 일컬어진다. 반면에, 우주의 둘레에서 측정할 때는, 불의 큰 덩어리는 그 자신의 고유한 지역으로 향하려는 강한 경향이 있고, 이런 경향이 강한 것일수록 더 무거운 것으로 간주된다. 그리고 우주의 둘레로 향하는 운동이 아래로 향하는 운동이 될 것이다. ② 가벼움과 위: 중심에서 측정할 때는, 작은 흙덩어리는 더 쉽게 들어올려질 것이고, 따라서 더 가벼운 것이 된다. 그리고 중심에서 멀어지는 운동이 위로 향하는 운동이 된다. 반면에, 우주의 둘레에서 측정할 때는, 작은 불덩어리는 자기 지역에서 더 쉽게 들어올려질 것이고, 따라서 더 가벼운 것이 된다. 그리고 우주의 둘레에서 멀어지는 운동이 위로 향하는 운동이 될 것이다. 이 문제에 대한 자세한 논의는 O'Brien, 3면 이하를 참조할 것.

섞일 때 생기게 되니까요. 64a

몸 전체와 관련된 공통된 감각적 성질들(느낌들: pathēmata)과 관련해서 가장 중요한 것이면서도 [고찰할 것으로서] 남아 있는 것은 우리가 이미 자세히 언급한 것들에 있어서 즐거운 느낌들과 고통스런 느낌들의 '원인이 되는 것'(to aition)에 관한 것이며, 또한 몸의 부분(기관)들을 통해서 감각적 지각(aisthēsis)들을 갖게 하고 그 속에 즐거움(쾌락: hēdonē)[467]들과 고통(lypē)들을 동시에 동반하는 것들(느낌들)로서 갖게 하는 모든 감각적 성질입니다. 따라서 우리는 감각적으로 지각할 수 있거나 지각할 수 없는 모든 성질(pathēma)과 관련된 원인들을 다음과 같은 식으로,[468] 즉 앞서 우리가 구분했던 쉽게 움직이는 것과 움직이기 힘든 것의 성질(physis)[469]을 기억함으로써 이해 b
하도록 합시다. 그야 물론 우리가 이해하려고 의도하고 있는 모든 것은 이런 식으로 추구되어야만 하기 때문입니다. 성질상 쉽게 움직이는 것은, 경미한 자극(pathos)이라도 그것에 미칠 때에는, 한 부분이 다른 부분들에 똑같은 작용을 해서 이를 돌아가며 전달하는데, 그것들이 [혼에 있어서] 분별하는 부분(to phronimon)[470]에 도달해서 그 자극을

467) hēdonē(pleasure)를 '쾌락'으로 앞세워 번역하지 않고, '즐거움'을 앞세우는 데에는 이유가 있다. 이를테면, 《국가》 편의 328d에서 보듯, 육신과 관련되어서는 '쾌락'이라 해도 되겠지만, 대화의 경우에는 '즐거움'이 자연스럽다. 책을 읽는 '즐거움'이 자연스럽지, '쾌락'은 아무래도 맞지 않다.

468) pathēmata와 감각적 지각(aisthēsis)의 연관성은 다음과 같이 설명된다. 우선 감각적 지각은, 42a에서 이미 언급되었듯이, pathēmata로 인해 생긴다. 그러나 pathēmata가 있는 것만으로 감각적 지각이 생기는 것은 아니다. 64c에서 언급되듯이, 뼈와 머리카락 등 자극을 전달하지 못하는 것들에서는 감각적 지각이 생기지 않는다. 감각적 지각은 pathēmata로 인해 생긴 자극들(운동들)이 혼에까지 전달될 때에만 생긴다. 이 점은 이미 43c에서 지적되었고, 즐거움(쾌락)과 고통의 느낌에 대한 현재의 설명에도 그대로 적용되고 있다.

469) 56a, 58e~59a 참조.

64b

일으킨 것의 성질(힘: dynamis)을 알려 줄 때까지 그렇게 하니까요. 반면에, 이와 반대되는 것[471]은 가만히 있는 것이어서, 결코 돌아가며 전하는 일이 없이, 자신만 그 자극을 겪을 뿐, 인접한 다른 것들 중의
c 어느 것도 움직이게 하지 않습니다. 그래서 부분(입자)들은 다른 부분(입자)들에 서로 그것을 전달하지 못하기 때문에, 이것들에 있어서 처음의 자극은 전체로서의 그 생물로 옮겨가지 못하게 되어, [이를] '겪게 되는 자'(to pathon)[472]로 하여금 그걸 지각하지 못한 채로 있게 합니다. 이런 일들은 뼈와 머리카락 그리고 우리 안에 지니고 있는 주로 흙의 성분들로 이루어진 다른 모든 부분의 경우에 해당되는 것입니다. 반면에 앞서 말했던 것들은 무엇보다도 시각과 청각에 해당되는데, 그건 이것들의 경우에는 불과 공기의 성질(힘)이 주류를 이루고 있는 탓입니다.[473] 그러면 즐거움(쾌락)과 고통의 느낌은 다음과 같이 생각해야 할 것입니다. 자연스럽지 못하게(para physin) 무리하게 한꺼
d 번에 우리에게 일어나는 느낌(pathos)은 고통스런 것이지만, 자연스러운 상태로 다시 한꺼번에 돌아가는 것은 즐거운 것입니다.[474] 그러나 이것들이 조용히 그리고 조금씩 일어나는 것은 지각되지 않지만, 이와 반대로 [앞의 경우들처럼] 일어나는 것은 반대로 됩니다. 쉽게 일어나

---

470) 원어 to phronimon은 형용사를 명사화한 것으로서, 그 다음에 있어야 할 meros(부분)를 생략한 채로 쓰는 용법의 경우이다. 따라서 Cornford나 Müller & Schleiermacher처럼, 바로 '의식'으로 번역하는 것은 다소 무리가 있다. 왜냐하면 '의식'과 '의식 작용을 하는 부분'은 구별되어야 하겠기 때문이다.

471) '성질상 움직이기 힘든 것'을 가리킨다.

472) 외부의 자극을 겪게 되는 생물, 즉 '지각하는 자' 또는 '지각 주체'를 뜻한다.

473) 시각과 불의 연관성에 대해서는 45b~47c를, 그리고 청각과 공기의 관계에 대해서는 67b~c를 참조할 것.

474) 여기서 자연스런 상태와 그렇지 못한 상태는 우리의 기관을 구성하는 입자들의 상태와 관련해서 하는 말로 보인다.

64d

는 것은 모두가 가장 잘 지각될 수 있지만, 고통과 즐거움에는 관여하
지 않습니다.[475] 이를테면, 이는 시각 광선 자체와 관련해서 일어나는
상태들인데, 이 시각 광선은 앞서 낮에 우리와 합쳐지게 되는[476] 물
질로 언급되었습니다. 시각 광선에 있어서는 벰과 태움[477] 그리고 그
것이 겪는 다른 모든 것이 고통을 생기게 하지도 않지만, 그것이 다시
원래의 상태(모습)로 돌아갈지라도 즐거움을 생기게 하는 일도 없으 e
니까요. 그건 그 지각들이 아무리 강하고 또렷할지라도 그렇습니다.
그것이 무엇을 겪고서 또는 그것이 하고많은 것과 어떤 식으로 부딪
쳐 접촉하게 되어서 갖게 된 지각들이건 간에 말씀입니다. 시각 광선
의 나뉨과 모임에는 강제가 전혀 없기 때문이죠.[478] 반면에 더 큰 입
자들로 이루어진 몸의 기관들은 그것들에 작용을 미치는 것에 어렵게
굴복을 하지만, 몸 전체에 운동들을 전달함으로써, 즐거움과 고통을
갖게 되나, 정상적인 상태에서 멀어지게 되면 고통들을 갖게 되고, 그
것으로 되돌아가게 되면 즐거움들을 갖게 됩니다. 한데, 그것들의 정 65a
상적인 상태에서 떠남(apochōrēsis)들과 비워짐(kenōsis)들은 조금씩

475) 육체적인 즐거움과 고통은 우리의 기관을 구성하는 입자들에 어느 정도의 저항이 있을 때 생긴다. 그렇지 않을 경우 우리가 어떤 것을 분명히 지각하더라도, 그것이 물리적인 고통이나 즐거움을 야기하지 못한다. 이러한 예로 시각 현상이 제시된다. 우리가 눈을 통하여 어떤 것을 볼 때, 우리에게서 시각 광선이 나가는 것으로 가정되는데, 이것은 아주 미세하고 빠르게 움직이는 불 입자들로 구성되어 있다. 이 때문에 시각 광선은 그것이 어떠한 것과 마주치더라도 저항을 하지 않는다. 따라서 우리가 설사 불꽃이나 날카로운 칼 같은 것을 보더라도, 이런 대상에 의해서 고통이 생기지 않는다.

476) 45b에서 우리 안에 있는 순수한 불과 빛을 제공하는 낮에 특유한 물질은 동기간의 것으로 언급되었기 때문에 하는 말이다.

477) 이는 입자들에 있어서 일어나는 일이다.

478) 나뉨(diakrisis)과 모임(synkrisis)이란 표현은 67d 이하에서 빛깔을 설명할 때, 시각 광선의 확장과 수축을 가리키는 말로 사용된다.

65a

겪되, 채움(plērōsis)들은 한꺼번에 크게 겪게 되는 모든 것은 비워짐에 대해서는 지각하지 못하지만, 채움에 대해서는 지각하게 되어서, 혼의 사멸하는 부분에 고통은 제공하지 않고, 큰 즐거움을 제공합니다.[479] 이는 좋은 냄새(향기)의 경우에도 분명합니다.[480] 그러나 정상적인 상태에서 멀어지는 건, 한꺼번에 되면서도, 다시 그것들에 있어
b 서 그것으로 되돌아가는 것이 조금씩 힘들게 일어나는 경우의 것들은 모두가 이전과는 정반대의 상태를 야기합니다. 이러한 것들이 또한 몸에 있어서 태움과 벰의 경우에도 일어난다는 것은 명백합니다.

그러니까 몸 전체에 공통되는 느낌들(pathēmata)과 그것들을 일으키는 것들에 대해 생기게 된 이름들은 실상 거의 언급되었습니다.[481] 이번에는 우리 몸의 특수한 부분들(기관들)에서 일어나는 일들과 그것들을 일으키는 것들의 상태들(pathē) 및 그 원인들도, 우리가 할 수만
c 있다면, 말하도록 해야만 합니다. 그러므로 먼저, 우리가 앞서 즙에 관해서 말하면서 그 언급에서 빠뜨렸던 것들,[482] 즉 혀의 고유한 느낌들을 가능한 한에 있어서 밝혀야만 합니다. 이것들 또한, 다른 많은 것이 그렇듯, 어떤 수축(synkrisis)과 확장(diakrisis)[483]을 통해서 생기는 것

---

479) 몸과 관련된 고통과 즐거움(쾌락)을 각각 '비워짐'(kenōsis)과 '채움'(plērōsis)의 관점에서 보는 플라톤의 견해는 《고르기아스》 편 492e~494e, 《국가》 편 제9권 583c 이하, 《필레보스》 편 31d 이하에서도 찾아볼 수 있다.

480) 《국가》 편 제9권 584b와 《필레보스》 편 51b에서도 향기와 관련된 즐거움은 그에 앞서 고통을 동반하지 않는 것으로 제시되며, 순수한 즐거움의 예로 언급된다.

481) 촉감과 즐거움(쾌락) 및 고통에 관련된 언급을 끝내고, 이제 맛·냄새·소리 및 빛깔과 관련된 특수한 감각 기관들에 대한 언급을 하게 된다(65b~68d). 먼저 65b~66c에서는 맛에 관한 언급이 있게 된다.

482) 앞서 60a~b에서 즙(khymos)의 종류들과 즙의 맛의 특징에 대한 간단한 언급이 있었지만, 이에 상응하는 혀에서 일어나는 과정에 대한 언급은 없었다.

65c

으로 보이며, 이들 작용 이외에는 다른 것들보다도 거칢과 부드러움에 다소 더 관계하는 것으로 보입니다. 혀에 있어서 [맛을] 시험하는 기구이기라도 한 것처럼, 심장에까지 뻗어 있는 작은 관(管)들[484] 속으로 들어오게 된 흙의 입자들[485]이 살의 축축하고 부드러운 부분들에 d
부딪쳐서 녹게 되면, 그것들은 그 작은 관들을 수축시키고 마르게 하니까요. 한데, 그것들이 좀더 거친 것일 경우에는 '떫은' 것이 되나, 좀 덜할 경우에는 '떠름한' 것으로 나타납니다. 작은 관들을 세정하고 혀 주위의 모든 것을 씻어 내는 것들이 이 일을 적절한 정도(to metrion)를 지나쳐 하게 되어 추가적인 작용까지 하여, 이를테면 탄산소다의 성질이 그렇게 하듯이, 혀의 조직 자체를 부분적으로 녹일 정도가 되면, 그와 같은 것들은 모두 '쓴' 것이라 일컬어집니다. 그러나 e
탄산소다의 상태에는 좀 못 미치면서도 그리고 적절한 정도로 세정하는 데 이용되는 것들은 쓴맛의 까칠함은 없이 '짭짤한' 것으로 그리

483) 플라톤은 우리가 감각기(感覺器)를 통해서 그에 상응하는 대상의 성질들(pathēmata)을 지각할 때, 외적 대상을 구성하고 있는 입자들이 감각 기관을 구성하고 있는 입자들에 수축(synkrisis)과 확장(diakrisis)의 물리적 과정을 일으키는 것으로 보고 있다. 이에 대해서는 67d5~e2의 언급과 그곳의 주석도 참조할 것.

484) 신경의 존재에 대해 몰랐던 것으로 알려지고 있는 플라톤은 혀에 있는 아주 작은 관들(ta phlebia)이 신경의 기능을 하는 것으로 본 것 같다. 이것들은 맛을 보기 위한 일종의 기구(器具, dokimion)와 같은 것이며 우리가 맛보는 액체 상태의 물질을 전달하는 통로 역할도 하는 것으로 가정되고 있다.

485) 이것들은 물에 의해서 해체될 수 있을 정도로 덜 조밀하게 결합되어 있는 흙 입자들을 가리키는 것으로 보인다(60e 참조). 이런 입자들은 축축한 상태로 있는 혀의 살에 부딪쳐서 녹게 됨으로써 지각될 수 있게 된다. 플라톤은 모든 맛이, 입 안으로 들어오기 전이든 들어온 후이든 간에, 액체 상태로 있는 것들에서 생긴다고 보았다. 이 점에 있어서는 아리스토텔레스도 같은 생각을 갖고 있다. 《혼에 관하여》(*De Anima*) 422a17~18. Cornford, 270면 각주 2 참조.

65e

고 우리에게 한결 더 친근감을 느끼게 하는 것으로 나타납니다. 한편 입의 열과 결합해서 그것에 의해 부드럽게 되는 것들은 함께 뜨겁게 되고,[486] 자신을 뜨겁게 하는 것을 역으로 다시 뜨겁게 하며, 그것들의 가벼움 때문에 머리의 감각 기관들(aisthēseis)[487]을 향해 위로 올
66a 라가서 그것들이 부딪치는 모든 것을 베게 되는데, 이런 성질들 때문에 그러한 모든 것은 '맵다'고 합니다. 다른 한편 부패로 인해서 [조직이] 엷어지게 되어 좁은 관들로 들어가게 되는 것들의 입자들[488]은, 거기에 있는 흙의 성분을 지니고 있는 입자들과 공기의 입자들에 대해서 비례 관계(symmetria)[489]를 이룸으로써, 이것들[490]을 운동하게

486) 여기서 뜨겁게 되고 매운 맛을 느끼게 하는 물질들은 물을 포함하고 있는 것으로 보인다. 물의 입자들은 불의 입자들로 변환될 수 있기 때문에 이런 말을 할 수 있다. Cornford, 271면 각주 1 참조.

487) aisthēsis는 '감각 기관'(aisthētērion)의 의미로도 사용된다.

488) τὸ δὲ αὖ τῶν을 τὰ δὲ αὖ τῶν으로 읽었다.

489) 플라톤은 이곳에서만이 아니라 67c 이하에서 빛깔에 대한 지각을 설명하면서도 지각의 대상을 구성하는 입자들과 감각기를 구성하는 입자들간에 symmetria가 성립함을 언급하고 있다(67c7에서는 symmetria의 형용사인 symmetros가 사용되고 있음). 원래 symmetria는 한 종류의 사물과 다른 종류의 사물을 어떤 척도를 갖고 비교할 때 성립하는 비례를 뜻하는데, 이것들이 조화를 이룰 때 균형의 뜻을 갖는다. 그런데 감각적 지각에 대한 설명과 관련해서 언급되고 있는 symmetria는 균형의 뜻으로 사용된 것으로 보기는 힘들다. 왜냐하면 오관의 각각이 관여하는 감각적 지각의 다양성을 설명하기 위해서는 그때마다 감각 대상과 감각기 간에는 '균형' 아닌 상이한 비례 관계가 성립해야만 하겠기 때문이다. 따라서 플라톤은 감각적 지각이 생길 때, 지각 대상을 구성하는 입자들과 감각기를 구성하는 입자들 간에는, 그것들의 운동 속도, 구조, 그 수 등과 연관되어, 양적으로 잴 수 있는 비례 관계가 성립한다는 것을 염두에 둔 것으로 보인다. 이와 관련해서 Brisson은 플라톤에 있어서 감각적 지각을 일종의 '재는 작용'(measuring operation)으로 파악하고 있다. L. Brisson, Plato's Theory of Sense Perception in the *Timaeus*, *Proceedings of the Boston Area Colloquium in Ancient Plilosophy*, Vol. XIII, 1997(Brill 1999), 155~156면 및 169~170면 참조.

66a

하여 서로 돌아가며 휘젓게 만들고, 일단 휘저어짐으로써 에워싸는 꼴을 이루어, 한 종류의 입자들이 다른 종류의 입자들 안으로 들어가게 되면, 이것들은 안으로 들어온 것들을 에워싸고 공동(空洞)을 만들게 됩니다.—공기 둘레를 에워싸고 퍼진 수분의 공동을 이룬 입자들은, b
때로는 흙의 성분을 지닌 것이기도 하고, 때로는 순수한 것이기도 한데, 공기를 담고(머금고) 있는 수분의 용기(容器)들, 즉 둥글게 맺힌 공동의 물[방울들]이 됩니다. 이것들 중에서 순수하고 투명한 수분으로 싸인 경우의 것들은 '거품들' 이란 이름으로 불리지만, 흙의 성분을 갖고 있고 운동을 하게 됨과 함께 위로 올라가는 것들은 '부글거림' 이나 '발효 작용' 이란 이름으로 불립니다.—이 사태들의 원인이 되는 것을 '신맛' 이라고 합니다.[491] 이것들[492]과 관련해서 언급된 모든 것에 반대되는 상태는 반대되는 원인에 기인합니다. 액체 상태의 것들로 c
들어간 입자들[493]의 구조가, 혀의 [정상적] 상태(hexis)에 성질상 친근한 것이어서, 까칠해진 부분들에 칠[494]을 해서 매끄럽게 만드는가 하면, 부자연스럽게 쪼그라졌거나 팽창된 것들을 한편으론 오므라들게 하는가 하면, 다른 한편으론 풀어 주는 식으로 하여 모든 것을 최대한 자연스런 상태에 있게 해 줄 때, 강제적인 상태들의 그와 같은 치료제는 모두가 모든 이에게 즐겁고 사랑받는 것이 되어서 '단맛'[495]이라

490) 흙과 공기의 입자들을 가리킨다.

491) 신 것이 일으키는 작용에 대한 이러한 설명은 60b에서 신맛의 즙(opos)에 대한 설명과 연관해서 이해할 필요가 있다. 왜냐하면 플라톤은 60b4에서 opos를 '거품의 종류' 로 말하고 있는데, 66b에서의 '거품' 또는 '발효 작용' 에 대한 언급은 이를 상세히 설명하고 있는 것이기 때문이다. 이에 대한 자세한 논의는 O'Brien, 118~123면을 참조할 것.

492) 앞서 언급된 여러 가지의 맛, 즉 떫은 맛, 쓴맛, 매운 맛, 신맛 등을 가리키는데, 단맛은 이 모든 것에 대립한다.

493) 예를 들어, 꿀과 같은 것의 입자들을 가리킨다.

494) 아래에서 언급되고 있듯, 단맛이 도는 것을 칠하게 되는 경우를 말한다.

495) 단맛에 대한 설명은 60a~b에서 언급된 단맛의 즙에 대한 설명과 연관해

불립니다.

d 이것들에 관해서는 이로써 된 걸로 하죠.[496] 다음으로, 콧구멍의 기능과 관련된 일정한 [냄새의] 유형들은 없습니다. 냄새들의 경우는 모두가 중간 형태의 것이어서, 어떤 [특정한] 냄새를 갖기 위한 일정 비율(symmetria)이 어느 [물체의] 도형[497]에도 없으니까요. 한데, 냄새들과 관련된 우리의 관들[498]은 흙과 물의 부류에 대해서는 너무 좁게 구성된 반면에, 불과 공기의 부류에 대해서는 너무 넓게 구성되었습니다. 이 때문에 어떤 사람도 이것들 가운데 어떤 것의 냄새도 결코 지각한 적이 없습니다. 그러나 어떤 물체들이 축축해지거나 부패되거나 녹거나 기화(氣化)될 때는 냄새들이 생깁니다. 물이 공기로 혹은 공기

e 가 물로 바뀔 때, 그 중간 상태에서 냄새가 발생하니까요. 모든 냄새는 증기(연기)나 안개인데, 이 중에서 공기에서 물로 이행하고 있는 것은 안개인 반면에, 물에서 공기로 이행하고 있는 것은 증기(연기)입니다. 그 때문에 모든 냄새는 물보다 더 미세한 반면, 공기보다는 더 굵습니다. 이는 어떤 이가 호흡을 막는 것을 놓고서 억지로 숨을 들이쉴 경우에 밝혀집니다. 그땐 어떤 냄새도 함께 통과하지 못하고, 냄새가 제

67a 거된 공기만이 따라올 뿐일 테니까요. 따라서 이들 다양한 냄새들은 두 종류의 이름 없는 것들로 됩니다. 그것들은 여러 종류의 것들로도 단순한 종류들로도 이루어져 있지 않거니와, 여기서는 단지 '기분 좋은 것'(to hēdy)과 '불쾌한 것'(to lypēron) 두 가지만 뚜렷한 것들로

서 이해할 필요가 있다.

496) 여기서부터 67a에 걸쳐 냄새에 관련된 언급을 하게 된다.

497) 여기서 도형(eidos)은, Cornford의 주장대로, 물·불·공기 등의 정다면체의 도형, 즉 구조적 형태를 의미하는 것으로 보아야 할 것 같다. Cornford, 272면 각주 1 참조.

498) 앞서 65c에서 맛을 판별하는 혀의 신경 아닌 관(管)들을 말했듯, 여기에서도 콧구멍에 신경 아닌 관들이 있는 것으로 생각하고서 이런 말을 하고 있다. 65c 해당 주석 참조.

말할 것이니, 뒤엣것은 우리의 머리 꼭대기와 배꼽 사이에 있는 강(腔)[499] 전체를 거칠게 하고 거부감을 주는 것이지만, 앞엣것은 같은 부분을 부드럽게 하고 다시 그것을 자연스런 만족한 상태로 돌려놓습니다.

한데, 이 고찰을 하고 있는 우리에게 있는 셋째 감각기(感覺器)는 청각에 관련된 것인데, 우리는 이것과 관련된 상태들(pathēmata)이 어 b
떤 원인들로 해서 생기는지를 말해야만 합니다.[500] 실상 일반적으로 말해 '소리'는 공기에 의해 귀를 통해서 뇌와 피를 거쳐 혼에까지 전달되는 충격[501]으로 보되, 이것에 의한 운동, 즉 머리에서 시작하여 간의 자리 주변에 도달하는 운동을 '들음'으로 보도록 하죠. 이 운동이 빠른 것일 경우에는 높은 소리를, 한결 느린 것일 경우에는 낮은 소리를 냅니다. 그러나 일정한 운동은 고르고 부드러운 소리를, 이와
반대되는 운동은 거친 소리를 냅니다. 또한 심한 운동은 큰 소리를, 이 c
와 반대되는 것은 작은 소리를 내고요. 소리들의 협화와 관련된 것들은 나중에 하게 되는 논의에서 반드시 언급될 것입니다.[502]

물론 우리에겐 감각적 지각과 관련되는 넷째 부류의 것이 아직 남아 있는데, 이것은 그 안에 여러 다양성을 지니고 있는 것이어서, 구분이 되어야 마땅합니다. 우리는 이 모두를 '빛깔들'이라 부릅니다.[503] 이것은 각각의 물체에서 흘러나오는 광채이며, 감각적 지각이 가능하도록 시각 광선에 대해 비례 관계[504]를 이루는 입자들을 갖고 있습니

499) 사멸하는 혼의 부분들이 거주하는 곳을 가리킨다. 이 부분들에 대해서는 69d~70e에서 설명되고 있다. 여기에서 '강'으로 옮긴 원어는 kytos인데, 이 대화편의 다른 곳에서는 다른 뜻으로 쓰이고 있다. 44a 해당 주석 참조.

500) 67b~c에서 이를 다루고 있다.

501) 당시에는 고막의 존재를 몰랐기 때문에 이런 식의 설명을 하고 있다.

502) 이것에 대해서는 80a에서 다시 거론하게 된다.

503) 빛깔에 관련해서는 67c~68d에서 다루고 있다.

504) 66a의 symmetria에 대한 주석을 참조할 것.

67c

다.[505] 그런데 앞서 한 논의[506]에서는 시각 광선의 생성 원인들과 관
d 련해서만 이 문제가 언급되었습니다. 따라서 빛깔들에 관해서는 다음과 같이 합리적인 설명에 의해 상세히 밝히는 것이 가장 그럼직하고 적합할 것입니다. 다른 물체들에서 나오는 입자들이 시각 광선 속으로 들어가 부딪치게 될 경우에, 어떤 것들은 시각 광선 자체의 입자들보다 작지만, 어떤 것들은 더 크겠고, 또 다른 어떤 것들은 그것들과 크기가 같겠습니다. 한데, 같은 크기의 것들은 지각될 수 없는 것들이며, 바로 이것들을 우리가 '투명하다'고 말합니다. 그러나 더 큰 것들과 더 작은 것들은, 한쪽(앞엣것)이 시각 광선을 수축시키는 것들인 반면에, 다른 쪽은 이를 확장시키는 것들인데, 이것들은 살의 경우에 있어서 뜨거운 것들 및 찬 것들과, 혀의 경우에 있어서 떫은 것들 그리고
e 화끈거리게 하는 것이기에, 우리가 맵다고 하는 모든 것과 동족 관계에 있는 것입니다.[507] 흰 것들과 검은 것들도 그런 성질들과 같은 것들이 다른 부류에 있어서 생긴 것들이니, 이런 이유들로 해서 다른 것들로 나타나는 것들입니다. 따라서 우리는 이렇게 이것들을 지칭해야

505) 빛깔에 대한 지각과 관련해서는, 여기서 언급되고 있는 눈에서 나오는 불과 물체에서 나오는 빛(불) 이외에 낮의 빛을 함께 고려해야 한다. 45b~c에서 언급되었듯이, 낮의 빛은 눈에서 나오는 불과 동기간의 것으로서, 먼저 이 둘이 하나의 같은 성질을 지니는 물질을 형성한 다음, 대상에서 나오는 불과 결합하여 빛깔에 대한 지각이 성립한다.

506) 45b~46c의 언급을 가리킨다.

507) 이곳에서 분명히 언급되듯이 입자들의 확장(diakrisis, 동사는 diakrinō)과 수축(synkrisis, 동사는 synkrinō)은 시각, 촉각(61d~62b), 미각(65c) 등 대부분의 감각적 지각에서 입자들로 구성되어 있는 지각의 대상들이 감각 기관에 일으키는 것으로 가정되는 두 가지 물리적 과정이다. 빛깔에 대한 지각의 경우, 외부의 물체에서 나오는 불의 입자들은 이것들이 눈에서 나오는 불의 입자들보다 작을 때 눈에서 나오는 불의 입자들을 분리시켜서 이것들 사이의 틈을 확장시킨다. 반면에 외부의 물체들에서 나오는 불의 입자들이 눈에서 나오는 불의 입자들보다 더 클 때는, 이것들을 모이게 해서 그것들 사이의 틈을 좁혀 수축시킨다.

67e

만 합니다. 즉 시각 광선을 확장시키는 것은 '희다' 고 하되, 이와 반대되는 작용을 하는 것은 '검다' 고 해야 합니다. 한데, 다른 부류의 불에 속하는 한결 빠른[508] 운동이 시각 광선과 마주쳐서 그것을 눈에 이르기까지 확장시켜서는, 눈물길[509] 자체를 억지로 밀고 들어가서 녹일 경우에, 우리가 '눈물' 이라 부르는 불과 물이 뭉친 상태로 거기에서 68a
흘러나옵니다. 그런데 그 자체가 불인 이 운동은 반대 방향에서 오는 불과 만나는데, 이때 어떤 불은 번갯불처럼 튀어나오는 것인 반면에, 다른 어떤 불은 들어가고 있는 것으로서 습기 주위에서 꺼져 버리는 것인데, 이러한 뒤섞임 속에서 온갖 종류의 빛깔이 생기거니와, 우리는 앞엣것의 상태를 '눈부심' 이라 부르며, 그것을 일으키는 것을 '반짝인다' (밝다)고 하는가 하면 '빛난다' 고도 합니다. 그리고 다시 이것 b
들 사이에 있는 불의 부류[510]는, 눈의 물기에 이르러 그 물기와 섞이기는 하지만 빛나지는 않습니다. 불이 습기와 섞임으로써 습기를 통한 광휘가 핏빛을 띠게 되는 것에 대해, 우리는 '빨강' 이라는 이름으로 부릅니다. 그리고 밝은 빛깔이 붉은빛 및 흰빛과 섞이면 노란빛이 생깁니다. 이것들 사이의 비율이 어떤지를 말한다는 것은, 설사 누군가가 그걸 알고 있다고 할지라도, 분별 있는 일이 못 됩니다. 이에 대해서는 어떤 필연성도, 그럼직한 설명도 누군가가 적절하게 말할 수 있는 게 아닙니다. 그렇지만 빨강이 검은빛 및 흰빛과 혼합되면, 자주색이 됩니다. 한데, 흑갈색은, 이들 혼합된 것들이 태워져서 검정빛이 더 c
섞일 때 생깁니다. 황갈색은 노랑과 회색의 혼합에 의해 생기고, 회색

508) 헬라스어 oxys는 '날카로운', '모가 진', '반짝이는' 등의 의미를 갖고 있지만 운동과 관련해서는 '빠른' 이란 뜻으로 사용된다.

509) 원문은 '눈의 출구' 로 되어 있으나, 우리말로는 적절한 표현일 수 없어서 이렇게 옮겼다.

510) 앞서 언급된 밝고 반짝이는 빛깔을 야기하는 한층 강렬한(빠른) 운동을 하는 불의 입자들과 흰색과 검은색을 야기하는 불의 입자들 사이에 있는 종류를 가리키는 것으로 보인다.

68c

은 백색과 흑색의 혼합에 의해 생기며, 옅은 황색(황토색)은 흰빛이 노란빛과 혼합될 때 생깁니다. 반면에 흰빛이 밝은 빛과 섞인 뒤, 진한 검정빛에 담기게 되면, 검푸른빛이 만들어지고, 검푸른빛이 흰빛과 혼합되면 청록색이, 황갈색이 검은빛과 혼합되어서는 초록색[511]이 생깁
d 니다. 이것들로 미루어, 다른 빛깔들이 어떤 혼합들과 같은(일치하는) 것들로 [묘사]됨으로써 그럼직한 이야기를 유지할 수 있을 것인지는 명백한 일입니다. 그러나 누군가가 이것들에 대한 고찰을 함에 있어서, 실제로 이것들의 시험(basanos)을 하고자 한다면, 그는 인간적인 본성과 신적인 본성의 차이를 모르고 있을 것입니다. 그건 신이 능히 여럿(ta polla)을 하나(hen)로 혼화(混和)하고(synkerannynai) 다시 하나를 여럿으로 해체할 줄도 알며 또한 그렇게 할 수도 있는 반면에, 인간들 중에서는 아무도 이 둘 가운데 어느 것에 대해서도 지금도 그렇지만 앞으로도 결코 능히 할 수 있는 처지가 되지 못할 것이기 때문입니다.

e 생성물들 가운데서도 가장 아름답고 가장 훌륭한 것을 만든 이(dēmiourgos)가 '자족하고 가장 완전한 신'[512]을 탄생시켰을 때, 그는 본성상 필연으로 해서 이런 상태에 있게 된 바로 이것들 모두[513]를

511) '초록색'으로 옮긴 원어는 prasios=prasinos인데, 이는 '연녹색' 또는 '초록색'을 뜻하는 말이고, 현대 헬라스어로도 같은 뜻으로 쓰인다. 그러나 황갈색 또는 밤색이 검은빛과 혼합됨으로써 그런 색이 나온다는 것은 아무래도 이상한 일일 것이니, 헬라스어 빛깔 명칭들에 대한 우리의 이해가 잘못되어 있는지도 모를 일이다.

512) 우주를 가리킨다. 41a~b를 참조할 것.

513) '필연으로 해서 이런 상태에 있게 된 바로 이것들 모두'란 표현을 사용하는 까닭은 데미우르고스의 지성이 개입하기 이전의 물질의 원초적 상태를 앞서 '필연의 산물들'(47e4~5)로 말했기 때문이다. 그러나 여기서 이 구절은 이러한 물질의 원초적 상태만이 아니라 이것에 데미우르고스가 수와 형태(도형)를 부여해 성립시킨 물질들까지를 포함해서 가리키는 것으로 보인다. 왜냐하면 데미우르고스는 "필연의 본성이 자발적으로 승복하거나 설득되는 그런 방식으로"(56c) 수와 형태를 이용해서 물질을 구성하고 있기

받아 가졌습니다. 그는 이것들과 관련된 원인들을 도움이 되는 것들로[514] 이용하는 한편으로, 생성되는 모든 것에 있어서의 '훌륭한 상태'(잘된 상태: to eu)를 그 스스로 궁리했습니다. 바로 이 때문에 우리는 두 가지 종류의 원인(aitia)을, 즉 필연적인 것(to anankaion)과 신적인 것(to theion)을 구분해야만 합니다.[515] 그리고 우리의 본성이 허용하는 한의 행복한 삶을 얻기 위해서는, 모든 것에서 신적인 것을 찾 69a
아야 합니다. 반면에 필연적인 것은 신적인 것을 위해서 찾되, 필연적인 것들 없이는 우리가 열의를 쏟고 있는 신적인 것들이 단독으로는 이해될 수도 포착될 수도 없으며, 또한 달리 어떻게 그것들에 관여할 수도 없다는 걸 생각하고서 해야 합니다.

그러면 이제, 목수들[516]에게 주어진 목재[517]같이, 원인들의 종류들

때문이다. 이처럼 '필연으로 해서 이런 상태에 있게 된 바로 이것들 모두'에 대한 그간의 논의 내용은 다음과 같다. 플라톤은 47e~53b에서는 데미우르고스가 관여하기 이전의 물질의 원초적 상태를 논의한 뒤에, 53c~55c에서 데미우르고스가 기하학적 형태(도형)와 수에 의해 4원소를 구성하는 과정을 언급했다. 그리고 그는 55d~61c에서 4원소의 성질들과 이것들 상호간의 변환 및 4원소의 다양한 부류들과 이것들로 구성된 복합적 물체들을, 그리고 61c 이하에서는 이것들에서 비롯되는 모든 감각적 성질(뜨거움과 차가움, 딱딱함과 부드러움, 무거움과 가벼움, 즐거움과 괴로움, 맛, 냄새, 소리, 빛깔 등)을 모두 물체들의 구조적 측면에서 설명했다. 47e에서부터 시작된 '필연의 산물들'에 관한 언급은 이로써 일단락된다. 여기(68e)서부터 69a의 이 문단이 끝나는 데까지는 필연의 산물, 즉 필연적인 것에 대한 일종의 결론인 셈이다.

514) 46c 참조.

515) 이런 구분은 46c~e에서 제시된 참된 원인과 보조적 원인의 구분과 동일한 것이다.

516) 헬라스어로 '목수'를 tektōn이라 하는데, 어떤 고안에 따라 목재 따위의 주어진 재료들을 짜맞추어 물건들을 만드는 이라는 의미에서 dēmiourgos와도 같은 뜻의 '장인'이다. 그래서 28e에서 우주를 '구성한 이'(ho tektainomenos)는 29a에서 곧바로 우주를 '만든 이'(dēmiourgos)로 언급되고 있다. 그리고 68e에서 '궁리했다'고 의역한 tektainomenos라는 말도 '구

이 구분되어[518] 우리한테 주어져 있어서, 이것들로 나머지 이야기가 짜여져야만 하겠기에, 우리는 간단히 다시 출발점으로 되돌아가서, 우리가 거기에서부터 여기까지 도달하게 된 같은 대목으로 빨리 나아가
b 도록 합시다. 그리고선 이젠 앞에서 한 이야기들에 어울리는 결말과 이야기의 완성을 보도록[519] 노력합시다. 실은 처음에도 언급되었듯이, 이것들은 무질서한 상태에 있었는데, 신[520]이 이것들 각각 안에 자신에 대해서도 그리고 다른 것들에 대해서도 균형(symmetria)[521]들이 생기도록 했으니, 이는 비율이 맞고 균형이 잡힐 수 있는 모든 것이며 가능한 모든 방식의 것이었습니다.[522] 왜냐하면 실상 그땐 어떤 것도

성했다'는 뜻을 지닌 말이다.

517) 원어는 hylē로서, 이 말은 숲, 숲에서 벤 땔나무, 목재, 재료 등을 뜻한다. 아리스토텔레스는 이 말을 그의 전문적 철학 용어인 '형상'과 대비되는 '질료'의 뜻으로 사용하고 있다.

518) 원어 diylismena는 '걸러졌다'거나 '가려졌다'는 뜻이지만, 의역해서 이렇게 옮겼다.

519) 원어는 이야기에 '머리를 올려놓는다'(kephalēn … epitheinai)로 되어 있는데, 플라톤은 이야기를 '완결짓는다'는 뜻으로 이런 비유적 표현을 종종 하고 있다. 비슷한 표현을 《고르기아스》 편 505c~d, 《파이드로스》 편 264c, 《필레보스》 편 66d, 《법률》 편 752a에서도 찾아볼 수 있다. 이런 표현이 정확히 어디에서 유래했는지는 불명하다. 제일 그럼직한 설은 돌기둥에 이오니아식이나 도리아식 따위의 기둥머리를 올리는 것이나 조각에 머리를 올려놓는 것에 빗대어 하는 말이라는 것이다. 이와 관련해서는 Taylor(494면) 및 E. R. Dodds, *Plato*: *Gorgias*(Oxford, 1959), 332면을 참조할 것.

520) 데미우르고스를 가리킨다.

521) symmetria(형용사는 symmetros)는 metron(척도)이란 말에서 유래하는데, 원래는 '공통된 척도(같은 단위)로 잴 수 있음'이란 뜻이다. 이러한 공통된 척도가 있을 때 사물들간에는 '비율'(analogia)이 성립할 수 있고, 이런 비율이 적합하게 성립되어 있는 상태, 즉 적정비(適正比: symmetry, due proportion)를 또한 symmetria(균형)라 말한다. 그래서 플라톤은 바로 이어지는 언급(69b5)에서 symmetros와 analogos를 함께 연결해서 사용하고 있다. 66a의 symmetria에 대한 주석을 참조할 것.

522) 56c의 언급을 참조할 것.

69b

요행으로가 아니면 이것들[523]에 결코 관여하지 못했으며,[524] 또한 오늘날 지칭되고 있는 이름으로, 이를테면 불이라든가, 물이라든가 또는 그 밖의 다른 어떤 이름으로든 간에, 그렇게 부를 가치가 있는 것이라곤 전혀 없었으니까요. 그러나 그는 이 모든 것에 처음으로 질서를 잡아 주고, 그 다음에 이것들로 이 우주를 구성했으니, 이것은 자신 속에 c
모든 사멸하는 생물과 불사하는 생물[525]을 품고 있는 '하나의 살아 있는 것' (zōon hen)입니다. 그리고 신적인 것들의 창조자는 그 자신이 되었지만, 사멸하는 것들의 종족을 만드는 일은 그 자신의 소산물들[526]한테 지시했습니다.[527] 이들은 혼의 불사하는 원리를 넘겨받아서는, 다음으로 신을 모방해서 이것을 사멸하는 물질로 빙 두르게 하였으며, 또한 이것을 위한 운반 수단으로 몸 전체를 주고서는 이 몸 속에 또 다른 종류의 혼을, 즉 사멸하는 종류의 것[528]을 추가로 거주

523) '비율이 맞고 균형이 잡힌 상태'를 가리킨다.

524) 53a 전체를 참조할 것.

525) 천체들을 가리킨다.

526) 천체들을 가리킨다.

527) 41c~d 및 42d~e의 언급을 참조할 것.

528) 우리는 여기에서 플라톤이 두 부류의 혼을 구분해서 말하고 있다는 사실에 주목할 필요가 있다. 그는 놀랍게도 개념적 · 기능적인 면에서 편의상 구분하는 데서 더 나아가 혼을 '불사하는 종류의 것'과 '사멸하는 종류의 것'으로 나누고 있다. 그가 《국가(政體)》편(특히 제4권)에서 혼을 그 기능이나 성향에 따라 편의상 세 부분으로, 즉 '이성적(헤아리는) 부분' (to logistikon [meros]), '격정적인 부분' (to thymoeides), '욕구적인 부분' (to epithymētikon)으로 나눈 것은 흔히 혼의 삼분설(三分說) 또는 세 부분설이라는 통칭으로 널리 알려져 있다. 그러나 이는 어디까지나 하나인 혼의 기능 및 성향에 따른 개념적인 구분일 뿐이다. 한데, 《티마이오스》편의 이 대목(69c)에서부터 74d까지에 걸친 혼에 관련된 언급을 보면, 그렇지가 않다. 여기에서(69c) 보듯, '혼의 불사하는 원리' (archē psychēs athanatos)를 언급한 뒤에, '다른 종류의 혼' (allo eidos … psychēs)이라든가 '사멸하는 종류(의 것)' (to thnēton [eidos])이라고 하는가 하면, 69d~71b에서는 사멸하는 부류의 혼(to tēs psychēs thnēton genos)을 다시 두 부분(meros, moira)으로

케 하였으니, 이것은 그 자신 속에 무섭고 불가피한 감정들(pathē-
d mata)을 지니고 있는 것입니다.[529] 첫째로는 나쁜 것의 가장 강력한 미끼인 쾌락, 다음으로는 좋은 것들을 멀리하는 고통들, 더 나아가 한 쌍의 어리석은 조언자인 만용과 두려움, 달래기 힘든 격정(thymos) 그리고 자칫 오도하기 쉬운 희망이 그것들이죠. 그들[530]은 이것들을 비이성적인 감각적 지각 및 무엇에나 달려드는 욕망(욕구: eros)과 혼합함으로써 사멸하는 부류의 것[531]을 필연에 따라[532] 구성했습니다.[533] 그리고 바로 이 때문에 [혼의] 신적인 부분을 더럽힐까 두려워해서,[534] 전적으로 불가피한 경우가 아닌 한, 그들은 [혼의] 사멸하는 부
e 분을 그것과 떨어져 몸의 다른 처소에 자리잡게 했는데, 이는 머리와 가슴 사이에 '좁은 통로'(협부)와 경계로 분리벽을 만듦으로써, 즉 둘이 따로 떨어져 있도록, 이들 사이에 '목'을 자리잡게 함으로써 했습니다. 따라서 가슴과 이른바 몸통[535] 속에 사멸하는 부류의 혼[536]을

구분해서 언급하고 있다. 다시 말해, 횡격막(가로막)을 칸막이로 하여, 몸통의 위쪽(흉강)과 몸통의 아래쪽(복강)에 사멸하는 혼의 두 부분, 즉 '용기와 격정에 관여하는 부분'과 '음식물 등에 대해 욕구를 갖는 부분'이 나뉘어 자리잡고 있는 것으로 말하고 있다. 이와는 달리 신적(to theion) 또는 가장 신적(to theiotaton)이며 최선의 것(to beltiston)인 불사의(athanatos) 혼은 뇌(enkephalos, 73d)에 자리잡고 있는 것으로 언급되고 있다. 이것이 곧 이성(logos) 또는 지성(nous)으로 불리는 혼이다.

529) 혼이 몸과 결합할 때, 사멸하는 혼의 부분이 필연적으로 갖게 되는 감정들(느낌들: pathēmata)에 대해서는 앞서 42a~b에서도 언급되었다.

530) 천체들을 가리킨다.

531) 69c에서 언급한 그런 혼을 가리킨다.

532) 42a를 참조할 것.

533) 이후부터 72d에 걸쳐, 사멸하는 혼의 두 부분과 관련되는 기관들에 관한 언급을 하게 된다.

534) 신들은 사멸하는 혼의 부분들을 몸의 적합한 기관 속에 자리잡게 하는데, 이때 신들이 가장 염두에 두는 것은 인간에 있어서 신적인 것, 즉 지성(nous)이 그 기능을 최대한 발휘하도록 하는 것이다.

69e

가두었습니다. 그리고 이것의 한 부분은 본성상 더 훌륭한 것으로 태어났으되, 다른 한 부분은 한결 못한 것으로 태어났기 때문에, 이를테면 우리가 여자들과 남자들의 거처를 따로 구분해 놓듯이,[537] 몸통의 70a
강(腔)[538]에 또다시 분리벽을 만들었습니다. 횡격막을 칸막이로 그것들의 중간에 놓은 것입니다. 그래서 용기와 격정에 관여하는 혼의 부분, 즉 이기기를 좋아하는 부분[539]을 그들은 머리에 좀더 가깝게 횡격막과 목 사이에 자리잡게 했는데, 이는 그것이 이성(logos)에 순종하는 것으로서, 이성과 공동으로 욕망들의 부류를 강제로 제압하도록 하기 위해서죠. 이 부류가 언제고 정상(성채: akropolis)[540]에서 내리는 지시와 판단에 결코 자진해서 승복하지 않으려 할 때는 말씀입니다.
그렇지만 혈관의 매듭이며 온 사지에 걸쳐 힘차게 돌고 있는 피의 샘 b

535) '몸통'이라 번역한 말의 원어는 thōrax이다. thōrax는 원래 상체를 싸는 갑옷을 의미하나, 여기서처럼 이 갑옷으로 덮이는 부분, 즉 '몸통'을 뜻하기도 한다.

536) 사멸하는 부류의 혼은 둘로 나뉘는데, 그 하나는 '욕구(욕망: epithymia)의 부분'(욕구적인 부분: to epithymētikon)이고, 다른 하나는 '격정(기개: thymos)의 부분'(격정적인 부분: to thymoeides)이다. 이 중 격정적인 부분은 몸통에 있어서 횡격막 위쪽에 위치하고, 욕구적인 부분은 횡격막 아래쪽에 자리를 잡고 있는 것으로 언급되고 있다.

537) 고대 헬라스의 가옥에서는 남자들의 거처(andrōn)와 여자들의 거처(gynaikōnitis, gynaikeion, gynaikōn)가 구분되어 있었다.

538) 44a에서 kytos에 대한 주석을 참조할 것. '몸통의 강'이란 오늘날 우리가 '복강' 및 '흉강'이라 말하는 것들을 포함하는 것에 아마도 해당할 것이다.

539) '격정'(thymos)의 뜻에 대해서는 앞서 18a의 '격정적'(thymoeides)에 대한 주석을 참조할 것. 플라톤은 혼의 격정적 부분에 관해서 《국가》 편 제4권 439e 이하 및 441e~442c에서 자세히 논의하고 있는데, 이 대화편 제8권 550b와 제9권 581a에서는 격정적 부분을 '이기기를 좋아하는 부분'으로 말하고 있다.

540) 혼의 이성적 부분, 즉 지성(nous)을 인체의 정상에 있는 두뇌 안에 위치하는 것으로 생각하고서, 이를 '나라'(polis)에 있어서 '성채'에 해당하는 akropolis에 비유하고 있다.

인 심장은 그 초소에다 자리잡게 했는데, 이는, 어떤 올바르지 못한 행위가 외부에서 사지에 가해지건 또는 이런 행위가 내부의 욕망들로 해서 발생했다 할지라도, 이 사실을 이성이 알려 주게 되어, 격정이 분노로 끓어오를 경우에, 몸에 있어서 지각할 수 있는 모든 부분이 모든 좁은 통로를 통해서 명령과 위협을 민첩하게 지각해서 전적으로 그것에 순종하고 따르도록 하기 위해서요, 또한 이렇게 해서 가장 훌륭한 부분[541]이 그것들 모두에 있어서 주도할 수 있도록 해 주기 위해서죠.
c 그런데 무서운 일들에 대한 예상과 격분[542]의 불러일으킴으로 인한 심장의 고동에 대비해서, 격한 감정들의 그와 같은 모든 고조는 불로 해서 일어날 것이라는 것을 미리 알고서, 그들은 심장을 위한 보조자로서 허파의 형태를 고안해서 넣어 주었습니다. 첫째로 이것은 보드랍고 피가 없는 것이며, 다음으로는 스펀지같이 그 안에 구멍들이 나 있는데, 이는 숨과 마실 것[543]을 받아들여 심장을 식혀서 불타는 열기
d 속에서 바람을 쏘이게 하며, 편안함을 제공하기 위한 것입니다. 바로 이 때문에 허파에 이르는 기관(氣管)의 도관(導管)을 터놓았으며, 또한 심장 주위에다 허파를 이를테면 완충기처럼 둘러놓았는데, 이는 심장 안에서 격정(격분)이 극에 달했을 때, 눌리어 들어가게 되는 것[544] 속으로 그것이 고동쳐 부딪혀서 식게 됨으로써, 심장이 덜 괴로워

541) 혼의 이성적 부분을 말한다.

542) 원어는 thymos 이다. 이에 대해서는 18a 의 '격정적'에 대한 주석을 참조할 것.

543) 플라톤은 70d, 72e~73a, 78a~b 에서는 마실 것이 음식과 함께 배로 들어간다고 언급하고 있지만, 91a 에서는 마실 것이 폐를 통해서 신장을 거쳐 방광에 이르게 되는 통로에 대해 말하고 있다. 마실 것의 일부가 폐로 들어간다는 것은 당시의 일반적 견해이고 플라톤은 이를 따르고 있다. Cornford, 284 면 각주 1 참조.

544) 보드라운 것을 의미한다. '보드라움'에 대한 62b 의 표현을 참조할 것. 여기서 '눌리어 들어가는 것'은 '허파'를 가리키는데, 이는 허파를 구성하고 있는 물질이 보드랍기 때문이다.

70d

하게 되어, 격정과 함께 이성에 더 많이 봉사할 수 있게 하기 위해서입니다.

그렇지만 혼에 있어서 음식물에 대해 그리고 몸의 본성 때문에 필요하게 되는 다른 모든 것에 대해 욕구(욕망)를 갖는 이 부분[545]은
횡격막과 배꼽 쪽의 경계 사이에 자리잡게 했는데, 이것은 마치 여물 e
통처럼 몸의 자양을 위해서 이 일대에 만들어 놓은 것입니다. 그래서 그들은 그러한 것(부분)을 사나운 짐승처럼[546] 이곳에다 묶어 두었지만, 그것은 도대체 죽음을 면치 못하는 종족이 존속하려면, 함께 어울린 상태로 양육할 수밖에 없는 것입니다. 따라서 이 부분이 여물통 가까이에서 언제나 먹을 것을 취하며, 숙의 결정하는 부분으로부터는 최대한 멀리 거처하게 함으로써, 가능한 한 소란을 덜 피우고 아우성을
적게 지르도록 하여, 최선의 부분이 모두에게 공통되게 그리고 개별적 71a
으로도 유익한 것과 관련해서 조용하게 숙의 결정할 수 있게 해 주기 위해서, 바로 이런 목적으로 이곳에 그 위치를 정해 주었습니다. 그러나 그들[547]은 이것[548]이 이성(logos)을 이해하게 되지 못할 것이라는 것을 알고서, 그리고 설령 이것이 어떤 식으로건 '이성적인 이야기들'(logoi)에 대한 어떤 지각에 관여한다 할지라도, 그것으로서는 그런 이야기에 관심을 갖는 것이 천성으로 되지 않는 일일 것이지만, 밤이나 낮이나 환상 또는 환영들에 의해 틀림없이 현혹될 것이라는 것을 알

545) 혼의 욕구적인(epithymētikon) 부분을 가리킨다. 《국가》 편(439d)에서는 이 부분에 대해 다음과 같이 언급하고 있다. "그것으로써 혼이 사랑하고 배고파하며 목말라하거나 또는 그 밖의 다른 욕구들과 관련해서 흥분 상태에 있게 되는 부분은, 어떤 만족이나 쾌락들과 한편인 것으로서, 비이성적(헤아릴 줄 모르는: alogiston)이며 욕구적인(epithymētikon) 부분이라 부른다."

546) 플라톤은 《국가》 편 제9권 588c 이하에서 혼의 '욕구적인 부분'을 여러 개의 머리를 가진 짐승에 비유하고 있다.

547) 신들(theoi)로도 불리는 천체들을 가리킨다.

548) 욕구적 부분을 가리킨다.

71a

고서, 신[549]은 바로 이에 대응해서 간의 형태를 구성하여 그것[550]의
b 거처 안에 놓았습니다. 그는 간을 조밀하고, 매끄럽고, 반들거리며, 단
맛과 쓴맛을 지닌 것으로 고안했는데, 이는 지성(nous)에서 전달되는
힘이 간으로 하여금, 마치 거울처럼, 제 생각들의 특징이나 상들을 그
속에서 보여 주게 함으로써, 그것[551]에 경고를 보내도록 하기 위해서
입니다. 가령 이 힘이 심각한 태도로 위협할 때는, 쓴맛을 지닌 천성적
인 부분을 이용하여, 간 전체에 이를 민첩하게 스며들게 함으로써 담
즙 색깔[552]을 나타나게 하고, 또한 오므라들게 함으로써 온통 주름지
c 고 울퉁불퉁하게 만들며, 간엽과 담낭 그리고 간문(肝門)을 정상적인
상태에서 벗어나 구부러지게 하고 오그라들게 하는 한편으로, 그것들
을 차단하고 닫히게 함으로써, 고통과 구역질을 생기게 합니다. 그런
가 하면, 가령 이번에는 마음(dianoia)에서 연유하는 온유함의 숨결이
반대되는 종류의 상들을 그려 낼 경우에, 그 숨결은 자신과 반대되는
성향을 자극하지도 않고 관계하려고도 하지 않음에 의해서, 그것을 쓴
맛에서 벗어나 있게 해 주는 반면에, 그것에 있어서 천성적인 단맛을
d 그것 자신을 위해서 이용하고 그것의 모든 것을 정상적이고 매끄럽고
자유로운 것이도록 바로잡아 줌으로써, 간 주변에 자리잡고 있는 혼의
부분으로 하여금 심기가 좋고 기분 좋은 날[553]을 보내도록 만들고, 아

---

549) 이 구절은 처음에 복수 주어 '신들'로 시작하고 있는데, 나중에 가서는 단수 '신'을 사용하고 있다. 이곳에서처럼, 플라톤은 《티마이오스》편 3부를 기술하면서 데미우르고스에 의해 창조된 신들을 단수로 언급하기도 하고 복수로 언급하기도 한다.

550) 혼의 욕구적 부분을 가리킨다.

551) 혼의 욕구적 부분을 가리킨다.

552) 83b 참조.

553) 원어 euēmeros는 eu(좋은)와 hēmera(날, 낮)의 합성어인데, 보통은 '좋은 날인', '기분 좋은', '행복한', '운 좋은' 등의 의미로 쓰이는 말이다. 이는 앞에 나오는 '부분'(moira=meros) 및 그 다음 문장의 '밤'과 연결지어 농언을 하고 있는 셈이다. 따라서 전후의 문맥을 고려하여 이렇게 옮겼다.

71d

울러 밤에는 꿈속에서 예언력을 이용하여, 적절한 시간 보내기를 할 수 있게도 한 것입니다. 이는 이 부분이 이성과 사려 분별(phronēsis)에 관여하지 못하기 때문이죠. 우리를 구성한 신들은 죽게 마련인 종족을 그들의 아버지께서 가능한 한 최선의 것으로 만들도록 지시했을 때의 그 지시를 기억하고서, 바로 이처럼 그것이 진리를 어떤 식으로건 포착하도록, 우리의 하찮은 부분마저도 제대로 잡아주어서, 이것에 예언의 자리(manteion)를 자리잡게 했으니까요. 신이 인간의 어리석음 e
에 대비해서 예언의 능력(mantikē)[554]을 주었다는 증거는 충분히 있습니다. 왜냐하면 제정신(ennous)인 어떤 사람도 신들린[555] 진정한 예언의 능력을 갖게 되지는 않거니와, 이는 잠결에 사려 분별의 힘이 맥을 못추게 되거나, 질병 또는 신들린(신이 내린) 상태(enthousiasmos)로 인해서 제정신을 잃고서나 있을 일이기 때문이죠. 그러나 꿈속에서든 깨어서든 예언적인 기질과 신들린 기질로 해서 언급된 것들을 기억해 내서 그 뜻을 읽어 내는 것은 사려 분별이 있는 자의 일이거니와, 또한 보게 되는 모든 상이 어떤 식으로 그리고 누구에게 있어서 미래나 과거 또는 현재의 나쁘거나 좋은 일과 관련해서 무엇을 알리고 있는 72a
지를 헤아림에 의해 판별하는 것도 그의 일입니다. 반면에 광기 상태에 빠진 사람이나 여전히 그 상태에 머물러 있는 자가 보거나 발언한 것들을 판단하는 일은 그런 자의 몫이 아니니, 제 할 일을 행하고 자신을 아는 것은 마음이 건전한 사람에게만 가당하다고 하는 말은 훌

554) 72b 끝의 각주 참조.

555) '신들린'이라 번역한 원어는 entheos인데, 이 말은 en(속에)이라는 전치사와 theos(신)의 합성어이다. 그리고 이 말의 단축형인 enthous에서 '접신'(接神) 또는 '신들림'을 뜻하는 enthousia나 enthousiasmos란 말이 나왔다. 영어 enthusiasm(열광)은 이에 그 어원을 갖고 있다. 플라톤은 《파이드로스》 편 244b에서 신들린 광기(mania) 상태에서 예언의 능력이 생기는 것으로 말하고 있는데, 《티마이오스》 편에서 하게 되는 예언의 능력(예언술: mantikē)에 대한 이후의 언급은 같은 맥락의 것이다.

륭한 것이기도 하고 옛날부터 해 오는 것입니다. 해석자들의 부류를 신들린 상태에서 나온 예언에 대한 판정자들로 두는 것이 관례가 된
b 것은 바로 이 때문입니다. 이들을 어떤 사람들은 바로 예언자(mantis)들로 부르는데, 이는 그들이 수수께끼 형태의 발언과 나타나 보이는 것의 해석자들이지 예언자들이 아니며, 오히려 예언된 것들의 해석자들로 일컬어지는 것이 지당할 것이란 점을 전혀 모르고 있어섭니다.[556)]

따라서 간의 본성이 이와 같은 것이고 또한 그것이 우리가 말하는 그곳에 있게 된 것은 이런 까닭들로 해서이니, 이는 예언의 능력을 위한 것입니다. 그리고 더 나아가, 물론 각각의 생물이 살아 있을 때는, 이와 같은 기관은 더 뚜렷한 징후들을 갖지만, 생명을 잃게 되면, 그것은 흐릿해지고 뭔가 명확한 것을 나타내기에는 너무나 불분명한 예언

---

556) 71e부터 여기까지의 내용에 관한 한 '예언자'(mantis)는 신들린 상태나 광기 상태에 빠져 있으면서, 즉 어디까지나 실성한 자의 상태에 처하여 있으면서 남들이 좀처럼 알아들을 수 없는 수수께끼 형태의 발언을 하는 자이다. 따라서 이런 사람의 이런 발언을 해석하고 정리해서 사람들이 알아들을 수 있는 말로 표현해 주는 이가 '해석자'(prophētēs)이다. 델피 신전의 무녀 Pythia와 해석자의 관계가 그러했다. 그러나 델피의 Pythia도 때로는 prophētis(prophētēs의 여성 명사)로 불리기도 했다. 따라서 일반적으로는 플라톤처럼 이런 엄격한 구별을 하지 않은 셈이다. 그리고 prophētēs의 원뜻도 신의 대변자요 신의 뜻을 사람들에게 알려 주는 자라는 것이다. 호메로스의 《일리아스》 제1권 69~93에서는 칼카스(Kalchas)가 육식 조류의 수나 나는 방향(관찰자가 북쪽을 향한 상태에서 볼 때, 좌우, 어느 쪽에서 날아오는지를 문제 삼음), 울음소리 등으로 점을 치는 '복점가'(oiōnopolos), '신들의 뜻을 밝히는 자'(theopropos), '예언자'(mantis)로 언급되어 있다. 그리고 《일리아스》 제2권 305~332에서는 칼카스가 아카디아인들이 제단에 제물을 바치고 있는 동안 큰 뱀(구렁이: drakōn)이 나타나 나무 위로 올라가 그곳에 있던 참새 새끼들 여덟 마리와 어미마저 잡아먹는 걸 보고서, 트로이아 성의 함락이 9년이 지난 뒤에나 가능할 것이라는 예언을 뒷받침하는 '큰 전조'(mega sēma)로 이를 해석하는 놀라운 직관력을 보인다. 이럴 경우의 '예언가'는 광기 상태에 있는 것이 아니라, 직관력과 함께 그 나름의 축적된 전문적인 기술을 가진 자인 셈이다.

의 징후들을 갖게 되죠.[557] 또한 이것에 인접한 내부 기관[558]의 구조 c
와 그 왼쪽에 잡힌 자리는 간을 위한 것이니, 이를테면 거울을 위해
마련된 것으로서 언제나 그 옆에 대기하고 있는 거울닦개[559]처럼, 간
을 언제나 반들거리고 깨끗하게 유지하기 위한 것입니다. 바로 이 때
문에, 몸의 질병으로 인해 어떤 더러운 것들이 간 주위에 생길 때마다,
지라의 성긴 상태는 이것들 모두를 깨끗이 한 다음에 흡수해 들이는
데, 이는 그것이 속이 비어 있고 피를 머금고 있지 않은 상태로 조직
되어 있는 탓이죠. 이런 연유로, 닦여 나온 오물들로 지라가 가득 차게 d
되면, 그것은 커지고 곪아서 부풀어오르게 되고, 몸이 깨끗이 되면, 다
시 줄어들어 원 상태로 가라앉습니다.

한데, 혼에 관련되는 것들로서 어느 부분까지가 사멸하는 것이고 어느 부분까지가 신적인[560] 것인지, 그리고 어떤 식으로, 어떤 것들과 함께, 어떤 이유들로 그것들이 따로 자리잡게 되었는지에 대해 이야기한 그대로가 진실이라는 것은, 신이 동의해 주는 그때에만, 우리가 자신 있게 주장할 수 있을 것입니다. 그렇지만 우리로서는 적어도 그럼

557) 간의 예언 능력과 관련된 언급은 71a~72b에 걸쳐 있다. 고대의 헬라스인들은 제물로 바쳐지는 짐승들의 간이나 내장을 보고 여러 가지 징조를 읽어 낸 것으로 알려져 있다. 이를테면, 간엽이 어떤 형태를 하고 있으며 그 빛깔은 어떤지를 읽어 내는 것인데, 여기에서는 간 자체가 혼의 욕구적인 부분의 거처에 있으면서, 그것에 지성 쪽에서 전달되는 어떤 경고나 통보를 그 형태나 빛깔 등의 변화로 전달하는 기관, 즉 그런 능력을 지니고 있는 것으로 언급되고 있다. 따라서 간이 지닌 그런 능력을 71e에서 mantikē라 말하고 있는 것이니, 이 경우에 mantikē는 '예언술' 아닌 '예언의 능력'이라 보는 것이 옳다. 반면에 이와는 달리 여러 가지 징조를 읽고서, 예언을 하는 경우의 mantikē는 '예언술'이라 하는 것이 맞겠다.

558) 이는 곧 다음에서 언급되는 '지라'(비장)를 가리킨다.

559) 원어 ekmageion은, 앞서 50c2의 경우와는 달리, 더러운 것을 닦아 내는 '닦개'의 뜻으로 사용되고 있다.

560) 여기서 '신적인'(theion) 것은 곧 '불사하는'(athanaton) 것을 뜻한다. 41c 참조.

72d

직한 것을 말하게 된 것이라고, 지금도 그렇지만, 더 나아가 더 자세한 고찰을 하려는 우리로서도 주장해야만 하며, 또한 주장한 걸로 하죠.
e 그리고선 이것들 다음의 것을 같은 방식으로 추구해야만 합니다. 그것은 몸의 나머지 부분이 어떤 식으로 생기게 되었는가 하는 것이었습니다.[561] 이것의 구성에 대한 추론으로는 무엇보다도 다음과 같은 것이 가장 적절할 것입니다. 우리 인간의 부류를 구성한 이들은 음식물들에 대해 우리 안에서 생기게 될 무절제(akolasia)를 알고 있었으며, 또한 우리가 식탐으로 인해 알맞은 정도(to metrion)와 필요한 것 이상으로 훨씬 많이 취하려고 한다는 것도 알고 있었습니다. 그래서 질병으로 인한 빠른 파멸 사태가 일어나지 않도록 그리고 사멸하는 종
73a 족이 미처 크지도 못하고 곧바로 종말을 보는 일이 없도록, 이런 것들을 예견하고서, 넘치는 음식물을 간직해 두기 위해서 이름하여 아랫배라는 저장 기관을 두었으며, 또한 장(腸) 계통은 빙빙 감아 돌게 했는데, 이는 영양분이 빨리 통과함으로써 몸이 다른 영양분을 다시 빨리 요구하지 않을 수 없게 하는 일이 없도록 하기 위해서요, 또한 '만족할 줄 모르는 욕망'(aplēstia)을 생기게 함으로써, 식탐으로 인해 전 인류가 지혜를 사랑하지도 않고(비철학적이고: aphilosophos) 교양 없으며(amousos), 우리에게 있는 것들 중에서 '가장 신적인 것'(to theiotaton)에 복종하지 않게 만드는 일이 없도록 하기 위해섭니다.[562]

---

561) 아마도, Cornford가 지적하고 있듯(290면), 61c에서 한 언급 내용 중에서 '살과 살 주위의 것들의 생성 및 혼에 있어서 사멸하는 부분'을 두고 말하는 것으로 보아야 할 것 같다.

562) 아리스토텔레스도 플라톤과 유사한 설명을 하고 있다. 그는 먹을 것에 대한 물고기의 탐욕을 창자의 곧음에 기인하는 것으로 말하고 있는데, 그 까닭은 곧은 창자가 음식을 너무 빨리 통과시키게 되고, 바로 다시 먹을 것에 대한 욕구를 일으킨다고 보았기 때문이다. 아리스토텔레스의 《동물들의 기관들에 관하여》(*De partibus animalium*) 675a18 이하 및 《동물들의 생식에 관하여》(*De generatione animalium*) 717a20 이하를 참조할 것.

뼈와 살 그리고 그와 같은 성질의 것 모두에 관한 것은 다음과 같 b
습니다. 이것들 모두에 있어서 시작(기원: archē)은 골수의 생성(형성)입니다.[563] 왜냐하면 혼이 몸과 함께 묶여 있는 한, 생명의 끈들[564]은 사멸하는 부류를 단단히 매어서 골수 속에 뿌리내리게 하기 때문입니다. 그러나 골수 자체는 다른 것들에서 생겨났습니다. 삼각형들 중에서도 최초의 것들은 곧고 판판한 것들이어서, 불·물·공기·흙을 가장 정확한 형태로 생기게 할 수 있는 것들이었는데,[565] 신은 이것들
각각을 이것들 자신의 부류에서 따로 떼어 내어서는, 서로 적절한 비 c
율로 섞어서, 모든 사멸하는 부류를 위한 '모든 요소적인 씨의 혼합물' (panspermia)[566]을 고안하여, 이것들로 골수를 만들어 냈습니다. 그

563) 골수(myelos)는 생명의 성분을 지닌(empsychos: 74e1~2) 물질을 가리키는 것으로서, 뇌와 척추뿐만 아니라 다른 뼈들에도 있는 것인데(74e~75a), 여기에서 말하는 골수는 '씨'(sperma)를 의미하며, 정액(sperma)과 동일시되기도 한다(91b). 그러나 이 구절이 골수가 모든 다른 신체 조직의 형성에 있어서 근본적인 질료가 된다는 것을, 즉 이른바 자연 철학자들이 말하는 archē적 의미의 원질(原質)을 뜻하는 것으로 보기는 힘들다. 뼈는 골수로 적셔질 뿐이고(73e), 살의 경우는 그 안에 어떤 골수도 없는 것으로 언급(74c)되고 있기 때문이다.

564) 플라톤은 혼을 몸에 연결하는 끈(desmos)들을 '생명의 끈들'(hoi tou biou desmoi) 또는 '혼의 끈들'(hoi tēs psychēs desmoi: 73d6, 81d7)이라 부르는데, 이런 끈들이 골수 속에 뿌리내림으로써 혼과 몸이 결합하는 것으로 상정하고 있다. 그가 '뿌리내린다'는 말을 쓰는 까닭은, 혼이 육체 안에 들어오는 것을 땅에 씨를 뿌리는 것에 비유(41c, 42d, 73c)하고 있기 때문이다. 이 경우에 생명의 끈들은 혼의 뿌리에 해당하며, 땅에 해당하는 물질이 골수이다.

565) 4원소는 모두 두 개의 요소 삼각형(직각 이등변 삼각형과 직각 부등변 삼각형)으로 구성되는데, 이 구절은 이런 삼각형들이 물질 세계에서 완전히 정확하게 구현될 수 없다는 점을 잘 보여 주고 있다. 신은 삼각형들을 가능한 한에 있어서 정확하게 구성해서 물질들을 생성시킬 뿐이다. 56c의 언급 참조.

566) Taylor는 panspermia라는 표현이 원자론자들보다는 아낙사고라스의 주장

73c

런 다음에 이 속에다 혼들의 부류를 심어서 단단히 매어 두었습니다. 그리고 이번에는, 혼들이 각각의 종류에 따라서 갖게 되어 있는 그만큼의 그리고 그와 같은 형태들로 골수 자체를 나누기를 처음 배분 단계에서 곧바로 했습니다.[567] 또한 그는, 이를테면 경작지처럼, 자기 안에 신적인 씨[568]를 품게 될 부분을 모든 방향에서 구형이도록 만든
d 다음, 골수의 이 부분을 뇌(enkephalos)라고 이름지었는데, 이는 각각의 생물이 완성되었을 때, 그것을 둘러싸고 있는 용기(容器)가 머리(kephalē)로 될 것이기 때문이죠.[569] 반면에 혼의 나머지 사멸하는 부분을 지니게 될 것은 둥글고 동시에 길쭉한 형태들로 나누되, 이 모두를 골수라 불렀습니다. 그리고 그는, 닻들의 경우처럼,[570] 이것들에서

을 잘 나타내는 것으로 말하고 있다. 아낙사고라스는 만물의 질료적 근원들을 무한한 것으로 보았고, 이들을 통틀어 씨(sperma)들이라 하며, 이들 씨들은 아무리 미세한 조각의 사물들에 있어서도 모두가 빠짐없이 혼합되어 있다고 했는데, 이처럼 이것들이 혼합되어 있는 상태를 panspermia라 한다. Taylor의 같은 책, 522면을 참조할 것.

567) 몸의 각기 다른 부분들 안에 있는 골수들의 형태는, 그것들에 뿌리내리고 있는 혼의 부류들의 기능에 따라 다른 모습을 갖는 것으로 상정된다. 혼의 불사하는 부분을 지니고 있는 골수는 혼의 회전들을 담기에 적합하도록 구형으로, 사멸하는 부분들을 지닐 것은 둥글고 길쭉한 형태로 이루어진다(74d).

568) 앞서 41c와 42d에서 언급된, 데미우르고스가 사멸하는 생물에 부여한 혼의 '신적이고 인도하는 부분', 즉 혼에 있어서 불사하는 부분인 지성을 가리킨다.

569) 헬라스어에 있어서, '뇌'를 뜻하는 enkephalos가 en(속에)이라는 전치사와 kephalē(머리)의 합성어이기 때문에 하는 말이다.

570) 골수는 혼의 모든 부분이 거기에 뿌리를 내리고 있는 생명의 원천이다. 그러나 혼의 모든 부분이 골수에 직접 자리를 잡고 있는 것은 아니다. 즉 불사하는 부분이 뇌에 있는 골수에 자리를 잡고 있는 데 반해, 사멸하는 부분들은 몸통에 자리를 잡고 있으면서, 마치 배가 정박할 때 닻을 내려뜨리듯이, 생명의 끈들을 닻줄처럼 척수 등의 골수에 내려뜨리고 있을 뿐이다(Cornford, 293면 각주 4 참조). 한편, Ostenfeld는 혼의 어떤 부분이 몸의 특

73d

혼 전체의 끈들을 던져, 그것[571] 둘레로 우리의 온몸을 어느새 만들어 냈는데, 이는 먼저 그것을 위한 뼈로 된 덮개를 전체 둘레로 구성하고서 한 것입니다. 그리고 그는 뼈를 다음과 같이 구성했습니다. 순수하 e
고 매끄러운 흙을 체질해서 반죽하고 골수로 적셨고, 그 다음에 그것을 불 속에 집어넣었다가는 물에 담그고, 다시 불에 집어넣었다가는 또다시 물에 담갔습니다. 그는 그렇게 여러 번 옮겨가며 각각의 것 속에 집어넣음으로써, 그 둘 중의 어느 것에 의해서도 용해될 수 없게 만들었습니다. 그리고서 그는 이것[572]을 사용해서 이 생물의 뇌 둘레에 뼈로 된 구형체(球形體)로 빙 두르게 하고서는,[573] 이것에 좁은 출구를 남겨 두었습니다. 그리고 목줄기와 등줄기의 골수 둘레에 척추를 74a
뼈로 빚어내서 이를, 마치 선회축(旋回軸)[574]들처럼, 머리부터 시작해서 몸통 전체를 통해 뻗쳐 내리게 했습니다. 그 다음으로 그는 모든 씨[575]를 보존하느라 이처럼 그것을 돌과도 같은 담으로 두르고선, 운

정한 부분에 자리를 잡고 있는 것과 혼이 골수에 뿌리를 내리고 있는 것을 구분해 볼 수 있다고 주장한다. 즉 혼의 어떤 부분이 몸의 특정한 부분에 자리를 잡고 있다는 말은 몸의 그 부분의 활동이 그런 혼의 특성을 나타내고 있음을 의미하는 반면에(69e~72d 참조), 혼이 골수에 뿌리를 내리고 있다는 것은 혼이 거기에 실제로 있음을 뜻한다는 것이다(73c3~4 참조). E. N. Ostenfeld, *Forms, Matter and Mind : Three Strands in Plato's Metaphysics*(The Hague, 1982), 136~137 면 참조.

571) 골수, 즉 뇌수와 척수를 가리킨다.

572) 반죽을 해서 굳힌 것을 가리킨다.

573) 두개골을 두고 하는 말이다.

574) 원어는 strophinx(복수는 strophinges)로서, 문의 위아래에 달려 있어서 문의 선회축 역할을 하는 것을 가리킨다(Taylor, 527 면 참조). 이 말은 척추의 경우만이 아니라 뼈의 관절들에서(74b6) 두 뼈가 움직일 수 있도록 연결 구실을 하는 것을 가리키는 것으로 보인다.

575) 플라톤은 혼의 부분들만이 아니라, 혼의 부분들이 뿌리를 내리고 있는 골수들도 씨에 비유하고 있는데(41c9, 42d4, 73c1, 73c7, 74b3), 여기서는 골수를 가리키는 것으로 보인다.

74a

동과 구부림을 위해서 등골뼈들 중간에 관절들을 생기게 했는데, 이는 매개하는 힘으로서 타자성(他者性)576)을 이용한 것입니다. 다른 한편 그는 뼈 구조의 상태가 정도 이상으로 잘 부스러지기 쉽고 잘 구부러
b 지지도 않는다는 걸 생각하고서, 또한 그것이 다시 뜨겁게 달궈진 다음에 다시금 식혀질 경우에, 그것은 썩어서 허물어지게 되어서, 그 안에 있는 씨577)를 빨리 파괴해 버릴 것이라는 걸 생각하고서, 이런 까닭으로 해서 그는 힘줄과 살의 부류를 이런 식으로 고안했습니다. 즉 한편으로는 힘줄로 모든 사지를 묶은 다음에 선회축들 둘레에서 그것이 신축(伸縮)됨으로써 몸이 굽어지고 펴지도록 해 주고, 다른 한편으로는 살을 찌는 더위의 방패막이로, 혹한의 차폐물로, 또한 더 나아가서는 넘어졌을 때, 이를테면 모전 제품들578)처럼, 몸을 위해서 보드랍
c 고 유연하게 눌리어 들어가는 것이 되도록 고안했습니다. 그리고 살은 그 자신 안에 따뜻한 습기를 갖고 있어서 여름에는 땀을 분비해서 그 바깥 표면이 물기로 젖게 됨으로써 몸 전체에 그 나름의 냉기를 제공토록579) 해 주는 반면에, 겨울에는 외부에서 엄습해 와서 에워싸는 한

---

576) 여기서 '타자성'이 무엇을 뜻하는지는 파악하기가 매우 어렵다. 플라톤은 《티마이오스》 편에서 기본적으로 '타자성'(thateron)이란 표현을 '차이성'의 뜻으로 사용하고 있는데, 여기서도 이런 의미를 염두에 둔 것으로 보인다. 왜냐하면 관절은 적어도 두 개의 다른 뼈가 서로 운동할 수 있도록 연결되어 있기 때문이다.

577) 골수를 가리키는데, 84c에서는 골수가 병들었을 때 치명적인 질병의 원인이 되는 것으로 언급되고 있다.

578) 원어는 ta pilēta ktēmata로서, 펠트 제조 기술(pilētikē)에 의해 만들어 갖게 된 것들을 가리킨다. 펠트(felt)는 양털이나 그 이외의 짐승의 털을 원료로 습기 · 열 · 압력을 가하여 만든 물건을 말한다. Cornford는 《정치가》 편 279c와 280b 및 《법률》 편 942d에서 이와 연관된 설명을 찾아볼 수 있음을 지적하고 있다. Cornford, 296면 각주 2 참조.

579) 여름이 건기(乾期)인 지중해성 기후를 염두에 두고서 이해하도록 해야겠다.

74c
기를 다시 그 나름의 불로 적절하게 방어하게 되도록 고안하고요. 밀
랍으로 형태를 빚어 내는 이(kēroplastēs)처럼 우리를 구성한 이는 이
런 것들을 염두에 두고서, 물 · 불 그리고 흙을 섞어 혼화(混化)시킨
뒤, 신 것과 짠 것으로 구성된 발효물을 그것들에 넣어 혼합함으로써, d
살을 즙 성분을 지니고[580] 말랑말랑한 것이 되도록 구성했습니다. 반
면에 그는 힘줄의 성질(physis)을 뼈와 발효물은 섞이지 않은 살의 혼
합으로, 이 둘의 중간 성질을 갖는 단일한 것을 구성한 다음, 노란 빛
깔을 첨가했습니다. 이래서 힘줄은 살보다 더 질기고 끈끈하되, 뼈보
다는 더 보드랍고 더 휘기 쉬운 성질을 갖게 되었습니다. 신은 이것들
로 뼈와 골수를 둘러싸서는, 이것들을 서로 힘줄로 매어 주고서, 그 다
음으로 그것들 모두를 위에서 살로 덮어씌웠습니다.[581] 한데, 그는 뼈 e
들 중에서도 생명의 성분을 가장 많이 지닌 것들은 가장 적은 살로
둘러싸되, 그 안에 생명의 성분을 가장 적게 지니고 있는 것들은 가장
많고 두꺼운 살로 둘러쌌습니다. 더구나 뼈의 관절들에는, 이치(logos)
가 그게 그래야 할 아무런 필요성(불가피성: anankē)도 입증해 주지
않는 경우에는, 얄팍한 살이 생기게 했는데, 이는 그게 관절의 굽힘에
방해가 됨으로써, 몸이 움직이기 힘들게 되는 탓으로, 몸을 옮기기 힘
들게 만드는 일이 없도록, 그리고 또한 많고 두꺼운 살들이 서로 몹시
압착됨으로써 그 단단함으로 해서 둔감함을 초래한다거나, 기억을 더
잘 못하게 하며 사고(思考)와 관련된 부분들을 더 무디게 만드는 일
도 없도록 하기 위해서입니다. 바로 이 때문에 대퇴골 부분과 정강이
부분, 고관절 구조와 관련된 부분, 그리고 위팔과 팔뚝의 뼈들, 그리고 75a

580) 즙에 관해서는 59e~60b를, 신맛과 발효 작용에 대해서는 66b를, 짭짤한 맛에 대해서는 65e를 참조할 것.

581) Cornford는 이 구절이 엠페도클레스의 윤회설과 관련된 토막글 126의 내용을, 즉 [혼을] "낯선(알지 못하는) 살의 옷으로 싸서는"이라는 구절과 오르페우스의 주장으로 알려져 오는 "몸 곧 무덤"(sōma sēma)이라는 구절을 연상시키는 것으로 말하고 있다. Cornford, 297면 각주 2 참조.

75a

관절이 없는 우리의 다른 모든 뼈와 뼈 속의 골수에 혼을 미미한 상
태로 지니고 있어서 사려 분별이 결여되어 있는 모든 뼈, 이런 모든
것은 살로 꽉 채워져 있습니다. 반면에 사려 분별을 지닌 부분들은 살
을 적게 가졌습니다.—이를테면 혀의 형태처럼, 그가 그렇게 어떤 부
분의 살을 그 자체로 감각을 위한 것으로 구성하는 경우를 제외하고
서는 말씀입니다.—그러나 대부분의 경우는 앞서와 같은 식입니다. 왜
b 냐하면 필연(anankē)에 의해 생겨서 함께 자라게 된 성질의 것은 두
꺼운 뼈와 많은 살, 이것들과 함께는(동시에는) 예민한 감각을 결코
용인하지 않기 때문입니다.[582] 만약에 이것들이 동시에 합쳐질 성향의
것이었다면, 무엇보다도 머리와 관련된 구조가 이것들을 합쳐 가졌을
것이며, 인류는 살과 힘줄 성분을 갖는 더 강건한 머리를 그 자신 위
에 얹어 갖고서 지금보다 두 배 아니 여러 배나 되는 긴 삶을 그리고
더 건강하고 고통이 없는 삶을 누렸었을 테니까요. 그러나 사실은, 우
리의 탄생과 관련되어 있던 창조자들(dēmiourgoi)은 더 장수는 하되
더 못한 종족과 더 단명하되 더 훌륭한 종족 중에서 어느 쪽을 만들
c 어야 할 것인지를 두고 따져 본 끝에, 더 장수하되 변변찮은 삶보다는
더 단명하되 더 훌륭한 삶을 모든 면에서 모두가 택해야만 한다는 데
동의했습니다. 바로 이런 연유로 그들은 머리를 얇은 뼈로 덮되 살과
힘줄들로 덮지는 않았는데, 이는 머리가 구부러질 일이 없기 때문입니
다. 따라서 이 모든 이유로 해서 모든 사람의 몸에는 더 잘 지각하고
더 지혜롭기는 하지만 훨씬 더 약한 머리가 붙여지게 되었습니다. 또
d 한 이런 까닭으로 그리고 이런 식으로 신은 힘줄들을 머리 끝쪽으로

582) 앞서 48a에서 이 우주는 지성이 필연을 설득하여 생성된 것으로 언급되었는데, 이 구절은 필연이 그 고유한 힘과 성질 때문에 지성에 의해 완전히는 설득되지 않는 경우를 잘 보여 주고 있다. 즉 두꺼운 뼈와 많은 살은 이것들이 갖고 있는 필연적 성질로 인해 예민한 지각과는 양립할 수 없기 때문에, 이후의 언급에서 볼 수 있듯이, 신은 두개골 구성에 있어서 이를 동시에 합쳐 갖도록 하지 못했다.

두른 다음, 목 둘레로 둥글게 균형이 잡히게 접합하고서는, 이것들과 턱뼈의 끝쪽을 얼굴의 구조 아래쪽에 함께 매었습니다. 그런가 하면 나머지 힘줄들은 전체 사지에 분배해서, 관절과 관절을 연결했습니다. 그런데 우리의 질서 부여자들(조정자들: hoi diakosmountes)은 우리 입의 기능을, 지금 정해져 있듯, 필수적인 것들과 최선의 것들을 위하여 이와 혀 및 입술로 조정해 주었으니, 필수적인 것들을 위해서는 입구 e
로, 최선의 것들을 위해서는 출구로 고안한 것입니다. 몸에 영양분을 제공하느라 [입 속으로] 들어오는 모든 것은 필수적인 것이지만, [입] 밖으로 흘러나와 사려 분별(지혜: phronēsis)에 봉사하는 말들(logoi)의 흐름은 모든 흐름 중에서도 가장 아름답고 가장 훌륭한 것이기 때문이죠. 그렇지만 계절들에 있어서 양쪽으로 향한 지나침(hyperbolē)[583] 때문에 머리를 맨 뼈인 채로만 놓아둘 수도 없었지만, 그렇다고 해서 머리가 살덩어리로 온통 뒤덮여서 무디고 둔감한 상태로 되는 것을 지나쳐 버릴 수도 없었습니다. 그래서 완전히 말라 버리 76a
지는 않은 살의 성분을 갖는 것에서 [마르지 않고] 남게 된 더욱 큰 표피가 분리되어 나왔는데,[584] 이게 지금은 피부라 불리는 것입니다.

583) 혹한과 혹서를 두고 하는 말이다.

584) 피부의 생성 과정에 대한 이런 언급에서 '완전히 말라 버리지는 않은(ou kataxērainomenēs) 살의 성분을 갖는 것에서'란 말의 의미는 분명치 않다. 그래서 Archer-Hind는 이 구절을 부정어 ou를 생략해서 이해하고 있다. 그의 견해에 따르면, 피부는 살의 드러난 표면이 말라서 생긴 것으로 보아야 하기 때문에, ou를 생략해서 읽어야 한다는 것이다. 이런 견해는 충분히 설득력이 있지만, Taylor(535~536면)가 지적하듯이, ou를 그냥 살려서 이 구절을 이해할 수 없는 것은 아니다. 즉 피부 자체는 살의 표면이 말라서 형성되지만, 피부 밑에 있는 살은 말라 있는 것은 아니기 때문에, 플라톤이 '완전히 말라 버리지는 않은'이란 표현을 사용한 것으로 볼 수 있다. 역자는 Taylor의 견해를 채택해서 번역하였다. 그리고 '더욱 큰 표피가 분리되어'란 표현은 둘러싸는 것, 즉 피부가 그것에 의해 둘러싸이는 것보다 커야 한다는 점을 지적하기 위한 표현으로 보인다.

76a

이 피부는 두뇌 둘레의 습기 때문에 자기끼리 모여 커져서 머리를 둥그렇게 감쌌습니다. 그리고 봉합선[585] 밑에서 습기가 올라와 이것을 축여서, 이를테면 매듭을 짓듯이, 정수리에서 이것이 닫히게 했습니다. 봉합선의 다양한 형태는 [혼의] 회전들(periodoi)의 힘과 영양 공급의 힘 때문에 생기는데, 이것들이 서로 많이 다투면 봉합선은 많아지고,
b 덜 다투면 적어집니다.[586] 바로 이 피부 전체를 신적인 부분[587]이 빙 둘러 불로써 꿰뚫게 되었는데, 이것이 뚫리고, 이 뚫린 구멍을 통해서 습기가 밖으로 나오게 되자, 순수한 모든 물기와 온기는 빠져 나갔지만, 피부도 형성하고 있던 그 혼합물[588]이 그 이동에 의해 밖으로 들리어서는 길게 뻗치게 되었는데, 그 가늘기는 뚫린 구멍과 같은 것이

585) 두개골의 봉합선(縫合線)을 의미한다.

586) 여기서 말하는 싸움은 43a~b에서 언급된 '불사하는 혼의 회전들'과 '생물에 영양을 공급해 주느라 들고나는 흐름의 파도' 사이에서 일어나는 것을 말한다. 두개골의 봉합선의 수는 영양의 흐름이 혼의 회전들을 뒤틀거나 망가지게 하는 정도에 따라서 달라진다(43d~e 참조). 즉 혼의 회전들이 더 많이 망가질수록, 봉합선의 수는 더 많아진다. 그런데 Archer-Hind나 Taylor(537면)가 지적하듯이, 이 구절의 의미를 히포크라테스의 《머리 속의 손상들에 관하여》(*Peri tōn en kephalē trōmatōn*)라는 소책자에서 언급되고 있는 봉합선에 관한 기술과 연관시켜 이해하면 재미있다. 이 저술에서 히포크라테스는 머리의 형태가 앞으로나 뒤로 혹은 앞뒤로 튀어나오거나 혹은 둥근 경우들에 있어서 봉합선 형태의 차이를 묘사하고 있는데, 플라톤의 관점에서 볼 때, 가장 둥근 형태의 머리가 가장 덜 망가진 혼의 회전들을 담고 있는 형태일 것이다. 왜냐하면 플라톤은 둥근 형태가 혼의 회전들을 담기에 적합하다고 생각해서, 신들이 인간의 머리를 우주의 형태를 모방하여 구형체로 만든 것으로 묘사(44d)하고 있기 때문이다. 이런 관점에서 그는 92a에서는 혼의 회전들을 사용하지 않는 하등 동물들은, 이로 인해 머리가 길쭉한 형태 등으로 생겨났다고 언급하고 있는 것으로 보인다.

587) 뇌를 가리킨다.

588) 머리카락은, 74c~d에서 언급된, 피부를 구성하고 있는 요소들과 같은 것들로 이루어져 있지만, 바깥 공기에 의한 냉각과 압축에 의해 더 단단하고 조밀한 것으로 되었다는 설명이다.

었습니다. 그러나 그 느림 때문에 그것을 둘러싸고 있는 외부의 공기
에 의해 밀려서 다시 피부 밑 안쪽에 뭉치어 뿌리를 내리게 되었습니 c
다. 바로 이런 사태들로 해서 머리털의 부류가 피부에 자라게 되었는
데, 그것은 피부와 동류의 것으로 섬유상(狀)이지만, 냉각으로 인한 압
축에 의해[589] 더 단단하고 더 조밀하게 된 것입니다. 이런 식으로 각
각의 머리카락이 피부에서 떨어져 나와 냉각되어 압착되었습니다. 우
리를 만든 이가 바로 머리털의 부류로 우리의 머리를 더부룩하게 만
든 것은 [이미] 언급된 원인들[590]을 이용해서 한 것입니다. 그러나 그
는 이것이 살 대신에 두뇌 둘레의 안전을 위한 덮개가 되어야 하며,
가벼우면서도 여름과 겨울 동안에 충분한 그늘과 막의 역할을 해 주 d
되, 예민한 지각에 지장을 주는 어떤 장애물도 결코 되지 않는 것이어
야만 한다고 생각했습니다. 한데, 힘줄과 피부 그리고 뼈가 손가락과
발가락[끝] 둘레에 얽히게 되는 곳에서 이들 셋이 함께 혼합된 것이
마르게 되었을 때, 이들 모두에 공통되는 한 가지의 딱딱한 피부가 생
겨났는데, 이것은 이 보조적 원인들[591]로 해서 만들어졌으나, '가장
원인다운 원인인 의도(생각)' (hē aitiōtatē dianoia)에 의해서 장차 있게
끔 될 것들을 위해 만들어진 것입니다. 왜냐하면 우리를 구성한 이들
은 언젠가는 남자들에서 여자들이 그리고 다른 동물들이 생길 것이라 e
는 것을 알았기 때문이며,[592] 특히 많은 동물이 여러 가지 용도로 손
발톱의 사용이 필요하게 되리라는 것을 알고 있었기 때문입니다. 그래
서 사람이 태어나는 즉시 손발톱의 생성에 대한 기본 구상을 했습니
다. 바로 이런 이치와 이런 동기들로 해서 피부와 머리털을 그리고 사

589) 냉각에 따른 압축에 의해 물질이 굳어지는 현상에 대해서는 59a를 참조할 것.

590) 앞서 46c~d에서 언급된 보조적 원인들을 말하는데, 이것들은 물질의 필연적 성질에 기인하는 것들이다.

591) 46c~d, 68e 참조.

592) 인간 및 동물들의 윤회에 관련해서는 42b~c, 90e 이하에서 언급하고 있다.

76e

지의 끝에서는 손발톱을 자라게 했습니다.
그런데 죽게 마련인 동물의 모든 부분과 사지가 함께 자라게 되었
77a 으나, 이 동물로서는 자신의 삶을 필연적으로 불과 공기 속에서 살아
갈 수밖에 없고, 또한 이런 까닭으로 해서 그것들에 의해 해체되고 소
진되어 소멸해 버리기 때문에, 신들은 이것을 위한 구제책을 고안했습
니다. 왜냐하면 신들은, 다른 생물이 있게끔 하기 위해, 인간의 성분
(physis)과 동류의 성분[593]을 다른 형태들 및 감각들과 혼합하여 탄생
시켰기 때문입니다. 바로 이것들이 오늘날 농사에 의해 개발되어 재배
되는 나무들과 식물 그리고 씨들로서 우리가 재배할 수 있게 된 것들
b 입니다. 그러나 그 이전에는 야생의 부류만이 있었는데, 재배되는 것
들보다 더 오래 된 것들입니다. 물론 삶에 관여하는 모든 것은 무엇이
든 당연히 생물(zōon)이라 불리는 것이 지당합니다. 그렇기는 하나 지
금 우리가 말하고 있는 이 생물은 셋째 종류의 혼[594]에 관여하는 것
이니, 이 혼은 우리의 논의[595]가 횡격막과 배꼽 사이에 자리잡게 되도
록 했던 것으로서, 이것은 의견(판단: doxa)이나 추론(logismos) 그리
고 지성(nous)에는 전혀 관여하지 않지만, 욕망(욕구: epithymia)들과
함께 즐겁거나 괴로운 감각에는 관여합니다.[596] 이것은 모든 것을 계

593) 식물들은 인간에게 영양을 제공하는 원천인데, 그것들을 구성하는 요소들과 인간의 몸을 구성하는 요소들이 같은 것들이기 때문에, 식물들은 인간과 동류의(syngenēs) 성질을 갖고 있는 것으로 상정된다. 이 점은 80d8(apo syngenōn)과 81a3과 b2(to syngenes)의 언급에서 분명히 제시된다.

594) 혼의 욕구적인(epithymētikon) 부분을 가리킨다.

595) 69c~74d, 특히 69d~71b의 논의를 가리킨다. 이와 관련해서는 69c에서 '사멸하는 종류의 것'에 대한 각주를 참조할 것.

596) 식물들이 혼의 욕구적인 부분을 갖고 있는 것으로 상정되는 까닭은, 이것들이 영양을 섭취해서 성장하는 기능을 갖고 있기 때문이다. 그리고 이 구절에서 알 수 있듯이, 플라톤은 식물들에 대해 영양 섭취의 기능 이외에도 즐거운 느낌들과 고통스런 느낌들을 동반하는 감각적 지각(aisthēsis)의 능력을 인정하고 있다. 그러나 아리스토텔레스는 식물들에 대해 영양을 섭취

77b

속 겪으면서도, 제 안에서 제 주위를 스스로 맴돌면서, 외부에서 미치는 운동은 막아 내되, 제 자신의 운동은 행사하지만, 그 자신의 것들 c
가운데 어떤 것을 관찰하여 추론한다는 것은 그 출생이 본성상 허용치 않는 일이기 때문이죠.[597] 바로 이 때문에 이것은 살아 있으며, 다름아닌 생물이지만, 자기 자신에 의한 운동[598]이 결여되어 있기 때문에, 한 곳에 머물러 있으면서 뿌리를 내리고 고착하여 있습니다.

그래서 이 모든 부류를 우월한 존재들[599]이 자기들보다 못한 우리를 위한 영양물로서 심은 다음, 우리의 몸 자체를, 마치 정원에 도랑을 내듯, 도관들이 관통케 했는데, 이는 이를테면 유입되는 흐름에서 물을 공급받듯 하기 위한 것입니다.[600] 그리하여, 첫째로 그들은 피부와 살의 접합 부분 아래로 숨겨진 도관들로서 등줄기를 따라 두 가닥의 d
혈관[601]을 텄습니다. 몸이 좌우에 의해 두 갈래로 갈라져 있듯이 말씀

하는 기능만을 인정하고 있다. 이 문제에 대한 자세한 논의는 Archer-Hind의 주석서 286~287면을 참조할 것.

597) 이는 식물이, 바로 위에서 언급되었듯이, 감각적 지각을 지니고 있다는 점에서 어느 의미에서는 의식적 존재이지만, 그렇다고 해서 자의식을 갖고 있는 것은 아니라는 걸 뜻한다.

598) 혼의 본성은 자기 자신에 의한 운동을 하는 것이지만, 식물의 경우에는 장소적 운동을 할 수는 없다.

599) 신들, 즉 천체들을 가리킨다.

600) 플라톤의 견해에 따르면, 몸은 피를 통해 영양을 공급받고, 피는 배(위)에 들어온 음식물로 만들어진다. 이제 77c에서부터는 이런 피의 흐름을 몸 전체에 전달하는 통로에 관한 언급이 시작된다. 그는 우리의 몸 내부를 관통하는 혈관들을 수로에 비유하고 있는데, 이런 혈관들의 기능은 무엇보다도 몸 전체에 영양을 공급하기 위한 것으로 간주되고 있다. 당시에는 동맥과 정맥의 구분도 없었으며, 심근의 자동성(自動性) 등에 따른 심장의 박동과 관련된 이해도 없었다. 이런 빈약한 해부학적 지식 배경을 고려해서, 이 대목에서 Cornford는 오늘날의 독자로 하여금 우리가 해부학, 심장 및 폐의 기능, 동맥 및 정맥 등에 관해서 알고 있는 모든 것을 잊은 상태로 플라톤의 설명을 한걸음 한걸음 따라갈 것을 권유하고 있다. Cornford, 303~304면 참조.

77d

입니다. 그리고 그들은 이 혈관들을 척추를 따라 내려가게 했고, 동시에 그것들 사이에 '생식 골수'[602]를 두었는데, 이는 이것이 최대한 성하게 하도록 하기 위해서, 그리고 그 흐름이 아래쪽으로 흐르기 때문에, 이로부터 쉽게 다른 부분들로 흐르게 되어서, 그 공급(관개: hydreia)[603]이 고르게 이루어지도록 하기 위해서였습니다. 다음으로 그

e 들은 혈관들을 머리 주위에서[604] 나누고서, 서로 엇걸리게 엮어 통과시켰는데, 한쪽은 몸의 오른쪽에서 왼쪽으로, 다른 쪽은 왼쪽에서 오른쪽으로 기운 상태로 그러도록 했습니다. 이는, 머리가 정수리에서 힘줄에 의해 둘러싸여 있는 게 아니기 때문에,[605] 그것들이 머리를 몸통에 연결하는 데 있어서 피부와 더불어 끈이 되어 주게끔 하기 위해서요, 더 나아가 특히 감각들의 느낌(pathos)이 몸의 양쪽 부분들로부터 몸 전체를 통해서 분명히 전달되도록 하기 위해서입니다.[606] 그래

---

601) 여기서 말하는 두 가닥의 혈관은, Taylor가 지적하고 있듯이(546~547면), Apollonia의 Diogenēs가 말하고 있는 두 가닥의 혈관과 유사한 것으로 보인다. Diogenēs는 두 가닥의 혈관에 대해 "하나는 오른쪽으로, 다른 하나는 왼쪽으로, 배를 통해서 척추를 따라 뻗어 있는데, 각각은 그 자신 쪽의 다리까지 그리고 위로는 쇄골을 거쳐 목구멍을 통해 머리까지 뻗어 있다"고 말하고 있다.

602) 여기에서 '생식 골수'로 옮긴 것의 원어는 (ho) gonimos myelos인데, 이것이 정확히 무엇을 가리키는지는 분명치 않다. Robin과 Moreau 그리고 Brisson은 각기 주석에서 이것이 '척수'(la moelle épinière)를 가리키는 것으로 언급하고 있다.

603) 혈관을 통한 피의 공급을 관개(灌漑)에 비유하고 있다.

604) 머리와 몸통을 연결하는 목을 말한다.

605) 75c~d에서 머리는 구부러지는 성질이 없기 때문에 그것을 살과 힘줄로 완전히 덮지 않고, 힘줄들을 머리 끝쪽으로 두른 다음, 목 둘레로 둥글게 균형이 잡히게 접합시켰다고 한 언급을 가리키고 있다.

606) 당시에는 신경에 대한 개념이 없었다. 《티마이오스》 편에서 '힘줄'의 뜻으로 쓰이고 있는 neuron(복수는 neura)이 복수 neura로 '신경'을 뜻하는 용어로 쓰이기 시작한 것은 기원전 3세기 전반(250년경)에 Keos 출신의 에라시스트라토스(Erasistratos)에 의해서였던 것으로 알려져 있다. 그래서

77e

서 그들은 어느새 다음과 같은 방식으로 혈액 운반 체계(hydragōgia)를 갖추기 시작했는데,[607] 이는 우리가 다음과 같은 점에 미리 합의를 78a 본다면 더 쉽게 알 수 있을 것입니다. 즉 한층 작은 것들로 구성된 모

플라톤은 우리가 신경에 귀속시키고 있는 역할, 즉 감각을 전달하는 역할을 피가 하는 것으로 보고 있다. Brisson(1992), 주석 681 참조.

607) 플라톤이 이곳에서부터 설명하고자 하는 문제는 음식물의 소화 작용과 이 음식물에서 만들어진 피를 혈관들을 통해 몸 전체에 전달하는 작용 원리에 관한 것이다. 이런 작용 원리에 있어서 불이 핵심적인 역할을 한다. 즉 불은 위 속에 들어온 음식물을 소화시킬 뿐만 아니라 이로 해서 생긴 피를 혈관들을 통해 몸 전체에 전달하는 역할을 하는 것으로 상정된다. 그는 이런 불의 지속적인 운동을 설명하기 위해 호흡 현상에 대한 독특한 설명을 제시하고 있다. 우리가 그의 설명 방식을 이해하기 위해서는, 무엇보다도 그가 심장의 근육 작용과 혈액 순환의 연관성을 알지 못했었다는 것을 염두에 둘 필요가 있다. 이런 상황에서 플라톤이 설명할 필요성을 느낀 문제는 피가 사지를 통해 아래로 흐를 뿐만 아니라 머리까지 올라가서 어떻게 몸 전체에 공급될 수 있는지 하는 것이었다. Cornford가 지적하듯이(303~304면), 플라톤이 관심을 갖고 있는 것은 피의 순환을 가능하게 해 주는 수력학적인 문제였다. 플라톤은 들숨과 날숨의 호흡 현상이 피의 이런 순환을 가능하게 해 준다고 보았다. 그리고 우리는 Taylor가 지적하고 있듯이(544면), 플라톤의 설명 방식을 이해하기 위해서는 엠페도클레스의 호흡에 관한 이론을 염두에 둘 필요가 있다. 왜냐하면 엠페도클레스는 호흡과 피의 순환을 단일한 유기적 과정으로 보았고, 호흡이 입이나 코만 아니라 피부를 통해서도 이루어진다고 보았는데(토막글 100), 이런 생각은 플라톤의 설명에서 똑같이 찾아볼 수 있기 때문이다. 사실상 플라톤이 여기서 설명하고자 하는 호흡 현상은 허파를 통한 호흡이 아니라 몸통 전체의 성긴 조직을 통해서 드나드는 들숨과 날숨에 관한 것이다. 그는 허파에 대해서 앞에서는 단지 심장에 보조적 기능을 하는 것으로, 즉 "숨과 마실 것을 받아들여 심장을 식혀서 불타는 열기 속에서 바람을 쏘이게 하며, 편안함을 제공하기 위한 것"(70c~d)으로만 언급했고, 나중에 가서야(84d) 호흡과 관련된 기능을 하는 것으로 말하고 있다. 따라서 우리는 그의 호흡 현상에 대한 설명을 생리학적 측면보다는 소화 기능 및 피의 순환과 관련된 기계론적 문제를 해결하기 위한 노력으로 보아야만 그 의미를 올바로 이해할 수 있다.

든 것은 더 큰 것들을 투과시키지 않지만, 한층 큰 것들로 구성된 것들은 더 작은 것들의 투과를 막을 수가 없는데, 불은 모든 [원소의] 부류 중에서 가장 미세한 것이요, 이 때문에 불은 물과 흙, 공기 그리고 이들로 구성된 모든 것을 통과할 수 있고, 다른 어떤 것도 이것을 투과하지 못하게 할 수 없다는 것입니다.[608] 바로 똑같은 것을 우리한테 있는 배(koilia)[609]의 경우에도 생각해야만 합니다. 즉 음식물이 이
b 안으로 들어오게 되면, 배는 그것들을 투과시키지 않으나, 공기[610]와 불은 그것(배)의 구조(systasis)[를 이루고 있는 입자들]보다도 더 작은 입자들이어서 이것들을 투과하지 못하게 할 수는 없다는 것입니다. 따라서 신은 배에서 혈관들로 수분을 공급함에 이것들[611]을 이용했으니, 마치 통발[612]들처럼, 공기와 불로 된 망상(網狀)의 것(바구니 모양의 것)을 엮어 짰습니다.[613] 이것은 입구에 이중의 깔대기 모양의 것

608) 불 입자의 미세함에 대해서는 56a를, 불 입자가 다른 입자들을 투과(침투)하는 현상에 대해서는 58b 및 60e~61b를 참조할 것.

609) koilia는 넓은 의미로는 '몸통의 강(腔)'을 뜻하지만, 좁게는 '배' 또는 '위'를 뜻하기도 한다. 여기서는 아마도 Cornford가 지적하듯이, '위'를 뜻하는 것으로 보인다. 왜냐하면, 플라톤은 여기서 우선 '위'에서 불이 음식물을 소화해서 피로 만드는 작용을 염두에 두고 있기 때문이다. Cornford, 308면 각주 1 참조.

610) 여기에서 말하는 공기는 우리가 들이마신 공기라는 의미에서 aēr 아닌 pneuma이다.

611) 불과 공기를 가리킨다.

612) 헬라스어 kyrtos는 고기를 잡을 때 쓰는 통발 또는 어망을 뜻하는데, 당시 헬라스인들이 사용했던 kyrtos가 어떤 형태의 것인지는 추측만이 가능하다.

613) '공기와 불로 된 망상(網狀)의 것(plegma)'의 형태는 불투명하지만, 이것이 호흡 현상을 설명하기 위해서 상정된 것임은 분명하다. 그는 이것을 그 입구에 '깔대기 모양의 통로들'(enkyrtia)을 갖고 있는 통발과 같은 것으로 말하고 있는데, 이것의 구체적 모습을 상상하기는 매우 힘들다. 이것의 형태와 관련해서 Cornford는 주석서 308~312면에서 그림까지 곁들여 자세한 설명을 하고 있다. 그러나 그 형태가 어떤 것이든, 이것의 바깥 부분은 공기로 이루어져 있고, 그 안은 불로 이루어져 있다. 신들이 이것을 불과 공기로

78b
들[614]을 갖고 있는데, 그 중 하나를 그는 다시 두 갈래로 갈라지는 것
으로 엮었습니다.[615] 그리고 그는 바로 이 깔대기 모양의 것들로부터
망상(網狀)의 것(바구니 모양의 것)의 끝부분까지 전체에 걸쳐 끈과
같은 것들을 빙 둘러쳤습니다. 그래서 그는 망상의 것(바구니 모양의 c
것) 내부를 모두 불로 구성한 반면에, 깔대기 모양의 것들과 [망상(바
구니 모양)의] 용기(容器: kytos)는 공기의 성질을 갖는 것으로 구성
했습니다.[616] 그리고 이것을 갖고서 [그에 의해서] 조형된 생물에 다
음과 같은 방식으로 적용했습니다. 그는 깔대기 모양의 것들의 부분을
입 안으로 들여보냈습니다. 그러나 이것은 이중(두 가닥)의 것이어서,
그는 그 중의 하나를 기관(숨통)을 따라 폐 속으로 내려보냈고, 나머
지 하나는 기관(氣管)과 나란히 뱃속으로 내려보냈습니다. 그리고 그
는 앞엣것[617]을 [둘로] 쪼개서는, 그 각각의 부분이 코의 통로들을 따
라가다 함께 만나 나가게 했는데,[618] 이는 나머지 한쪽[619]이 입을 따

만든 까닭은 불과 공기의 입자가 몸통을 구성하고 있는 입자들보다 더 작기 때문에, 몸통을 자유롭게 드나들 수 있도록 하기 위해서다. 플라톤은 '공기와 불로 된 망상(網狀)의 것'을 통해 공기가 드나들고 이와 함께 불이 운동함으로써 소화 작용과 피의 순환이 이루어지는 것으로 보고 있다.

614) 원어는 enkyrtion(복수는 enkyrtia)인데, 이것은 원뿔 형태의 깔대기 모양을 하고 있는 것으로 추정된다. 처음에 구성된 두 개의 enkyrtia는 음식을 먹고 숨을 쉬기 위한 두 개의 통로를 상징하고 있는데, 하나는 식도로, 다른 하나는 숨통(氣管)으로 연결된다.

615) 이것은 숨통(氣管)을 입과 코 두 개의 입구로 나눈 것을 의미한다. 왜냐하면 우리는 입을 통해 먹을 뿐만 아니라 숨도 쉬기 때문이다.

616) 위에서 묘사된 통발의 바깥 부분을 이루고 있는 것은 공기의 통로 또는 흐름을 상징하고, 그 안은 불로 채워져 있는 것으로 상상되고 있다.

617) 기관을 따라 폐 속으로 내려보낸 깔대기 모양의 것을 가리킨다.

618) 숨통(氣管)은 앞서(78b) 입과 코 두 통로로 나뉘었는데, 이 구절은 코의 통로를 두 개의 콧구멍으로 나누었다가 끝에 가서 만나게 하는 작업을 설명하고 있는 것 같다. Cornford, 313면 각주 2 참조.

619) 두 깔대기 모양의 것 중의 나머지, 즉 뱃속으로 내려간 것을 가리킨다.

78c

라 진행하지 못할 경우에 이것(코)을 통해 그것(입)의 모든 흐름 또
d 한 채워지도록 하기 위해서입니다. 그러는 한편으로 그는 우리 몸의 속이 빈 모든 곳 둘레에 그 통발의 나머지 용기(容器)를 부착시키고선, 어떤 때는 이 모두가 깔대기 모양의 것들 속으로 부드럽게—그것들이 공기로 이루어졌기 때문에—함께 흘러들어가도록 만들었지만, 또 어떤 때는 깔대기 모양의 것들이 역류하도록 만들었습니다. 한데, 몸이 다공질(多孔質)이므로,[620] 망상의 것(바구니 모양의 것)은 몸을 통해서 홀쭉해졌다가 다시 나옵니다.[621] 그리고 내부에 갇혀 있는 불의 광선들은 양쪽 방향으로 이동하는[622] 공기를 따라가는데, 이 작용
e 은, 죽게 마련인 생물이 지탱되는 한, 멈추지 않게끔 되어 있습니다. 우리는 이름을 짓는 사람이 이 부류에 들숨과 날숨이라고 이름을 정해 준 것으로 말합니다. 그런데 우리 몸에 일어난 이 모든 작용(기능: ergon)과 영향(상태: pathos)이 몸으로 하여금 수분을 공급받고 또한 원기를 되찾게 하여 영양을 공급받고 살아가게 하는 것입니다. 왜냐하면, 숨이 드나들면, 안에 있는 불도 그것과 어울리어 따라가게 되어 언제나 오르내리며 떠돌지만, 뱃속으로 들어왔다가 음식물들을 만나게
79a 될 때는, 어느새 그것들을 분해해서 잘게 쪼갠 다음, 그것이 나아가는 출구를 통해 이끌고 나가서는, 이를테면 샘에서 물을 길어 도관에 붓듯, 혈관들에 부어, 몸 전체를 통한 혈관들의 흐름을, 마치 수로의 흐름처럼 만들기 때문입니다.[623]

---

620) 원어는 manos로서, 조직이 '성기다'든가 '엉성하다'는 걸 뜻하는 말이지만, 여기서는 몸의 조직에 기공(氣孔)이 많음을 두고 하는 말이므로, 이렇게 옮겼다.

621) 우리가 숨을 내쉴 때 흉곽이 안으로 가라앉는 것처럼 들어가고, 숨을 들이쉴 때 밖으로 향하는 것처럼 부풀어오르는 현상을 나타내는 것으로 보인다. Brisson(1992), 주석 686 참조.

622) 공기가 드나드는 것을 두고 하는 말이다.

623) 이처럼 들숨과 날숨의 호흡 과정은 소화 작용 및 피의 순환이 지속적으

79a

그런데 다시 호흡 상태에 대해서, 그것이 어떤 원인들로 해서 바로 지금과 같은 그런 것이 되었는지를 생각해 보도록 하죠.[624] 사실은 그게 다음과 같습니다. 움직이게 되는 것들 중의 어떤 것이 그 안으로 b
들어갈 수 있는 아무런 허공(kenon)도 없지만,[625] 우리가 내쉬는 공기(pneuma)는 우리 밖으로 나가게 되므로, 그 다음의 일은 이미 누구에게나 분명합니다. 그 공기는 허공으로 들어가는 것이 아니라, 인접한 공기를 그 자리에서 밀어낸다는 것이 말씀입니다. 한데, 이 밀려난 것은 언제나 인접한 공기를 쫓아내고, 또한 이 필연성에 따라서 모든 공기가 돌아가면서 몰린 끝에 [처음에] 내쉬었던 그 공기가 나온 자리로 들어가서는, 들이쉬는 공기를 뒤따라가서, 그 자리를 채우는 것입니다. 그리고 이 모든 것은, 수레바퀴가 돌 때처럼, 동시에[626] 일어나 c
는데, 이는 허공이 없음으로 인한 것입니다. 바로 이 때문에 가슴 부위와 폐 부위는 숨을 내보내고서 다시 몸 주변의 공기에 의해서 채워지는데, 이 공기는 다공질의 살[627]을 통해서 들어왔다가 순환적으로 몰리게 되는 것입니다.[628] 그러나 다시 공기가 되돌아 몸을 통해서 나가

로 이루어지게끔 하는 것으로 언급된다. 먼저 호흡은 몸 내부의 불을 지속적으로 운동하게 하여 날카로운 불의 입자로 하여금 배(위) 속에 있는 음식과 마실 것들에 침투해 분해할 수 있도록 하고, 그 다음에는 소화 작용을 통해 생긴 피를 혈관을 통해서 운반하도록 해 준다.

624) 앞서 호흡에 대한 설명은 몸의 다공질의 살을 통해 숨이 드나드는 현상에만 국한된 것이다. 그러나 실제로 우리는 코나 입을 통해서 숨을 쉬기 때문에 이런 현상이 어떻게 일어나는지를 설명할 필요성이 있다. '바로 지금과 같은 그러한 것'이란 표현은 이 점을 지적하고 있는 말이다. 플라톤은 이 우주에 허공이 없음을 전제하고 '순환적 떠밂'(periōthein)의 원리에 의거해서 이를 설명하고 있다.

625) 이 우주에 허공이 없다는 견해에 대해서는 58a를 참조할 것.

626) 여기서 '동시에'란 표현의 의미는 '채워지지 않은 허공이 있을 시간적 간격을 두지 않고서'란 뜻이다.

627) 78d에서 이와 관련된 주석을 참조할 것.

628) 몸의 다공질의 살을 통해서 들어온 공기가 코나 입을 통해 밖으로 나가

79c
게 되면, 그것은 입과 콧구멍을 따라 호흡을 안으로 순환적으로 밀어
줍니다.[629] 이것들[630]의 시작의 원인을 다음과 같이 상정해야겠습니
d 다. 모든 생물은 자신의 내부를 피와 혈관 주위에서 가장 뜨거운 상태
로 갖고 있습니다. 그것은 자기 안에 불의 샘[631]을 갖고 있는 것과도
같습니다. 이것이 바로 우리가 통발의 망상(網狀)의 것(바구니 모양의
것)에 비유하기도 했던 것으로서, 가운데 쪽은 온통 불로써 엮어져 있
지만, 바깥쪽은 모두 공기로 엮어져 있습니다. 물론 뜨거운 것은 그 본
성에 따라 바깥의 자기 지역[632]으로 동류의 것을 향해 간다는 데 우
리가 의견의 일치를 보아야겠습니다. 그리고 두 개의 출구가 있어서,
그 중 하나는 몸을 따라 밖으로 나가게 하는 것이고, 다른 하나는 입
e 과 코를 따라 밖으로 나가게 하는 것인데, 그것[633]이 다른 것으로 이
동해 가게 될 땐, 다른 것을 순환적으로 밀어내게 되거니와, 밀려난 것
이 불 속으로 들어가게 되면 뜨거워지지만, 밖으로 나간 것은 차갑게
됩니다.[634] 그 열이 바뀌어, 다른 출구를 따라 나가는 것들이 한결 더

고 다시 그 빈자리를 공기가 채우는 현상은 '순환적 떠밂'에 의거해 설명되고 있다. 그러나 이런 '순환적 떠밂'은 우리의 호흡 현상을 설명하기에는 불충분하다. 왜냐하면 여기서 제시되는 설명에 따르면, 몸을 통해서 들어온 공기가 코나 입으로 나가고 다시 몸으로 들어오는 식으로 한쪽 방향으로 순환이 일어날 수밖에 없기 때문이다. 그래서 플라톤은 다음 구절에서 반대 방향으로 일어나는 과정에 대해 언급한다.

629) 이 구절은 앞의 구절과 반대로 우리의 몸을 통해서 나간 공기가 '순환적 떠밂'에 의해서 코나 입으로 들어오는 과정을 말하고 있다.

630) 앞서 언급했던 '순환적 떠밂'에 의해 몸을 통해 들어온 공기가 코나 입으로 나가고 다시 몸을 통해 나간 공기가 다시 코나 입으로 들어오는 운동들을 말한다.

631) 모든 생명체는 그 내부에 생명의 열을 갖고 있는 것으로 상정되는데, 이 때문에 생명체는 살아 있는 한에 있어서만 호흡이 유지된다.

632) 63b에서 언급된 우주의 불의 지역을 가리킨다.

633) 뜨거운 것을 가리킨다.

634) 플라톤은 호흡 과정이 일어나는 원인을 "닮은 것에 닮은 것이" 향하는

79e

따뜻해지게 되면, 이것은 다시 그런 식으로 한층 더 따뜻한 것으로 되어서, 자신과 같은 성향의 것으로 옮겨가, 다른 출구를 따라 이동하는 것들을 순환적으로 밀어내게 됩니다.[635] 그리고 이것은 언제나 똑같은 것을 겪고 똑같은 반작용을 하게 되는데, 이 양쪽 충격에 의해 이처럼 순환적으로 이리저리 흔들리며 순환하게 됨으로써 들숨과 날숨 작용이 일어날 수 있게 해 줍니다.

더구나 의료용 흡각(吸角)과 관련해서 일어나는 사태들의 원인들과 삼키는 작용 및 던져지는 것(射出物)들의 원인들도, 그것들이 공중으 80a
로 던져진(발사된) 것들이든 또는 지상으로 이동하게 되는 것들이든 간에, 이런 식으로 추구해야 합니다.[636] 또한 빠르기도 하고 느리기도

자연적 경향에서 찾고 있다. 우리가 내쉬는 따뜻한 숨은 불을 포함하고 있어서, 이것이 코나 입을 통해 밖으로 나가면, 불은 우주의 불의 지역으로 이동해 가려 한다. 이 과정에서 밀려난 공기는 '순환적 떠밂'에 의해 몸의 다공질의 살을 통해 몸 안으로 들어오게 되고, 내부의 불에 도달해서는 그것에 의해 뜨거워진다. 반면에 몸 밖으로 나간 따뜻한 숨은 불의 샘으로부터 멀어지게 되어 차갑게 된다. 이 과정은 몸의 다공질의 살이나 코와 입을 통해서 반복적으로 일어나게 된다. 그러나 플라톤의 이런 설명은, Taylor가 지적하듯이(562면), 큰 난점을 갖고 있다. 즉 이런 설명은 어느 한쪽 통로로 들어온 공기는 언제나 다른 통로로 나갈 것을 요구한다. 예를 들어, 코나 입으로 나간 공기는 '순환적 떠밂'에 의해 다른 통로, 즉 몸의 다공질의 살로 새로운 공기를 들어오게 한다. 그러나 이런 설명은 우리의 실제 호흡 현상과 일치하지 않는다. 왜냐하면 우리가 숨을 들이마시고 내쉴 때, 코나 입의 같은 통로를 통해서 잇달아서 하지, 다른 통로를 통해서 하는 것은 아니기 때문이다. 플라톤은 이를 다음 구절에서 설명하고자 하지만, 그 의미는 매우 불투명하다.

635) 플라톤은 여기서 같은 통로를 통해서 숨이 들어오고 나갈 수 있는 이유를 숨의 통로들 각각이 교체적으로 뜨거워지는 데서 찾고 있는데, 이런 설명은 너무나 불분명하다. 이와 관련된 자세한 논의는 Taylor 주석서 562~570면, 특히 564~565면을 참조할 것.

636) 플라톤은 호흡 작용 이외에, 다양한 자연 현상을 '순환적 떠밂'에 의해 일어나는 것으로 보는데, 이에 대해서는 플루타르코스의 《플라톤의 문제들》

80a

하며, 높기도 하고 낮기도 한 것들로 나타나는 모든 소리도 그래야만 하는데,[637] 이것들은 때로는 이것들로 해서 우리 안에 생기는 운동의 불일치 때문에 조화롭지 못한 상태로 움직이나, 때로는 그 일치 때문에 조화로운 상태로 움직입니다. 왜냐하면 더 앞서고 더 빠른 소리들의 운동이 멈춤으로써 이미 일치 상태에 이르게 된 운동들을 더 느린
b 소리들이 따라잡게 되는데, 이것들은 나중에 그것들에 접근하게 됨으로써 그것들을 운동하게 합니다. 그러나 그것들이 [이렇게] 따라잡아 새로운 운동을 하게 함으로써 혼란을 일으키는 것이 아니라, 느린 운동의 시작이 빠르기는 하지만 멈추어 가는 운동과 연계해서 일치를 보게 함으로써, 높고 낮은 소리로 [통합된] 하나의 효과(느낌 : pathē)를 혼성해 냅니다.[638] 이로 해서 그것들이 분별 없는 사람들에게는

(*Platonicae quaestiones*) VII, 1004d 이하에서 다음과 같은 설명을 찾아볼 수 있다. 우선 흡각(吸角)의 작용 방식은 대개 이러하다(1004e, 3~1005a). 열을 가한 컵이 살에 부착될 때, 그 안에 있는 공기는 따뜻해지고 팽창된다. 그리고 따뜻해진 공기의 불 입자는 미세하기 때문에 컵을 구성하고 있는 물질의 틈을 통해 빠져 나가 인접한 공기를 밀치게 되는데, 이렇게 밀쳐진 공기는 다시 피부를 압박해서 살은 컵 안에서 부풀어오르게 되고 즙이 스며 나오게 된다. 그리고 음식을 삼키는 작용도 비슷한 방식으로 설명된다(1005a, 4). 즉 입 안과 식도는 공기로 가득 차 있어서, 혀가 음식을 목구멍으로 밀어넣을 때, 그 밑에 있는 공기는 압착되어 입천장 위로 올라가게 되고 음식을 밑으로 내리는 것을 돕게 된다. 그리고 사출물의 경우도 같은 방식으로 설명된다(1005a, 5). 우리가 공중으로 돌을 던졌을 때, 돌은 공기를 가르게 되고, 돌 앞에 있던 공기는 곧바로 돌 뒤를 채우게 되어 다시 돌을 밀게 된다. 이런 식의 '순환적 떠밂'은 공중에서나 땅 위에서나 마찬가지로 일어나는 것으로 상정되고 있다.

637) 플라톤은 '순환적 떠밂'의 원리를 소리의 전달 현상에도 적용하고 있다. 소리는 공기의 어떤 물질을 통해서 전달되는데, 이때 소리를 전달하는 물질은, 공중으로 던져진 돌이 그런 것처럼, 순환적 떠밂으로 해서 우리에게 도달되는 것으로 가정된다. 그러나 이러한 '순환적 떠밂'의 원리는 바로 이어서 언급되는 소리의 조화와 부조화에 대한 설명과 관련되는 것은 아니다.

638) 여기서 언급되고 있는 높고 낮은 소리의 조화와 부조화에 대한 설명은

80b

[그저] 즐거움을 제공하나, 분별 있는 사람들에게는 유쾌함을 제공하게 되는데, 이는 사멸하는 운동들에서 일어나는 신적인 조화(harmonia)의 모방(mimēsis)을 통해섭니다. 더구나 물의 모든 흐름, 더 나아가 낙뢰, 그리고 호박들과 천연 자석들[639]의 끌어당김(helxis)과 c
관련된 놀라운 일들, 이것들 모두 가운데서 어떤 것에도 결코 인력(引力: holkē)은 없지만, 허공이 없다는 것, [앞에서 말한] 이것들이 자기들끼리 서로 순환적으로 밀어낸다는 것, 그리고 또 모든 물체가 분해되고 합쳐지면서 저마다 자리를 바꾸어 가면서 제자리로 간다는 것, 그리고 그런 놀라운 현상들은 이 모든 사태가 서로 얽힘으로 인한 것이라는 것이 적절하게 탐구하는 사람에게는 분명해질 것입니다.[640]

극히 불명하다. 왜냐하면 플라톤은 우리가 갖고 있는 음향학에 대한 지식을 갖고 있지 못한 상태에서, 이에 대한 설명을 시도하고 있기 때문이다. 67b에서 언급되었듯이, 그는 높은 소리는 빠른 운동을, 낮은 소리는 느린 운동을 하는 것으로 간주하고 있기 때문에, 현대의 음향학과 마찬가지로 소리를 운동(즉 진동)으로 이해하고 있다고 볼 수 있다(Kytzler, 396 및 398면 참조). 그런데 그는, 이 구절의 언급에서 분명히 드러나듯이, 높은 소리는 빨리, 낮은 소리는 늦게 전달되는 것으로 잘못 가정하고 있다. 즉 소리의 전달속도와 진동수를 동일시하고 있다. 그러나 사실상 진동수가 많은 높은 소리나 진동수가 적은 낮은 소리나 모두 동일한 속도로 전달된다. 이와 관련된 문제점에 대해서는 Taylor, 576면을 참조할 것.

639) 원어는 Hērakleia lithos(헤라클레스의 돌)로서, 천연 자석을 가리킨다. 플라톤은 《이온》 편 533d에서 이 말을 자석을 일컫는 일반적 명칭으로 말하고 있다.

640) 플라톤은 일반적으로 끌어당기는 힘이나 허공을 전제해야만 이해될 수 있다고 보는 여러 현상들을 '순환적 떠밂'에 의거해 설명할 수 있다고 생각한다. 앞의 주석에서 언급한 플루타르코스의 설명에 따르면, 우선 물의 흐름의 경우에, 물은 처음에 그것과 접촉하고 있는 공기의 운동으로 인해 움직이는데, 물이 흐를 때는 그 앞에 있는 공기를 밀치게 되고, 이 공기는 다시 '순환적 떠밂'에 의해 뒤에서 물을 밀게 된다. 벼락의 경우는, 앞에서 설명된 투사물의 특수한 경우이다. 낙뢰 현상을 단순한 떨어짐으로 이해하지 않고 '순환적 떠밂'에 의해 설명하려고 한 이유는, 이것이 불을 포함하

d 그리고 특히 우리 논의의 출발점이었던 호흡의 경우는, 앞에서 언급되었듯이,[641] 이것들에 따라서 그리고 이것들로 해서 일어나는 것입니다. 한데, 불[의 입자들]은 음식을 분해하고 내부에서 숨을 따라다니며 흔들리다가, 이 진동(振動)에 의해서 [불의 입자들로 인해] 분해된 것들을 배에서 퍼올려 혈관들에 쏟아부음으로써 이것들을 채우게 됩니다. 그리고 이 덕에 모든 생물에 있어서 온몸에 영양의 흐름이 이처럼 흘러들게 됩니다. 이것들은 방금 분해된 것들이거나 동류의 것들[642]에서 생긴 것들입니다. 이것들 중에서 어떤 것들은 열매들이고, 어떤
e 것들은 풀인데, 신은 이것들을 바로 이 목적으로, 즉 우리를 위한 영양이 되게 하기 위해 심었습니다. 그것들은 그 혼합으로 해서 온갖 색깔을 갖고 있는데, 특히 이들의 외견상의 색깔에는 붉은색이 가장 많이 퍼져 있으니, 이는 수분 속에서 불 [입자들]의 자름과 그것의 물들임으로 해서 생긴 성질입니다.[643] 그래서 몸 전체에 걸쳐 흐르는 것의 색깔은 우리가 상세히 말했던 그러한 외관을 갖게 되었는데, 이것

고 있다고 보았기 때문이다. 만일 불을 땅으로 향하게 하는 뒤에서 밀치는 힘이 없다면, 그것은 "닮은 것에 닮은 것이"라는 원리에 따라 위로 올라가게 된다. 그리고 자석이 쇠붙이 등을 끌어당기는 것으로 보이는 현상도 플라톤은 실제로는 '순환적 떠밂'에 의해 일어나는 것으로 본다. 즉 자석에서는 어떤 격렬한 공기의 유출이 있는데, 이것들이 그 앞에 있는 공기를 밀치고 이것이 다시 그 앞에 있는 공기를 밀치는 식으로 마침내 쇠붙이 뒤에서 공기가 그것을 밀치게 되면서 자석으로 향하게 만든다는 것이다. 그리고 자석은 왜 나무나 금이 아니라 쇠만을 끌어당기는가 하는 문제에 대해 플루타르코스는 쇠붙이가 이것을 밀치는 공기와 적정비를 유지하는 미세한 구멍을 갖고 있기 때문으로 설명할 수 있을 것이라고 한다. Taylor, 579면 참조.

641) 79a~e의 언급을 가리킨다.

642) 식물들을 구성하는 요소들과 인간의 몸을 구성하는 요소들을 같은 것들로 보기 때문에 하는 표현이다. 77a 해당 주석 참조.

643) 핏빛은 피가 포함하고 있는 불의 성질과 습기가 섞일 때 나타나는 것으로 설명된다. 68b 참조.

을 우리는 '피'(haima)라고 부르거니와, 살과 몸 전체의 영양분이 되는 것으로서, 이에서 몸의 각 부분들이 수분을 공급받아, 비워지는 81a
것[644]의 바닥을 [다시] 채우게 됩니다. 한데, 채움과 빠져 나감의 방식은 우주에서 만물의 이동(운동: phora)이 일어나는 것과 똑같은 방식으로 일어나는데, 이는 동류의 것들이 모두가 제 부류로 향해 이동하는 것입니다.[645] 한편으로는 밖에서 우리를 둘러싸고 있는 것들이 언제나 우리를 분해하여서 같은 종류의 것을 각각의 종류로 보냄으로써 나누고 있지만,[646] 다른 한편으로 피의 입자들(enaima)은 우리 안에서 잘게 쪼개진 다음, 천구의 경우처럼,[647] 개체로 조직화된 각각의 b
생물에 의해 포괄됨으로써, 우주의 운동(phora)을 흉내내지 않을 수 없게 되기 때문이죠. 따라서 우리 안에서 입자 상태로 쪼개진 것들의 각각은 동류의 것으로 이동해 감으로써, 방금 비워진 부분을 다시 채웁니다. 물론 흘러들어온 것보다도 더 많이 빠져 나갈 경우에는 모두가 쇠퇴하나, 더 적게 그럴 때는 성장합니다. 그래서 모든 생물의 구조가 젊고, 그것을 이루는 [물질적] 부류들의 [요소] 삼각형들[648]이, 마

644) Cornford는 이 표현이 영양을 운반하는 주요 혈관들이 살 밑 깊은 곳에 있으면서, 식물이 그 뿌리에서 영양을 공급받듯이, 밑에서부터 수분과 영양을 공급받는 것을 뜻한다고 이해한다. 그리고 83e6에서 '살들의 기반(뿌리: pythmēn)들'이란 표현도 이와 연관된 것으로 보고 있다. Cornford, 328면 각주 2 참조.

645) 58a~c 참조.

646) 인간의 몸과 달리 이 우주가 늙지도 병들지도 않는 까닭은, 우주의 경우에는 그 몸통을 밖에서 에워싸고서 그것에 부딪치는 물질들이 없기 때문이다. 33a 참조.

647) 58a에서 "우주의 회전(periodos)은 [네] 부류의 것을 모두 에워싸고 있기 때문에, 그리고 그것은 원형이고 본성적으로 그 자신에게로 모이게 되는 성향을 지니고 있어서, 그것들 모두를 죄어서 어떤 빈 공간도 남게 되는 걸 허용하지 않으려 합니다"고 한 내용에 대한 시사인 것 같다.

648) 73b에서 언급된 골수를 구성하는 불·물·공기·흙의 삼각형들을 가리킨다.

81b

치 용골[에서 시작되는 배]의 경우처럼, 새 것들일 때는, 이것들의 상
호간의 맞물림을 단단한 상태로 갖고 있으면서도, 전체적인 덩치는 유
c 연성 있게 구성되어 있는데, 이는 그것이 골수에서 생긴 것이 최근인
데다, 젖으로 양육되었기 때문입니다. 따라서 음식물들을 구성하고 있
을 [요소] 삼각형들이 밖에서 그것 안으로 들어와 수용될 때, 이것들
은 그것 자신의 [요소] 삼각형들보다도 더 오래 되고 약한 것들이라,
그것은 새로운 삼각형들로 그것들을 베어 제압하게 되며, 또한 그 생
물도 여러 가지 닮은 영양물들로 양육을 해서 키웁니다.[649] 그러나 삼
각형들의 기반(뿌리, rhiza)[650]이 오랜 기간에 걸쳐 많은 것을 상대로
d 한 수많은 다툼을 벌임으로 해서 느슨해질 때는,[651] 그것들은 양분으
로 들어오는 것들을 제 자신의 것들과 같은 상태로 이제는 더 이상
분해할 수가 없고, 오히려 외부에서 들어온 것들에 의해 자기들이 쉽
게 나뉘죠. 그래서 이런 경우에 모든 생물은 힘을 쓸 수 없게 되어 쇠
퇴해지는데, 이 상태가 노령이라 불립니다. 그리고, 마침내 골수와 관
련되는 삼각형들을 결합하고 있는 끈들이 그 고난을 더 이상 버티어
내지 못하고 풀어질 경우에는, 혼의 끈들 또한 풀어 버릴 것이지만, 자
연[의 이치]에 따라(kata physin)[652] 풀려난 혼이야 즐겁게 날아가 버
e 리겠죠. 자연[의 이치]에 어긋난(para physin) 모든 것은 괴로운 것이
지만, 자연의 이치대로 일어나는 것은 즐거운 것이니까요. 죽음 또한
마찬가지여서, 병과 상처로 인한 것은 괴롭고 강제적인 것이지만, 노

649) 우리 몸의 각 부분들은 음식물에 있는 같은 부류의 것들에 의해 영양을 공급받아 자라게 된다는 이론은, 아낙사고라스가 이미 분명히 주장하였고, 《파이돈》 편 96d 에서도 암시하고 있다. Cornford, 329 면 각주 1 참조.

650) 이 말은 Taylor 가 지적하듯이, 정다면체를 구성하는 삼각형들이 결합하는 변(모서리)들을 가리키는 것으로 보인다. Taylor, 586 면 참조.

651) 앞(81b)에서 요소 삼각형들 상호간의 맞물림이 단단하였던 것을 말했는데, 이것이 이제 느슨해짐을 말하고 있다.

652) 천수를 다한 경우를 두고 하는 말이다.

령과 함께 자연[의 이치]에 따라 임종하게 되는 것은 죽음들 가운데서도 가장 고통스럽지 않은 것이며 고통(괴로움: lypē)보다는 오히려 즐거움(hēdonē)을 동반하는 것입니다.

한데, 질병이 무엇에서 연유하는지는 아마도 누구에게나 명백할 것 입니다.[653] 몸을 구성하는 것들로 네 가지 것, 즉 흙·불·물·공기가 82a
있는데, 이것들의 자연[의 이치]에 어긋난 지나침(과도: pleonexia)[654] 과 모자람(endeia) 그리고 그것들의 제자리(chōra)에서 다른 자리로 옮겨감,[655] 또한 불 및 그 밖의 다른 것들에도 하나 이상의 종류들이

653) 고대 헬라스 의학에 있어서 거의 공통적인 견해는 건강은 몸을 구성하는 요소들의 적절한 조화와 균형에서 성립한다는 것이다. 그러나 몸을 구성하는 궁극적 요소들을 무엇으로 보아야 할 것인지에 대해서는 견해 차이가 있었다. 피타고라스와 동시대 사람인 알크마이온(Alkmaiōn)은 이런 궁극적 요소들을 온·냉, 건·습 등의 대립적 힘들(dynameis)로 보았다. 반면에 히포크라테스의 코스(Kōs) 학파는 체액들(chymoi)을 궁극적 요소들로 보았다. 그러나 이탈리아의 시켈리아 학파 사람인 로크리스(Lokris) 출신의 필리스티온(Philistion)은 엠페도클레스의 4원소 이론에 기초해서 의학 이론을 발전시켰는데, 그는 온·냉·건·습의 성질을 지니고 있는 불·공기·흙·물을 몸의 궁극적 요소로 파악하였다. 필리스티온의 의학 이론은 디오클레스(Dioklēs)와 플라톤에 영향을 미쳤는데, 《티마이오스》 편에서 제시되는 질병에 대한 설명은 기본적으로 필리스티온과 디오클레스의 의학 이론에 근거를 두고 있다. 따라서 플라톤의 질병에 대한 설명에서 체액(體液)들은 부차적인 역할을 한다(Cornford, 332~334면 참조). 플라톤은 81e6~86a8에서 질병을 크게 세 종류로 구분하는데, 그 분류는 다음과 같다. 첫째 종류는 몸을 구성하는 요소들의 '지나침'과 '모자람' 그리고 '잘못된 자리잡음'에 기인하는 것이다(82a1~b7). 둘째 종류는 골수·뼈·살·힘줄 등 몸의 조직의 이상으로 생기는 것인데, 이는 신체 조직들에 영양을 공급하는 방식이 정상적인 경우와는 반대로 일어남으로써 생기는 것이다(82b8~84c7). 셋째 종류는 숨·점액·담즙 그리고 열에 기인하는 것이다(84c8~86a8).

654) 이 낱말의 원뜻은 '더 많이 가짐' 또는 '지나친 가짐'이므로, '제 몫 이상의 취득', 즉 '탐욕'을 뜻하기도 한다.

655) 이른바 4원소 각각의 고유한 장소(chōra)가 있다는 견해에 대해서는 57c와 58b~c를 참조할 것.

82a

있는 탓으로[656] 각각이 자기에게 적합하지 않은 종류를 받아들이는 것, 그리고 그와 같은 유의 모든 것 또한 갈등(stasis)[657]들과 질병(nosos)들을 생기게 합니다. 각각의 부류가 생기고 자리를 바꾸는 것이 자연[의 이치]에 어긋날 경우에, 이전에 차가웠던 것들은 뜨거워지
b 고, 건조한 것들은 나중에 축축해지고, 또한 가벼운 것들도 무거워지게 되어, 온갖 변화를 온갖 방식으로 겪게 되니까요. 왜냐하면 같은 것이 같은 것에 같은 방식으로 한결같이 '비율에 맞게'(적정한 비율로: ana logon) 덧붙여지거나 떨어져 나갈 경우에만, 자기 자신과 동일한 것이면서 온전하고 건강한 것으로 남도록 허용해 준다고 우리는 주장하고 있기 때문입니다. 반면에 [몸 속으로] 들고나면서 어떤 점에서건 이를 어기게 되는 것은, 온갖 변화와 수많은 질병과 쇠퇴를 가져다 줍니다.

다음으로, 이차적인 구성(systasis)들이 또한 자연[의 이치]에 따라
c (자연적으로: kata physin) 이루어져 있으므로, 이해하고자 하는 자에게는 질병(nosēma)들에 대한 두 번째 관찰이 있게 됩니다. 실상 골수·뼈·살·힘줄은 그것들[658]로 구성되어 있고,[659] 더 나아가 피도, 비록

---

656) 불·물·공기·흙의 부류 안에도 다양한 종류가 있다는 점에 대해서는 58c~61c를 참조할 것.

657) 여기에서 '갈등'으로 옮긴 stasis(복수는 staseis)의 본뜻은 섬(standing)·위치·자세 등인데, 하나의 구성체를 이루는 요소들의 상호 '대립', 즉 갈등이나 불화, 반목 그리고 그 결과인 내분이나 내란을 의미하기도 한다. 플라톤은 이 말을 당파들간의 파쟁의 뜻으로 사용하기도 하고(21c), 여기서처럼 질병의 원인이 되는 몸을 구성하는 요소들의 불화나 반목을, 더 나아가 혼들의 '내분'을 가리키는 데도 쓰고 있다. 혼과 관련된 이 표현의 사용과 그 뜻에 대한 보충적 설명은 《국가(政體)》 편 제4권 444b 및 해당 주석을 참조할 것.

658) 앞의 단락에서 언급한 몸을 구성하는 네 가지 물체를 가리킨다.

659) 골수의 구성은 73b~c에서, 뼈의 구성은 73e에서, 그리고 살과 힘줄의 구성에 대해서는 74b~d에서 이미 언급되었다.

82c

다른 방식으로이긴 하나, 같은 요소들로 구성되어 있기 때문에,[660] 대부분의 다른 질병들은 앞서 말한 것과 같은 방식으로 생겨나지만, 질병들 중에서도 가장 심각한 것들은 다음과 같은 식으로 생깁니다. 즉 이것들의 생성 과정이 거꾸로 진행될 때마다, 이것들은 파괴됩니다. 실상 자연적으로는 살과 힘줄이 피에서 생기기는 하나,[661] 힘줄은 그 친족 관계로 인해, 섬유소에서 생기는 데 반해, 살은, [피가] 섬유소와 d
분리되어 응고될 때, 이 응고된 것에서 생겨납니다.[662] 그리고 다시 힘줄과 살에서 떨어져 나온 끈끈하고 기름기 있는 것(물질)이 살을 뼈의 조직에다 접합시키는 동시에 골수 둘레의 뼈 자체에 영양을 공급해서 자라게 합니다. 그런가 하면, 뼈의 조밀한 조직을 통해서 걸러진 가장 순수하고, 가장 매끄럽고 가장 기름기 있는 삼각형들의 부류가 뼈에서 흘러나와 방울져 떨어져서는 골수를 적십니다. 그리고 각각 e
의 것들이 이런 식으로 생길 경우에는, 대체로 건강하게 되죠. 하지만 이것들이 반대로 진행될 때는, 질병들이 생기고요. 살이 용해되어, 그 용해된 것을 혈관 속으로 되돌려보낼 때마다, 그 혈관 속에는 공기와 함께 많은 그리고 온갖 피가 있게 되는데, 이것은 색깔들과 쓴 성질, 더 나아가 시고 짠 성질에 의해 다채롭게 되고, 온갖 쓸개즙[663]과 장액(漿液)[664] 그리고 점액[665]을 지니게 되기 때문입니다.[666] 사실 해체

660) 피는 우리가 섭취한 음식물이 그것을 구성하고 있는 4원소로 분해될 때 생긴다. 80d~81a 참조.

661) 80e에서 언급되었듯이, 피는 살과 몸 전체의 영양분이 되는 것이다.

662) 플라톤은 85d에서 사체(死體)에서 피가 차질 때, 섬유소가 제거되면 응고되지 않는 것으로 말하고 있다. 그런데 그는 여기서 살아 있는 몸에서 피가 섬유소 없이도 살로 응고될 수 있는 것처럼 말하는데, 무엇이 그렇게 하는지는 설명하지 않고 있다. Cornford는 아마도 몸 '내부의 열'이 이런 작용을 하는 것으로 플라톤이 생각했을 것이라 추측하고 있다(336면 각주 2). 섬유소의 역할에 대해서는 85c~d의 해당 주석을 참조할 것.

663) 원어는 kholē로서, 쓸개즙(담즙)은, 바로 다음에 설명되듯이, 다양한 빛깔을 갖는 것으로 상정되고 있다.

82e

되고 파멸되는 모든 것은 피 자체를 먼저 파괴하며, 그것들은 몸에 더
83a 이상 어떠한 영양도 공급하지 못하면서 온갖 방향으로 혈관들을 통해
이동하여, 자연적인 순환의 질서를 더 이상 유지하지 못하게 됨으로써, 그것들은 서로에게서 아무런 이득도 얻지 못하기 때문에 자기들끼리도 반목하지만, 몸을 구성해 주고 제자리를 지키고 있는 것에 대해서도 적대적이 되어 파괴하고 용해해 버립니다. 그래서, 살도 가장 오래 된 것이 용해되는 한, 그것은 흡수 동화되지 못하고, 오랫동안의 연소로 해서 검게 되고, 모든 면에서 철저하게 부식됨으로 인해 쓴 것이
b 되니, 아직 파괴되지 않은 몸의 어떤 부분에고 그것이 엄습함은 위험
스런 것입니다. 그리고 때로는 검은 빛깔을 띤 것이 쓴 성질 대신에 신 성질을 갖게 되는데, 이는 쓴 성질이 한층 엷어질 경우요, 또한 때로는 쓴 성질의 것이 혈액에 적시어질 경우에, 그것은 더욱 빨간색을 갖게 되나, 이것과 검은 것이 혼합되면 담즙 색깔[667]을 갖게 됩니다. 더 나아가, 새 살이 불꽃 둘레의 불에 의해서 용해될 때마다, 노란 색깔이 쓴 성질과 섞이게 됩니다. 그리고 이것들 모두에 사람들이 '쓸개즙'(담즙)이라는 '공통된 이름'(to koinon onoma)을 붙여 주었는데, 그
c 들은 어쩌면 몇몇 의사들이거나 또는 많은 같지 않은 것들을 들여다
보고서도 이것들 모두에 이름을 붙여 줄 가치가 있는 '하나의 부류'

664) 원어는 ichōr로서, 특히 피의 혈청(haimatos oros)을 말하는 것 같다. 83c를 참조할 것. 그런데 헬라스의 신화에서는 이것이 신들의 혈관 속에 흐르고 있는 무색의 영액(靈液)인 것으로 간주되고 있었다.

665) 원어는 phlegma로서 점액(粘液) 또는 가래를 뜻한다.

666) Taylor(592~593면)와 Cornford(337면)가 지적하듯이, 플라톤은 쓸개즙과 점액을 용해된 살에서 생기는 분비물로 간주하고 있다.

667) khloōdes를 kholōdes로 읽었다. 왜냐하면 khloōdes는 풀의 녹색을 뜻하는데, 68b~d의 색에 대한 설명을 고려할 때, 붉은색과 검은색이 혼합될 경우 녹색이 나올 수 없기 때문이다. 게다가 71b에서도 이 색깔은 언급되고 있다.

83c

(hen genos)가 있는 것을 알아볼 수 있는 사람일 것입니다. 그러니 담즙의 종류(eidos)들로 일컬어지는 그 밖의 모든 이름은 빛깔에 따라 그것들 각각의 고유한 표현을 갖게 된 것입니다. 장액(漿液)의 경우에도 혈청은 양성(良性)이지만, 검은색의 산성 담즙의 경우에는, 장액이 열로 인해 짠 성질의 것과 결합할 때, 악성이 됩니다. 한데, 그런 것은 산성 점액이라 불리죠. 또한 공기와 함께 부드러운 새 살에서 용해되는 것이 공기(바람)로 차오른 데다 습기에 의해 둘러싸이게 되어, 이 d
상태로 해서 생긴 기포(氣泡)의 구조들은, 하나하나로는 그 미소함으로 인해 보이지 않지만, 그것들 전체로서는 눈으로 볼 수 있는 덩어리를 형성하게 되고, 이것들은 거품의 생성으로 인해 그 빛깔이 보기에 흰색을 띠게 되는데, 부드러운 살이 공기와 결합해 생긴 이 부패물 전체를 우리는 흰 점액이라고 말합니다. 반면에 새롭게 형성된 점액에서 물과 같은 것은 땀, 눈물 그리고 그 밖에도 날마다 정화되면서 분비되 e
는 그러한 모든 물질입니다. 그러니까 이 모든 것은, 피가 음식물들에서 '자연[의 이치]에 따라'(kata physin) 채워지지 않고, 반대로 '자연의 이법(nomoi)에 어긋나게'(para tous tēs physeōs nomous)[668] 덩치를 키우게 될 때마다, 질병을 일으키는 장본이 됩니다. 한데, 각 부분의 살이 질병들로 해서 분해될 경우에도, 그것들의 기반(뿌리)들이 그냥 있는 한은, 이 살들에 있어서 불행의 정도는 아직은 중간 것입니다. —왜냐하면 아직은 쉽게 회복을 할 수 있을 것이기 때문이죠.—그렇지만 살을 뼈와 함께 매어 주는 것이 병들 때는, 그리고 이것 자체가 84a
살과 힘줄에서 동시에 떨어져 나옴으로써[669] 뼈에 대해서는 더 이상

668) 앞(81e 등)에서 '자연[의 이치]에 어긋나게'(para physin)라고 한 것과 같은 뜻일 것임은 바로 앞의 '자연[의 이치]에 따라'라는 표현과 반대의 뜻으로 쓰인 데서도 분명해진다.

669) "καὶ μηκέτι αὐτὸ ἐξ ἰνῶν αἷμα καὶ νεύρων ἀποχωριζόμενον"은 "καὶ μηκέτι αὐτὸ ἐκείνων ἅμα καὶ νεύρων ἀποχωριζόμενον"으로 읽었다. Cornford의 해독에도 다소 무리가 있다.

84a

영양이 되지 못하며, 살에 대해서도 뼈와 연결해 주는 끈이 되지 못하고,[670] 나쁜 '생활 방식'(일상 생활: diaita)[671]으로 인해 윤기 있고, 매끄럽고, 끈기 있는 상태에서 거칠고 짠 상태로 찌들게 되면, 그때는 이런 상태를 겪게 된 그런 모든 것이, 뼈에서 벗겨져 떨어지면서, 그 자체가 살과 힘줄 아래로 다시 부스러져 들어가게 되거니와,[672] 그 뿌리

b 들에서 함께 떨어져 나온 살들은 힘줄만을 드러난 상태로 남겨 놓고 소금물로 가득 차게 됩니다. 더 나아가, 살들 자체는 다시 피의 흐름 속으로 빠져들어가서 앞서 언급된[673] 질병들을 더 악화시킵니다. 몸에 있어서 이 상태들도 심각하게 되는 것들이지만, 이것들보다 앞선 단계에 있어서 일어나는 상태들이 한층 더 심각하게 됩니다. 즉 뼈가 살의 빽빽함 때문에 충분한 숨을 받아들이지 못하고, 곰팡이로 해서 열이 나고, 골저(카리에스: sphakelios)에 걸리어, 영양분도 받아들이지

c 못하며, 뼈 자체가 부스러져서 거꾸로 영양분 속으로 다시 역류해 들어가게 될 때는 말씀입니다. 반면에 이 영양분은 살 속으로, 그리고 살은 핏속으로 빠져들어가게 되어서, 모든 질병을 앞서 언급했던 것들보다도 더 악성으로 만들고 맙니다. 그러나 무엇보다도 극단적인 것은 골수의 조직(physis)이 어떤 것의 '모자람'(endeia)이나 '지나침'(과도: hyperbolē)으로 해서 병들게 되었을 때일 것이니, 이는 질병들 가운데서도 가장 심각하며 죽음에 이르게 하는 가장 주된 것들을 일으

670) 이 내용을 이해하기 위해서는 82d를 참조할 것이니, 이 문장의 바로 앞에서 '살을 뼈에 함께 매어 주는 것' 그리고 문법적으로 이를 받고 있는 '이것 자체가' 무엇인지도 거기에 밝혀져 있다.

671) diaita란 일반적으로는 '일상적인 생활 방식'을 뜻하는 말이지만, 의학적으로는 '섭생'이나 '식이 요법'을 뜻한다. 영어 diet는 이에서 유래하며, 현대 헬라스어로도 '다이어트'의 뜻으로 쓰인다.

672) 살과 힘줄에서 체액이 분비되는 정상적인 작용이 거꾸로 일어나는 걸 두고 하는 말일 것이다.

673) 82e~83a의 내용을 가리킨다.

키는데, 그건 몸 전체의 조직이 어쩔 수 없이 거꾸로 흐르게 되기 때문입니다.

다른 한편으로, 셋째 종류의 질병들은 세 가지 방식으로 생기는 것으로, 즉 숨·점액·쓸개즙으로 해서 생기는 것으로 생각해야만 합니다. 몸에 숨(공기: pneuma)[674]을 배분해 주는 허파가 분비물들로 막히어 그 통로들을 깨끗한 상태로 유지하지 못할 때는, 어떤 곳에서는 숨(공기)이 나아가지를 못하는 반면에, 어떤 곳에서는 적절한 정도 이상의 숨이 들어가게 되어, 한편으로는 신선한 공기의 유입을 못 보게 되는 부분들을 썩게 하는가 하면, 다른 한편으로는 숨(공기)이 혈관들을 헤치고 들어가서 이것들을 뒤틀어 놓음으로써, 몸을 분해해 가다가, 몸의 중심 및 횡격막에서 멈추면서 차단당하게 되며, 그야말로 무수한 고통스러운 질병들도 이로 해서 생기는데, 종종 많은 땀을 동반하기도 합니다.[675] 한데, 살이 분해될 때에는, 종종 몸 안에 공기가 생기며, 이 공기가 밖으로 나갈 수가 없어서, 밖에서 밀고 들어오는 공기에 기인하는 것과 같은 고통들을 일으킵니다. 그러나 가장 큰 고통들은, 공기가 힘줄들과 그곳의[676] 혈관들 주위에 머물러 있으면서 팽창하여 이처럼[677] '어깨와 팔의 큰 힘줄들'[678] 및 이것들과 연결된 힘줄들을 뒤로 팽팽하게 당길 때 생깁니다. 그런데 이것들은 또한 이 긴장

d

e

674) pneuma는 숨쉬는 '공기'(78b의 해당 각주 참조) 또는 '바람'을 뜻한다. 히포크라테스 의학에서는 pneuma가 다양한 질병의 일차적 원천으로 간주되었다. Taylor, 600면 참조.

675) 여기서 설명되고 있는 질병은 폐렴으로서, 호흡에 필요한 공기가 원활히 공급되지 못할 때 생기는 것으로 이야기되고 있다.

676) 바로 다음에 나오는 어깨와 위팔 주변을 가리키는 것으로 보아야 할 것이다.

677) 공기의 팽창이 힘줄들을 끌어당기는 것 같은 느낌을 주는 걸 가리키는 것 같다.

678) 원어는 hoi epitonoi로서, 어깨의 삼각근·극상근·소원근 및 대원근 그리고 위팔의 삼두박근 및 이두박근 등을 통틀어 가리키는 것 같다.

(syntonia) 상태에 기인한 질병들이라 '강직성 경련'(tetanos)들 및 '후궁 반장'(後弓反張, 反弓緊張: opisthotonos)들이라 불리게 되었습니다.[679] 이 질병들에 대해서는 치료도 어렵습니다. 물론 그와 같은 질
85a 환들은 병발하는 발열들이 대개 해소시켜 줍니다만.[680] 한데, 흰 점액이 기포(氣泡)들 속의 공기로 인해서 차단될 경우에는 위험하나, 몸 밖으로 나가는 공기 구멍들을 갖게 될 경우에는 한결 증세가 가벼워지기는 하지만, 흰 부스럼 및 이와 같은 부류의 질병들을 생기게 함으로써 몸을 얼룩지게 합니다. 반면에 그것[681]이 검은 쓸개즙과 섞여서 머리 속의 가장 신성한 회전들[682]에 퍼져서 이것들을 혼란시킬 경우에, 잠들어 있는 동안에는 한결 가볍지만, 깨어 있는 상태에 엄습할 경
b 우에는 한층 더 벗어나기가 힘듭니다. 이것은 신성한 성질의 질병이기에 신성한 병[683]이라 일컬어지는 게 지당합니다. 한데, 산성의 짠 점

679) '강직성(경직성) 경련'을 의미하는 'tetanos'나, '후궁반장'으로 옮긴 opisthotonos에서 '뒤' 또는 '뒤로'를 뜻하는 opistho를 뺀 tonos도 '긴장' 또는 '팽팽하게 당김'의 뜻을 갖고 있다.

680) 공기에 기인하는 다른 유형의 질병에 대한 설명인데, 이 질병들은 살이 부패됨으로써 몸 안에 생기게 된 공기에 기인하는 것들이다. 이런 질병들은 병이 나을 때 발열을 동반한다는 언급은 히포크라테스의 《경구집(警句集)》(*Aphorismoi*) iv, 57 등에 보인다.

681) 85a의 시작 부분에서 언급한 '흰 점액'을 가리킨다.

682) 인간의 머리 속에 있는 신적인 혼의 회전들에 대해서는 43a~44d를 참조할 것.

683) 원어는 hieron nosēma(또는 hiera nosos)로 '간질'(전간)을 가리킨다. 당시 헬라스인들이 간질을 신성한 질병으로 부르게 된 이유에 대해서 Taylor는 다음과 같이 설명하고 있다. 즉 간질에 걸린 사람이 보이는 갑작스런 발작이나 이상한 소리지름 및 경련이 당시 사람들이 보기에는 어떤 초자연적인 힘이 침입해서 일어나는 것으로 여겨졌고, 악령 또는 악귀가 씌운 것으로 보였기 때문에 이런 이름이 붙여졌다는 것이다. 당시의 이런 일반적 생각에 대해서 히포크라테스의 이름으로 전해지는 《신성한 질병에 관하여》(*Peri hierēs nosou*)의 저자는 다음과 같이 비판하고 있다. 즉 우선 사람들이 이른바 '신성한 질병'을 이 병의 이상함 때문에 어떤 초자연적인 힘에 기인하

85b

액은 카타르성으로(katarrhoika) 되는 모든 질병의 원천이지요. 그러나 그 점액이 흘러들어가는 곳들이 다양하기 때문에 온갖 이름을 얻게 되었죠. 달아오르고 부어오른다고 해서 몸에 염증(炎症)이 생긴다고 말하게 되는 것들은,[684] 모두가 쓸개즙 때문에 생깁니다. 그런데 쓸개즙이 밖으로 빠져 나갈 구멍을 갖게 된 상태에서 끓어오를 경우에는, 온갖 종기를 내보내지만, 안에 갇히게 될 때는 많은 염증성의 질환 c
을 생기게 하는데, 제일 심한 것은 쓸개즙이 순수한 피와 섞여서 섬유소의 부류[685]를 그 배치 상태(taxis)에서 이동시킬 때 생기죠. 이 섬

는 것으로 본 것은 잘못이라는 것이다. 왜냐하면 이 병 이외에도 어떤 사람도 상상할 수 없는 아주 이상한 질병들은 무수히 많기 때문이다. 또한 이 저자는 이 병을 처음으로 '신성한' 것으로 부른 사람들은 마법사 또는 주술가들이었으며, 그들이 이 병을 치료할 방도가 없었기 때문에 자신들의 무능력을 감추기 위해 그렇게 불렀다고 비판한다. 이 저자는 이 병은 다른 질병들보다 더 신성한 것도 아니고 증세가 뿌리깊지 않으면 치료될 수 있다고 보았다. 그리고 이 병은 초자연적인 힘에 의한 것이 아니라 점액(phlegma)이 뇌의 혈관에 쌓일 때 생기는 것으로 파악하였다(Taylor, 602~603면 참조). 그런데 플라톤은 《신성한 질병에 관하여》의 저자와 마찬가지로 이 질병을 점액이 뇌에 작용해서 생기는 것으로 보면서도 검은 담즙을 그 원인으로 추가해서 말하고 있다. 그리고 그는 '신성한 질병'이란 이름을 고수하는데, 그 까닭은 이 병이 초자연적인 힘에 의한 것은 아니지만, 이것이 병들게 하는 혼의 회전들이 신성한 것이기 때문에 그렇게 부를 수 있다는 것이다.

684) 플라톤은 'phlegmainein'(염증이 생기는 것)이란 말의 어원이 'phlegesthai'(불타는 것)에서 유래하는 것으로 말하는데, 이는 아마도 'phlegmainein'을 점액(phlegma)과 연관시켜 생각하지 않도록 하기 위한 의도로 보인다. 왜냐하면 그는 염증이 점액이 아니라 쓸개즙(kholē)에 의해 생기는 것으로 보고 있기 때문이다.

685) 섬유소로 번역한 원어는 is(복수는 ines)인데, 흔히 '피브린'(fibrin)이라 일컫게 된 것으로서, 핏속에 있는 물질을 가리킨다. 바로 다음에 설명되듯이, 섬유소는 피가 너무 묽게 혹은 너무 탁하게(진하게) 되지 않도록 하는 기능을 하는 것으로 간주되었다. 만일 피가 너무 뜨거워져서 묽게 되면, 그것은 몸의 성긴 조직을 통해서 빠져 나가고, 반면에 너무 탁하게 되면, 피가

85c

유소들은 핏속에 분산되어 있는데, 이는, 피가 그 농도의 묽기와 진함을 균형되게 갖고서, 그것이 열로 인해 액체 상태로 몸의 성긴 조직을 통해 밖으로 흘러나가지 않도록 하기 위한 것이며, 또한 이와 반대로 너무 진하고 움직이기 힘든 상태가 되어 그것이 혈관 속에서 순환하
d 기가 몹시 힘들어지지도 않도록 하기 위한 것입니다. 섬유소들은 그 자연적 구성에 의해 이것들의 다름 아닌 '적정 비율'(kairos)을 유지합니다. 누군가가 죽어서 그 피가 식어 가는 과정에 있을 경우라도, 이 섬유소들을 따로 한데 모아 갖고 있을 때에는, 나머지 모든 피가 용해되지만, 섬유소를 그냥 내버려 둔 상태로 있게 되면, 그것들은 피를 에워싸고 있는 냉기와 함께 피를 빨리 응고시킵니다.[686] 섬유소들은 핏속에서 바로 이런 작용을 하고 있어서, 본성상 오래 된 피로 생겼다가 다시 살에서 피로 용해된 쓸개즙이, 처음에 따뜻하고 축축한 상태로 [핏속으로] 조금씩 들어올 때는, 섬유소들의 작용(성질: dynamis)에
e 의해 응고되지만, 이것이 응고되면서 급랭하게 되면, 내부에 오한과 떨림을 일으킵니다. 그러나 담즙이 더 많이 흘러들게 되면, 그것은 자체의 열로 섬유소들을 제압하여 이것들을 끓게 함으로써 무질서 상태(ataxia)로 뒤흔들어 놓습니다. 그리고 이것이 섬유소들을 능히 끝까지 제압하게 되면, 그것은 골수의 부류로 뚫고 들어가서 이걸 태움으로써, 마치 배의 밧줄[687]을 풀 듯이, 혼의 밧줄을 골수에서 풀려나게 해서 혼을 자유롭게 합니다. 그러나 쓸개즙이 덜 흘러들고 몸 또한 분해되는 것을 견디어 내면, 쓸개즙 자체가 제압되어, 몸 전체에 걸쳐 바깥으로 쫓겨나거나, 아니면 혈관을 통해 아랫배나 윗배로 몰리었다가,

---

제대로 흐르지 못하게 된다.

686) 플라톤은 사람이 죽은 후에 피가 섬유소를 지니고 있으면 피가 응고되지만, 섬유소를 제거한 피는 그렇지 않다는 것을 알고 있었던 것으로 보인다. Taylor, 605면 참조.

687) 73d에서 '생명의 끈'을 배의 닻줄에 비유했었다. 또한 81d에서도 '혼의 끈들'에 관련된 언급이 있었다.

마치 내란이 일어난 나라에서 추방되는 자들처럼,[688] 몸 밖으로 내쫓기게 되어, 설사(diarrhoia)나 이질(dysenteria) 그리고 그와 같은 모든 질병을 일으키게 되는 겁니다. 그런데 주로 불의 지나침(hyperbolē)으로 인해서 몸이 병났을 때는 지속적인 발열과 열병을 일으키나, 공기의 지나침으로 인해서는 매일열을, 물의 과다로 인해서는 삼일열을 일으키는데, 이는 물이 공기나 불보다도 활기가 덜하기 때문입니다. 한데, 흙의 지나침으로 인해서는, 넷 중에서 흙이 가장 활기가 없는 것이어서, 시간적으로 네 배가 걸려서 정화되는데, 사일열을 생기게 해서, 가까스로 벗어나게 합니다.[689] 86a

몸(sōma)과 관련해서 생기는 질병들은 이런 식으로 발생하나, 혼(psychē)과 관련되는 질병들은 몸의 상태(hexis)로 인해 다음과 같은 식으로 발생합니다. 그러니까 우리는 어리석음(anoia)[690]이 혼의 질병 b

688) '내란이 일어난 나라'(stasiasasē polis)란 표현은 플라톤이 질병을 몸을 구성하는 요소들의 불화나 내분에 기인하는 내란(stasis)에 비유하고 있기 때문에 하는 표현이다. 82a와 해당 주석을 참조할 것.

689) 86a2~8에서 이야기되는 질병이 걸렸을 때 생기는 열병(pyretos)의 종류들은 82a에서 언급된 몸을 구성하고 있는 궁극적 요소들의 과도나 부족에 기인하는 것으로 설명된다. 플라톤은 질병으로 생기는 열을 우선 크게 두 가지로, 즉 지속적인 것과 간헐적인 것으로 구분하고 있다. 그리고 간헐적으로 생기는 열의 종류들에 대한 이름은 열이 재발하는 데 걸리는 시간의 길이에 근거해서 붙여진 것이다. 예를 들어, 열이 24시간 이내에 재발하는 경우는 '매일열'(amphēmerinos [pyretos])로, 그리고 재발하는 데 만 하루가 걸리는 경우는 삼일열(tritaios [pyretos])로 불리는데, 그 까닭은 이런 특성은 3일째까지 기다리지 않고서는 진단될 수 없기 때문이다. 그리고 재발의 간격이 이틀인 경우는 같은 이유로 사일열(tetartaios [pyretos])로 불린다. 그리고 그는 몸을 구성하는 요소들의 성질에 따라서 이런 열들이 각기 다른 요소들에 기인하는 것으로 말하고 있다. 즉 불은 가장 뜨거운 것이기 때문에 불의 과다는 지속적인 열을, 공기는 두 번째로 그런 것이기 때문에 매일열을, 물은 삼일열을, 흙은 사일열을 일으킨다는 식이다. Taylor, 607면 참조.

690) anoia는 '지성(nous)이 없는'(anous) 상태를 가리키는 말이다. 플라톤은

이라는 점에 동의해야 하는데, 어리석음에도 두 부류가 있어서, 그 하나는 광기(mania)[691]이고 다른 하나는 무지(amathia)[692]입니다. 따라서 누군가가 어떤 상태(pathos)를 겪건 간에, 이들 둘 중의 어느 것을 겪게 될 경우에는, 이 모두를 질병이라 불러야 하며, 지나친 쾌락(hēdonē)들이나 고통(lypē)들은 혼에 있어서 가장 심각한 질병들로 보아야만 합니다. 왜냐하면 사람이 지나치게 기뻐하거나 혹은 고통으로 인해 그
c 반대 상태를 겪게 되면, '시의(時宜)에 맞지 않게'(akairōs)[693] 서둘러 한쪽은 붙잡으려고 하되, 다른 쪽은 피하려고 하는 통에, 바른 것을 전혀 볼 수도 들을 수도 없으며, 또한 미친 상태가 되어, 그땐 헤아림(logismos)이라곤 전혀 가져 볼 수가 없기 때문입니다. 그런가 하면 어떤 이에게 정액이 많아 골수에 넘쳐흘러, 마치 '적절한 정도'(to symmetron) 이상으로 과실이 많이 달린 나무꼴이 되어 있는 경우에는, 욕정들 및 이런 것들과 관련된 출산들에 있어서 각각의 경우마다 많은 산고와 많은 쾌락을 갖게 되고, 이들 가장 강렬한 쾌락과 고통으로
d 인해 일생의 대부분에 걸쳐 미친 상태로 있게 되어, 몸으로 인해 혼이 병들고 몰지각하게 되는데, 이 사람은 병이 든 것이 아니라 자의(自意)로(자발적으로: hekōn) 나쁜 사람이 된 것으로 간주되고 있습니다. 그러나 진실은 성적인 쾌락과 관련된 방종(akolasia)이 대개는 몸 속

혼 안에 있는 신적인 지성이 그 나머지 혼의 부분들(기개적인 부분과 욕구적인 부분)을 통솔하거나 주도하지 못할 때 어리석은 상태가 된다고 본다. 그가 앞서 44a에서 지성을 상징하는 혼의 회전들이 사멸하는 몸 속에 묶이게 될 때 육신의 흐름의 영향으로 처음에는 지성이 없는(어리석은: anous) 상태가 된다고 말한 것도 같은 맥락에서 이해할 수 있다.

691) 여기서 '광기'(mania)는 지나친 쾌락이나 고통에 기인하는 광적인 흥분 상태를 나타내기 위한 말로 사용되고 있다.

692) 원어 amathia는 배움에 대한 갈망조차 없는 우둔한 상태를 가리킨다.

693) 여기서는 akairōs를 '서두는 것'과 연결해서 '정도'보다는 시간적인 의미의 것으로 해석했다.

뼈의 다공성(多孔性)으로 해서 넘쳐흘러 흉건한 종류의 물질[694]의 상태로 말미암아 혼의 질병으로 되었다는 것입니다. 쾌락들에 대한 무절제(자제하지 못함: akrateia)라고 일컬어지는 거의 모든 것은, 그리고 또 자의(自意)로 나쁜 사람들이 된다고 하는 비난은 옳게 하는 것이 아닙니다. 왜냐하면 아무도 자의로 나쁜 사람이 되는 것이 아니고,[695] e
몸의 어떤 '나쁜 상태'(ponēra hexis)나 교육받지 못한 양육으로 해서

694) 이 물질은, 바로 위에서 언급한 내용(86c3~5)을 고려할 때, 골수(myelos) 또는 정액(sperma)을 형성하는 골수의 부분을 가리키는 것으로 보인다. 플라톤은 91b에서 골수의 한 부분을 정액과 동일시하고 있다.

695) "아무도 자의(自意)로 나쁜 사람이 되지는 않는다"(kakos hekōn oudeis. 《프로타고라스》 편 345d 및 《법률》 편 731c에서도 표현은 비슷함)는 것과 "몸의 어떤 나쁜 상태나 교육받지 못한 양육으로 해서 나쁜 사람이 나쁘게 된다"는 것은 내용상 소크라테스의 지론(持論)의 일부이다. 이는 "aretē는 epistēmē이다"로 알려져 있는 소크라테스의 주장과 밀접히 연관되어 있는 것이기에, 먼저 이것이 무엇을 뜻하는지부터 확실히 밝혀 두는 게 옳은 순서일 것 같다. 흔히 "덕은 지식이다"로 번역하는 이 말의 뜻은 이런 식으로 번역해서는 이해가 잘 되지 않는다. aretē는 모든 종류의 사물이 그 나름으로 하게 되어 있는 제 '구실' 또는 제 '기능'(ergon)을 가장 잘 수행할 수 있는 '훌륭한 상태'(훌륭함: goodness)를 가리키는 말이요(더 자세한 언급은 《국가(政體)》 편 335b의 각주 및 331c와 403d의 각주를 참조할 것), 이와 반대되는 말이 kakia(나쁜 상태, 나쁨: badness)이다. 이 '훌륭한 상태'(aretē)나 '나쁜 상태'(kakia)를 사람의 정신적·도덕적 가치에 적용시키면, '덕' 또는 '악'(악덕)이 되겠는데, 이는 사람의 '훌륭한 상태' 또는 사람의 '나쁜 상태'로 이해하는 것이 더 정확할 뿐만 아니라 논의의 보편성을 따르는 것이 될 것이다. 비근한 예를 들어 가면서 다음 이야기로 넘어가기로 하자. 가령 소크라테스가 곧잘 예로 들고 있는 제화공의 경우를 보자. 제화공의 '훌륭한 상태'는 구두 만드는 일, 구두를 잘 만들 줄 아는 것과 관련되어 있으니, 그의 '나쁜 상태'는 이와 반대되는 경우의 것이다. 또한 구두를 잘 만들 줄 안다는 것은 구두의 기능이 무엇인지를 알 때나 가능한 일이다. 따라서 제화공의 '훌륭한 상태'(aretē)는 구두의 기능(ergon)에 대한 '앎'(epistēmē)과 그것을 제대로 만들 줄(dēmiourgein) 아는 '앎'(epistēmē)이 있어야만 되는 일이요, 그 반대의 경우, 즉 그의 '나쁜 상태'(kakia)는 구두의 기능에 대한 '무지'(amathia)와 그걸 만들 줄 모르는 무지에서 나오

86e

나쁜 사람이 나쁘게 되는 것이거니와, 이것들은 누구에게나 혐오스런 것들이며 자의와는 상관없이 일어나기 때문입니다. 그리고 또한 고통과 관련된 것의 경우에도 혼은 마찬가지로 몸으로 인해 많은 나쁨(나쁜 상태: kakia)을 지니게 됩니다. 누구의 몸에 있어서건 시고 짠 점액들 및 쓰고 담즙성인 체액들이 몸에서 떠돌아다니다가 밖으로 나가는
87a 공기 구멍을 찾지 못하고, 몸 안에 갇히게 되어, 이것들에서 나온 증기가 혼의 운동과 섞이어 뒤죽박죽이 되면, 그것들은 더 심하거나 덜한, 더 작거나 더 큰 온갖 종류의 혼의 질병을 생기게 하니까요.[696] 그리고 이것들이 혼의 세 군데 거처[697]로 옮겨가게 되면, 그것들 각각이 침입하는 곳에 따라 온갖 불만과 낙담을 생기게 하는가 하면, 갖가지의 만용과 비겁, 더 나아가 망각과 더딘 배움을 다채롭게 생기게 합니다.[698] 이에 더하여, 이처럼 나쁘게 굳어 버린 사람들의 정치 체제
b (politeia)들이 나쁘고, 논의들(이야기들: logoi) 또한 이들 나라에 맞게 사사롭게든 공적으로든 하게 되며,[699] 더 나아가 이것들을 치유해 주는 학문들도 어떤 식으로건 어린 시절부터 배우지 못할 경우에, 모든

는 당연한 귀결이다. 이런 생각을 이제 사람 '구실'(ergon)과 관련지어 생각해 보기로 하자. 사람의 '훌륭한 상태'는 사람 '구실'에 대한 '앎'이 있어야 그 참된 의미에 있어서 가능한 일이요, 결국 사람의 '나쁜 상태'는 그것에 대한 '무지'나 그의 부득이한 신체적 조건으로 인해서지, 뉘라서 사람이 '자의로' '나쁜 상태'에 있게 되기를 바라겠는가 하는 것이 이런 주장의 요지이다.

696) 여기서 말하는 혼의 질병의 예로, 앞서 85a에서 언급된, 흰 점액이 검은 담즙과 섞여서 머리 속에 있는 혼의 회전들에 퍼질 때 생기는, 이른바 '신성한 병'(간질)을 들 수 있다.

697) 69c~74d, 특히 69c의 주석에서 혼의 세 부분 또는 세 가지 혼에 대한 언급을 참조할 것.

698) 불만과 낙담은 욕구적인 부분에, 만용과 비겁은 기개적인 부분에, 망각과 더딘 배움은 이성적 부분에 상응해서 일어나는 혼의 질병이겠다.

699) logoi kata poleis의 번역에 있어서는 Cornford가 345면 각주 4에서 밝힌 의견에 따랐다.

87b
나쁜 사람이 나쁘게 되는 것이 이처럼 이 두 가지 것[700]으로 인해서
이니, 이것들은 자의(自意)와는 전혀 상관이 없습니다. 이 모든 탓을
자식들보다는 낳은 쪽에 그리고 양육되는 쪽보다는 양육하는 쪽에 언
제나 돌려야 합니다. 그렇지만 사람이 할 수 있는 대로, 양육과 종사하
는 일(활동)들과 학문(배움)들을 통해 나쁨(kakia)은 피하되 그 반대
의 것은 취하도록 노력해야만 합니다. 한데, 이것들은 다른 방식의 논
의거리입니다.[701]

그러면 이번에는 이것들에 대한 대응책을, 즉 몸과 마음(思考: c
dianoēsis)이 그 덕택으로 구제를 받게 될 치유책(therapeia)들과 관련
된 것을 역으로 제시하는 것이 합당하고 적절할 것입니다. 나쁜 것들
(ta kakia)보다는 좋은 것들(훌륭한 것들: ta agatha)에 관한 논의를 하
는 것이 더 옳겠기 때문입니다. 물론 모든 좋은(훌륭한) 것(to
agathon)은 아름답고(kalon), 아름다운 것(to kalon)은 불균형하지
(ametron) 않습니다. 따라서 그와 같은 것으로 될 생물(zōon)은 균형
잡힌 것(symmetron)이라 보아야만 합니다. 그런데 우리는 균형 잡힌
것들 중에서 사소한 것들은 뚜렷하게 알아보고서 측정(계산)해 보지
만, 가장 주된 것들이고 가장 중대한 것들은 생각 없이 대합니다. 건강 d
과 질병 그리고 [사람의] 훌륭한 상태(훌륭함, 덕: aretē)[702] 및 [사람
의] 나쁜 상태(나쁨, 악: kakia)와 관련되는 한, 혼 자체가 몸 자체에
대하여 갖는 균형(symmetria)과 불균형(ametria)보다 더 중대한 균형이
나 불균형은 아무 것도 없습니다. 우리는 이것들에 대해 전혀 살피는
일이 없으며, 이런 사실에 대해서도 생각이 미치지 못하고 있습니다.

---

700) 나쁜 사람들로 되는 두 가지 원인이란, 바로 다음에서 시사되고 있고 앞(86e)에서도 언급된 것들, 즉 부모에게서 물려받은 육체적 결함과 잘못된 양육을 말한다.

701) 이런 문제들을 다루고 있는 것이 이를테면 《국가(政體)》 편이다.

702) 86e의 해당 주석 참조.

즉 강하고 모든 면에서 큰(위대한) 혼을 너무 약하고 너무 작은[703] 체격이 운반하거나,[704] 이와 달리 이것들이 반대로 결합할 경우에는—이는 가장 중요한 균형들에 있어서 균형을 이루지 못하기 때문이죠.—이 생물은 전체적으로 아름답지 못하다는 점에 대해서 말씀입니다. 반면에, 이와는 반대되는 상태로 있는 것은 이를 볼 수 있는 사람에게는 모든 구경거리 중에서도 가장 아름답고 가장 사랑스러운(매
e 력적인) 것이라는 점에 대해서도 그러합니다.[705] 그러므로, 이를테면, 다리가 너무 길거나 또는 다른 어떤 지나친 상태(hyperexis)로 해서 몸이 자체에 대해 어떤 점에서 불균형일 경우에, 그것은 흉하기도 하지만, [사지가] 수고를 함께 하는 데 있어서도 많은 피로와 잦은 접질림 그리고 비틀거림으로 인한 잦은 넘어짐 등, 자신에게 수없이 많은 나쁜 일의 원인을 제공하는 것처럼, 우리가 생물[706]이라고 부르는 둘[707]의 복합체에 대해서도 바로 같은 생각을 해야만 합니다. 이것에 있어서
88a 혼이 몸보다 더 강해서 너무 격정적일 때는, 혼이 온몸을 뒤흔들어 놓아 안에서부터 질병들로 채워 갑니다. 그리고 이 혼이 어떤 공부

703) 이 형용사들이 원문에서는 비교급으로 되어 있지만, 헬라스어에서는 비교급이 '지나침'을 나타내는 경우가 있으므로, 이렇게 옮겼다.

704) 앞서 44e, 69c에서 몸을 머리 또는 혼의 운반 수단(okhēma)으로 언급했다.

705) Cornford는 이 구절의 표현과 생각이 《국가(政體)》 편 제3권 402d의 다음 구절에 대한 되풀이라 말하고 있다. "그런데 어떤 사람의 혼 안에 훌륭한 성격(성품)들이 있게 된 데다, 이것들과 합치하고 조화되는 것들이 외모에도 있게 된다면, 그래서 이들 양쪽 것들이 같은 원형(原型, 模型: typos)에 관여하고(metechonta) 있다면, 이는 이를 볼 수 있는 사람에게는 가장 아름다운 광경이 아니겠는가?"

706) 헬라스어로 zōon은 그 원뜻이 '살아 있는 것', 즉 '생물'이지만, 대체로 인간을 포함하는 '동물'을 가리키기도 한다. 영어 zoology 등에서 zoo-는 이에서 유래하는 말이다.

707) 몸과 혼을 가리킨다.

88a

들이나 탐구들에 있어서 열성적으로 임할 경우에는, 몸을 쇠약하게 만들며, 또한 공적으로나 사사롭게 논의를 통한 가르침을 갖거나 말다툼을 하다가 벌어지는 논쟁들과 경쟁심으로 인해서 몸이 달아오르게 하여 그것을 뒤흔들어 놓을 것이며, 분비를 촉진함으로써, 이른바 의사들 대부분을 속아넘어가게 하여, 탓(원인) 아닌 것을 탓으로 보게 만듭니다.[708] 그리고 다른 한편으로, 혼에 비해서 너무 강하고 큰 몸이 왜소하고 허약한 마음(dianoia)과 결합하게 될 때는, 인간들에게는 본성상 두 가지 욕구(epithymia), 즉 몸으로 인한 영양에 대한 욕구와 우 b
리 안에 있는 것들 중에서 가장 신적인 부분(to theiotaton)[709]으로 인한 지혜(phronēsis)에 대한 욕구가 있기 때문에, 더 우세한 것의 운동들이 지배하게 되어, 자기 쪽 것은 증대시키면서도, 혼의 부분은 둔하고, 더디 배우며 잘 잊게 만듦으로써, 가장 큰 질병인 무지(amathia)를 생기게 합니다. 둘 다[710]에 대한 단 한 가지 구제책(sōtēria)은, 혼이 몸을 제쳐놓은 채로도 또는 몸이 혼을 제쳐놓은 채로도 활동하지 않도록 함으로써, 둘이 자신들을 지켜서 균형을 이루어 건강하게 되도록 하는 것입니다. 바로 수학자야말로 또는 그 밖의 다른 지적인 연구 c
에 열성적으로 종사하는 이야말로 체육을 가까이 함으로써 신체의 운동도 해 주어야 하거니와, 이와는 달리 정성 들여 몸 만들기를 하는 사람 역시 시가(詩歌: mousikē) 및 모든 지혜에 대한 사랑(철학: philosophia)을 이용함으로써, 혼의 운동들을 상응하게 해 주어야만 합니다.[711] 만약에 누군가가 '훌륭하디훌륭한'[712] 사람으로 정당하게 그

708) 사실은 혼에 기인하는 것을 몸에 기인하는 것으로 잘못 보는 경우를 말하고 있다.

709) 혼의 이성적 부분, 즉 지성을 가리킨다. 41c, 44d의 언급 참조.

710) 몸과 마음의 불균형으로 인한 몸의 질환과 마음의 질환을 가리킨다.

711) 플라톤은 《국가(政體)》편 제3권 410b~d에서 시가(mousikē)와 체육(gymnastikē) 교육에 대해 더 분명한 견해를 밝히고 있다. 일부 사람들이 생각하듯이, 체육으로는 몸을 보살피되 시가로는 혼을 보살피기 위한 것이 아

리고 옳게 불리려면 말씀입니다. 이것들과 그 부분들[713]은 같은 방식으로, 우주의 형태(eidos)를 본받아서,[714] 보살피도록 해야만 합니다.
d 왜냐하면 몸은 그 안으로 들어오는 것들[715]에 의해 내부에서 뜨겁게 되기도 하고 차게 되기도 하며, 다시 외부에 있는 것들[716]에 의해 건조해지기도 하며 습하게 되기도 하고, 또한 이들 양쪽 운동으로 인해 이것들에 뒤따르는 것들을 겪기도 하기 때문인데, [이때] 어떤 사람이 가만히 있는 상태로 몸을 이 운동들에 내맡기게 될 경우에는, 몸은 그

니라, 모두 혼을 위해 마련된 것이라는 것이다.

712) 원어는 "'kalos' 하기도 하고 동시에 'agathos' 한 사람"으로 되어 있지만, 이를 강조 용법으로 보고, '훌륭하디훌륭한 사람'으로 옮겼다. kalos는 '아름다운', '훌륭한' 등의 뜻을, agathos는 '좋은', '훌륭한'의 뜻을 지니는 말인데, 이 두 낱말은 상호 교체되어 쓰이기도 한다. 그런데 플라톤은 이 구절에서 '나무랄 데 없이 완전한', '그야말로 훌륭한' 또는 '참으로 훌륭한' 사람을 지칭하기 위해 kalos와 agathos를 같이 사용하고 있다. 물론 여기에서 'kalos'는 바로 앞에서 언급된 '몸 만들기'를 통한 아름다움의 실현을, 'agathos'는 정신적 측면의 '훌륭함'을 구현하는 것을 염두에 두고서 하는 표현이기도 하다. 그는 앞서 23b에서 9,000년 전의 아테네인들을 '가장 훌륭하디훌륭한 종족'(to kalliston kai ariston genos)으로 언급했고, 89d에서도 비슷한 표현이 보이는데, 이는 최상급을 이용한 표현일 뿐, 같은 쓰임새의 표현이다. 《국가(政體)》편 제2권 376c 및 제8권 569a에서 관련된 주석을 참조할 것.

713) 여기서 말하는 부분들은 혼과 몸 양쪽 다의 부분들로 보는 게 옳을 것 같다. 왜냐하면 신체뿐만 아니라, 앞서(69c~74d) 혼에도 세 부분 또는 세 가지 혼이 있는 걸로 언급되었기 때문이다.

714) 이 말은 바로 다음의 언급을 고려할 때, '모든 것의 양육자며 유모'의 운동을 흉내내어 "닮은 것에 닮은 것이"란 원리에 따라서 우리 몸의 질서를 갖추게 하는 것을 뜻하는 것으로 보인다.

715) 불과 공기를 가리킨다. 78a~b에서 불과 공기의 입자는 우리 몸을 구성하는 입자들보다 작기 때문에 우리 몸을 투과할 수 있다고 언급되었다.

716) 흙과 물을 가리킨다. 흙과 물은 우리 몸을 구성하는 입자들보다 더 큰 입자들로 이루어져 있기 때문에, 외부에 있는 것들로 말한 것으로 보인다. 78a 참조.

88d

것들에 압도되어 완전히 파멸될 것입니다. 반면에 모든 것[717]의 양육자며 유모라고 우리가 불렀던 것[718]을 어떤 사람이 흉내 내어, 몸 또한 가능한 한 결코 가만히 있도록 내버려 두지 않고, 운동하게 하며 몸 전체에 걸쳐[719] 어떤 흔들림(seismos)들을 언제나 생기게 함으로써 안팎의 운동(kinēsis)들을 자연적으로 막아 낸다면, 그리고 이 흔들 e
림을 적절히 유지함으로써 몸에 있어서 방황하는 성질들(pathēmata)과 그 부분들을, 우리가 앞서 우주와 관련해서 말했던 설명대로,[720] 그 동종 관계에 따라 서로 질서를 갖추도록 해 준다면, 그는 적(적대적인 것)을 적 옆에 자리잡게 함으로써 몸에 전쟁들과 질병들을 생기게 하는 짓은 하지 않고, 친구(친근한 것)를 친구 옆에 자리잡게 함으로써 건강할 수 있도록 할 것입니다.[721] 다른 한편으로, 운동들 가운데서는 89a
자신 속에서 자신에 의해 행해지는 운동이 최선의 것이고,—이는 그것이 사유의 운동 및 우주의 운동과 제일 동류(同類)인 것이기 때문입니다만[722]—다른 것에 의한 운동은 그보다 못한 것입니다. 그런데 제일 나쁜 운동은 몸이 누운 상태로 가만히 있으면서 다른 것들에 의해 이것을 부분적으로 운동하게 하는 것입니다. 바로 그 때문에 몸의 정화(katharsis)[723]와 기운을 북돋우게 하는(systasis)[724] 방법들 가운데

---

717) 원어는 to pan이기 때문에, 바로 앞의 c끝에서처럼, '우주'로 옮겨도 좋겠으나, '모든 생성' 또는 '만유'(萬有)를 가리키는 의미로 좁혀서 이해하는 것이 더 나을 것 같다.

718) 49a 및 52d에서 '생성의 유모'라고 불렀던 것을 가리킨다.

719) 원어는 dia pantos인데, 이는 dia pantos chronou(언제까지나)의 뜻으로 이해하는 것이 정상일 듯도 싶으나, 이런 뜻은 aei(언제나)만으로도 충분히 나타내고 있다고 보고, 마치 우주 '공간'의 흔들림의 경우처럼(53a 참조), 몸 '전체에 걸쳐' 흔들림이 있게 하는 것으로 이해하는 쪽을 택했다.

720) 53a 참조.

721) 《향연》 편 186d~e에서도 같은 취지의 언급을 찾아볼 수 있다.

722) 34a 참조.

723) 일반적으로 '정화'(淨化)를 뜻하는 katharsis는 katharmos와 함께 종교적

89a
최선의 것은 신체 단련(gymnasion)들을 통한 것이고, 둘째 것은 항해
에 따른 흔들림이나 또는 [어떤 것들에] 태워져 옮겨짐이 피로하지는
않게 하는 식으로 될 때의 흔들림을 통한 것입니다.[725] 반면에 셋째
b 종류의 운동은 아주 부득이한 경우에나 유용한 것이지, 다른 경우에는
지각이 있는 사람으로서는 결코 받아들여서는 아니 되는데, 이는 약물
을 이용한 정화의 의술 형태로 이루어지는 것입니다. 큰 위험이 없는
질병들을 약의 사용으로 자극해서는 아니 되겠기 때문입니다. 질병들
의 구조는 모두가 어떤 식으로든 생물들의 본성을 닮은 데가 있기 때
문이죠. 왜냐하면 생물들의 구성은 모든 부류 나름의 정해진 수명을
가진 상태로 이루어질 뿐만 아니라, 개개의 생물 또한 자체로 정해진
각각의 수명을 갖고서 태어나니까요. 어쩔 수 없는 사태들[726]의 경우
c 를 제외한다면 말씀입니다. 각각의 생물을 구성하는 삼각형들은 바로

인 정화·속죄 등을 의미하기도 하나, 의학적으로는 병적인 체액의 제거나 하제(下劑) 등을 이용한 설사 및 여성의 월경을 의미한다.

724) systasis는 36b, d나 89b, c에서 보듯, '구성'·'구조', 또는 형성·성립·결성 등을 의미하나, 여기서는, 많은 학자(Taylor, Cornford, Robin & Moreau, Müller & Schleiermacher 등)의 견해처럼, '기운을 북돋움' 또는 '원기 회복'을 뜻하는 것으로 보는 것이 옳을 것 같다. 더구나 Cornford(351면 각주 3)는 여러 의학자에 의해 systasis의 동사 형태인 synistanai가 이런 뜻으로 쓰이고 있음을 주장하고 있다. Liddell & Scott 편찬의 *A Greek-English Lexicon*(1968, 수정 증보판)에서도 συνίστημι, V에서는 이 말에 그런 뜻이 있음을 히포크라테스의 《경구집》 3.17의 경우를 예로 들어 가면서까지 밝히고 있으면서도, σύστασις, B1에서는 《티마이오스》 편의 바로 이 문장을 오히려 그 반대의 뜻에 가깝게 해석하는 항목에 그 전거로 제시하고 있다. Taylor도 이 사전의 systasis와 관련해서 비슷한 지적을 하고는 있으나, 그는 아마도 이전 판을 갖고서 말하고 있는 것 같다.

725) 첫째 것이 스스로 자신의 몸을 움직여서 하게 되는 적극적인 단련인 데 비해, 둘째 것은 보트나 말 등을 탐으로써 그것들에 의해 흔들리게 되어 운동하게 되는 다소 수동적인 단련인 셈이다. 그리고 비슷한 언급이 《법률》 편 제7권 789d에 보인다.

726) 사고나 질병들이 그런 사태들이겠다.

89c

처음부터 일정 기간 동안은 능히 버텨 갈 수 있는 힘을 가진 상태로 결합되어 있지만, 아무도 결코 그걸 넘어 더 이상 삶을 살 수는 결코 없을 것이기 때문이죠.[727] 따라서 질병들과 관련된 구조의 경우에도 그 진행 방향은 마찬가지입니다. 누군가가 정해진 기간을 거슬러 약물의 이용에 의해 그것을 소멸시키려 들면, 작은 질병들이 큰 질병들로, 그리고 동시에 적은 질병이 많은 질병으로 되기 십상이죠. 그러므로 이런 모든 것은, 그에게 여가가 있는 한, 섭생(diaita)의 방법[728]들에 의해 다루어야지, 약을 씀으로써 병세를 악화시켜서는 아니 됩니 d
다.[729]

그러면 복합적인 생물[730] 및 그것의 신체적 부분들과 관련해서 사람이 이를 어떻게 인도하고 또 자신에 의해서 어떻게 인도됨으로써 최대한으로 이성에 따라(kata logon) 살게 될 것인지에 대해서는 이로써 충분히 이야기된 것으로 합시다. 그렇지만 장차 인도하게(이끌게) 될 부분 자체[731]가 '인도(지도)하는 일'(paidagōgia)에 있어서 최대로 훌륭하디훌륭하게 되도록(kalliston kai ariston … einai)[732] 물론 우선적으로 더 힘껏 준비하고 있어야만 합니다. 사실 이것들에 대해서 상세하게 다룬다는 것은 그 자체만으로도 충분한 일거리가 될 것입니다. e
그러나 누군가가 앞엣것들을 따라서 부차적인 일로 이런 식으로 다음

727) 81c~d 참조.

728) 84a의 해당 주석 참조.

729) '섭생'에 대해서는 《국가(政體)》 편 제3권 404a~408e에서도 긴 언급이 보인다. 신체 단련을 위한 체육에 관한 언급은 《국가(政體)》 편 제2권에서 제8권에 걸쳐 광범하게 언급되고 있다.

730) 원어는 to koinon zōon인데, '복합적'(koinon)이란 생물(동물)이 혼과 몸으로 이루어졌다는 뜻에서 하는 말이다.

731) 이것은 혼에 있어서 불사적인 부분인 지성(nous)을 가리킨다. 이것은 41c에서 '신적인(theion) 것'이며 '인도하는(hēgemonoun) 것'으로 언급되었다.

732) 88c의 해당 주석 참조.

89e

과 같이 고찰함으로써 이 논의의 끝막음을 한다면, 불합리하지는 않을 것입니다. 혼의 세 종류가 우리 안의 세 군데[733]에 자리를 잡고 있으며, 그 각각은 자신의 운동들을 갖고 있음을 우리가 여러 차례에 걸쳐 말했듯이,[734] 이번에도 똑같이 가능한 한 간략하게 이 점을 말해야만 합니다. 즉 이것들[735] 중에서 게으름 속에서 지내고 그 자신의 운동들을 하지 않고 있는 것은 필연적으로 가장 허약하게 되지만, 단련을 통해 운동들을 하고 있는 것은 가장 강건하게 된다는 점을 말씀입니다.
90a 그런 까닭에 우리는 그것들이 서로에 대해 균형을 이루는 운동들을 하도록 유념해야만 합니다. 그렇지만 우리에게 있어서 가장 주된 종류의 혼에 대해서는 이렇게 생각해야만 하고요. 그러니까 신이 이를 각자에게 수호신(daimōn)[736]으로서 주었는데, 이것은 우리가 우리 몸의 꼭대기[737]에 거주하고 있다고 말하는 바로 그것이요, 우리를 땅에 속하는 생물(phyton)이 아니라 하늘에 속하는 생물로서 지상에서 천상의 동류(同類: syngeneia)[738]한테로 이끌고 가는 바로 그것이라고 말

---

733) 이 문장은 '우리 안에 세 가지 방식으로'(또는 '우리 안에 세 가지로')로 옮길 수도 있겠으나, τριχῇ에는 '세 가지 방식으로' 뿐만 아니라, '세 군데에' 또는 '셋으로'의 뜻도 있으므로, 본문에서처럼 옮겼다. 반면에 52d에 나오는 τριχῇ의 경우는 앞엣것, 즉 '세 가지로' 또는 '세 가지 방식으로'에 해당하는 경우이겠다. 그리고 혼의 세 종류 및 그것들이 거처하는 곳들에 대한 언급은 69d 및 그곳의 해당 주석을 참조할 것.

734) 69c~71a를 참조할 것.

735) 세 종류의 혼들을 가리킨다.

736) 일반적으로 daimōn은 신과 인간 사이의 존재, 그런 신령이나 정령을 뜻하지만, 여기서 말하는 daimōn은 각자의 혼에 따라붙어 그 운명을 지키는 수호신을 가리킨다. 한데, 플라톤은 여기에서 더 나아가 우리의 지성(nous)이 바로 우리 안에 있는 '다이몬'이라 보고 있다. 수호신인 '다이몬'이 각자의 혼에 따라붙는 것과 관련된 신화적인 언급이 《국가(政體)》편 제10권 617e~620e에 보인다.

737) 44d에서 언급되었듯이, 머리를 가리킨다.

738) '하늘(우주)에 있는 지성(nous)의 회전들'을 가리킨다. 47b~c 참조.

90a

해 지당합니다. 왜냐하면 혼이 최초의 탄생을 보게 된 곳인, 거기에[739] 우리의 신적인 부분(to theion)이 우리의 머리 또는 뿌리를 의존케 함으로써[740] 우리의 전신을 바로 서게 하니까요. 실상 욕망이나 경쟁 b
심[741]에 사로잡혀 이런 것들에 몹시 힘을 쏟는 사람에게 있어서 생기는 모든 생각은 필연적으로 사멸하는 성질의 것들일 것이며, 또한 가능한 한 최대한으로 전적으로 사멸하는 자가 됨에 있어서 조금도 모자라지 않을 것이니, 이는 그가 그와 같은 것을 키워 온 자이기 때문입니다. 반면에 배움을 좋아함(好學性: philomathia)과 참된 사려 분별(지혜: phronēsis)에 대해 열의를 쏟은 사람으로서는 그리고 그 자신의 이 부분들에 있어서 최대한으로 수련을 쌓게 된 사람으로서는, 적어도 그가 진리를 포착하게 되려면, 불사의 것들과 신적인 것들을 어 c
떻든 생각하는 게 전적으로 필연적입니다. 그리고 또한 그는, 인간의 본성에 그것이 허용되는 한에 있어서, 불사(不死: athanasia)에 관여하게 되며, 그렇게 함에 있어서 어떤 부분에서도 부족함이 없을 것이지만, 그로서는 그 신적인 부분을 언제나 보살피고 또한 그 자신과 동거하는 이 수호신을 늘 잘 받들기 때문에, 그가 남달리 행복할[742] 것도

739) 천상(天上)을 가리킨다. 그리고 "혼이 최초의 탄생을 보게 된…"은 41d~e의 언급과 관련된 말이다.

740) '우리의 머리 또는 뿌리'라는 표현은 식물이 땅에 뿌리를 내림으로써 생존하듯, 사람도 사람 구실을 '바로'(제대로) 하면서 생존하려면 머리를 뿌리 삼아 '천상의 것'으로 상징되는 그런 가치나 존재의 영역에 의존해야 함을, 그리고 그러도록 하는 것이 다름 아닌 '신적인 것'으로 언급되는 '지성'(nous)이라는 걸 상징적으로 말하고 있다.

741) '욕망' 또는 '욕구'(epithymia)와 경쟁심(이기기를 좋아함: philonikia)은 각기 혼의 욕구적인 부분 및 격정적인 부분과 관련된다. 플라톤은 격정적인 부분을 '이기기를 좋아하는 부분'으로도 말하고 있다. 70a와 70d 및 해당 주석을 참조할 것.

742) 헬라스어로 '행복'을 eudaimonia(에우다이모니아)라 하는데, 이는 어원적으로 각자의 혼에 따라붙는 수호신인 '다이몬'(daimōn)이 '잘(eu) 있는(또

전적으로 필연적입니다. 그런데 모든 것에는 그 각각을 보살피는 한 가지 방식이 있으니, 그건 각각에 적절한 영양과 운동들을 제공하는 것입니다. 우리 안에 있는 신적인 것과 동류(同類)인 운동들은 바로
d 우주의 사고(思考: dianoēsis)들과 회전(periphora)들입니다.[743] 바로 이것들에 각자가 따르고, 태어날 때 손상되었던[744] 우리 머리 속의 회전(periodos)들을, 우주의 조화들과 회전들을 익히 알게 됨으로써, 바로잡게 되어, 깨닫는 쪽이 깨닫게 되는 대상에 원래의 본성에 따라 동화되도록 해야만 하거니와, 이것이 동화됨으로써 신들에 의해 인간들에게 제시된 최선의 삶(aristos bios)을 지금에 있어서 그리고 미래에 있어서도 실현을 보도록 해야만 합니다.[745]

e 이제서야 처음에 우리에게 부과된 일이, 즉 우주에 관해서 인간의 탄생에 이르기까지 상세하게 이야기하는 것이 거의 끝막음을 보게 된 것 같군요. 다른 생물들이 또한 어떻게 해서 생기게 되었는지는, 간단히 언급해야만 하겠기 때문인데, 이를 길게 말할 필요는 없겠습니다. 이러는 것이 이것들에 대한 이야기의 경우에는 누군가가 스스로 판단하기에도 한결 더 알맞을 것이기 때문이죠. 그러면 그런 것은 다음과 같은 식으로 이야기되는 것으로 하죠. 태어난 남자들 중에서 겁이 많

는 '잘 지내는') 상태'를 뜻한다. 이는 바로 앞에서 말한 대로, '동거하는 수호신(daimōn)을 잘 받든' 결과인 셈이지만, 실은 여기에서 같은 뜻의 말을 반복하는 말놀이를 아울러 한 것이기도 하다.

743) 여기서 말하고 있는 '사고' 및 '회전'에 대해서는 47b~c를 참조할 것.

744) 44b의 언급을 참조할 것.

745) 이러한 언급은 앞서 47a~b에서의 시각의 참된 원인에 대한 설명과 같은 취지의 것이다. 47b와 이곳의 언급에서 분명히 드러나듯이, 플라톤에 있어서 자연 세계에 대한 탐구는 우주의 질서와 규칙성에 대한 객관적 탐구에 그치는 것이 아니다. 그는 이런 탐구를 통해 우주에서 작용하는 지성(nous)의 이치를 본받아서 우리의 혼을 바로잡고 완전하게 만들 것을 요구한다. 그리고 플라톤에 있어서 동화(同化: homoiōsis)와 관련된 사상은 플라톤 철학의 한 중요한 면모이다.

90e

고 생애를 올바르지 못하게 보낸 사람들은, 그럼직한 설명(이야기: logos)에 따를진대, 두 번째 탄생에서 여자들로 환생했다고요.[746] 그리 91a
고 이 때문에 신들은 바로 그 무렵에[747] 성교(synousia)[748]의 욕망(erōs)을 고안해서, 그 하나의 영물(靈物)[749]은 우리 안에 다른 하나는 여자들 안에 구성해 넣었는데, 그 각각은 다음과 같은 방식으로 만들었다고 하고요. 음료를 받아들여 폐를 거쳐 신장 아래쪽으로 해서 방

---

746) 42b에서도 같은 취지의 언급이 있었다. 그러나 우리는 이런 언급을 근거로 플라톤이 여자는 본성적으로 남자보다 열등하다는 견해를 갖고 있었다고 속단할 일은 아니다. 왜냐하면 플라톤은 남자와 여자가 본성에 있어서 같은 능력을 갖고 있다고 보기 때문이다(《국가(政體)》 편 제5권 454d~457c 및 18d의 해당 주석을 참조할 것). 여기서는 단지 여자에 대한 당시의 보통 사람들의 생각을 말하고 있는 것으로 보면 되겠다. 반면에 아리스토텔레스는 여자가 남자보다 본성적으로 열등한 존재라고 보고 있다. 《정치학》(*Politika*) 편 1254b13 이하와 1259b2 이하를 참조할 것.

747) 문맥으로 보아, 남녀의 성 구별은 이즈음에야 있게 된 것으로 말하고 있는 것 같다. 그리고 '바로 그 무렵에'로 옮기는 까닭은 κατ´ ἐκεῖνον δὴ τὸν χρόνον …에서, 어떤 시간 또는 기간을 나타내는 말 앞의 κατα는 '무렵에' 또는 '즈음에'를 뜻하고, 불변화사(不變化詞) δή에는 이와 관련된 것을 확정적으로 강조하는 용법이 있어서다. 이렇게 번역해야 이 대목의 의미가 분명해진다.

748) 헬라스어 synousia는 어원적으로는 '…와 함께(syn) 있음(ousia)'을 뜻하는 말이나, 누구와 무슨 목적으로 함께 있는가에 따라 그 내용이 달라진다. 그것은 일반적인 '교제'나 17a에서처럼 '모임'이나 '대화'일 수도 있고, 사제간의 접촉 또는 그 대화 그리고 그런 '강론'이나 '청강'일 수도 있다. 이를테면, 소크라테스와 그를 따르던 젊은이들과의 관계나 플라톤의 아카데미아에서 있었던 일들이 그런 것들일 것이다. 그러나 이 말은 또한 '성교'를 의미하기도 하는데, 현대의 헬라스어로는 이 뜻으로 쓰인다.

749) 원어는 zōon empsychon인데, zōon은 살아 있는 것 즉 생물, 특히 동물을 뜻하는 말이고, empsychon은 혼(psychē)이 어떤 것 '안에'(en) 들어가 있음을 뜻하는 말이다. 곧이어 91b에서 언급되듯이, 플라톤은 성적인 욕망을 매우 통제하기 힘든 살아 있는 동물에 비유하고 있기 때문에, 이런 표현을 사용한 것으로 보인다.

광에 이르게 된 것을 공기에 의해 압박을 받아 배설하게 하는 음료의 통로를 신들이 머리로부터 목을 따라 척추에까지 걸쳐 단단히 결합되
b 어 있는 골수와 연결되도록 구멍을 뚫었는데, 바로 이 골수를 우리는 앞의 논의에서[750] 정액이라 불렀습니다. 한데, 이 골수는 살아 있고 출구를 갖고 있기 때문에, 그들이 그것에 활기 찬 배출욕을 생기게 함으로써, 이리로 그것을 내보내게 하여, 생식욕을 충족시켰습니다. 바로 이 때문에 남자들에 있어서 치부(恥部)[751]의 본성은 마치 이성(logos)에 복종하지 않는 동물(zōon)처럼, 순종할 줄을 모르며 제멋대로이고 광포한 욕망 때문에, 모든 것을 지배하려고 듭니다. 그런가 하면 이와
c 똑같은 이유들로 하여 모태 또는 자궁이라 불리는 것들로서, 즉 출산의 욕망을 갖고 있는 생명체(zōon)로서 여자들 안에 있는 것이 적기를 넘어서 오랫동안 불임의 상태로 있게 되면, 애가 타서 괴로워할 것이며, 몸을 따라 곳곳으로 방황하다가 숨의 통로를 막아, 숨을 쉬지 못하게 함으로써 극한적인 어려운 처지에 빠뜨리며, 그 밖에도 온갖 질병을 생기게 합니다. 이는 양쪽의 갈망과 욕정이 하나로 합쳐져,[752]
d 마치 나무에서 열매를 훑어 내리듯이 하여,[753] 작아서 보이지도 않고 미처 형태도 갖추지 못한 생명체들을, 밭에다 그러하듯이, 자궁 속에

---

750) 73b의 골수에 대한 주석 및 73c, 74a, 86c를 참조할 것.

751) 자기의 외부 생식기를 '남에게 드러내 보이기 부끄러운 부분'으로 여기기는 헬라스인들도 마찬가지였겠기에 그걸 ta aidoia(단수로는 to aidoion)라 했는데, 이는 바로 '치부' 또는 '음부'라는 뜻이다. 원래는 라틴어이지만, 영어로도 그냥 쓰이고 있는 pudenda(단수는 pudendum)도 이 헬라스어와 그 함축적 의미가 똑같은 낱말이다.

752) 여기서 '갈망'(욕구·욕망)으로 옮긴 epithymia는 여성 명사이고, '욕정'으로 옮긴 erōs는 남성 명사임에 주목한 Cornford는 이것들을 의인화까지 해 가며 남녀 관계를 설명하는 기발한 발상을 하고 있는데, 흥미롭기는 하나 좀 억지스럽다.

753) 86c에서 정액의 과다한 축적을 과실이 너무 많이 달린 나무에 비유한 것과 관련해서 하고 있는 말이다.

씨로 뿌려서, 다시 분화시켜 이를 자궁 속에서 크게 키운 다음에 광명으로 인도함으로써, 생물들의 탄생을 보게 할 때까지는 그럴 것입니다. 그래서 여자들과 모든 여성이 이처럼 생겨났다는 거죠. 그러나 새들의 종족은 형태를 바꾸어 버렸으니, 머리털 대신에 깃털이 자라고, 못된 짓이라곤 모르는 남자들이지만 경박하고, 또 기상 현상들에 대해서는 밝지만, 단순함으로 인해서 이것들에 관한 가장 확고한 증거들은
시각을 통한 것들이라고 믿는 사람들에서 환생했다는 겁니다. 그런가 e
하면, 육지에 사는 짐승의 종족은 지혜에 대한 사랑(철학: philosophia)을 전혀 이용하지 않으며 천구와 관련된 본성에 대해서는 아무런 주목도 하지 않는 사람에게서 생겨났는데, 이는 그들이 결코 머리 속에 있는 회전들[754]을 이용하는 일은 없이, 가슴 근처에 있는 혼의 부분들을 인도자들로 따르기 때문이랍니다. 따라서 이런 관행들로 말미암아 앞다리와 머리는 그 친근성으로 해서 땅 쪽으로 끌리며 그것에 의지하게 되었으며, 또한 길쭉한 온갖 형태의 머리들을 갖게 되었으니, 여
기에 이들 각각의 회전들이 그 불용(不用)으로 인해 엉겨붙게 되었답 92a
니다. 이런 이유로, 이것들의 부류는 네 발을 갖거나 많은 발을 갖는 것들로 자랐는데, 신은 한층 더 어리석은 것들에게는 더 많은 디딜 것을 달아 주어서 땅에 더욱 끌리도록 했답니다. 그러나 이것들 가운데서도 가장 어리석은 것들이며 전신을 완전히 땅에 뻗친 상태로 있는 것들에게는, 더 이상 발들의 필요성이 전혀 없으므로, 이것들을 발이
없는 상태로 땅 위를 기어다니도록 만들었답니다. 한데, 물 속에 사는 b
넷째 부류는 가장 어리석고 가장 무지한 자들에서 생겨났는데, 이들의 형태를 바꾸어 놓은 이들[755]은 이것들이 더 이상 순수한 공기의 호흡을 할 가치가 없다고 생각해서라죠. 이는 이것들이 온갖 잘못으로 해서 혼을 깨끗하지 못한 상태로 지니고 있기 때문이고요. 그래서 상쾌

754) 43a와 44d에서 언급된 혼의 회전들을 말한다.
755) 곧 신들을 가리킨다.

하고 맑은 공기를 호흡하는 대신에 뻘창인 깊은 물 속의 호흡을 하도
록 밀어넣었답니다. 이 때문에 어류와 모든 패각류 그리고 물 속에 사
는 온갖 것이 생겨났으며, 이들은 극단의 무지에 대한 벌로 제일 말석
c 의 거처를 할당받았답니다. 바로 이런 식으로 모든 생물은 그때나 지
금이나 서로로 바뀌게 되는데, 이는 지성(nous) 및 어리석음(anoia)[756]
의 상실 또는 획득에 의해서 바뀐 것입니다.

마침내 이제야말로 우주(to pan)에 관한 우리의 이야기(논의: logos)가 끝막음을 보았다고 말하죠. 죽게 마련인 생물들과 불사의 생명체들을 받아 이처럼 가득 차게 된 이 우주(kosmos)는 눈에 보이는 생명체들을 에워싸고 있는 눈에 보이는 살아 있는 것이며, 지성에 의해서[라야] 알 수 있는 것[757]의 모상(eikōn)이요, 지각될 수 있는 신이고 가장 위대하고 최선의 것이며, 가장 아름답고 가장 완벽한 것으로 탄생된 것이 이 유일한 종류의 것인 하나의 천구(ouranos)[758]입니다.

---

756) anoia는 어원상으로 'nous가 없는 상태'를 가리킨다.

757) Taylor의 견해대로 '지성에 의해서[라야] 알 수 있는 것'이 의미하는 것은 '지성에 의해서[라야] 알 수 있는 살아 있는 것(zōon)'을 의미하는 것으로 보는 것이 옳을 것 같다. 30c~d, 39e 및 39e의 해당 주석을 참조할 것.

758) 31b에서도 하나뿐인 천구에 대해서 똑같은 언급을 했다. 그리고 34b에서도 둥글게 회전하는 '외로운 하나뿐인 천구'(kyklos … ouranos)라는 표현이 보인다.

부록

부록 1

플라톤은 무수히 많은 직각 부등변 삼각형들 가운데서 등변 삼각형(정삼각형)을 구성할 수 있는 직각 부등변 삼각형(the half-equilateral)을 가장 아름다운 것으로 말한 뒤, 이것을 불 · 공기 · 물의 요소 삼각형으로 선택한 이유에 대해서는 긴 설명이 요구된다고만 언급할 뿐 더 이상 설명을 하지 않고 있다. Cornford는 이 구절의 의미를 선택된 직각 부등변 삼각형이 크기가 같고 종류가 같은 요소 삼각형들로 계속 분할될 수 있다는 점과 관련해서 해석하고 있다(231~239면). 그러나 O'Brien이 지적하고 있듯이(349면), 이런 견해는 플라톤의 언급을 이해하기에 충분치 않다. 왜냐하면 플라톤이 선택한 직각 부등변 삼각형 이외에도 모든 직각 부등변 삼각형은 그 자신과 같은 종류의 삼각형들로 쪼개질 수 있기 때문이다. 즉 직각 부등변 삼각형의 빗변의 중점에서 다른 두 변으로 수직선을 긋고, 남는 사각형을 반분하면 원래의 직각 부등변 삼각형과 같은 종류의 삼각형들로 분할할 수 있다. 그러나 이런 방식은 플라톤이 54d7~e3에서 삼각형을 분할하는 방식이 아니다. 그는 등변 삼각형의 각각의 각들을 반분함으로써 여섯 개의 요소 삼각형들을 분할하고 있다. 이런 분할 방식은 정사각형의 각각의 각들을 반분해서 네 개의 직각 이등변 삼각형을 분할하는 방식(55b3~c4)과 동일하다(다음 그림 참조).

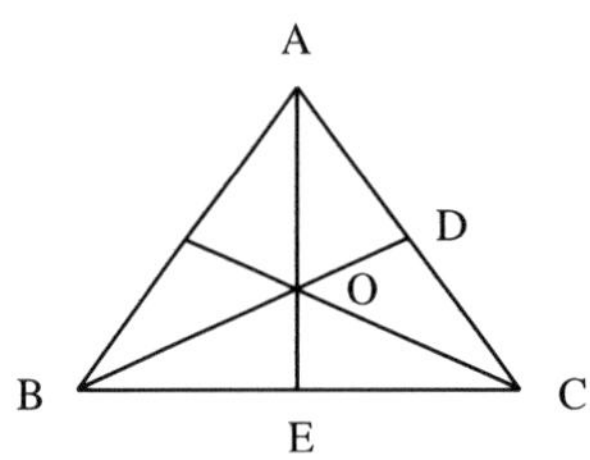

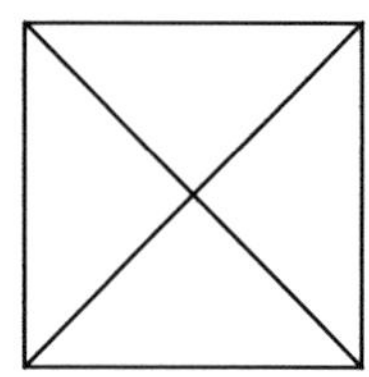

플라톤이 취하고 있는 방법에 따라 분할된 삼각형들, 즉 직각 부등변 삼각형들과 직각 이등변 삼각형들은 각각 이것들로 구성된 등변 삼각형과 정사각형의 중점에서 똑같이 만나게 되는데, 이것은 다른 방식으로 분할된 삼각형에서는 볼 수 없는 아름다운 특징이다. 또한 이런 구조를 갖고 있기 때문에 동일한 요소 삼각형들로 구성된 물체들은 서로로 변환을 쉽게 할 수 있게 될 것이다. 우리는 이 구절에서 플라톤이 '긴 설명이 요구된다'고 하면서 이런 점들을 고려했을 것이라고 추측할 수는 있지만, 확정적인 이야기는 할 수 없다. 이 문제와 관련된 자세한 논의는 O'Brien, 347~351면을 참조할 것.

부록 2

플라톤은 4원소의 생성과 서로간의 변환을 설명하기 위해서 두 개의 요소 삼각형을 상정하고 있다. 그 하나는 직각 부등변 삼각형이고 다른 하나는 직각 이등변 삼각형이다. 4원소 가운데 불(정4면체), 공기(정8면체), 물(정20면체)은 직각 부등변 삼각형으로 구성되고, 흙(정6면체)은 직각 이등변 삼각형으로 구성된다.

그런데 56a~b의 언급에서, 무게는 정다면체들을 구성하는 동일한 부분들(요소 삼각형들)의 수에 따라 결정되는 것으로 이야기된다. 예를 들어 정4면체는 더 적은 수의 요소 삼각형들로 구성되어 있기 때문에 더 많은 수의 요소 삼각형들로 구성된 정8면체보다 더 가볍다는 것이다. 그러나 이런 설명은 57c~d의 언급과 모순되는 것으로 보인다. 왜냐하면 57c~d에서의 언급처럼 물체들을 구성하는 삼각형들이 다른 크기를 갖는다면, 그것들의 수만으로는 물체의 무게를 재기에 충분할 수 없기 때문이다.

57c~d의 구절을 해석하는 데 있어서 중요한 것은 57d1의 '삼각형'이 정확히 무엇을 가리키고 있는가 하는 문제이다. 만일 이것이 요소 삼각형을 가리킨다면, 불·공기·물·흙의 다양한 부류들은 서로 크기가 다른 요소 삼각형들로 구성된 것으로 이 구절은 해석될 것이다. 그러나 이런 식으로 해석하면, 흙을 제외한다 할지라도, 불·공기·물의 다양한 부류들 사이의 서로간의 변환은 불가능해진다. 왜냐하면 정

다면체들을 구성하는 요소 삼각형들이 같은 크기를 가질 경우에만 그것들의 결합과 해체에 의해 서로간의 변환이 가능할 수 있기 때문이다. 이런 해석은 불·공기·물만이 아니라 이것들의 다양한 부류들도 서로 변환 가능함을 보여 주려는 플라톤의 의도와 일치하지 않는다.

Cornford(230~239면)는 57c~d의 언급을 플라톤의 의도와 일치시키기 위한 해석을 제안하였다. 그는 57d1~2에서 언급된 크기에 있어서 다른 삼각형들은 요소 삼각형을 가리키는 것이 아니라, 이것들 자체가 동일한 크기를 갖는 요소 삼각형들로 구성된 것으로 파악하고 있다. 이렇게 파악하면, 4원소의 다양한 부류를 구성하는 삼각형들은 궁극적으로 두 개의 요소 삼각형들로 환원될 수 있다. 즉 불·물·공기를 구성하는 등변 삼각형(정삼각형)과 흙을 구성하는 정사각형은 이들 4원소 각각이 다양한 부류를 갖고 있다 할지라도 궁극적으로는 두 개의 요소 삼각형들로 구성될 수 있다. 이런 해석은 플라톤이 정4면체, 정8면체, 정20면체의 면들을 구성하는 등변 삼각형과 정6면체의 면들을 구성하는 정사각형을, 각각 두 개만으로 충분한데도, 각각 여섯 개의 직각 부등변 삼각형들과 네 개의 직각 이등변 삼각형들로 구성(54d~e 및 55b)하고 있는 점을 잘 설명해 줄 수 있다. 결국 이런 해석은 두 가지 장점을 갖고 있다. 첫째로, 두 개의 요소 삼각형만을 상정하고서도, 이것들로 서로 다른 크기를 갖는 정다면체들을 구성해서 4원소의 다양한 부류들의 생성을 설명할 수 있다. 둘째로, 흙을 제외하고는, 각각의 원소의 다양한 부류들이 서로 다른 원소의 다양한 부류들로 변환될 수 있음을 설명할 수 있다. 왜냐하면 4원소의 다양한 부류들을 구성하고 있는 정다면체들의 삼각형들은 궁극적으로는 동일한 크기의 요소 삼각형들로 환원될 수 있기 때문이다.

그러나 Cornford의 해석은 이런 장점을 갖고 있지만, 난점이 없는 것은 아니다. 그의 해석에 따를 때, 불·공기·물의 다양한 부류들을 구성하는 등변 삼각형들의 크기는 각기 다르다. 그리고 이러한 등변 삼각형들의 크기는 그것들을 구성하는 요소 삼각형(직각 부등변 삼각형)의 수에 따라 달라진다. Cornford는 가장 작은 등급의 삼각형(A)은 두 개의 요소 삼각형으로, 그 다음 것(B)은 여섯 개로, 그 다음 것(C)은 여덟 개로 구성됨을 다음과 같은 그림을 제시하면서 밝히고 있다.

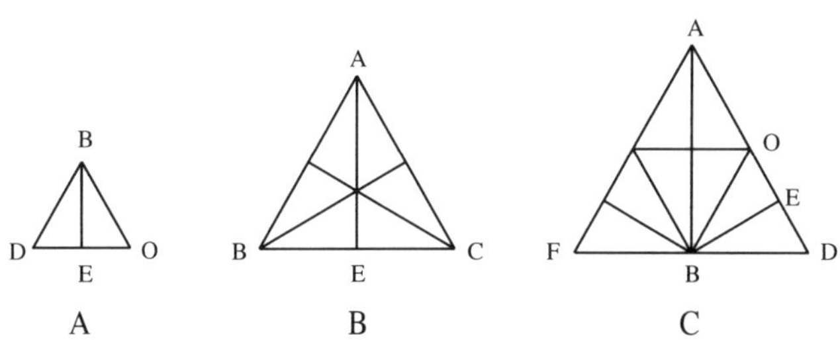

그러나 이런 관점에 따르면, 두 개의 다른 원소들을 비교할 때 난점이 발생할 수 있다. 왜냐하면, 이론상, 등변 삼각형들의 크기는 (D) 등급은 18개로, (E) 등급은 24개로 구성되면서 계속 증가될 수 있을 것이고, 결국 가장 큰 등급의 삼각형들로 이루어진 불은 가장 작은 등급의 삼각형들로 이루어진 물보다 더 많은 요소 삼각형들을 포함할 수

있게 될 것이기 때문이다. 따라서 56b의 언급처럼, 무게를 물체를 구성하는 요소 삼각형들의 수의 많고 적음에 따라 파악한다면, 어떤 종류의 불은 물보다 더 무겁게 된다. 그러나 《티마이오스》 편에서 이런 언급은 찾아볼 수 없다. O'Brien은 이런 난점이 있음을 지적하면서(96~99면), Martin의 견해를 따라, 정다면체들의 크기의 범위를 임의적으로 제한할 때에만 이런 난점을 피할 수 있다고 보고 있다. 즉 불의 부류들 가운데 가장 큰 등급의 삼각형들로 이루어진 물체도 공기나 물의 부류들 가운데 가장 작은 등급의 삼각형들로 이루어진 물체들보다 더 적은 수의 요소 삼각형들로 이루어지도록 크기를 임의적으로 제한한다면, Cornford의 해석은 유지될 수 있다는 것이다.

그림 1

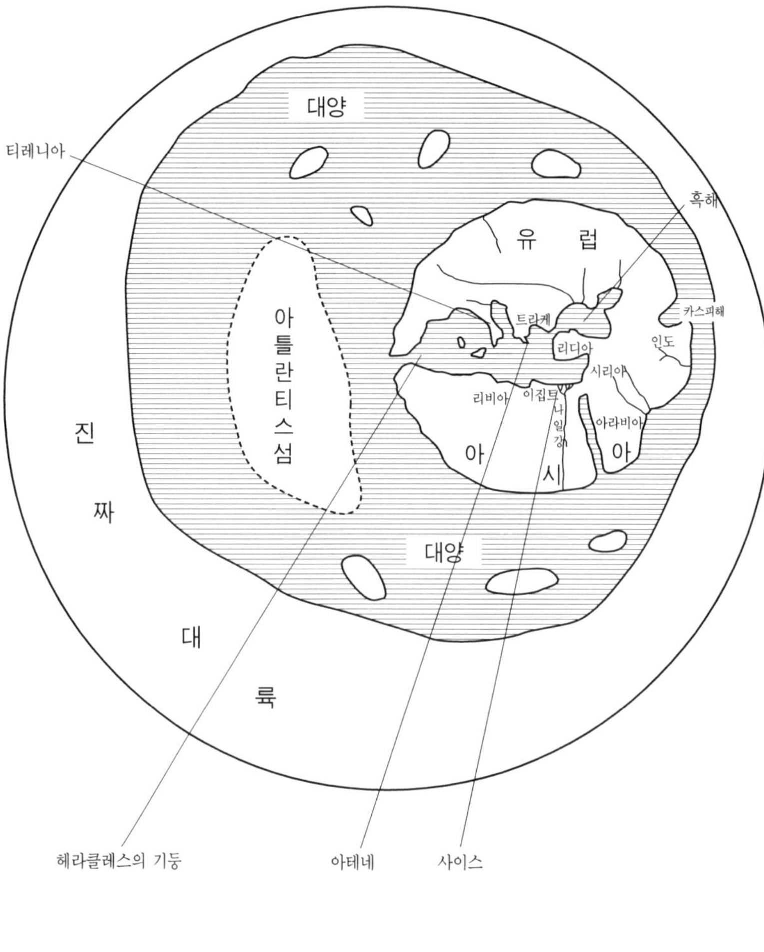

* C. Gill 및 L. Brisson의 그림을 토대로 한 것임.
* 그림 1, 3, 6은 다음 책[Luc Brisson, *Platon; Timée – Critias*(Tr., intro et note), GF, Flammarion, Paris, 1992]의 393면의 지도 3, 290면의 그림 4, 291면의 그림 5를 토대로 한 것임.

그림 2 * 고대 헬라스인들의 교역 지도

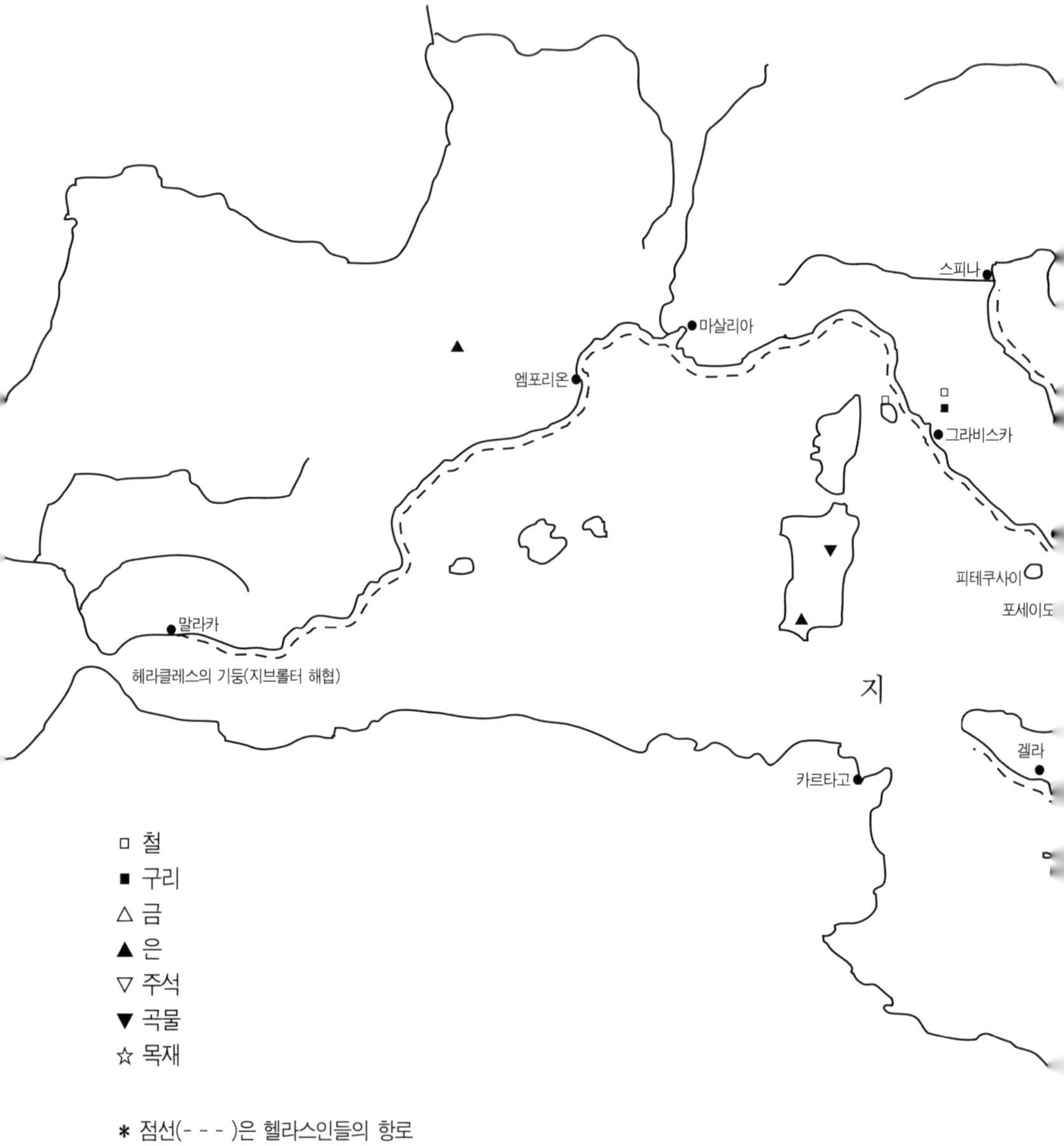

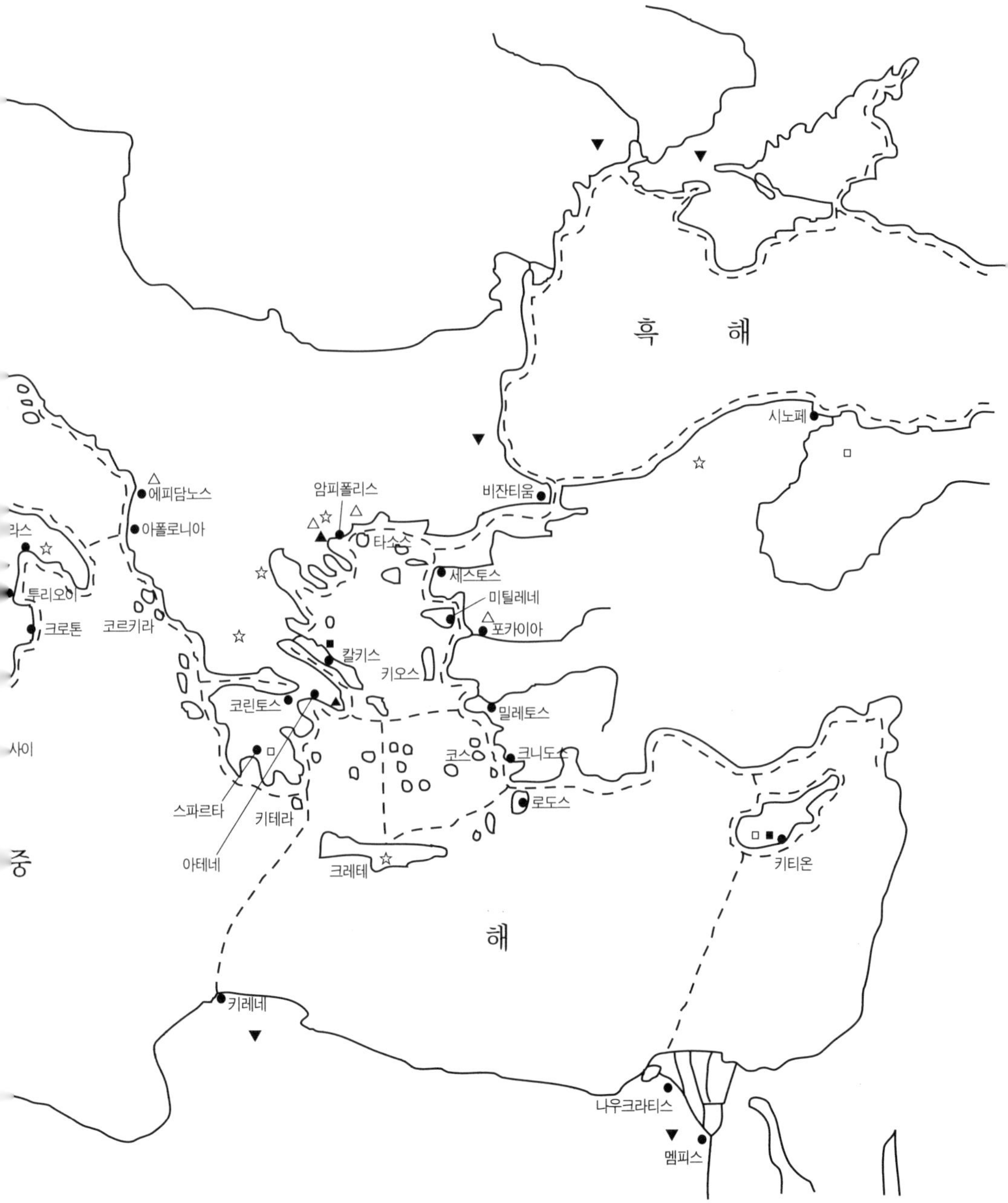

흑 해
시노페
비잔티움
에피담노스
아폴로니아
암피폴리스
타소스
세스토스
미틸레네
포카이아
칼키스
키오스
코린토스
밀레토스
코스
크니도스
로도스
스파르타
키테라
아테네
크레테
키티온
라스
트리오이
크로톤
코르키라
사이
중
해
키레네
나우크라티스
멤피스

그림 3

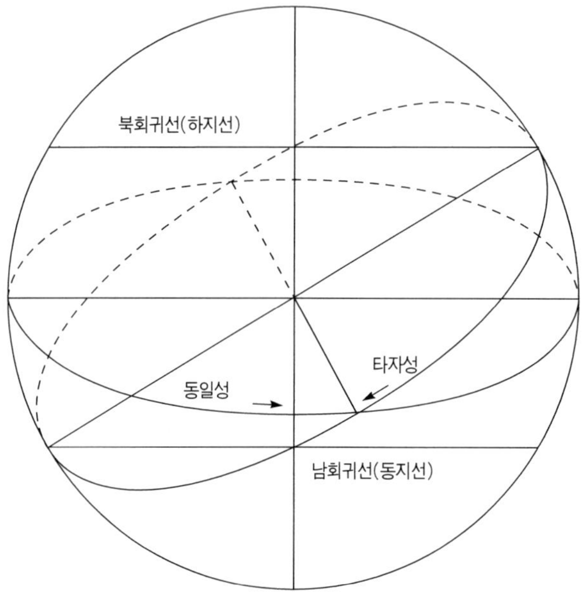

* G. Vlastos 및 L. Brisson의 그림을 토대로 한 것임.

그림 4

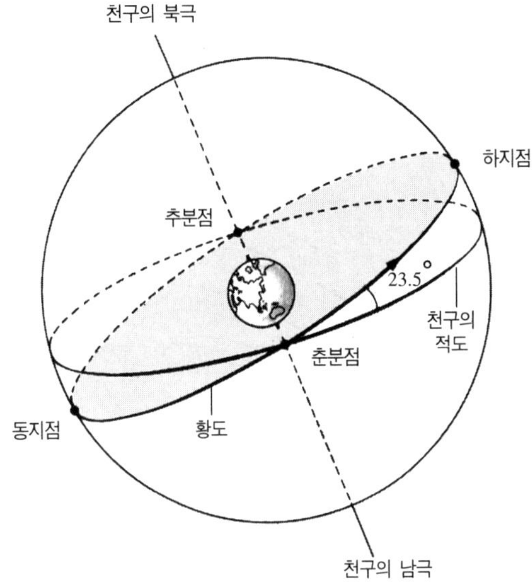

* 천구의 적도와 황도

그림 5

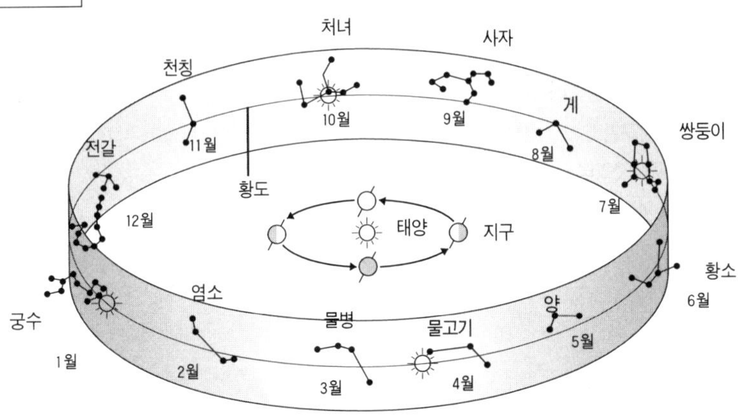

* 황도와 황도 12궁

그림 6

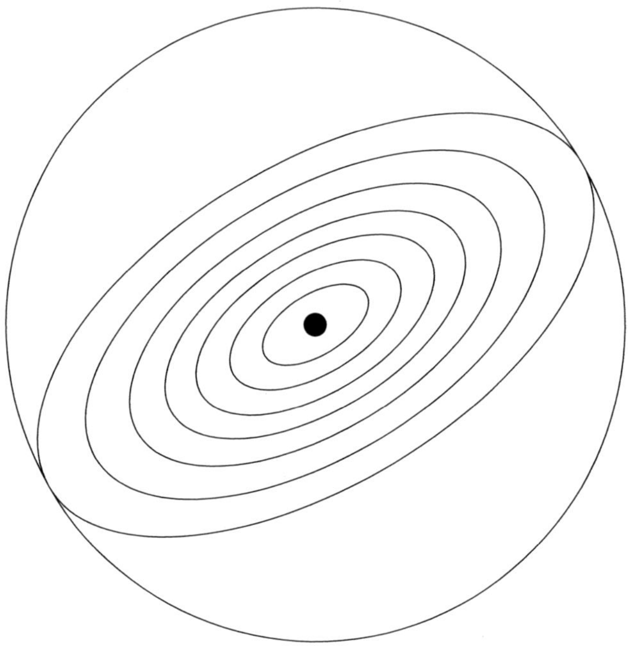

* 중심에 지구가 있고, 차례로 달, 태양, 수성, 금성, 화성, 목성, 토성이 각기 운행하는 궤도를 그린 것이다.
* L. Brisson의 그림을 토대로 한 것임.

그림 7

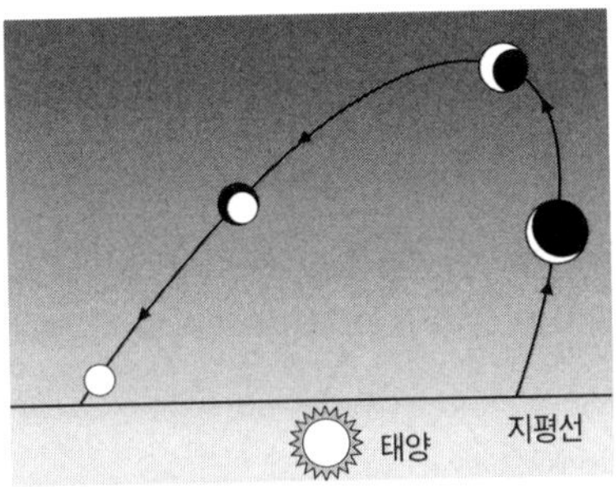

* 새벽녘 동쪽 하늘

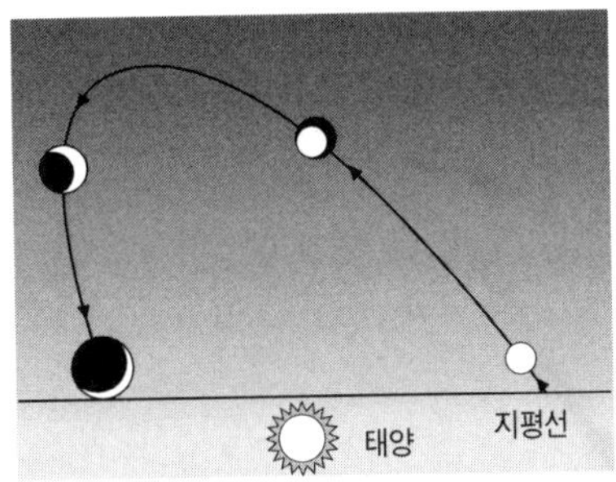

* 초저녁 서쪽 하늘

그림 8

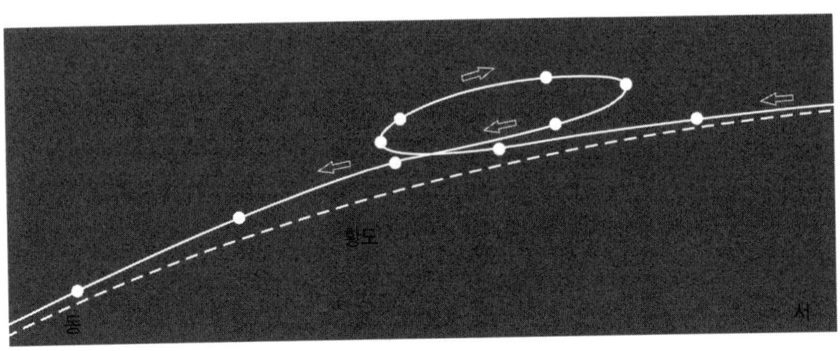

* 화성의 시운동(역행의 한 예)

그림 9

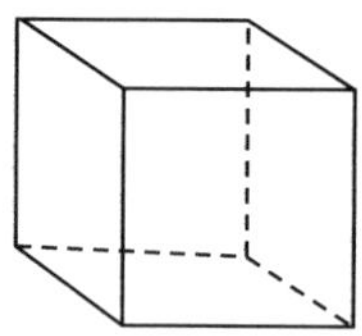

정6면체(흙)

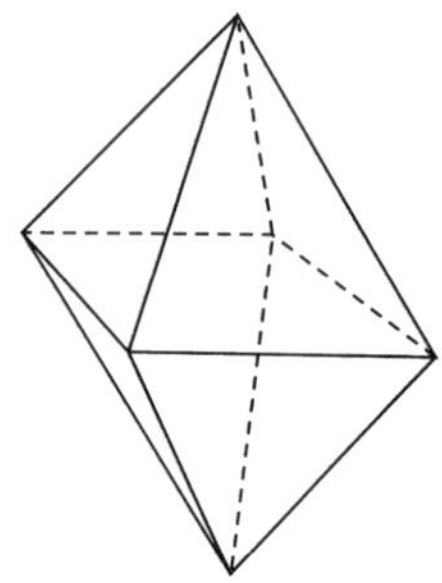

정8면체(공기)

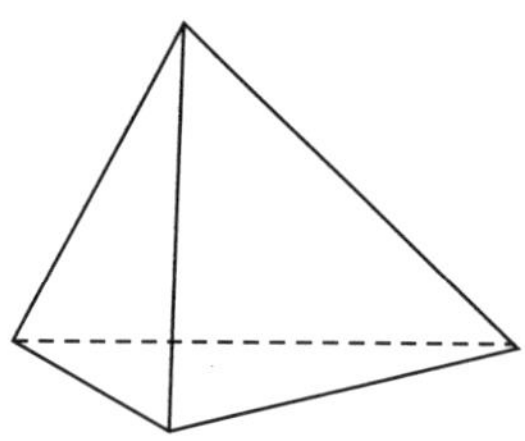

정4면체의 각뿔(불)

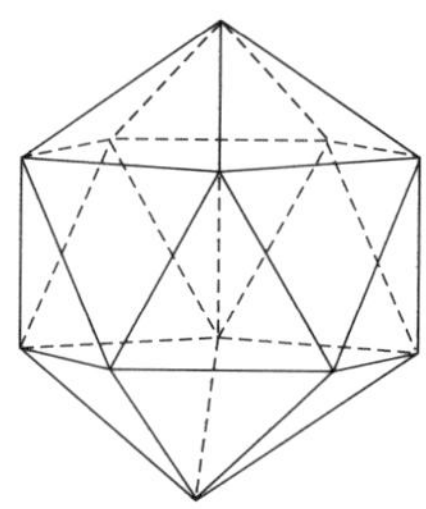

정20면체(물)

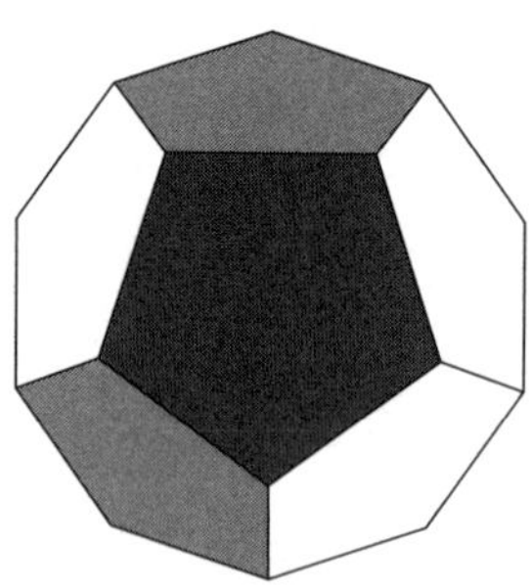

정12면체(우주)

참고 문헌

고유 명사 색인

내용 색인

참고 문헌

1. 원전 및 역주서

Platonis Opera, I-V, ed. Burnet, Oxford, 1900-7.

Platonis Opera, I, edd. Duke, Hicken, Nicoll, Robinson et Strachan, Oxford, 1995.

Archer-Hind, R. D., *The Timaeus of Plato*: Introduction, text and notes, London and New York, 1888.

Bury, R. G., *Timaeus*, Loeb Classical Library, 1952.

Brisson, L., *Timée-Critias*, Paris, Flammarion, 1992.

Cornford, F. M., *Plato's Cosmology*: the *Timaeus* of Plato translated with a running commentary, London, Routledge & Kegan Paul, 1937.

Lee, H. D. P., *Plato, Timaeus and Critias*, Penguin Books, 1965(1977).

Müller, H. und Schleiermacher, F., *Timaios*, Darmstadt, 1972.

Rivaud, A., *Platon: Œuvres complètes, X: Timée-Critias*, Paris, Les Belles Lettres, 1925.

Robin, L., & Moreau, J., *Platon: Œuvres complètes*, II, *Timée*, Paris, Gallimard, 1942.

Taylor, A. E., *A Commentary on Plato's Timaeus*, Oxford, Clarendon Press, 1928.

2. 단행본

Adam, J., *The Republic of Plato*, II, Cambridge, 1963(2nd ed.)

Ashbaugh, A., *Plato's Theory of Explanation: A Study of the Cosmological Account in the Timaeus*, New York, 1988.

Aristotle, *De generatione animalium*, Loeb C. L., 1953.

Aristotle, *De partibus animalium*, Loeb. C. L., 1961.

Baltes, M., *Die Weltentstehung des Platonischen Timaios nach den Antiken Interpreten*, Teil I, II, Leiden, Brill, 1976(1978).

Bordes, J., *Politeia*, Paris, 1982.

Brandwood, L., *The Chronology of Plato's Dialogues*, Cambridge, 1990.

Brisson, L., *Le Même et l'Autre dans la Structure Ontologique du Timée de Platon*, Sankt Augustin, Academia, 1994.

Brisson, L., *Inventing the Universe*, New York, 1995.

Brisson, L., *Plato the Myth Maker*, translated, edited, and with an Introduction by G. Naddaf, Chicago, 1998.

Calvo, T., and Brisson, L.(eds.), *Interpreting the Timaeus – Critias*, Proceedings of the IV Symposium Platonicum Selected Papers, Sankt Augustin, Academia, 1997.

Cherniss, H., *Aristotle's Criticism of Plato and the Academy*, New York, 1944.

Cherniss, H., *The Riddle of the Early Academy*, Berkeley and Los Angeles, 1945.

Claghorn, G. S., *Aristotle's Criticism of Plato's 'Timaeus'*, The Hague, 1954.

Crombie, I. M., *An Examination of Plato's Doctrines*, Vols. I, II, London, 1969.

Diels, H. & Kranz, W., *Die Fragmente der Vorsokratiker*, Vol. I, Weidmann, 1974.

Diogenes Laertius, *Diogenes Laertius*, I, II, Loeb C. L., 1925.

Dodds, V, *Plato: Gorgias*, Oxford, 1959.

Fisher, N. R. E., *Hybris*, Warminster, Aris & Phillips, 1992.

Frank, E., *Plato und die sogenannten Pythagoreer*, Halle, 1923.

Friedländer, P., *Plato*, translated by H. Meyerhoff. Vol. I, London, 1969.

Gosling, J. C. B., *Plato*, London, 1973.

Gill, C., *Plato: The Atlantis Story*, Bristol, 1980.

Guthrie, W. K. C., *A History of Greek Philosophy*, IV, V, Cambridge, 1975, 1978.

Harward, J., *The Epinomis of Plato*, Oxford, 1928.

Heath, T., *A History of Greek Mathematics*, Vol. I, Oxford, 1921.

Hesiodos, *Hesiod*, Loeb C. L., 1914.

Heisenberg, W., *Physics & Philosophy*, N.Y., 1962.

Herodotos, *Herodotus*, Bks, I, II, Loeb C. L., 1926.

Jaeger, G., *"Nus" in Platons Dialogen, Hypomnemata*, Vol. 17. Göttingen, 1967.

Kraut, R(ed.), *The Cambridge Companion to Plato*, Cambridge, 1992.

Liddell & Scott, *A Greek-English Lexicon*, Oxford, 1968.

Lloyd, G. E. R., *Methods and Problems in Greek Science*, Cambridge, 1991.

Magee, B., *The Great Philosophers*, Oxford, 1987

Menn, S., *Plato on God as Nous*, Southern Illinois, 1995.

Mohr, R., *The Platonic Cosmology*, Leiden, Brill, 1985.

O'Brien, D., *Theories of Weight in the Ancient World*, Vol. II, *Plato: Weight and Sensation. The Two Theories of the Timaeus*, Leiden, Brill, 1984.

Ostenfeld, E. N., *Forms, Matter and Mind: Three Strands in Plato's*

Metaphysics, The Hague, 1982.
Plutarch's *Moralia*, VIII, IX, XIII in Loeb C. L., 1961~1976.
Ross, Sir D. (ed), *Aristotle: De Anima*, Oxford, 1961.
Sachs, E., *Die fünf Platonischen Körper*, Berlin, 1917.
Sambursky, S., *Naturerkenntnis und Weltbild*, Zürich, 1977.
Scheffel, W., *Aspekte der Platonischen Kosmologie*, Leiden, Brill, 1976.
Schulz, D. J., *Das Problem der Materie in Platons 《Timaios》*, Bonn, 1966.
Skemp, J. B., *The Theory of Motion in Plato's Later Dialogues*, Cambridge, 1967.
Solmsen, F., *Aristotle's System of the Physical World*, Ithaca, New York, 1960.
Sorabji, R., *Matter, space and motion: Theories in Antiquity and Their Sequel*, London, 1988.
Vlastos, G., *Plato's Universe*, Oxford, 1975.
Van Hook, L., *Isocrates*, III, Loeb C. L., 1954.
Von Fritz, K., *Grundprobleme der Geschichte der Antiken Wissenschaft*, New York, 1971.
Whitehead, A. N., *The Function of Reason*, Beacon Press, Boston, 1958.
박종현, 플라톤의 《국가(政體)》, 서광사, 1997.

3. 논문

Ballew, L., Straight and Circular in Parmenides and *Timaeus*, *Phronesis*, 1974.
Brisson, L., Plato's Theory of Sense Perception in the *Timaeus*, *Proceedings of the Boston Area Colloquium in Ancient Philosophy*, Vol. XIII, 1997(Brill, 1999).
Cherniss, H., A much misread passage of the *Timaeus*(*Timaeus* 49c7~50b5), *American Journal of Philology*, 1954.

Cherniss, H., *Timaeus* 38a8~b5, *Journal of Hellenic Studies*, 1957.

Cherniss, H., The Relation of the *Timaeus* to Plato's Later Dialogues, *Studies in Plato's Metaphysics*(ed. R. E. Allen), London, 1965.

Frede, M., Being and Becoming in Plato, *Oxford Studies in Ancient Philosophy*, supplementary vol., 1988.

Gulley, N., The interpretation of Plato, *Timaeus* 49d~e, *American Journal of Philology*, 1960.

Hackforth, R., Plato's Cosmogony(*Timaeus* 27d ff), *Classical Quarterly*, 1959.

Hackforth, R., Plato's Theism, *Studies in Plato's Metaphysics*(ed. R. E. Allen), London, 1965.

Keyt, D., Aristotle on Plato's receptacle, *American Journal of Philology*, 1961.

Kung, J., Mathematics and Virtue in Plato's *Timaeus*, *Essays in Ancient Greek Philosophy III Plato*, New York, 1989.

Kytzler, B., Die Weltseele und der musikalische Raum, *Hermes*, 1959.

Lee, E. N., On Plato's *Timaeus* 49d4~e7, *American Journal of Philology*, 1960.

Lee, E. N., Reason and Rotation: Circular Movement as the Model of Mind (Nous) in Later Plato, *Facets of Plato's Philosophy*, Assen/Amsterdam, van Gorcum, 1976.

Lloyd, G. E. R., Plato as a Natural Scientist, *Journal of Hellenistic Studies*, 1968.

Morrow, G. R., Necessity and persuasion in Plato's *Timaeus*, *Studies in Plato's Metaphysics*(ed. R. E. Allen), London, 1965.

Morrow, G. R., Plato's Theory of the Primary Bodies in the *Timaeus* and the Later Doctrine of Forms, *Archiv für Geschichte der Philosophie*, 1968.

Mugler, Ch., Le kenon de Platon et le panta homou d'Anaxagore, *Revue des Études Grecques*, 1967.

Omez, R., La notion platonicienne de chōra, *Revue des Sciences Philosophiques et Théologiques*, 1925.

Osborne, C., Space, Time, Shape, and Direction: Creative Discourse in the *Timaeus, Form and Argument in Late Plato*(eds. C. Gill and M. M. McCabe), Oxford, 1996.

Owen, G. E. L., The Place of the *Timaeus* in Plato's Dialogues, *Studies in Plato's Metaphysics* (ed. R. E. Allen), London, 1965.

Strange, S., The Double Explanation in the *Timaeus, Ancient Philosophy*, 1985.

Taran, L., The Creation Myth in Plato's *Timaeus, Essays in Ancient Greek Philosophy*(eds. Anton and Kustas), 1972.

Turnbull, R., Becoming and Intelligibility, *Oxford Studies in Ancient Philosophy*, supplementary vol., 1988.

Vlastos, G., The Disorderly Motion in the *Timaeus, Studies in Plato's Metaphysics*(ed. R. E. Allen), London, 1965.

Vlastos, G., Creation in the *Timaeus*: Is it a Fiction?, *Studies in Plato's Metaphysics*(ed. R. E. Allen), London, 1965.

Witte, B., Der eikōs logos in Platos *Timaios*, Beitrag zur Wissenschafts-methode und Erkenntnistheorie des späten Plato, *Archiv für Geschichte der Philosophie*, 1964.

Zeyl, D., Plato and talk of a world in flux: *Timaeus* 49a6~50b5, *Harvard Studies in Classical Philology*, 1975.

고유 명사 색인

※ 스테파누스 쪽 수 앞의 * 표시는 그곳에 해당 항목과 관련된 주석이 있음을 의미한다.

[ㅁ]

[ㅅ]

[ㅇ]

[ㅈ]

[ㅋ]

[ㅌ]

내용 색인

※ 스테파누스 쪽 수 앞의 * 표시는 그곳에 해당 항목과 관련된 주석이 있음을 의미한다.

[ㄴ]

[ㅅ]

[ㅇ]

[ㅈ]

[ㅊ]

[ㅋ]

[ㅌ]

[ㅍ]

[ㅎ]